佛教研究叢書15

二萬五千頌般若經合論記要

(三)

李森田 記要

蘭臺出版社

《現觀莊嚴論》

彌勒菩薩造・法尊法師譯

《二萬五千頌般若波羅蜜多經》

玄奘譯《大般若波羅蜜多經》第二會

目　次

第一冊

科判（全）………科 1　　　　　　　　　　　　　　　　　[9]

自序 —— 般若經之學習與《現觀莊嚴論》………前 1　　　[68]

前言………1　　　　　　　　　　　　　　　　　　　　　　1

[論前義]………1-1　　　　　　　　　　　　　　　　　　　44

　　造者志願………1-1　　　　　　　　　　　　　　　　　44

　　論所為義………1-2　　　　　　　　　　　　　　　　　45

[論正義]………1-4　　　　　　　　　　　　　　　　　　　47

甲一　全論總義………1-4　　　　　　　　　　　　　　　　47

　　三智體………1-4　　　　　　　　　　　　　　　　　　47

　　四加行體………1-6　　　　　　　　　　　　　　　　　49

　　法身體………1-8　　　　　　　　　　　　　　　　　　51

甲二　廣釋三智　　　《現觀莊嚴論》　《大般若經》………1-9　52

　乙一　一切相智　　　[第一事]　　　　　　　　　　　　　52

　　丙一　所發誓願　　第 1 義　　　卷 402………1-12　　　55

　　丙二　方便之教授　第 2~3 義　　卷 402~410………2-1　88

　　丙三　所修之正行　第 4~8 義　　卷 411~412………4-1　305

第二冊

科判（二）………科 1　　　　　　　　　　　　　　　　　[9]

　　資糧正行　　　　　第 9 義　　　卷 413~417………9-1　353

　　　[參考資料]

　　　9-1 般若系的空性種類 (葉阿月) ………參 9-1　　　　522

9-2 唯識系(瑜伽行派)空性種類及特色 (葉阿月) ……… 參 9-30　　551

9-3 《中邊分別論》《十八空論》之空性說……… 參 9-56　　577

9-4 空思想與唯識思想 (上田義文) ……… 參 9-82　　603

9-5 有與無 (上田義文) ……… 參 9-124　　645

9-6 《中部》《念住經》……… 參 9-133　　654

9-7 《念住經》之身隨觀、受隨觀、心隨觀、法隨觀 (無著比丘)
　　　　　　　　　　　　　　　　……… 參 9-145　　666

9-8 四十二字門……… 參 9-171　　692

9-9 誰在輪迴 (從無我觀說起) ……… 參 9-174　　695

9-10 入因果修差別勝相 (《攝大乘世親釋記要》) ……… 參 9-212　　733

第三冊

科判（三）………科 1　　　　　　　　　　　　　　　　　　　[9]

　　出生正行　　　第 10 義　　卷 417~424………10-1　　777

乙二 道相智　　　　　　[第二事]　　　　　　　　　　　　894

　丙一 道相智支分　　第 11 義　　卷 425………11-1　　894

　丙二 道相智本性　　第 12 義　　卷 425………12-1　　900

　　　[參考資料]

　　12-1 《轉法輪經》如來所說（一）……… 參 12-1　　937

　　12-2-1 《雜阿含經》聖諦四念處……… 參 12-30　　966

　　12-2-2 《雜阿含經》有關四念處之四聖諦無漏思惟修
　　　　　　　　　　　　　　　　　　……… 參 12-42　　978

　　12-2-3 五如實觀、七處善隨觀與現見法……… 參 12-54　　990

　　12-3-1 順決擇分念住之四諦觀修……… 參 12-71　　1007

　　12-3-2 說一切有部四諦十六行相減行減緣修……… 參 12-79　　1015

　　12-4 瑜伽行派之四諦現觀　　　　　　　　　　　　1032

　　　　[1]瑜伽行派與說一切有部之修行……… 參 12-96　　1032

　　　　[2]廣辨四諦 (《瑜伽師地論》55) ……… 參 12-102　　1036

　　　　[3]四諦及其果因義 (《中邊分別論》真實品 3)
　　　　　　　　　　　　　　　　　……… 參 12-114　　1050

　　　　[4]往趣出世間道：廣說七種作意 (《瑜伽師地論》34)
　　　　　　　　　　　　　　　　　……… 參 12-122　　1058

　　　　[5]四諦現觀 (《瑜伽師地論》71、《顯揚聖教論》成現觀品 8)
　　　　　　　　　　　　　　　　　……… 參 12-133　　1069

12-5 《中論》觀四諦品⋯⋯⋯參 12-147　　　　　　1083

第 13~19 義　　卷 425~433⋯⋯⋯13-1　　　1093

第四冊

科判（四）⋯⋯⋯科 1　　　　　　　　　　　[9]

丙二　道相智本性　　第 20~21 義　　卷 434~436⋯⋯⋯20-1　　　1241

乙三　一切智　　　　[第三事]　　　　　　　　　　1293

第 22~30 義　　卷 545、436~437⋯⋯⋯22-1　　　1293

甲三　廣釋四加行

乙一　自在因果

丙一　一切相加行　　[第四事]　　　　　　　　　　1330

第 31~41 義　　卷 437~452⋯⋯⋯31-1　　　1330

第五冊

科判（五）⋯⋯⋯科 1　　　　　　　　　　　[9]

丙二　頂加行　　　　[第五事]　　　　　　　　　　1651

第 42~49 義　　卷 452~465⋯⋯⋯42-1　　　1651

乙二　堅固因果

丙一　漸次加行　　　[第六事]　　　　　　　　　　1915

第 50~62 義　　卷 466⋯⋯⋯50-1　　　1915

丙二　剎那加行　　　[第七事]　　　　　　　　　　1936

第 63~66 義　　卷 467⋯⋯⋯63-1　　　1936

甲四　廣釋法身　　[第八事]　　　　　　　　　　1971

乙一　身建立　　　　第 67~70 義　　卷 468~470⋯⋯⋯67-1　　　1971

乙二　法身事業　　　第 70 義　　卷 469~478⋯⋯⋯67-14　　　1984

甲五　釋餘略義⋯⋯⋯67-200　　　　　　　　　　2170

[論後義] ⋯⋯⋯67-201　　　　　　　　　　　2171

二萬五千頌般若經合論科判(第三冊)

(大般若經第二會現觀莊嚴論合編)

[戊四] 出生正行　　　　[第 10 義]出生正行　　　　　　　10-3

超勝品卷 417、418，
無所有品卷 418、419、420，
隨順品卷 420，
無邊際品卷 420、421、422、423、
遠離品卷 423、424

3.就大乘義說般若 － 五種殊勝　　　　　　　　　　　　　10-3
　(1)勝出歎　　　　　　　　　　　　　　　　　　　　　10-3
　　　10.1 三種所為事　　　　　　　　　　　　　　　　10-3
　　　(10.1.1)出生正行所為中之殊勝　　　　　　　　　　10-3
　　　(10.1.2)出生正行所為中的斷德　　　　　　　　　　10-8
　　　(10.1.3)出生正行所為中的智德　　　　　　　　　　10-9
　(2)等空歎　　　　　　　　　　　　　　　　　　　　　10-11
　　　10.2 通達一切法空性平等　　　　(10.2~10.4 心大)　10-11
　(3)含受歎　　　　　　　　　　　　　　　　　　　　　10-14
　　　10.3 能作無邊有情利益　　　　　　　　　　　　　10-14
　(4)不見來去住處歎　　　　　　　　　　　　　　　　　10-24
　(5)三世等歎　　　　　　　　　　　　　　　　　　　　10-30
　　　10.4 任運利他不加功用　　　　　　　　　　　　　10-24
4.以無生門說般若　　　　　　　　　　　　　　　　　　　10-40
　(1)大乘與般若無二無別　　　　　　　　　　　　　　　10-40
　(2)就柔順忍明無生觀 (十無觀)　　　　　　　　　　　　10-41
　　　10.5 超出常斷二邊出生無住涅槃　　(10.5~10.6 斷德大)　10-42
　　　10.6 永離一切所治證得一切所證為相之出生正行　　10-42
　　　(10.6.1)遮遣證者　　　　　　　　　　　　　　　　10-42
　　　(10.6.2)遮遣所證與能證之關聯　　　　　　　　　　10-61
　(3)就無生忍明無生觀　　　　　　　　　　　　　　　　10-80
　　①人法無生畢竟淨不可得　　　　　　　　　　　　　　10-80
　　　10.7 現證一切相智　　　　(10.7~10.8 智德大)　　　10-80
　　②明趣無生之方便　　　　　　　　　　　　　　　　　10-86
　　③明順應般若之行者　　　　　　　　　　　　　　　　10-88
　　　10.8 金剛喻定之有境出生 (能生一切相智)　　　　　　10-86

[乙二] 道相智　　　道相智品第三
[第二事]道相智

[丙一] 道相智支分　　[第 11 義]道相智之支分　　　　11-1

帝釋品卷 425

1.佛光伏慢，諸天問般若　　　　　　　　　　　11-2
　(1)諸天來集　　　　　　　　　　　　　　　　11-2
　　　　11.1 由摧伏增上慢起道相智　　　　　　11-2
　(2)如來常光勝諸天光明，能伏其增上慢　　　　11-2
　(3)天帝釋以三義問般若　　　　　　　　　　　11-3
　(4)善現受請為說般若　　　　　　　　　　　　11-3
　　　　11.2 唯發菩提心者乃生　　　　　　　　11-3
　　　　11.3 一切有情皆可生　　　　　　　　　11-3
　　　　11.4 不求但斷自身諸有漏　　　　　　　11-3
　　　　11.5 成就利他殊勝作用　　　　　　　　11-3

[丙二] 道相智本性
　[丁一] 聲聞之道相智　　[第 12 義]知聲聞道之道相智　　12-1

帝釋品卷 425

2.何等是般若波羅蜜？云何修？(第一問、第三問)　　　12-3
　　　　12.1 自性　　　　　　　　　　　　　　12-3
　(1)空慧觀　　　　　　　　　　　　　　　　　12-3
　　①觀苦諦集諦　　　②觀滅諦　　　　　　③觀道諦
　(2)觀初迴向心與菩提心不相合不相在　　　　　12-5
　(3)佛讚所說　　　　　　　　　　　　　　　　12-6
　3.云何應住般若波羅蜜中(第二問)　　　　　　12-6
　　　　12.2 順抉擇分因　　　　　　　　　　　12-6
　(1)應如是住　　　　　　　　　　　　　　　　12-6
　　　　(12.2.1)煖位
　(2)所不應住　　　　　　　　　　　　　　　　12-8
　　　　(12.2.2)頂位
　　①不應住諸法　　　　　　②不應住「如是諸法」
　　③不應住諸法常無常等

        (12.2.3)忍位

④不應住三乘果相及其福田

⑤不住於十地

        (12.2.4)世第一法位

⑥不住念於諸道法、嚴土熟生、成辦功德及所證果位

⑦不住念所當證及所得勝事　　⑧不住念於五蘊乃至諸佛功德名聲

(3)隨住不住相無所得而學　　　　　　　　　　　　　　　　12-13

  ①於一切法無所住亦非不住　　②隨住不住相，以無所得為方便而學

[參考資料]

  12-1　《轉法輪經》如來所說（一）　　　　　　　　　　參 12-1

  12-2-1　《雜阿含經》聖諦四念處　　　　　　　　　　　參 12-30

  12-2-2　《雜阿含經》有關四念處之四聖諦無漏思惟修　　參 12-42

  12-2-3　五如實觀、七處善隨觀與現見法　　　　　　　　參 12-54

  12-3-1　順決擇分念住之四諦觀修　　　　　　　　　　　參 12-71

  12-3-2　說一切有部四諦十六行相減行減緣修　　　　　　參 12-79

  12-4　瑜伽行派之四諦現觀　　　　　　　　　　　　　參 12-96

      [1]瑜伽行派與說一切有部之修行

      [2]廣辨四諦　（《瑜伽師地論》55）

      [3]四諦及其果因義　（《中邊分別論》真實品 3）

      [4]往趣出世間道：廣說七種作意　（《瑜伽師地論》34）

      [5]四諦現觀　（《瑜伽師地論》71、《顯揚聖教論》成現觀品 8）

  12-5　《中論》觀四諦品　　　　　　　　　　　　　　參 12-147

[丁二] 獨覺之道相智

  [戊一] 所依差別　　　　[第 13 義]知獨覺道之道相智　　　　13-1

              帝釋品卷 425、426，信受品卷 426，散花品卷 426

  4.顯般若義甚深　　　　　　　　　　　　　　　　　　13-4

   (1)般若畢竟空，無名言、無說者聽者　　　　　　　　13-4

     13.1 正說　　　　　　　　　　　　　　　　　　13-4

    ①諸天難解般若甚深義　　　　　　　　　　　　　　13-4

    ②善現說一切法如幻如化，無說者、無聽者、無知者　13-4

     13.2 斷諍──獨覺無聞無說以神通現化　　　　　13-5

   (2)顯諸法、諸法性非深非妙　　　　　　　　　　　　13-5

   (3)實無說者聽者，依此得證三乘聖果　　　　　　　　13-6

  [戊二] 云何知獨覺道

13.3 如何知獨覺道？謂遠離所取分別，未離能取分別   13-7

(4)依幻等喻顯般若波羅蜜   13-7

①如幻化人聽如幻化法   ②諸法皆如幻如化   13-7

[戊三] 順決擇分因

13.4 釋順決擇分因   13-8

(13.4.1)色等勝義無，名言中假有，不遠法性即煖位   13-8

5.誰能信受般若   13-8

(1)般若甚深，誰能信受？   13-8

(2)約世俗諦：四種人能信受   13-8

(3)約勝義諦：如實觀空故能受，而實無信受者   13-9

6.般若中以無所得為方便廣說三乘法   13-9

(1)以無所得為方便廣說三乘法 (說空亦說三乘法)   13-9

(2)於何法無所得為方便？   13-10

(3)何因緣無所得為方便？   13-10

7.以化花論無生   13-10

(1)諸天以化花神變成妙台供養   13-10

(2)見花論無生顯諸法空   13-11

8.不違假名說法性，空有無二   13-11

(1)不違假名說法性   13-11

(2)空有無二   13-12

①明修學法   13-12

②以無所學為方便學般若波羅蜜多 (成辦一切智智)   13-13

❶明所學   13-13

(13.4.2)通達色等勝義無減等所顯即頂位   13-13

(13.4.3)通達由空等故了知色等勝義不可執即忍位   13-14

1.不為增減故學   2.不為攝受壞滅故學

❷無所學無所成辦而學般若波羅蜜多   13-14

(13.4.4)了知色等勝義無生等相即世第一法   13-15

1.不攝受壞滅等能成辦一切智智   13-14

2.一切法性空故，不見生滅、受不受等   13-15

[丁三] 菩薩之道相智

[戊一] 見道   [第 14 義]大乘見道   14-1

散花品卷 426、427，授記品卷 427，攝受品卷 427

1.依佛神力說般若   14-4

2.諸法無依持   14-4

    14.1 苦諦四相   14-4

      (14.1.1)苦法忍 (境智無互依之真如)   14-4

(1)即離諸法如來皆不可得   14-4

(2)即離諸法如來皆非合(相應)非散(不相應)   14-6

(3)不即不離諸法求般若(觀照般若)   14-8

3.讚歎般若   14-9

(1)歎大   14-9

      (14.1.2)苦法智 (法界體性能緣般若亦成廣大)   14-9

(2)歎無量   14-9

      (14.1.3)苦類忍 (現證苦諦於勝義中無能量之量)   14-9

      (14.1.4)苦類智 (現證苦諦於勝義無量)   14-9

(3)歎無邊   14-10

    14.2 集諦四相   14-10

      (14.2.1)集法忍 (現證集諦勝義無常斷二邊)   14-10

①諸法無邊   ②所緣無邊   ③有情無邊

4.般若畢竟空,言三乘而不著心   14-11

      (14.2.2)集法智 (住彼集法忍而於色等上定執佛性實空)   14-11

(1)諸法空不可得,但施設有三乘教   14-11

(2)「即離諸法如來不可得」而修學   14-12

(3)於諸法不取不捨   14-13

      (14.2.3)集類忍 (現知集諦於勝義中無取捨等)   14-13

5.聞持般若之功德 (略說文字般若功德)   14-13

(1)魔不能害 (善住諸法空、無相、無願故)   14-13

(2)人非人不能害 (善修四無量心故)   14-13

      (14.2.4)集類智 (修慈悲等四無量之功德)   14-13

(3)終不橫死 (普施有情故)   14-13

(4)發心聽聞受持般若   14-14

(5)明空不怖畏 (善修十八空故)   14-14

    14.3 滅諦四相   14-14

      (14.3.1)滅法忍 (現證色等真實空之空性)   14-14

6.諸天發願守護受持般若之菩薩   14-14

(1)應守護菩薩之因緣   14-14

(2)佛許諸天之守護   14-15

①供養行般若之菩薩即是供養佛   ②供養二乘不如供養初發心菩薩   14-15

(3)帝釋稱歎受持般若之功德   14-16

      (14.3.2)滅法智 (所修善根能得佛果)   14-16

①今世功德　　　　　　　　②具攝六度乃至一切相智功德　　14-16

7.佛廣說受持般若今世後世之功德　　　　　　　　14-17

(14.3.3)減類忍 (具足遍攝滅類忍中一切淨法功德)　　14-17

(14.3.4)減類智 (具足除遣外界苦害及內身病惱之功德)　14-17

(1)明今世功德　　　　　　　(2)明後世功德

8.佛重明今世後世功德　　　　　　　　　　14-18

14.4 道諦四相　　　　　　　　　　14-18

(14.4.1)道法忍 (息滅實執涅槃之戲論)　　14-18

(1)魔外道慢人不得便　　　　　(2)能滅惡

(3)諸天諸佛守護、能增善　　　　　　　14-19

(14.4.2)道法智 (安住道法智者為諸佛之所守護)　14-19

(4)言詞信受無謬、堅事善友不為惑蔽　　　14-19

(14.4.3)道類忍 (能斷惡知善乃一切相智之因理,自住亦立他)　14-19

(5)以四正行修一切善法 (自行、勸他、稱揚、隨喜)　14-20

(6)入六波羅蜜並迴向大菩提　　　　　　　14-21

(14.4.4)道類智 (所修六度迴向大菩提果)　　14-21

[戊二] 修道

1.修道作用　　[第15義]大乘修道作用　　　　　15-1

攝受品卷428,窣堵波品卷428

(1)士用果　15.1~15.4

1.無方便善巧行 (依止世間心修善法)　　　　　15-2

15.1 得自在而生上道心 (遍息滅)　　　　15-2

2.出世方便善巧行 (依止般若波羅蜜多而行)　　15-3

15.2 恭敬善知識等一切眾生　　　　　15-3

3.再明受持般若之利益　　　　　　　15-4

15.3 勝伏貪等勝煩惱　　　　　　15-4

(1)不為刀箭所傷　　　　　　　15-4

(2)不為水火眾惡所損害　　　　　15-5

15.4 怨敵不能害　　　　　　15-5

①般若是大明咒,能離諸損害　　　15-5

(2)等流果　15.5　　　　　　　15-5

②人法不可得,離諸煩惱　　　　15-5

(3)三世諸佛學大明咒皆得無上菩提　　15-5

15.5 能辦大菩提果

(3)增上果　15.6 　　　　　　　　　　　　15-6

4.但書寫供養般若波羅蜜多，人非人不得傷害　　15-6

15.6 隨所住處皆成可供養處　　　　　　　　15-6

2.有漏修

(1)勝解修　　[第 16 義]勝解修道 (作意信解)　　　16-1

窣堵波品卷 428，福生品卷 429，

功德品卷 429，外道品卷 429，

天來品卷 429、430，設利羅品卷 430

1.自利勝解修

16.1 自利九品

(1)「供養般若」勝於「供養設利羅」　　　　　16-2

(2)云何贍部洲人不供養般若波羅蜜？　　　　16-4

(3)勸修般若波羅蜜多及餘諸善法　　　　　　16-6

(4)「供養般若」勝於「供養寶塔」　　　　　　16-7

2.自他利勝解修

16.2 自他利九品　　　　　　　　　　　　　16-9

(1)帝釋自明供養般若之福德　　(2)佛讚供養般若功德無邊

(3)勸受持般若　　　　　　　　(4)受持般若得二世功德

(5)降伏外道惡魔　　　　　　　(6)讚歎守護般若波羅蜜多

(7)般若為眾善之尊導　　　　　(8)重明受持般若得二世功德

(9)諸天善神來

3.利他勝解修　　　　　　　　　　　　　16-26

16.3 利他九品　　　　　　　　　　　　　16-26

(1)供養般若功德勝於供養如來及設利羅寶塔　16-26

(2)佛設利羅與般若經卷比較　　　　　　　　16-27

①與滿贍部洲佛設利羅比較　　②與三千大千世界佛設利羅比較

③與滿十方殑伽沙界佛設利羅比較

[第 17 義]勝解修道之勝利　　　　　　　　17-1

設利羅品卷 430，經文品卷 431、432

4.勝解修之勝利

17.1 九種讚美　17.2 九種承事　17.3 九種稱揚

(1)「自受持、施他流布、為他解說」般若經卷之比較　17-2

(2)教化「住十善業道」「得二乘果」「趣無上菩提」之比較　17-4

(3)「施他般若」勝於「教化諸世界有情安住十善業道」　17-5

(4)「施他般若」勝於「教化諸世界有情安住四靜慮乃至五神通」　17-7

(5)「自行般若」勝於「以十善業道、靜慮、神通教化」　17-9

(6)「廣為他說般若」與「自行般若」　17-10

(7)「無所得為方便為他宣說般若」勝於「有所得行六度」　17-11

　①有所得行、無所得行　17-11

　②明相似般若 (有所得說、著心取相)　17-12

　③明真正般若 (無所得說)　17-14

　④「真正般若」功德勝於「相似般若」　17-15

(8)「般若化他」勝於「教化諸世界有情得二乘果」　17-16

(9)「般若化他」勝於「教化諸世界有情得大乘道果」　17-18

　①以般若化他　17-19

　②為「不退轉菩薩」及「疾得佛道菩薩」說般若正義　17-22

(10)勸進教化供養轉近菩提之菩薩 (近佛道之菩薩)　17-24

(2)迴向修　[第18義]迴向修道 (作意迴向)　18-1

隨喜迴向品卷 432、433

1.慈氏菩薩明隨喜迴向義　18-3

(1)以無所得隨喜迴向其福最勝　18-3

　18.1 具足最勝作用之迴向　18-3

　①以無所得為方便　　②普為有情調伏、寂靜、般涅槃故　18-3

(2)菩薩隨喜迴向菩提，如所取相不？　18-4

　18.2 無所得行相之迴相　18-4

　①隨喜諸善根迴向菩提　18-4

　❶已涅槃諸佛善根　　　❷佛在世時，佛及諸弟子眾善根

　❸佛滅度後，得道弟子及餘有情善根

　②隨喜迴向心所緣事不如所取相　18-4

(3)若所緣事無所有，云何非顛倒？云何得隨喜迴向事？　18-4

　①取相或不取相隨喜迴向　18-5

　②不堪受法或堪受法者 (新學大乘者或不退轉菩薩)　18-6

　③廣明正迴相：知諸法空、以無所得為方便隨喜迴向　18-6

　❶心、緣、事、善根皆盡、滅、離、變

❷二心不俱，心相畢竟空，不可取相迴向

❸諸法空無所有，以無所得為方便隨喜迴向

2.善現說隨喜迴向義   18-7

 (1)新學者云何不驚疑？云何以善根功德迴向無上菩提？   18-7

  ①於無相迴向法心不驚疑   18-7

    ❶多信解所修道故 (內因緣、利根)   ❷常為善友所攝受故 (外因緣)

  ②以無所得為方便迴向無上菩提   18-7

    ❶直得無上菩提，終不離善根   ❷以無所得為方便迴向無上菩提

  ③合集諸佛弟子人天所作功德善根福業事，隨喜迴向無上菩提   18-8

 (2)新學菩薩隨喜迴向，云何不墮顛倒？   18-8

     18.3 不顛倒體相之迴向   18-8

  ①不起佛想、僧想及善根想、迴向心想，則不墮顛倒   18-9

  ②正知隨喜心、迴向心、所迴向法皆盡滅離變，是正迴向   18-9

  ③知諸法盡滅自性空、不墮顛倒   18-9

  ④知諸法自性空，無有法能迴向法，則不顛倒   18-9

  ⑤如實知自起福德中離五蘊等諸法，是正迴向   18-10

     18.4 遠離(不存)之迴相   18-10

  ⑥如實知隨喜福德等自性空，是正迴向   18-10

  ⑦不墮有相無相，知諸法性常寂滅，是正迴相   18-10

     18.5 憶念佛善根資糧自性之迴向   18-11

 (3) 云何不取相而能迴向？   18-11

     18.6 具善巧方便之迴向   18-11

  ①不離般若波羅蜜多方便善巧   18-11

     18.7 無性相之迴向   18-11

  ②如諸佛所知智慧迴向   18-13

     18.8 諸佛隨喜(賜予)之迴向

  ③知諸法實相無生，名無雜毒迴向   18-14

     18.9 不繫三界之迴向   18-14

  ④依諸佛如實通達之法迴向，是正迴向   18-16

3.讚歎無倒隨喜迴向   18-16

     18.10 出生下品福德之迴向   18-16

     18.11 出生中品福德之迴向   18-16

     18.12 出生上品福德之迴向

 (1)佛讚善現所言之無倒隨喜迴向   18-16

 (2)心無染著隨喜迴向，功德最勝   18-16

  ①勝於教諸世界有情得世間善法   ②勝於供養諸世界二乘聖者

  ③勝於供養諸世界有情發趣無上菩提   18-17

(3)諸天讚以無相等為方便之隨喜迴向　　　　　　　　　18-18

(4)佛說：「以無相等為方便」勝於「以有相等為方便」之隨喜迴向　　18-19

　　　　(3)隨喜修　　[第 19 義]隨喜修道 (隨喜作意)　　　　19-1

隨喜迴向品卷 433

1.如諸法實相隨喜迴向　　　　　　　　　　　　　　　19-2

2.知一切法與解脫平等隨喜迴向　　　　　　　　　　　19-2

3.有相有所得與無相無所得之功德比較　　　　　　　　19-3

4.勸修六度，隨喜功德並迴向無上菩提　　　　　　　　19-3

第一事

第10義

[戊四]**出生正行**

【第 10 義】：出生正行　10
〔義相〕：定能出生一切相智之淨地瑜伽，是出生正行之相。
〔界限〕：唯在三清淨地。 (八九十地)

[所為及平等，利有情無用，超二邊出生，證得相出生，](頌1-55)
[一切相智性，還有境出生，當知此八種，是出生正行。](頌1-56)

差別有八，謂：

(如是八種體性，各各不由他故，一切無所緣性，決定出生。決定出生者，即實行之成就故。)

1.以五義讚歎大乘

(1)三種所為事 10.1

　(10.1.1)(出生正行)所為中之殊勝(心大)

　(10.1.2)(出生正行)所為中之斷德(斷德大)

　(10.1.3)(出生正行)所為中之智德(智德大)

(2)通達一切法空性平等 10.2　(10.2 – 10.4 心大)(出生)

(3)能作無邊有情利益　　10.3

(4)任運利他不加功用　　10.4

　①無來無去無住　②三世平等超出三世

2.就柔順忍明無生觀*1 (正行)

(1)超出常斷二邊出生無住涅槃 10.5　(10.5 – 10.6 斷德大)(出生)

　(於自住類差別離斷及常(離我執等)決定出生。)

(2)永離一切所治證得一切所證為相之出生 10.6

(2.1)求菩薩摩訶薩不可得 (十無觀)

　　(10.6.1)(從證得三乘義利的出生正行中)遮遣證者。

　　(10.6.2)(從證得三乘義利的出生正行中)遮遣所證與能證的關聯。

(2.2)正觀諸法 (五正觀行)

3.就無生忍明無生觀 (正行)

(1)人法無生畢竟淨

　　現證十法之究竟智謂一切相智。 10.7 (10.7－10.8 智德大)(出生)

　　(一切相智所說種種(十法)，一切各各分別智性及其差別之道，決定出生。)

(2)明趣無生之方便

　　金剛喻定之有境(能緣心)出生。 10.8

　　(能生一切相智之勝進道，道所有境(謂體、業、差別)及聖果諸法，決定出生。)

如是總別八種出生正行，應知是名出生正行也。

4.佛讚說勸學

[戊四]**出生正行**　　【第 10 義】：出生正行 (出離行)

3.就大乘義說般若 – 五種殊勝 (五種讚歎)

10.1 三種所為事
(10.1.1)出生正行所為中之殊勝

卷 417〈超勝品 20〉：第二分超勝品第二十之一

爾時，具壽善現白佛言：「

1. 世尊！言大乘，大乘者超勝一切世間天、人、阿素洛等，最尊最勝、最上最妙。

2. 世尊！如是大乘與虛空等，

3. 猶如虛空普能容受無量無數無邊有情；大乘亦爾，普能容受無量無數無邊有情。世尊！由此緣故，菩薩摩訶薩大乘即是一切智智乘。

4. 世尊！又如虛空無來無去無住可見；大乘亦爾，無來無去無住可見，無動無住故名大乘。

5. 世尊！又如虛空前、後、中際皆不可得；大乘亦爾，前、後、中際皆不可得，三世平等超出三世故名大乘。」*2

佛告善現：

「如是！如是！如汝所說。善現！諸菩薩摩訶薩大乘者，謂六波羅蜜多，即是布施、淨戒、安忍、精進、靜慮、般若波羅蜜多。

「復次，善現！諸菩薩摩訶薩大乘者，謂內空乃至無性自性空。復次，善現！諸菩薩摩訶薩大乘者，謂一切陀羅尼門、一切三摩地門及諸三摩地，即是健行三摩地乃至無染著如虛空三摩地。復次，善現！諸菩薩摩訶薩大乘者，謂四念住乃至十八佛不共法。善現！如是等無量無數無邊功德，當知皆是菩薩摩訶薩大乘。

(1)勝出歎

①總相說大乘勝出

「復次，善現！汝說『大乘超勝一切世間天、人、阿素洛等，最尊最勝、最上最妙。』者，如是！如是！如汝所說。善現！此中何等說名一切世間天、人、阿素洛等？所謂欲界、色無色界。

❶有為法非實故

1.三界非實故

「善現！若欲界是真如，非虛妄、無變異、不顛倒、是實、是諦，

如所有性一切常恒、無變無易、有實性者，則此大乘非尊非勝、非上非妙，不能超勝一切世間天、人、阿素洛等。善現！以欲界是所計是假合有遷動，乃至一切無常無恒、有變有易、都無實性故，此大乘是尊是勝、是上是妙，超勝一切世間天、人、阿素洛等。

「善現！若色、無色界是真如，非虛妄、無變異、不顛倒、是實、是諦，如所有性一切常恒、無變無易、有實性者，則此大乘非尊非勝、非上非妙，不能超勝一切世間天、人、阿素洛等。善現！以色、無色界是所計是假合有遷動，乃至一切無常無恒、有變有易、都無實性故，此大乘是尊是勝、是上是妙，超勝一切世間天、人、阿素洛等。

2.蘊、處、界、觸、受非實故

(1)「復次，善現！若色是真如，非虛妄、無變異、不顛倒、是實是諦，如所有性一切常恒、無變無易、有實性者，則此大乘非尊非勝、非上非妙，不能超勝一切世間天、人、阿素洛等。善現！以色是所計是假合有遷動，乃至一切無常無恒、有變有易、都無實性故，此大乘是尊是勝、是上是妙，超勝一切世間天、人、阿素洛等。善現！若受、想、行、識是真如，非虛妄、無變異、不顛倒、是實是諦，如所有性一切常恒、無變無易、有實性者，則此大乘非尊非勝、非上非妙，不能超勝一切世間天、人、阿素洛等。善現！以受、想、行、識是所計是假合有遷動，乃至一切無常無恒、有變有易、都無實性故，此大乘是尊是勝、是上是妙，超勝一切世間天、人、阿素洛等。

(2)「復次，善現！若眼處是真如，非虛妄、無變異、不顛倒、是實是諦，如所有性一切常恒、無變無易、有實性者，則此大乘非尊非勝、非上非妙，不能超勝一切世間天、人、阿素洛等。善現！以眼處是所計是假合有遷動，乃至一切無常無恒、有變有易、都無實性故，此大乘是尊是勝、是上是妙，超勝一切世間天、人、阿素洛等。

「善現！若耳、鼻、舌、身、意處是真如，非虛妄、無變異、不顛倒、是實是諦，如所有性一切常恒、無變無易、有實性者，則此大乘非尊非勝、非上非妙，不能超勝一切世間天、

人、阿素洛等。善現！以耳、鼻、舌、身、意處是所計是假合有遷動，乃至一切無常無恒、有變有易、都無實性故，此大乘是尊是勝、是上是妙，超勝一切世間天、人、阿素洛等。

(3)「復次，善現！若色處是真如，非虛妄、無變異、不顛倒、是實是諦，如所有性一切常恒、無變無易、有實性者，則此大乘非尊非勝、非上非妙，不能超勝一切世間天、人、阿素洛等。善現！以色處是所計是假合有遷動，乃至一切無常無恒、有變有易、都無實性故，此大乘是尊是勝、是上是妙，超勝一切世間天、人、阿素洛等。

「善現！若聲、香、味、觸、法處是真如，非虛妄、無變異、不顛倒、是實是諦，如所有性一切常恒、無變無易、有實性者，則此大乘非尊非勝、非上非妙，不能超勝一切世間天、人、阿素洛等。善現！以聲、香、味、觸、法處是所計是假合有遷動，乃至一切無常無恒、有變有易、都無實性故，此大乘是尊是勝、是上是妙，超勝一切世間天、人、阿素洛等。

(4)「復次，善現！若眼界是真如，非虛妄、無變異、不顛倒、是實是諦，如所有性一切常恒、無變無易、有實性者，則此大乘非尊非勝、非上非妙，不能超勝一切世間天、人、阿素洛等。善現！以眼界是所計是假合有遷動，乃至一切無常無恒、有變有易、都無實性故，此大乘是尊是勝、是上是妙，超勝一切世間天、人、阿素洛等。

「善現！若耳、鼻、舌、身、意界是真如，非虛妄、無變異、不顛倒、是實是諦，如所有性一切常恒、無變無易、有實性者，則此大乘非尊非勝、非上非妙，不能超勝一切世間天、人、阿素洛等。善現！以耳、鼻、舌、身、意界是所計是假合有遷動，乃至一切無常無恒、有變有易、都無實性故，此大乘是尊是勝、是上是妙，超勝一切世間天、人、阿素洛等。

(5)「復次，善現！若色界是真如，非虛妄、無變異、不顛倒、是實是諦，如所有性一切常恒、無變無易、有實性者，則此大乘非尊非勝、非上非妙，不能超勝一切世間天、人、阿素洛等。善現！以色界是所計是假合有遷動，乃至一切無常無恒、有變有易、都無實性故，此大乘是尊是勝、是上是妙，超勝一切世間天、人、阿素洛等。

「善現！若聲、香、味、觸、法界是真如，非虛妄、無變異、不顛倒、是實是諦，如所有性一切常恒、無變無易、有實性者，則此大乘非尊非勝、非上非妙，不能超勝一切世間天、人、阿素洛等。善現！以聲、香、味、觸、法界是所計是假合有遷動，乃至一切無常無恒、有變有易、都無實性故，此大乘是尊是勝、是上是妙，超勝一切世間天、人、阿素洛等。

(6)「復次，善現！若眼識界是真如，非虛妄、無變異、不顛倒、是實是諦，如所有性一切常恒、無變無易、有實性者，則此大乘非尊非勝、非上非妙，不能超勝一切世間天、人、阿素洛等。善現！以眼識界是所計是假合有遷動，乃至一切無常無恒、有變有易、都無實性故，此大乘是尊是勝、是上是妙，超勝一切世間天、人、阿素洛等。

「善現！若耳、鼻、舌、身、意識界是真如，非虛妄、無變異、不顛倒、是實是諦，如所有性一切常恒、無變無易、有實性者，則此大乘非尊非勝、非上非妙，不能超勝一切世間天、人、阿素洛等。善現！以耳、鼻、舌、身、意識界是所計是假合有遷動，乃至一切無常無恒、有變有易、都無實性故，此大乘是尊是勝、是上是妙，超勝一切世間天、人、阿素洛等。

(7)「復次，善現！若眼觸是真如，非虛妄、無變異、不顛倒、是實是諦，如所有性一切常恒、無變無易、有實性者，則此大乘非尊非勝、非上非妙，不能超勝一切世間天、人、阿素洛等。善現！以眼觸是所計是假合有遷動，乃至一切無常無恒、有變有易、都無實性故，此大乘是尊是勝、是上是妙，超勝一切世間天、人、阿素洛等。

「善現！若耳、鼻、舌、身、意觸是真如，非虛妄、無變異、不顛倒、是實是諦，如所有性一切常恒、無變無易、有實性者，則此大乘非尊非勝、非上非妙，不能超勝一切世間天、人、阿素洛等。善現！以耳、鼻、舌、身、意觸是所計是假合有遷動，乃至一切無常無恒、有變有易、都無實性故，此大乘是尊是勝、是上是妙，超勝一切世間天、人、阿素洛等。

(8)「復次，善現！若眼觸為緣所生諸受是真如，非虛妄、無變異、不顛倒、是實是諦，如所有性一切常恒、無變無易有實性者，

則此大乘非尊非勝、非上非妙，不能超勝一切世間天、人、阿素洛等。善現！以眼觸為緣所生諸受是所計是假合有遷動，乃至一切無常無恒、有變有易、都無實性故，此大乘是尊是勝、是上是妙，超勝一切世間天、人、阿素洛等。

「善現！若耳、鼻、舌、身、意觸為緣所生諸受是真如，非虛妄、無變異、不顛倒、是實是諦，如所有性一切常恒、無變無易、有實性者，則此大乘非尊非勝、非上非妙，不能超勝一切世間天、人、阿素洛等。善現！以耳、鼻、舌、身、意觸為緣所生諸受是所計是假合有遷動，乃至一切無常無恒、有變有易、都無實性故，此大乘是尊是勝、是上是妙，超勝一切世間天、人、阿素洛等。

❷法界等無為法非實故

「復次，善現！若法界是實有，非非有者，則此大乘非尊非勝、非上非妙，不能超勝一切世間天、人、阿素洛等。善現！以法界非實有，是非有性故，此大乘是尊是勝、是上是妙，超勝一切世間天、人、阿素洛等。

「善現！若真如、實際、不思議界、安隱界等是實有，非非有者，則此大乘非尊非勝、非上非妙，不能超勝一切世間天、人、阿素洛等。善現！以真如、實際、不思議界、安隱界等非實有，是非有性故，此大乘是尊是勝、是上是妙，超勝一切世間天、人、阿素洛等。

❸六度等法非實故

1.六度非實故

「復次，善現！若布施波羅蜜多是實有，非非有者，則此大乘非尊非勝、非上非妙，不能超勝一切世間天、人、阿素洛等。善現！以布施波羅蜜多非實有，是非有性故，此大乘是尊是勝、是上是妙，超勝一切世間天、人、阿素洛等。

「善現！若淨戒、安忍、精進、靜慮、般若波羅蜜多是實有，非非有者，則此大乘非尊非勝、非上非妙，不能超勝一切世間天、人、阿素洛等。善現！以淨戒、安忍、精進、靜慮、般若波羅蜜多非實有，是非有性故，此大乘是尊是勝、是上是妙，超勝一切世間天、人、阿素洛等。

2.十八空非實故

「復次,善現!若內空是實有,非非有者,則此大乘非尊非勝、非上非妙,不能超勝一切世間天、人、阿素洛等。善現!以內空非實有,是非有性故,此大乘是尊是勝、是上是妙,超勝一切世間天、人、阿素洛等。

「善現!若外空、內外空、空空、大空、勝義空、有為空、無為空、畢竟空、無際空、散無散空、本性空、自共相空、一切法空、不可得空、無性空、自性空、無性自性空是實有,非非有者,則此大乘非尊非勝、非上非妙,不能超勝一切世間天、人、阿素洛等。善現!以外空乃至無性自性空非實有,是非有性故,此大乘是尊是勝、是上是妙,超勝一切世間天、人、阿素洛等。

3.三十七道品乃至十八佛不共法非實故

「復次,善現!若四念住是實有,非非有者,則此大乘非尊非勝、非上非妙,不能超勝一切世間天、人、阿素洛等。善現!以四念住非實有,是非有性故,此大乘是尊是勝、是上是妙,超勝一切世間天、人、阿素洛等。

「善現!若四正斷、四神足、五根、五力、七等覺支、八聖道支是實有,非非有者,則此大乘非尊非勝、非上非妙,不能超勝一切世間天、人、阿素洛等。善現!以四正斷乃至八聖道支非實有,是非有性故,此大乘是尊是勝、是上是妙,超勝一切世間天、人、阿素洛等。

「復次,善現!乃至若佛十力是實有,非非有者,則此大乘非尊非勝、非上非妙,不能超勝一切世間天、人、阿素洛等。善現!以佛十力非實有,是非有性故,此大乘是尊是勝、是上是妙,超勝一切世間天、人、阿素洛等。

「善現!若四無所畏、四無礙解、大慈、大悲、大喜、大捨、十八佛不共法是實有,非非有者,則此大乘非尊非勝、非上非妙,不能超勝一切世間天、人、阿素洛等。善現!以四無所畏乃至十八佛不共法非實有,是非有性故,此大乘是尊是勝、是上是妙,超勝一切世間天、人、阿素洛等。」

(CBETA, T07, no. 220, p. 94, a^2-p. 96, b^8)

sher phyin: v26, pp. 624^{13}-639^{01}　《合論》: v50, pp. 631^{07}-644^{07}

4.種性法乃至如來法非實故

(10.1.2)出生正行所為中的斷德

卷 418〈超勝品 20〉：第二分超勝品第二十之二

「復次，善現！若種姓法是實有，非非有者，則此大乘非尊非勝、非上非妙，不能超勝一切世間天、人、阿素洛等。善現！以種姓法非實有，是非有性故，此大乘是尊是勝、是上是妙，超勝一切世間天、人、阿素洛等。

「善現！若第八法、預流法、一來法、不還法、阿羅漢法、獨覺法、菩薩法、如來法是實有，非非有者，則此大乘非尊非勝、非上非妙，不能超勝一切世間天、人、阿素洛等。善現！以第八法乃至如來法非實有，是非有性故，此大乘是尊是勝、是上是妙，超勝一切世間天、人、阿素洛等。

5.種姓補特伽羅乃至如來補特伽羅非實故

「復次，善現！若種姓補特伽羅是實有，非非有者，則此大乘非尊非勝、非上非妙，不能超勝一切世間天、人、阿素洛等。善現！以種姓補特伽羅非實有，是非有性故，此大乘是尊是勝、是上是妙，超勝一切世間天、人、阿素洛等。(種姓人雖未證入聖位，但已成出世法器。)

「善現！若第八、預流、一來、不還、阿羅漢、獨覺、菩薩、如來補特伽羅是實有，非非有者，則此大乘非尊非勝、非上非妙，不能超勝一切世間天、人、阿素洛等。善現！以第八乃至如來補特伽羅非實有，是非有性故，此大乘是尊是勝、是上是妙，超勝一切世間天、人、阿素洛等。

6.一切世間天人阿修羅非實故

「復次，善現！若一切世間天、人、阿素洛等是實有，非非有者，則此大乘非尊非勝、非上非妙，不能超勝一切世間天、人、阿素洛等。善現！以一切世間天、人、阿素洛等非實有，是非有性故，此大乘是尊是勝、是上是妙，超勝一切世間天、人、阿素洛等。」

(CBETA, T07, no. 220, p. 96, b^{16}-c^{14})

sher phyin:　v26, pp. 639^{01}-641^{07}　　《合論》：v50, pp. 644^{08}-645^{21}

7.菩薩初發心乃至坐道場間諸心非實故

(10.1.3)出生正行所為中的智德

卷 418〈超勝品 20〉：

「復次，善現！若菩薩摩訶薩從初發心，乃至安坐妙菩提座，其

中所起無量種心是實有，非非有者，則此大乘非尊非勝、非上非妙，不能超勝一切世間天、人、阿素洛等。善現！以菩薩摩訶薩從初發心，乃至安坐妙菩提座，其中所起無量種心非實有，是非有性故，此大乘是尊是勝、是上是妙，超勝一切世間天、人、阿素洛等。

8.金剛喻智非實故

「復次，善現！若菩薩摩訶薩金剛喻智是實有，非非有者，則此大乘非尊非勝、非上非妙，不能超勝一切世間天、人、阿素洛等。善現！以菩薩摩訶薩金剛喻智非實有，是非有性故，此大乘是尊是勝、是上是妙，超勝一切世間天、人、阿素洛等。

「復次，善現！若菩薩摩訶薩金剛喻智是實有，非非有者，則菩薩摩訶薩不應用此金剛喻智達一切法自性皆空，永斷一切煩惱習氣相續，證得一切智智，亦不能超勝一切世間天、人、阿素洛等。善現！以菩薩摩訶薩金剛喻智非實有，是非有性故，諸菩薩摩訶薩用此金剛喻智達一切法自性皆空，永斷一切煩惱習氣相續，證得一切智智，亦能超勝一切世間天、人、阿素洛等。

*3

②別相說大乘勝出

❶諸佛三十二相非實故

「復次，善現！若諸如來、應、正等覺三十二大士相、八十隨好所莊嚴身是實有，非非有者，則諸如來、應、正等覺威光妙德，不能超勝一切世間天、人、阿素洛等。善現！以諸如來、應、正等覺三十二大士相、八十隨好所莊嚴身非實有，是非有性故，諸如來、應、正等覺威光妙德超勝一切世間天、人、阿素洛等。

❷諸佛光明非實故

「復次，善現！若諸如來、應、正等覺所放光明是實有，非非有者，則諸如來、應、正等覺所放光明，不能普照十方各如殑伽沙界，亦不能超勝一切世間天、人、阿素洛等。善現！以諸如來、應、正等覺所放光明非實有，是非有性故，諸如來、應、正等覺所放光明皆能普照十方各如殑伽沙界，亦能超勝一切世間天、人、阿素洛等。

❸諸佛妙音非實故

「復次，善現！若諸如來、應、正等覺所具六十美妙支音是實有，

非非有者,則諸如來、應、正等覺所具六十美妙支音,不能遍告十方無量無數世界所化有情,亦不能超勝一切世間天、人、阿素洛等。善現!以諸如來、應、正等覺所具六十美妙支音非實有,是非有性故,諸如來、應、正等覺所具六十美妙支音皆能遍告十方無量無數世界所化有情,亦能超勝一切世間天、人、阿素洛等。

❹諸佛轉法輪度有情非實故

「復次,善現!若諸如來、應、正等覺所轉法輪是實有,非非有者,則諸如來、應、正等覺所轉法輪非極清淨,亦非一切世間沙門、婆羅門等所不能轉,亦不能超勝一切世間天、人、阿素洛等。善現!以諸如來、應、正等覺所轉法輪非實有,是非有性故,諸如來、應、正等覺所轉法輪最極清淨,一切世間沙門、婆羅門等皆無有能如法轉者,亦能超勝一切世間天、人、阿素洛等。

「復次,善現!若諸如來、應、正等覺所化有情是實有,非非有者,則諸如來、應、正等覺所轉法輪,不能令彼諸有情類於無餘依妙涅槃界而般涅槃,亦不能超勝一切世間天、人、阿素洛等。善現!以諸如來、應、正等覺所化有情非實有,是非有性故,諸如來、應、正等覺所轉法輪,皆能令彼諸有情類於無餘依妙涅槃界而般涅槃,亦能超勝一切世間天、人、阿素洛等。

「善現!由如是等種種因緣故,說大乘是尊是勝、是上是妙,超勝一切世間天、人、阿素洛等。」*3

(CBETA, T07, no. 220, p. 96, c[14]-p. 97, b[18])

sher phyin: v26, pp. 641[07]-644[21] 《合論》: v50, pp. 646[01]-649[08]

(2)等空歎

①虛空及大乘無種種相

[心大]:

10.2 通達一切法空性平等

卷 418〈無所有品 21〉:第二分無所有品第二十一之一

「復次,善現!汝說『大乘與虛空等。』者,如是!如是!如汝所說。所以者何?

1.無十方相

「善現!譬如虛空東西南北四維上下一切方分皆不可得,大乘亦爾,東西南北四維上下一切方分皆不可得,故說大乘與虛空等。

2.非形色相

「善現！又如虛空長短、高下、方圓、邪正一切形色皆不可得，大乘亦爾，長短、高下、方圓、邪正一切形色皆不可得，故說大乘與虛空等。

3.非顯色相

「善現！又如虛空青黃赤白紅紫碧綠縹等顯色皆不可得，大乘亦爾，青黃赤白紅紫碧綠縹等顯色皆不可得，故說大乘與虛空等。

4.非三世相

「善現！又如虛空非過去非未來非現在，大乘亦爾，非過去非未來非現在，故說大乘與虛空等。

5.無增減、染淨、生滅相

「善現！又如虛空非增非減、非進非退，大乘亦爾，非增非減、非進非退，故說大乘與虛空等。

「善現！又如虛空非染非淨，大乘亦爾，非染非淨，故說大乘與虛空等。

「善現！又如虛空無生、無滅、無住、無異，大乘亦爾，無生、無滅、無住、無異，故說大乘與虛空等。

6.非三性相

「善現！又如虛空非善非非善、非有記非無記，大乘亦爾，非善非非善、非有記非無記，故說大乘與虛空等。

7.無見聞覺知相

「善現！又如虛空無見、無聞、無覺、無知，大乘亦爾，無見、無聞、無覺、無知，故說大乘與虛空等。

8.非知斷證修相

「善現！又如虛空非所知、非所達、非遍知、非永斷、非作證、非修習，大乘亦爾，非所知、非所達、非遍知、非永斷、非作證、非修習，故說大乘與虛空等。

9.非果異熟相

「善現！又如虛空非果非有果法、非異熟非有異熟法，大乘亦爾，非果非有果法、非異熟非有異熟法，故說大乘與虛空等。

10.非染離相

「善現！又如虛空非有貪法非離貪法、非有瞋法非離瞋法、非有癡法非離癡法，大乘亦爾，非有貪法非離貪法、非有瞋法非離瞋法、

非有癡法非離癡法，故說大乘與虛空等。

11.無菩薩十心相

「善現！又如虛空非有初發心可得乃至非有第十發心可得，大乘亦爾，非有初發心可得乃至非有第十發心可得，故說大乘與虛空等。

12.無三乘共地相

「善現！又如虛空非有淨觀地、種姓地、第八地、具見地、薄地、離欲地、已辦地、獨覺地、菩薩地、如來地可得，大乘亦爾，非有淨觀地乃至如來地可得，故說大乘與虛空等。

13.非界繫相

「善現！又如虛空非墮欲界、非墮色界、非墮無色界，大乘亦爾，非墮欲界、非墮色界、非墮無色界，故說大乘與虛空等。

14.無三乘果相

「善現！又如虛空非有預流向預流果、一來向一來果、不還向不還果、阿羅漢向阿羅漢果、獨覺向獨覺果、菩薩如來可得，大乘亦爾，非有預流向乃至如來可得，故說大乘與虛空等。

15.無三乘地相

「善現！又如虛空非有聲聞地、獨覺地、菩薩地、如來地可得，大乘亦爾，非有聲聞地、獨覺地、菩薩地、如來地可得，故說大乘與虛空等。

16.非色非無色等相

「善現！又如虛空非有色非無色、非有見非無見、非有對非無對、非相應非不相應，大乘亦爾，非有色非無色、非有見非無見、非有對非無對、非相應非不相應，故說大乘與虛空等。

17.非常非無常等相

「善現！又如虛空非常非無常、非樂非苦、非我非無我、非淨非不淨，大乘亦爾，非常非無常、非樂非苦、非我非無我、非淨非不淨，故說大乘與虛空等。

18.非空非不空等相

「善現！又如虛空非空非不空、非有相非無相、非有願非無願，大乘亦爾，非空非不空、非有相非無相、非有願非無願，故說大乘與虛空等。

19.非寂靜非不寂靜等相

「善現！又如虛空非寂靜非不寂靜、非遠離非不遠離，大乘亦爾，

非寂靜非不寂靜、非遠離非不遠離，故說大乘與虛空等。

20.非闇非明相

「善現！又如虛空非闇非明，大乘亦爾，非闇非明，故說大乘與虛空等。

21.非得非不得相

「善現！又如虛空非可得非不可得，大乘亦爾，非可得非不可得，故說大乘與虛空等。

22.非蘊界處非離蘊界處相

「善現！又如虛空非蘊界處非離蘊界處，大乘亦爾，非蘊界處非離蘊界處，故說大乘與虛空等。

23.非可說非不可說相

「善現！又如虛空非可說非不可說，大乘亦爾，非可說非不可說，故說大乘與虛空等。

②大乘與虛空等

「善現！由如是等種種因緣，故說大乘與虛空等。」*4

(CBETA, T07, no. 220, p. 97, b^{19}-p. 98, b^{2})

sher phyin:　v26, pp. 644^{21}-651^{08}　　《合論》：v50, pp. 649^{09}-655^{10}

(3)含受歡

①總說一切法空故能含受無量無邊有情

❶有情、虛空、大乘無所有故

10.3 能作無邊有情利益

卷418〈無所有品21〉：

「復次，善現！汝說『猶如虛空普能容受無量無數無邊有情，大乘亦爾，普能容受無量無數無邊有情。』者，如是！如是！如汝所說。所以者何？善現！有情無所有故，當知虛空亦無所有；虛空無所有故，當知大乘亦無所有。由此因緣，故說大乘普能容受無量無數無邊有情。何以故？善現！若有情、若虛空、若大乘，如是一切皆無所有不可得故。

❷大乘等無量無數無邊皆無所有故

「復次，善現！有情無量無數無邊故，當知虛空亦無量無數無邊；虛空無量無數無邊故，當知大乘亦無量無數無邊。由此因緣，故說大乘普能容受無量無數無邊有情。何以故？善現！若有情無量無數無邊，若虛空無量無數無邊，若大乘無量無數無邊，如是一

切皆無所有不可得故。

❸一切法皆無所有故

「復次，善現！有情無所有故，當知虛空亦無所有。虛空無所有故，當知大乘亦無所有。大乘無所有故，當知無量亦無所有。無量無所有故，當知無數亦無所有。無數無所有故，當知無邊亦無所有。無邊無所有故，當知一切法亦無所有。由此因緣，故說大乘普能容受無量無數無邊有情。何以故？善現！若有情、若虛空、若大乘、若無量、若無數、若無邊、若一切法，如是一切皆無所有不可得故。

②別說諸法空故能含受

❶我、有情乃至見者無所有故

「復次，善現！我無所有故，當知有情亦無所有。有情無所有故，當知命者亦無所有。命者無所有故，當知生者亦無所有。生者無所有故，當知養者亦無所有。養者無所有故，當知士夫亦無所有。士夫無所有故，當知補特伽羅亦無所有。補特伽羅無所有故，當知意生亦無所有。意生無所有故，當知儒童亦無所有。儒童無所有故，當知作者亦無所有。作者無所有故，當知受者亦無所有。受者無所有故，當知知者亦無所有。知者無所有故，當知見者亦無所有。見者無所有故，當知虛空亦無所有。虛空無所有故，當知大乘亦無所有。大乘無所有故，當知無量亦無所有。無量無所有故，當知無數亦無所有。無數無所有故，當知無邊亦無所有。無邊無所有故，當知一切法亦無所有。由此因緣，故說大乘普能容受無量無數無邊有情。何以故？善現！若我乃至見者，若虛空、若大乘、若無量、若無數、若無邊、若一切法，如是一切皆無所有，不可得故。

❷法界、真如，實際等無所有故

「復次，善現！我乃至見者無所有故，當知法界亦無所有。法界無所有故，當知虛空亦無所有。虛空無所有故，當知大乘亦無所有。大乘無所有故，當知無量亦無所有。無量無所有故，當知無數亦無所有。無數無所有故，當知無邊亦無所有。無邊無所有故，當知一切法亦無所有。由此因緣，故說大乘普能容受無量無數無邊有情。何以故？善現！若我乃至見者，若法界、若虛空、若大乘、若無量、若無數、若無邊、若一切法，如是一切皆無所有不可得故。

「復次，善現！我乃至見者無所有故，當知真如、實際、不思議界、安隱界等展轉亦無所有。真如、實際、不思議界、安隱界等無所有故，當知虛空亦無所有。虛空無所有故，當知大乘亦無所有。大乘無所有故，當知無量亦無所有。無量無所有故，當知無數亦無所有。無數無所有故，當知無邊亦無所有。無邊無所有故，當知一切法亦無所有。由此因緣，故說大乘普能容受無量無數無邊有情。何以故？善現！若我乃至見者，若真如、實際、不思議界、安隱界等，若虛空、若大乘、若無量、若無數、若無邊、若一切法，如是一切皆無所有不可得故。

❸五蘊無所有故

「復次，善現！我乃至見者無所有故，當知色亦無所有。色無所有故，當知虛空亦無所有。虛空無所有故，當知大乘亦無所有。大乘無所有故，當知無量亦無所有。無量無所有故，當知無數亦無所有。無數無所有故，當知無邊亦無所有。無邊無所有故，當知一切法亦無所有。由此因緣，故說大乘普能容受無量無數無邊有情。何以故？善現！若我乃至見者，若色、若虛空、若大乘、若無量、若無數、若無邊、若一切法，如是一切皆無所有不可得故。

「復次，善現！我乃至見者無所有故，當知受、想、行、識展轉亦無所有。受、想、行、識無所有故，當知虛空亦無所有。虛空無所有故，當知大乘亦無所有。大乘無所有故，當知無量亦無所有。無量無所有故，當知無數亦無所有。無數無所有故，當知無邊亦無所有。無邊無所有故，當知一切法亦無所有。由此因緣，故說大乘普能容受無量無數無邊有情。何以故？善現！若我乃至見者，若受、想、行、識，若虛空、若大乘、若無量、若無數、若無邊、若一切法，如是一切皆無所有不可得故。

❹內六處無所有故

「復次，善現！我乃至見者無所有故，當知眼處亦無所有。眼處無所有故，當知虛空亦無所有。虛空無所有故，當知大乘亦無所有。大乘無所有故，當知無量亦無所有。無量無所有故，當知無數亦無所有。無數無所有故，當知無邊亦無所有。無邊無所有故，當知一切法亦無所有。由此因緣，故說大乘普能容受無量無數無邊有情。何以故？善現！若我乃至見者，若眼處、若虛空、若大乘、若無量、若無數、若無邊、若一切法，如是一切皆無所有不可得

故。

「復次，善現！我乃至見者無所有故，當知耳、鼻、舌、身、意處展轉亦無所有。耳、鼻、舌、身、意處無所有故，當知虛空亦無所有。虛空無所有故，當知大乘亦無所有。大乘無所有故，當知無量亦無所有。無量無所有故，當知無數亦無所有。無數無所有故，當知無邊亦無所有。無邊無所有故，當知一切法亦無所有。由此因緣，故說大乘普能容受無量無數無邊有情。何以故？善現！若我乃至見者，若耳、鼻、舌、身、意處，若虛空、若大乘、若無量、若無數、若無邊、若一切法，如是一切皆無所有不可得故。

❺ 外六處無所有故

「復次，善現！我乃至見者無所有故，當知色處亦無所有。色處無所有故，當知虛空亦無所有。虛空無所有故，當知大乘亦無所有。大乘無所有故，當知無量亦無所有。無量無所有故，當知無數亦無所有。無數無所有故，當知無邊亦無所有。無邊無所有故，當知一切法亦無所有。由此因緣，故說大乘普能容受無量無數無邊有情。何以故？善現！若我乃至見者，若色處、若虛空、若大乘、若無量、若無數、若無邊、若一切法，如是一切皆無所有不可得故。

「復次，善現！我乃至見者無所有故，當知聲、香、味、觸、法處展轉亦無所有。聲、香、味、觸、法處無所有故，當知虛空亦無所有。虛空無所有故，當知大乘亦無所有。大乘無所有故，當知無量亦無所有。無量無所有故，當知無數亦無所有。無數無所有故，當知無邊亦無所有。無邊無所有故，當知一切法亦無所有。由此因緣，故說大乘普能容受無量無數無邊有情。何以故？善現！若我乃至見者，若聲、香、味、觸、法處，若虛空、若大乘、若無量、若無數、若無邊、若一切法，如是一切皆無所有不可得故。

❻ 十八界、觸、受無所有故

1.「復次，善現！我乃至見者無所有故，當知眼界亦無所有。眼界無所有故，當知虛空亦無所有。虛空無所有故，當知大乘亦無所有。大乘無所有故，當知無量亦無所有；無量無所有故，當知無數亦無所有。無數無所有故，當知無邊亦無所有。無邊無所有故，當知一切法亦無所有。由此因緣，故說大乘普能容受無量無數無邊有情。何以故？善現！若我乃至見者，若眼界、

若虛空、若大乘、若無量、若無數、若無邊、若一切法，如是一切皆無所有不可得故。

「復次，善現！我乃至見者無所有故，當知耳、鼻、舌、身、意界展轉亦無所有。耳、鼻、舌、身、意界無所有故，當知虛空亦無所有。虛空無所有故，當知大乘亦無所有。大乘無所有故，當知無量亦無所有。無量無所有故，當知無數亦無所有。無數無所有故，當知無邊亦無所有。無邊無所有故，當知一切法亦無所有。由此因緣，故說大乘普能容受無量無數無邊有情。何以故？善現！若我乃至見者，若耳、鼻、舌、身、意界，若虛空、若大乘、若無量、若無數、若無邊、若一切法，如是一切皆無所有不可得故。

2.「復次，善現！我乃至見者無所有故，當知色界亦無所有。色界無所有故，當知虛空亦無所有。虛空無所有故，當知大乘亦無所有。大乘無所有故，當知無量亦無所有。無量無所有故，當知無數亦無所有。無數無所有故，當知無邊亦無所有。無邊無所有故，當知一切法亦無所有。由此因緣，故說大乘普能容受無量無數無邊有情。何以故？善現！若我乃至見者，若色界、若虛空、若大乘、若無量、若無數、若無邊、若一切法，如是一切皆無所有不可得故。

「復次，善現！我乃至見者無所有故，當知聲、香、味、觸、法界展轉亦無所有。聲、香、味、觸、法界無所有故，當知虛空亦無所有。虛空無所有故，當知大乘亦無所有。大乘無所有故，當知無量亦無所有。無量無所有故，當知無數亦無所有。無數無所有故，當知無邊亦無所有。無邊無所有故，當知一切法亦無所有。由此因緣，故說大乘普能容受無量無數無邊有情。何以故？善現！若我乃至見者，若聲、香、味、觸、法界，若虛空、若大乘、若無量、若無數、若無邊、若一切法，如是一切皆無所有不可得故。

3.「復次，善現！我乃至見者無所有故，當知眼識界亦無所有。眼識界無所有故，當知虛空亦無所有。虛空無所有故，當知大乘亦無所有。大乘無所有故，當知無量亦無所有。無量無所有故，當知無數亦無所有。無數無所有故，當知無邊亦無所有。無邊無所有故，當知一切法亦無所有。由此因緣，故說大乘普能容

受無量無數無邊有情。何以故？善現！若我乃至見者，若眼識界、若虛空、若大乘、若無量、若無數、若無邊、若一切法，如是一切皆無所有不可得故。

「復次，善現！我乃至見者無所有故，當知耳、鼻、舌、身、意識界展轉亦無所有。耳、鼻、舌、身、意識界無所有故，當知虛空亦無所有。虛空無所有故，當知大乘亦無所有。大乘無所有故，當知無量亦無所有。無量無所有故，當知無數亦無所有。無數無所有故，當知無邊亦無所有。無邊無所有故，當知一切法亦無所有。由此因緣，故說大乘普能容受無量無數無邊有情。何以故？善現！若我乃至見者，若耳、鼻、舌、身、意識界，若虛空、若大乘、若無量、若無數、若無邊、若一切法，如是一切皆無所有不可得故。

4.「復次，善現！我乃至見者無所有故，當知眼觸亦無所有。眼觸無所有故，當知虛空亦無所有。虛空無所有故，當知大乘亦無所有。大乘無所有故，當知無量亦無所有。無量無所有故，當知無數亦無所有。無數無所有故，當知無邊亦無所有。無邊無所有故，當知一切法亦無所有。由此因緣，故說大乘普能容受無量無數無邊有情。何以故？善現！若我乃至見者，若眼觸、若虛空、若大乘、若無量、若無數、若無邊、若一切法，如是一切皆無所有不可得故。

「復次，善現！我乃至見者無所有故，當知耳、鼻、舌、身、意觸展轉亦無所有。耳、鼻、舌、身、意觸無所有故，當知虛空亦無所有。虛空無所有故，當知大乘亦無所有。大乘無所有故，當知無量亦無所有。無量無所有故，當知無數亦無所有。無數無所有故，當知無邊亦無所有。無邊無所有故，當知一切法亦無所有。由此因緣，故說大乘普能容受無量無數無邊有情。何以故？善現！若我乃至見者，若耳、鼻、舌、身、意觸，若虛空、若大乘、若無量、若無數、若無邊、若一切法，如是一切皆無所有不可得故。

5.「復次，善現！我乃至見者無所有故，當知眼觸為緣所生諸受亦無所有。眼觸為緣所生諸受無所有故，當知虛空亦無所有。虛空無所有故，當知大乘亦無所有。大乘無所有故，當知無量亦無所有。無量無所有故，當知無數亦無所有。無數無所有故，

當知無邊亦無所有。無邊無所有故，當知一切法亦無所有。由此因緣，故說大乘普能容受無量無數無邊有情。何以故？善現！若我乃至見者，若眼觸為緣所生諸受、若虛空、若大乘、若無量、若無數、若無邊、若一切法，如是一切皆無所有不可得故。

「復次，善現！我乃至見者無所有故，當知耳、鼻、舌、身、意觸為緣所生諸受展轉亦無所有。耳、鼻、舌、身、意觸為緣所生諸受無所有故，當知虛空亦無所有。虛空無所有故，當知大乘亦無所有。大乘無所有故，當知無量亦無所有。無量無所有故，當知無數亦無所有。無數無所有故，當知無邊亦無所有。無邊無所有故，當知一切法亦無所有。由此因緣，故說大乘普能容受無量無數無邊有情。何以故？善現！若我乃至見者，若耳、鼻、舌、身、意觸為緣所生諸受，若虛空、若大乘、若無量、若無數、若無邊、若一切法，如是一切皆無所有不可得故。

❼六波羅蜜無所有故

「復次，善現！我乃至見者無所有故，當知布施波羅蜜多亦無所有。布施波羅蜜多無所有故，當知虛空亦無所有。虛空無所有故，當知大乘亦無所有。大乘無所有故，當知無量亦無所有。無量無所有故，當知無數亦無所有。無數無所有故，當知無邊亦無所有。無邊無所有故，當知一切法亦無所有。由此因緣，故說大乘普能容受無量無數無邊有情。何以故？善現！若我乃至見者，若布施波羅蜜多、若虛空、若大乘、若無量、若無數、若無邊、若一切法，如是一切皆無所有不可得故。

「復次，善現！我乃至見者無所有故，當知淨戒、安忍、精進、靜慮、般若波羅蜜多展轉亦無所有。淨戒、安忍、精進、靜慮、般若波羅蜜多無所有故，當知虛空亦無所有。虛空無所有故，當知大乘亦無所有。大乘無所有故，當知無量亦無所有。無量無所有故，當知無數亦無所有。無數無所有故，當知無邊亦無所有。無邊無所有故，當知一切法亦無所有。由此因緣，故說大乘普能容受無量無數無邊有情。何以故？善現！若我乃至見者，若淨戒、安忍、精進、靜慮、般若波羅蜜多，若虛空、若大乘、若無量、若無數、若無邊、若一切法，如是一切皆無所有不可得故。

❽十八空無所有故

「復次，善現！我乃至見者無所有故，當知內空亦無所有。內空無

所有故，當知虛空亦無所有。虛空無所有故，當知大乘亦無所有。大乘無所有故，當知無量亦無所有。無量無所有故，當知無數亦無所有。無數無所有故，當知無邊亦無所有。無邊無所有故，當知一切法亦無所有。由此因緣，故說大乘普能容受無量無數無邊有情。何以故？善現！若我乃至見者，若內空、若虛空、若大乘、若無量、若無數、若無邊、若一切法，如是一切皆無所有不可得故。

「復次，善現！我乃至見者無所有故，當知外空、內外空、空空、大空、勝義空、有為空、無為空、畢竟空、無際空、散無散空、本性空、自共相空、一切法空、不可得空、無性空、自性空、無性自性空展轉亦無所有。外空乃至無性自性空無所有故，當知虛空亦無所有。虛空無所有故，當知大乘亦無所有。大乘無所有故，當知無量亦無所有。無量無所有故，當知無數亦無所有。無數無所有故，當知無邊亦無所有。無邊無所有故，當知一切法亦無所有。由此因緣，故說大乘普能容受無量無數無邊有情。何以故？善現！若我乃至見者，若外空乃至無性自性空，若虛空、若大乘、若無量、若無數、若無邊、若一切法，如是一切皆無所有不可得故。

❾四念住乃至十八佛不共法無所有故

1.「復次，善現！我乃至見者無所有故，當知四念住亦無所有。四念住無所有故，當知虛空亦無所有。虛空無所有故，當知大乘亦無所有。大乘無所有故，當知無量亦無所有。無量無所有故，當知無數亦無所有。無數無所有故，當知無邊亦無所有。無邊無所有故，當知一切法亦無所有。由此因緣，故說大乘普能容受無量無數無邊有情。何以故？善現！若我乃至見者，若四念住、若虛空、若大乘、若無量、若無數、若無邊、若一切法，如是一切皆無所有不可得故。

「復次，善現！我乃至見者無所有故，當知四正斷、四神足、五根、五力、七等覺支、八聖道支展轉亦無所有。四正斷乃至八聖道支無所有故，當知虛空亦無所有。虛空無所有故，當知大乘亦無所有。大乘無所有故，當知無量亦無所有。無量無所有故，當知無數亦無所有。無數無所有故，當知無邊亦無所有。無邊無所有故，當知一切法亦無所有。由此因緣，故說大乘普

能容受無量無數無邊有情。何以故？善現！若我乃至見者，若
四正斷乃至八聖道支，若虛空、若大乘、若無量、若無數、若
無邊、若一切法，如是一切皆無所有不可得故。」

(CBETA, T07, no. 220, p. 98, b²-p. 101, c¹⁵)

卷 419〈無所有品 21〉：第二分無所有品第二十一之二

2.「復次，善現！我乃至見者無所有故，當知乃至佛十力亦無所有。
佛十力無所有故，當知虛空亦無所有。虛空無所有故，當知大
乘亦無所有。大乘無所有故，當知無量亦無所有。無量無所有
故，當知無數亦無所有。無數無所有故，當知無邊亦無所有。
無邊無所有故，當知一切法亦無所有。由此因緣，故說大乘普
能容受無量無數無邊有情。何以故？善現！若我乃至見者，若
佛十力、若虛空、若大乘、若無量、若無數、若無邊、若一切
法，如是一切皆無所有不可得故。

「復次，善現！我乃至見者無所有故，當知四無所畏、四無礙解、
大慈、大悲、大喜、大捨、十八佛不共法展轉亦無所有。四無
所畏乃至十八佛不共法無所有故，當知虛空亦無所有。虛空無
所有故，當知大乘亦無所有。大乘無所有故，當知無量亦無所
有。無量無所有故，當知無數亦無所有。無數無所有故，當知
無邊亦無所有。無邊無所有故，當知一切法亦無所有。由此因
緣，故說大乘普能容受無量無數無邊有情。何以故？善現！若
我乃至見者，若四無所畏乃至十八佛不共法，若虛空、若大乘、
若無量、若無數、若無邊、若一切法，如是一切皆無所有不可
得故。

❿種姓法乃至如來法無所有故

「復次，善現！我乃至見者無所有故，當知種姓法亦無所有。種姓
法無所有故，當知虛空亦無所有。虛空無所有故，當知大乘亦無
所有。大乘無所有故，當知無量亦無所有。無量無所有故，當知
無數亦無所有。無數無所有故，當知無邊亦無所有。無邊無所有
故，當知一切法亦無所有。由此因緣，故說大乘普能容受無量無
數無邊有情。何以故？善現！若我乃至見者，若種姓法、若虛空、
若大乘、若無量、若無數、若無邊、若一切法，如是一切皆無所
有不可得故。

「復次，善現！我乃至見者無所有故，當知第八法、預流法、一來

法、不還法、阿羅漢法、獨覺法、菩薩法、如來法展轉亦無所有。第八法乃至如來法無所有故，當知虛空亦無所有。虛空無所有故，當知大乘亦無所有。大乘無所有故，當知無量亦無所有。無量無所有故，當知無數亦無所有。無數無所有故，當知無邊亦無所有。無邊無所有故，當知一切法亦無所有。由此因緣，故說大乘普能容受無量無數無邊有情。何以故？善現！若我乃至見者，若第八法乃至如來法，若虛空、若大乘、若無量、若無數、若無邊、若一切法，如是一切皆無所有不可得故。

❶❶聲聞、獨覺、菩薩、如來諸聖者皆無所有故

「復次，善現！我乃至見者無所有故，當知預流亦無所有。預流無所有故，當知虛空亦無所有。虛空無所有故，當知大乘亦無所有。大乘無所有故，當知無量亦無所有。無量無所有故，當知無數亦無所有。無數無所有故，當知無邊亦無所有。無邊無所有故，當知一切法亦無所有。由此因緣，故說大乘普能容受無量無數無邊有情。何以故？善現！若我乃至見者，若預流、若虛空、若大乘、若無量、若無數、若無邊、若一切法，如是一切皆無所有不可得故。

「復次，善現！我乃至見者無所有故，當知一來、不還、阿羅漢、獨覺、菩薩、如來亦無所有。一來乃至如來無所有故，當知虛空亦無所有。虛空無所有故，當知大乘亦無所有。大乘無所有故，當知無量亦無所有。無量無所有故，當知無數亦無所有。無數無所有故，當知無邊亦無所有。無邊無所有故，當知一切法亦無所有。由此因緣，故說大乘普能容受無量無數無邊有情。何以故？善現！若我乃至見者，若一來乃至如來，若虛空、若大乘、若無量、若無數、若無邊、若一切法，如是一切皆無所有不可得故。

❶❷三乘乃至一切相智無所有故

「復次，善現！我乃至見者無所有故，當知聲聞亦無所有。聲聞無所有故，當知獨覺亦無所有。獨覺無所有故，當知正等覺亦無所有。正等覺無所有故，當知大乘亦無所有。大乘無所有故，當知獨覺乘亦無所有。獨覺乘無所有故，當知聲聞乘亦無所有。聲聞乘無所有故，當知如來亦無所有。如來無所有故，當知一切相智亦無所有。一切相智無所有故，當知虛空亦無所有。虛空無所有故，當知大乘亦無所有。大乘無所有故，當知無量亦無所有。無

量無所有故，當知無數亦無所有。無數無所有故，當知無邊亦無所有；無邊無所有故，當知一切法亦無所有。由此因緣，故說大乘普能容受無量無數無邊有情。何以故？善現！若我乃至見者，若聲聞、若獨覺、若正等覺，若大乘、若獨覺乘、若聲聞乘，若如來、若一切相智，若虛空、若大乘、若無量、若無數、若無邊、若一切法，如是一切皆無所有不可得故。

⓭舉涅槃為喻

「復次，善現！如涅槃界普能容受無量無數無邊有情，大乘亦爾，普能容受無量無數無邊有情。由此因緣故作是說：猶如虛空普能容受無量無數無邊有情，大乘亦爾，普能容受無量無數無邊有情。」*5

(CBETA, T07, no. 220, p. 101, c23-p. 102, c25)

sher phyin: v26, pp. 651[08]-674[12]　　《合論》: v50, pp. 655[11]-665[15]

(4)不見來去住處歎

①大乘無來無去無住 (以一切法若動若住不可得故)

10.4 任運利他不加功用

卷 419〈無所有品 21〉：

「復次，善現！汝說『又如虛空無來無去無住可見，大乘亦爾，無來無去無住可見。』者，如是！如是！如汝所說。所以者何？善現！以一切法無來無去亦復不住。何以故？善現！以一切法若動若住不可得故，由此因緣，大乘亦無來處、去處、住處可得。*6

②別觀諸法之五事明無來無去無住

❶五蘊

所以者何？

1.善現！<u>色</u>無所從來，亦無所去，亦無所住；受、想、行、識無所從來，亦無所去，亦無所住。

2.善現！<u>色本性</u>無所從來，亦無所去，亦無所住；受、想、行、識本性無所從來，亦無所去，亦無所住。

3.善現！<u>色真如</u>無所從來，亦無所去，亦無所住；受、想、行、識真如無所從來，亦無所去，亦無所住。

4.善現！<u>色自性</u>無所從來，亦無所去，亦無所住；受、想、行、識、自性無所從來，亦無所去，亦無所住。

5.善現！<u>色自相</u>無所從來，亦無所去，亦無所住；受、想、行、識

自相無所從來，亦無所去，亦無所住。何以故？善現！色乃至識本性、真如、自性、自相若動若住不可得故。

❷十二處、十八界、六觸、六受

1.「復次，善現！眼處無所從來，亦無所去，亦無所住；耳、鼻、舌、身、意處無所從來，亦無所去，亦無所住。善現！眼處本性無所從來，亦無所去，亦無所住；耳、鼻、舌、身、意處本性無所從來，亦無所去，亦無所住。善現！眼處真如無所從來，亦無所去，亦無所住；耳、鼻、舌、身、意處真如無所從來，亦無所去，亦無所住。善現！眼處自性無所從來，亦無所去，亦無所住；耳、鼻、舌、身、意處自性無所從來，亦無所去，亦無所住。善現！眼處自相無所從來，亦無所去，亦無所住；耳、鼻、舌、身、意處自相無所從來，亦無所去，亦無所住。何以故？善現！眼處乃至意處本性、真如、自性、自相若動若住不可得故。

2.「復次，善現！色處無所從來，亦無所去，亦無所住；聲、香、味、觸、法處無所從來，亦無所去，亦無所住。善現！色處本性無所從來，亦無所去，亦無所住；聲、香、味、觸、法處本性無所從來，亦無所去，亦無所住。善現！色處真如無所從來，亦無所去，亦無所住；聲、香、味、觸、法處真如無所從來，亦無所去，亦無所住。善現！色處自性無所從來，亦無所去，亦無所住；聲、香、味、觸、法處自性無所從來，亦無所去，亦無所住。善現！色處自相無所從來，亦無所去，亦無所住；聲、香、味、觸、法處自相無所從來，亦無所去，亦無所住。何以故？善現！色處乃至法處本性、真如、自性、自相若動若住不可得故。

3.「復次，善現！眼界無所從來，亦無所去，亦無所住；耳、鼻、舌、身、意界無所從來，亦無所去，亦無所住。善現！眼界本性無所從來，亦無所去，亦無所住；耳、鼻、舌、身、意界本性無所從來，亦無所去，亦無所住。善現！眼界真如無所從來，亦無所去，亦無所住；耳、鼻、舌、身、意界真如無所從來，亦無所去，亦無所住。善現！眼界自性無所從來，亦無所去，亦無所住；耳、鼻、舌、身、意界自性無所從來，亦無所去，亦無所住。善現！眼界自相無所從來，亦無所去，亦無所住；

耳、鼻、舌、身、意界自相無所從來，亦無所去，亦無所住。何以故？善現！眼界乃至意界本性、真如、自性、自相若動若住不可得故。

4.「復次，善現！色界無所從來，亦無所去，亦無所住；聲、香、味、觸、法界無所從來，亦無所去，亦無所住。善現！色界本性無所從來，亦無所去，亦無所住；聲、香、味、觸、法界本性無所從來，亦無所去，亦無所住。善現！色界真如無所從來，亦無所去，亦無所住；聲、香、味、觸、法界真如無所從來，亦無所去，亦無所住。善現！色界自性無所從來，亦無所去，亦無所住；聲、香、味、觸、法界自性無所從來，亦無所去，亦無所住。善現！色界自相無所從來，亦無所去，亦無所住；聲、香、味、觸、法界自相無所從來，亦無所去，亦無所住。何以故？善現！色界乃至法界本性、真如、自性、自相若動若住不可得故。

5.「復次，善現！眼識界無所從來，亦無所去，亦無所住；耳、鼻、舌、身、意識界無所從來，亦無所去，亦無所住。善現！眼識界本性無所從來，亦無所去，亦無所住；耳、鼻、舌、身、意識界本性無所從來，亦無所去，亦無所住。善現！眼識界真如無所從來，亦無所去，亦無所住；耳、鼻、舌、身、意識界真如無所從來，亦無所去，亦無所住。善現！眼識界自性無所從來，亦無所去，亦無所住；耳、鼻、舌、身、意識界自性無所從來，亦無所去，亦無所住。善現！眼識界自相無所從來，亦無所去，亦無所住；耳、鼻、舌、身、意識界自相無所從來，亦無所去，亦無所住。何以故？善現！眼識界乃至意識界本性、真如、自性、自相若動若住不可得故。

6.「復次，善現！眼觸無所從來，亦無所去，亦無所住；耳、鼻、舌、身、意觸無所從來，亦無所去，亦無所住。善現！眼觸本性無所從來，亦無所去，亦無所住；耳、鼻、舌、身、意觸本性無所從來，亦無所去，亦無所住。善現！眼觸真如無所從來，亦無所去，亦無所住；耳、鼻、舌、身、意觸真如無所從來，亦無所去，亦無所住。善現！眼觸自性無所從來，亦無所去，亦無所住；耳、鼻、舌、身、意觸自性無所從來，亦無所去，亦無所住。善現！眼觸自相無所從來，亦無所去，亦無所住；

耳、鼻、舌、身、意觸自相無所從來，亦無所去，亦無所住。何以故？善現！眼觸乃至意觸本性、真如、自性、自相若動若住不可得故。

7.「復次，善現！眼觸為緣所生諸受無所從來，亦無所去，亦無所住；耳、鼻、舌、身、意觸為緣所生諸受無所從來，亦無所去，亦無所住。善現！眼觸為緣所生諸受本性無所從來，亦無所去，亦無所住；耳、鼻、舌、身、意觸為緣所生諸受本性無所從來，亦無所去，亦無所住。善現！眼觸為緣所生諸受真如無所從來，亦無所去，亦無所住；耳、鼻、舌、身、意觸為緣所生諸受真如無所從來，亦無所去，亦無所住。善現！眼觸為緣所生諸受自性無所從來，亦無所去，亦無所住；耳、鼻、舌、身、意觸為緣所生諸受自性無所從來，亦無所去，亦無所住。善現！眼觸為緣所生諸受自相無所從來，亦無所去，亦無所住；耳、鼻、舌、身、意觸為緣所生諸受自相無所從來，亦無所去，亦無所住。何以故？善現！眼觸為緣所生諸受乃至意觸為緣所生諸受本性、真如、自性、自相若動若住不可得故。

❸六大

「復次，善現！地界無所從來，亦無所去，亦無所住；水、火、風、空、識界無所從來，亦無所去，亦無所住。善現！地界本性無所從來，亦無所去，亦無所住；水、火、風、空、識界本性無所從來，亦無所去，亦無所住。善現！地界真如無所從來，亦無所去，亦無所住；水、火、風、空、識界真如無所從來，亦無所去，亦無所住。善現！地界自性無所從來，亦無所去，亦無所住；水、火、風、空、識界自性無所從來，亦無所去，亦無所住。善現！地界自相無所從來，亦無所去，亦無所住；水、火、風、空、識界自相無所從來，亦無所去，亦無所住。何以故？善現！地界乃至識界本性、真如、自性、自相若動若住不可得故。

❹真如、實際、不思議界等

「復次，善現！法界無所從來，亦無所去，亦無所住；真如、實際、不思議界、安隱界等無所從來，亦無所去，亦無所住。善現！法界本性無所從來，亦無所去，亦無所住；真如、實際、不思議界、安隱界等本性無所從來，亦無所去，亦無所住。善現！法界真如無所從來，亦無所去，亦無所住；真如、實際、不思議界、安隱

界等真如無所從來，亦無所去，亦無所住。善現！法界自性無所從來，亦無所去，亦無所住；真如、實際、不思議界、安隱界等自性無所從來，亦無所去，亦無所住。善現！法界自相無所從來，亦無所去，亦無所住；真如、實際、不思議界、安隱界等自相無所從來，亦無所去，亦無所住。何以故？善現！法界乃至安隱界等本性、真如、自性、自相若動若住不可得故。

❺六波羅蜜

「復次，善現！布施波羅蜜多無所從來，亦無所去，亦無所住；淨戒、安忍、精進、靜慮、般若波羅蜜多無所從來，亦無所去，亦無所住。善現！布施波羅蜜多本性無所從來，亦無所去，亦無所住；淨戒、安忍、精進、靜慮、般若波羅蜜多本性無所從來，亦無所去，亦無所住。善現！布施波羅蜜多真如無所從來，亦無所去，亦無所住；淨戒、安忍、精進、靜慮、般若波羅蜜多真如無所從來，亦無所去，亦無所住。善現！布施波羅蜜多自性無所從來，亦無所去，亦無所住；淨戒、安忍、精進、靜慮、般若波羅蜜多自性無所從來，亦無所去，亦無所住。善現！布施波羅蜜多自相無所從來，亦無所去，亦無所住；淨戒、安忍、精進、靜慮、般若波羅蜜多自相無所從來，亦無所去，亦無所住。何以故？善現！布施波羅蜜多乃至般若波羅蜜多本性、真如、自性、自相若動若住不可得故。

❻三十七道品

「復次，善現！四念住無所從來，亦無所去，亦無所住；四正斷、四神足、五根、五力、七等覺支、八聖道支無所從來，亦無所去，亦無所住。善現！四念住本性無所從來，亦無所去，亦無所住；四正斷乃至八聖道支本性無所從來，亦無所去，亦無所住。善現！四念住真如無所從來，亦無所去，亦無所住；四正斷乃至八聖道支真如無所從來，亦無所去，亦無所住。善現！四念住自性無所從來，亦無所去，亦無所住；四正斷乃至八聖道支自性無所從來，亦無所去，亦無所住。善現！四念住自相無所從來，亦無所去，亦無所住；四正斷乃至八聖道支自相無所從來，亦無所去，亦無所住。何以故？善現！四念住乃至八聖道支本性、真如、自性、自相若動若住不可得故。

❼佛十力乃至十八佛不共法

「復次，善現！如是乃至佛十力無所從來，亦無所去，亦無所住；四無所畏、四無礙解、大慈、大悲、大喜、大捨、十八佛不共法無所從來，亦無所去，亦無所住。善現！佛十力本性無所從來，亦無所去，亦無所住；四無所畏乃至十八佛不共法本性無所從來，亦無所去，亦無所住。善現！佛十力真如無所從來，亦無所去，亦無所住；四無所畏乃至十八佛不共法真如無所從來，亦無所去，亦無所住。善現！佛十力自性無所從來，亦無所去，亦無所住；四無所畏乃至十八佛不共法自性無所從來，亦無所去，亦無所住。善現！佛十力自相無所從來，亦無所去，亦無所住；四無所畏乃至十八佛不共法自相無所從來，亦無所去，亦無所住。何以故？善現！佛十力乃至十八佛不共法本性、真如、自性、自相若動若住不可得故。

❽菩提、佛陀

「復次，善現！菩提無所從來，亦無所去，亦無所住；佛陀無所從來，亦無所去，亦無所住。善現！菩提本性無所從來，亦無所去，亦無所住；佛陀本性無所從來，亦無所去，亦無所住。善現！菩提真如無所從來，亦無所去，亦無所住；佛陀真如無所從來，亦無所去，亦無所住。善現！菩提自性無所從來，亦無所去，亦無所住；佛陀自性無所從來，亦無所去，亦無所住。善現！菩提自相無所從來，亦無所去，亦無所住；佛陀自相無所從來，亦無所去，亦無所住。何以故？善現！菩提佛陀本性、真如、自性、自相若動若住不可得故。

❾有為界、無為界

「復次，善現！有為界無所從來，亦無所去，亦無所住；無為界無所從來，亦無所去，亦無所住。善現！有為界本性無所從來，亦無所去，亦無所住；無為界本性無所從來，亦無所去，亦無所住。善現！有為界真如無所從來，亦無所去，亦無所住；無為界真如無所從來，亦無所去，亦無所住。善現！有為界自性無所從來，亦無所去，亦無所住；無為界自性無所從來，亦無所去，亦無所住。善現！有為界自相無所從來，亦無所去，亦無所住；無為界自相無所從來，亦無所去，亦無所住。何以故？善現！有為界、無為界本性、真如、自性、自相若動若住不可得故。

「善現！由此因緣，故說大乘無來無去無住可見，猶如虛空。」*7

(CBETA, T07, no. 220, p. 102, c²⁵-p. 105, b⁵)

sher phyin: v26, pp. 674¹²-691¹¹　《合論》: v50, pp. 665¹⁶-672⁰⁵

(5)三世等歎

卷 419〈無所有品 21〉：

「復次，善現！汝說『又如虛空前、後、中際皆不可得，大乘亦爾，前、後、中際皆不可得；三世平等超出三世，故名大乘。』者，如是！如是！如汝所說。

①約法空，說三世不可得

❶三世、大乘、菩薩法空

所以者何？善現！過去世過去世空，未來世未來世空，現在世現在世空，三世平等三世平等空，超出三世超出三世空，大乘大乘空，菩薩菩薩空。何以故？善現！空無一、二、三、四、五等差別之相，是故大乘三世平等超出三世。

❷相待法不可得 (約空無自性說)

「善現！此大乘中，等不等相俱不可得，貪離貪相俱不可得，瞋離瞋相俱不可得，癡離癡相俱不可得，慢離慢相俱不可得，如是乃至善非善相俱不可得，有記無記相俱不可得，常無常相俱不可得，樂及苦相俱不可得，我無我相俱不可得，淨不淨相俱不可得，欲界出欲界相俱不可得，色界出色界相俱不可得，無色界出無色界相俱不可得。何以故？善現！此大乘中諸法自性不可得故。

②約三世空中空相不可得，說蘊處界、諸道法、凡聖不可得

❶蘊處界不可得

1.「復次，善現！過去色過去色空，未來現在色未來現在色空；過去受、想、行、識過去受、想、行、識空，未來現在受、想、行、識未來現在受、想、行、識空。

「善現！空中過去色不可得。何以故？過去色即是空，空性亦空，空中空尚不可得，何況空中有過去色可得！善現！空中未來現在色不可得。何以故？未來現在色即是空，空性亦空，空中空尚不可得，何況空中有未來現在色可得！善現！空中過去受、想、行、識不可得。何以故？過去受、想、行、識即是空，空性亦空，空中空尚不可得，何況空中有過去受、想、行、識可得！善現！空中未來現在受、想、行、識不可得。何以故？未來現在受、想、行、識即是空，空性亦空，空中空尚不可得，

何況空中有未來現在受、想、行、識可得！

2.「復次，善現！過去眼處過去眼處空，未來現在眼處未來現在眼處空；過去耳、鼻、舌、身、意處過去耳、鼻、舌、身、意處空，未來現在耳、鼻、舌、身、意處未來現在耳、鼻、舌、身、意處空。

「善現！空中過去眼處不可得。何以故？過去眼處即是空，空性亦空，空中空尚不可得，何況空中有過去眼處可得！善現！空中未來現在眼處不可得。何以故？未來現在眼處即是空，空性亦空，空中空尚不可得，何況空中有未來現在眼處可得！善現！空中過去耳、鼻、舌、身、意處不可得。何以故？過去耳、鼻、舌、身、意處即是空，空性亦空，空中空尚不可得，何況空中有過去耳、鼻、舌、身、意處可得！善現！空中未來現在耳、鼻、舌、身、意處不可得。何以故？未來現在耳、鼻、舌、身、意處即是空，空性亦空，空中空尚不可得，何況空中有未來現在耳、鼻、舌、身、意處可得！

3.「復次，善現！過去色處過去色處空，未來現在色處未來現在色處空；過去聲、香、味、觸、法處過去聲、香、味、觸、法處空，未來現在聲、香、味、觸、法處未來現在聲、香、味、觸、法處空。

「善現！空中過去色處不可得。何以故？過去色處即是空，空性亦空，空中空尚不可得，何況空中有過去色處可得！善現！空中未來現在色處不可得。何以故？未來現在色處即是空，空性亦空，空中空尚不可得，何況空中有未來現在色處可得！善現！空中過去聲、香、味、觸、法處不可得。何以故？過去聲、香、味、觸、法處即是空，空性亦空，空中空尚不可得，何況空中有過去聲、香、味、觸、法處可得！善現！空中未來現在聲、香、味、觸、法處不可得。何以故？未來現在聲、香、味、觸、法處即是空，空性亦空，空中空尚不可得，何況空中有未來現在聲、香、味、觸、法處可得！

4.「復次，善現！過去眼界過去眼界空，未來現在眼界未來現在眼界空；過去耳、鼻、舌、身、意界過去耳、鼻、舌、身、意界空，未來現在耳、鼻、舌、身、意界未來現在耳、鼻、舌、身、意界空。

「善現！空中過去眼界不可得。何以故？過去眼界即是空，空性亦空，空中空尚不可得，何況空中有過去眼界可得！善現！空中未來現在眼界不可得。何以故？未來現在眼界即是空，空性亦空，空中空尚不可得，何況空中有未來現在眼界可得！善現！空中過去耳、鼻、舌、身、意界不可得。何以故？過去耳、鼻、舌、身、意界即是空，空性亦空，空中空尚不可得，何況空中有過去耳、鼻、舌、身、意界可得！善現！空中未來現在耳、鼻、舌、身、意界不可得。何以故？未來現在耳、鼻、舌、身、意界即是空，空性亦空，空中空尚不可得，何況空中有未來現在耳、鼻、舌、身、意界可得！

5.「復次，善現！過去色界過去色界空，未來現在色界未來現在色界空；過去聲、香、味、觸、法界過去聲、香、味、觸、法界空，未來現在聲、香、味、觸、法界未來現在聲、香、味、觸、法界空。

「善現！空中過去色界不可得。何以故？過去色界即是空，空性亦空，空中空尚不可得，何況空中有過去色界可得！善現！空中未來現在色界不可得。何以故？未來現在色界即是空，空性亦空，空中空尚不可得，何況空中有未來現在色界可得！善現！空中過去聲、香、味、觸、法界不可得。何以故？過去聲、香、味、觸、法界即是空，空性亦空，空中空尚不可得，何況空中有過去聲、香、味、觸、法界可得！善現！空中未來現在聲、香、味、觸、法界不可得。何以故？未來現在聲、香、味、觸、法界即是空，空性亦空，空中空尚不可得，何況空中有未來現在聲、香、味、觸、法界可得！

6.「復次，善現！過去眼識界過去眼識界空，未來現在眼識界未來現在眼識界空；過去耳、鼻、舌、身、意識界過去耳、鼻、舌、身、意識界空，未來現在耳、鼻、舌、身、意識界未來現在耳、鼻、舌、身、意識界空。

「善現！空中過去眼識界不可得。何以故？過去眼識界即是空，空性亦空，空中空尚不可得，何況空中有過去眼識界可得！善現！空中未來現在眼識界不可得。何以故？未來現在眼識界即是空，空性亦空，空中空尚不可得，何況空中有未來現在眼識界可得！善現！空中過去耳、鼻、舌、身、意識界不可得。何

以故？過去耳、鼻、舌、身、意識界即是空，空性亦空，空中空尚不可得，何況空中有過去耳、鼻、舌、身、意識界可得！善現！空中未來現在耳、鼻、舌、身、意識界不可得。何以故？未來現在耳、鼻、舌、身、意識界即是空，空性亦空，空中空尚不可得，何況空中有未來現在耳、鼻、舌、身、意識界可得！

7.「復次，善現！過去眼觸過去眼觸空，未來現在眼觸未來現在眼觸空；過去耳、鼻、舌、身、意觸過去耳、鼻、舌、身、意觸空，未來現在耳、鼻、舌、身、意觸未來現在耳、鼻、舌、身、意觸空。

「善現！空中過去眼觸不可得。何以故？過去眼觸即是空，空性亦空，空中空尚不可得，何況空中有過去眼觸可得！善現！空中未來現在眼觸不可得。何以故？未來現在眼觸即是空，空性亦空，空中空尚不可得，何況空中有未來現在眼觸可得！善現！空中過去耳、鼻、舌、身、意觸不可得。何以故？過去耳、鼻、舌、身、意觸即是空，空性亦空，空中空尚不可得，何況空中有過去耳、鼻、舌、身、意觸可得！善現！空中未來現在耳、鼻、舌、身、意觸不可得。何以故？未來現在耳、鼻、舌、身、意觸即是空，空性亦空，空中空尚不可得，何況空中有未來現在耳、鼻、舌、身、意觸可得。

8.「復次，善現！過去眼觸為緣所生諸受過去眼觸為緣所生諸受空，未來現在眼觸為緣所生諸受未來現在眼觸為緣所生諸受空；過去耳、鼻、舌、身、意觸為緣所生諸受過去耳、鼻、舌、身、意觸為緣所生諸受空，未來現在耳、鼻、舌、身、意觸為緣所生諸受未來現在耳、鼻、舌、身、意觸為緣所生諸受空。

「善現！空中過去眼觸為緣所生諸受不可得。何以故？過去眼觸為緣所生諸受即是空，空性亦空，空中空尚不可得，何況空中有過去眼觸為緣所生諸受可得！善現！空中未來現在眼觸為緣所生諸受不可得。何以故？未來現在眼觸為緣所生諸受即是空，空性亦空，空中空尚不可得，何況空中有未來現在眼觸為緣所生諸受可得！善現！空中過去耳、鼻、舌、身、意觸為緣所生諸受不可得。何以故？過去耳、鼻、舌、身、意觸為緣所生諸受即是空，空性亦空，空中空尚不可得，何況空中有過去耳、鼻、舌、身、意觸為緣所生諸受可得！善現！空中未來現

在耳、鼻、舌、身、意觸為緣所生諸受不可得。何以故？未來現在耳、鼻、舌、身、意觸為緣所生諸受即是空，空性亦空，空中空尚不可得，何況空中有未來現在耳、鼻、舌、身、意觸為緣所生諸受可得！」

(CBETA, T07, no. 220, p. 105, b^6-p. 107, a^{14})

《卷 420〈無所有品 21〉：第二分無所有品第二十一之三
❷諸道法不可得

1.「復次，善現！過去布施波羅蜜多過去布施波羅蜜多空，未來現在布施波羅蜜多未來現在布施波羅蜜多空；過去淨戒、安忍、精進、靜慮、般若波羅蜜多過去淨戒、安忍、精進、靜慮、般若波羅蜜多空，未來現在淨戒、安忍、精進、靜慮、般若波羅蜜多未來現在淨戒、安忍、精進、靜慮、般若波羅蜜多空。

「善現！空中過去布施波羅蜜多不可得。何以故？過去布施波羅蜜多即是空，空性亦空，空中空尚不可得，何況空中有過去布施波羅蜜多可得！善現！空中未來現在布施波羅蜜多不可得。何以故？未來現在布施波羅蜜多即是空，空性亦空，空中空尚不可得，何況空中有未來現在布施波羅蜜多可得！善現！空中過去淨戒、安忍、精進、靜慮、般若波羅蜜多不可得。何以故？過去淨戒、安忍、精進、靜慮、般若波羅蜜多即是空，空性亦空，空中空尚不可得，何況空中有過去淨戒、安忍、精進、靜慮、般若波羅蜜多可得！善現！空中未來現在淨戒、安忍、精進、靜慮、般若波羅蜜多不可得。何以故？未來現在淨戒、安忍、精進、靜慮、般若波羅蜜多即是空，空性亦空，空中空尚不可得，何況空中有未來現在淨戒、安忍、精進、靜慮、般若波羅蜜多可得！

2.「復次，善現！過去四念住過去四念住空，未來現在四念住未來現在四念住空；過去四正斷、四神足、五根、五力、七等覺支、八聖道支過去四正斷乃至八聖道支空，未來現在四正斷乃至八聖道支未來現在四正斷乃至八聖道支空。

「善現！空中過去四念住不可得。何以故？過去四念住即是空，空性亦空，空中空尚不可得，何況空中有過去四念住可得！善現！空中未來現在四念住不可得。何以故？未來現在四念住即是空，空性亦空，空中空尚不可得，何況空中有未來現在四念

住可得！善現！空中過去四正斷乃至八聖道支不可得。何以故？過去四正斷乃至八聖道支即是空，空性亦空，空中空尚不可得，何況空中有過去四正斷乃至八聖道支可得！善現！空中未來現在四正斷乃至八聖道支不可得。何以故？未來現在四正斷乃至八聖道支即是空，空性亦空，空中空尚不可得，何況空中有未來現在四正斷乃至八聖道支可得。

3. 「復次，善現！如是乃至過去佛十力過去佛十力空，未來現在佛十力未來、現在佛十力空；過去四無所畏、四無礙解、大慈、大悲、大喜、大捨、十八佛不共法過去四無所畏乃至十八佛不共法空，未來現在四無所畏乃至十八佛不共法未來現在四無所畏乃至十八佛不共法空。

「善現！空中過去佛十力不可得。何以故？過去佛十力即是空，空性亦空，空中空尚不可得，何況空中有過去佛十力可得！善現！空中未來現在佛十力不可得。何以故？未來現在佛十力即是空，空性亦空，空中空尚不可得，何況空中有未來現在佛十力可得！善現！空中過去四無所畏乃至十八佛不共法不可得。何以故？過去四無所畏乃至十八佛不共法即是空，空性亦空，空中空尚不可得，何況空中有過去四無所畏乃至十八佛不共法可得！善現！空中未來現在四無所畏乃至十八佛不共法不可得。何以故？未來現在四無所畏乃至十八佛不共法即是空，空性亦空，空中空尚不可得，何況空中有未來現在四無所畏乃至十八佛不共法可得。

❸凡聖不可得

「復次，善現！過去異生過去異生空，未來現在異生未來現在異生空；過去聲聞、獨覺、菩薩、如來過去聲聞、獨覺、菩薩、如來空，未來現在聲聞、獨覺、菩薩、如來未來現在聲聞、獨覺、菩薩、如來空。

「善現！空中過去異生不可得。何以故？過去異生即是空，空性亦空，空中空尚不可得，何況空中有過去異生可得！善現！空中未來現在異生不可得。何以故？未來現在異生即是空，空性亦空，空中空尚不可得，何況空中有未來現在異生可得！以我、有情乃至知者、見者皆無所有不可得故。善現！空中過去聲聞、獨覺、菩薩、如來不可得。何以故？過去聲聞、獨覺、菩薩、

如來即是空，空性亦空，空中空尚不可得，何況空中有過去聲聞、獨覺、菩薩、如來可得！善現！空中未來現在聲聞、獨覺、菩薩、如來不可得。何以故？未來現在聲聞、獨覺、菩薩、如來即是空，空性亦空，空中空尚不可得，何況空中有未來現在聲聞、獨覺、菩薩、如來可得！以我、有情乃至知者、見者皆無所有不可得故。

③約三際平等中諸法不可得，平等亦不可得故，說蘊處界、諸道法、凡聖不可得

❶蘊處界不可得

1.「復次，善現！前際色不可得，後際中際色不可得，三際平等中色亦不可得。所以者何？善現！平等中前後中際色皆不可得。何以故？平等中平等性尚不可得，何況平等中有前後中際色可得！善現！前際受、想、行、識不可得，後際中際受、想、行、識不可得，三際平等中受、想、行、識亦不可得。所以者何？善現！平等中前後中際受、想、行、識皆不可得。何以故？平等中平等性尚不可得，何況平等中有前後中際受、想、行、識可得！

2.「復次，善現！前際眼處不可得，後際中際眼處不可得，三際平等中眼處亦不可得。所以者何？善現！平等中前後中際眼處皆不可得。何以故？平等中平等性尚不可得，何況平等中有前後中際眼處可得！善現！前際耳、鼻、舌、身、意處不可得，後際中際耳、鼻、舌、身、意處不可得，三際平等中耳、鼻、舌、身、意處亦不可得。所以者何？善現！平等中前後中際耳、鼻、舌、身、意處皆不可得。何以故？平等中平等性尚不可得，何況平等中有前後中際耳、鼻、舌、身、意處可得！

3.「復次，善現！前際色處不可得，後際中際色處不可得，三際平等中色處亦不可得。所以者何？善現！平等中前後中際色處皆不可得。何以故？平等中平等性尚不可得，何況平等中有前後中際色處可得！善現！前際聲、香、味、觸、法處不可得，後際中際聲、香、味、觸、法處不可得，三際平等中聲、香、味、觸、法處亦不可得。所以者何？善現！平等中前後中際聲、香、味、觸、法處皆不可得。何以故？平等中平等性尚不可得，何況平等中有前後中際聲、香、味、觸、法處可得！

4. 「復次，善現！前際眼界不可得，後際中際眼界不可得，三際平等中眼界亦不可得。所以者何？善現！平等中前後中際眼界皆不可得。何以故？平等中平等性尚不可得，何況平等中有前後中際眼界可得！善現！前際耳、鼻、舌、身、意界不可得，後際中際耳、鼻、舌、身、意界不可得，三際平等中耳、鼻、舌、身、意界亦不可得。所以者何？善現！平等中前後中際耳、鼻、舌、身、意界皆不可得。何以故？平等中平等性尚不可得，何況平等中有前後中際耳、鼻、舌、身、意界可得！

5. 「復次，善現！前際色界不可得，後際中際色界不可得，三際平等中色界亦不可得。所以者何？善現！平等中前後中際色界皆不可得。何以故？平等中平等性尚不可得，何況平等中有前後中際色界可得！善現！前際聲、香、味、觸、法界不可得，後際中際聲、香、味、觸、法界不可得，三際平等中聲、香、味、觸、法界亦不可得。所以者何？善現！平等中前後中際聲、香、味、觸、法界皆不可得。何以故？平等中平等性尚不可得，何況平等中有前後中際聲、香、味、觸、法界可得！

6. 「復次，善現！前際眼識界不可得，後際中際眼識界不可得，三際平等中眼識界亦不可得。所以者何？善現！平等中前後中際眼識界皆不可得。何以故？平等中平等性尚不可得，何況平等中有前後中際眼識界可得！善現！前際耳、鼻、舌、身、意識界不可得，後際中際耳、鼻、舌、身、意識界不可得，三際平等中耳、鼻、舌、身、意識界亦不可得。所以者何？善現！平等中前後中際耳、鼻、舌、身、意識界皆不可得。何以故？平等中平等性尚不可得，何況平等中有前後中際耳、鼻、舌、身、意識界可得！

7. 「復次，善現！前際眼觸不可得，後際中際眼觸不可得，三際平等中眼觸亦不可得。所以者何？善現！平等中前後中際眼觸皆不可得。何以故？平等中平等性尚不可得，何況平等中有前後中際眼觸可得！善現！前際耳、鼻、舌、身、意觸不可得，後際中際耳、鼻、舌、身、意觸不可得，三際平等中耳、鼻、舌、身、意觸亦不可得。所以者何？善現！平等中前後中際耳、鼻、舌、身、意觸皆不可得。何以故？平等中平等性尚不可得，何況平等中有前後中際耳、鼻、舌、身、意觸可得！

8.「復次，善現！前際眼觸為緣所生諸受不可得，後際中際眼觸為緣所生諸受不可得，三際平等中眼觸為緣所生諸受亦不可得。所以者何？善現！平等中前後中際眼觸為緣所生諸受皆不可得。何以故？平等中平等性尚不可得，何況平等中有眼觸為緣所生諸受可得！善現！前際耳、鼻、舌、身、意觸為緣所生諸受不可得，後際中際耳、鼻、舌、身、意觸為緣所生諸受不可得，三際平等中耳、鼻、舌、身、意觸為緣所生諸受亦不可得。所以者何？善現！平等中前後中際耳、鼻、舌、身、意觸為緣所生諸受皆不可得。何以故？平等中平等性尚不可得，何況平等中有前後中際耳、鼻、舌、身、意觸為緣所生諸受可得！

❷諸道法不可得

1.「復次，善現！前際布施波羅蜜多不可得，後際中際布施波羅蜜多不可得，三際平等中布施波羅蜜多亦不可得。所以者何？善現！平等中前後中際布施波羅蜜多皆不可得。何以故？平等中平等性尚不可得，何況平等中有前後中際布施波羅蜜多可得！善現！前際淨戒、安忍、精進、靜慮、般若波羅蜜多不可得，後際中際淨戒、安忍、精進、靜慮、般若波羅蜜多不可得，三際平等中淨戒、安忍、精進、靜慮、般若波羅蜜多亦不可得。所以者何？善現！平等中前後中際淨戒、安忍、精進、靜慮、般若波羅蜜多皆不可得。何以故？平等中平等性尚不可得，何況平等中有前後中際淨戒、安忍、精進、靜慮、般若波羅蜜多可得！

2.「復次，善現！前際四念住不可得，後際中際四念住不可得，三際平等中四念住亦不可得。所以者何？善現！平等中前後中際四念住皆不可得。何以故？平等中平等性尚不可得，何況平等中有前後中際四念住可得！善現！前際四正斷、四神足、五根、五力、七等覺支、八聖道支不可得，後際中際四正斷乃至八聖道支不可得，三際平等中四正斷乃至八聖道支亦不可得。所以者何？善現！平等中前後中際四正斷乃至八聖道支皆不可得。何以故？平等中平等性尚不可得，何況平等中有前後中際四正斷乃至八聖道支可得！

3.「復次，善現！如是乃至前際佛十力不可得，後際中際佛十力不可得，三際平等中佛十力亦不可得。所以者何？善現！平等中

前後中際佛十力皆不可得。何以故？平等中平等性尚不可得，何況平等中有前後中際佛十力可得！善現！前際四無所畏、四無礙解、大慈、大悲、大喜、大捨、十八佛不共法不可得，後際中際四無所畏乃至十八佛不共法不可得，三際平等中四無所畏乃至十八佛不共法亦不可得。所以者何？善現！平等中前後中際四無所畏乃至十八佛不共法皆不可得。何以故？平等中平等性尚不可得，何況平等中有前後中際四無所畏乃至十八佛不共法可得！

❸約有情空故凡聖不可得

「復次，善現！前際異生不可得，後際中際異生不可得，三際平等中異生亦不可得。所以者何？善現！平等中前後中際異生皆不可得。何以故？平等中平等性尚不可得，何況平等中有前後中際異生可得！以我、有情乃至知者、見者皆無所有不可得故。善現！前際聲聞、獨覺、菩薩、如來不可得，後際中際聲聞、獨覺、菩薩、如來不可得，三際平等中聲聞、獨覺、菩薩、如來亦不可得。所以者何？善現！平等中前後中際聲聞、獨覺、菩薩、如來皆不可得。何以故？平等中平等性尚不可得，何況平等中有前後中際聲聞、獨覺、菩薩、如來可得！以我、有情乃至知者、見者皆無所有不可得故。

「如是，善現！諸菩薩摩訶薩修行般若波羅蜜多時，住此三際平等性中，精勤修學一切相智，無取著故速得圓滿。善現！是名菩薩摩訶薩三際平等大乘。若菩薩摩訶薩住如是大乘中，超勝一切世間天、人、阿素洛等，疾能證得一切相智，利益安樂一切有情。」
*8

(CBETA, T07, no. 220, p. 107, a²²-p. 109, c¹⁶)

sher phyin:　v26, pp. 691¹¹-699⁰⁵　　《合論》：v50, pp. 672⁰⁶-679⁰²

(6)讚歎大乘 (三世菩薩修學大乘得一切相智)

卷420〈無所有品21〉：爾時，具壽善現白佛言：

「世尊！善哉！善哉！如來、應、正等覺善能正說菩薩摩訶薩大乘。世尊！如是大乘最尊最勝、最上最妙，過去諸菩薩摩訶薩於此中學，已能證得一切相智，利益安樂一切有情；未來諸菩薩摩訶薩於此中學，當能證得一切相智，利益安樂一切有情；現在十方無量、無數、無邊世界諸菩薩摩訶薩於此中學，今能證得一切相智，利益安樂一切有情。

是故大乘最尊最勝、最上最妙，能為一切菩薩摩訶薩真勝所依，能令
菩薩摩訶薩速能證得一切相智，利益安樂一切有情。」

佛告善現：

「如是！如是！如汝所說。善現！過去未來現在諸菩薩摩訶薩，皆依大
乘精勤修學，速證無上正等菩提，利益安樂諸有情類。是故大乘最尊
最勝、最上最妙，超勝一切世間天、人、阿素洛等。」*8

4.以無生門說般若

(1)大乘與般若無二無別

卷 420 第二分隨順品第二十二

爾時，具壽滿慈子白佛言：

「世尊！如來先令尊者善現為諸菩薩摩訶薩宣說般若波羅蜜多，而今何
故乃說大乘？」

具壽善現即白佛言：「世尊！我前所說諸大乘義，將無違越所說般若波羅
蜜多。」

佛告善現：

「汝前所說諸大乘義，皆於般若波羅蜜多一切隨順無所違越。何以故？
善現！一切善法、菩提分法，若聲聞法、若獨覺法、若菩薩法、若如
來法，如是一切無不攝入甚深般若波羅蜜多。」

爾時，善現復白佛言：

「世尊！云何一切善法、菩提分法，若聲聞法、若獨覺法、若菩薩法、
若如來法，皆悉攝入甚深般若波羅蜜多？」

佛告善現：

「若布施波羅蜜多，若淨戒、安忍、精進、靜慮、般若波羅蜜多；若四
念住，若四正斷、四神足、五根、五力、七等覺支、八聖道支；若空
解脫門，若無相、無願解脫門；若佛十力，若四無所畏、四無礙解、
大慈、大悲、大喜、大捨、十八佛不共法；若一切智，若道相智、一
切相智；若無忘失法，若恒住捨性，善現！諸如是等一切善法、菩提
分法，若聲聞法、若獨覺法、若菩薩法、若如來法，如是一切皆悉攝
入甚深般若波羅蜜多。

「復次，善現！若大乘，若般若波羅蜜多，若靜慮、精進、安忍、淨戒、
布施波羅蜜多；若色，若受、想、行、識；若眼處，若耳、鼻、舌、
身、意處；若色處，若聲、香、味、觸、法處；若眼界，若耳、鼻、

舌、身、意界；若色界，若聲、香、味、觸、法界；若眼識界，若耳、鼻、舌、身、意識界；若眼觸，若耳、鼻、舌、身、意觸；若眼觸為緣所生諸受，若耳、鼻、舌、身、意觸為緣所生諸受；若四靜慮，若四無量、四無色定；若八解脫，若八勝處、九次第定、十遍處；若四念住，若四正斷、四神足、五根、五力、七等覺支、八聖道支；若空解脫門，若無相、無願解脫門；若善法，若非善法；若有記法，若無記法；若有漏法，若無漏法；若有為法，若無為法；若世間法，若出世間法；若苦聖諦，若集、滅、道聖諦；若欲界，若色、無色界；若內空，若外空、內外空、空空、大空、勝義空、有為空、無為空、畢竟空、無際空、散無散空、本性空、自共相空、一切法空、不可得空、無性空、自性空、無性自性空；若法界，若真如、實際、不思議界、安隱界等；若陀羅尼，若三摩地；若佛十力，若四無所畏、四無礙解、大慈、大悲、大喜、大捨、十八佛不共法；若諸如來，若佛所覺所說法、律；若菩提，若涅槃。如是等一切法，皆非相應非不相應，無色、無見、無對、一相，所謂無相。善現！由此因緣，汝前所說諸大乘義，皆於般若波羅蜜多一切隨順無所違越。所以者何？

「善現！大乘不異般若波羅蜜多，般若波羅蜜多不異大乘；大乘不異靜慮、精進、安忍、淨戒、布施波羅蜜多，靜慮、精進、安忍、淨戒、布施波羅蜜多不異大乘。何以故？若大乘，若般若波羅蜜多，若靜慮、精進、安忍、淨戒、布施波羅蜜多，其性無二、無二分故。

「善現！大乘不異四念住，四念住不異大乘；大乘不異四正斷、四神足、五根、五力、七等覺支、八聖道支，四正斷乃至八聖道支不異大乘。何以故？若大乘，若四念住，若四正斷乃至八聖道支，其性無二、無二分故。

「善現！大乘乃至不異佛十力，佛十力不異大乘；大乘不異四無所畏、四無礙解、大慈、大悲、大喜、大捨、十八佛不共法，四無所畏乃至十八佛不共法不異大乘。何以故？若大乘，若佛十力，若四無所畏乃至十八佛不共法，其性無二、無二分故。

「善現！由此因緣，汝前所說諸大乘義，皆於般若波羅蜜多一切隨順無所違越，若說大乘則說般若波羅蜜多，若說般若波羅蜜多則說大乘，由此二名義無異故。」*9

(2)就柔順忍明無生觀

　　　　[斷德大]：

10.5 超出常斷二邊出生無住涅槃
10.6 永離一切所治證得一切所證為相之出生
(證得三乘義利之出生正行)
(10.6.1)從證得三乘義利的出生正行中遮遣證者

①十無觀中求菩薩不可得

　卷420第二分無邊際品第二十三之一

　❶略辨十無觀

　爾時，具壽善現白佛言：

　1.菩薩於三際皆無所有不可得

　「世尊！前際諸菩薩摩訶薩皆無所有、都不可得，後際諸菩薩摩訶薩皆無所有、都不可得，中際諸菩薩摩訶薩皆無所有、都不可得。

　2.諸法無邊際，菩薩亦無邊際

　「世尊！色無邊際故，當知菩薩摩訶薩亦無邊際；受、想、行、識無邊際故，當知菩薩摩訶薩亦無邊際。

　「世尊！眼處無邊際故，當知菩薩摩訶薩亦無邊際；耳、鼻、舌、身、意處無邊際故，當知菩薩摩訶薩亦無邊際。

　「世尊！色處無邊際故，當知菩薩摩訶薩亦無邊際；聲、香、味、觸、法處無邊際故，當知菩薩摩訶薩亦無邊際。

　「世尊！眼界無邊際故，當知菩薩摩訶薩亦無邊際；耳、鼻、舌、身、意界無邊際故，當知菩薩摩訶薩亦無邊際。

　「世尊！色界無邊際故，當知菩薩摩訶薩亦無邊際；聲、香、味、觸、法界無邊際故，當知菩薩摩訶薩亦無邊際。

　「世尊！眼識界無邊際故，當知菩薩摩訶薩亦無邊際；耳、鼻、舌、身、意識界無邊際故，當知菩薩摩訶薩亦無邊際。

　「世尊！眼觸無邊際故，當知菩薩摩訶薩亦無邊際；耳、鼻、舌、身、意觸無邊際故，當知菩薩摩訶薩亦無邊際。

　「世尊！眼觸為緣所生諸受無邊際故，當知菩薩摩訶薩亦無邊際；耳、鼻、舌、身、意觸為緣所生諸受無邊際故，當知菩薩摩訶薩亦無邊際。

　「世尊！布施波羅蜜多無邊際故，當知菩薩摩訶薩亦無邊際；淨戒、安忍、精進、靜慮、般若波羅蜜多無邊際故，當知菩薩摩訶薩亦無邊際。

「世尊！四念住無邊際故，當知菩薩摩訶薩亦無邊際；四正斷、四神足、五根、五力、七等覺支、八聖道支無邊際故，當知菩薩摩訶薩亦無邊際。

「世尊！空解脫門無邊際故，當知菩薩摩訶薩亦無邊際；無相、無願解脫門無邊際故，當知菩薩摩訶薩亦無邊際。

「世尊！佛十力無邊際故，當知菩薩摩訶薩亦無邊際；四無所畏、四無礙解、大慈、大悲、大喜、大捨、十八佛不共法無邊際故，當知菩薩摩訶薩亦無邊際。

「世尊！內空無邊際故，當知菩薩摩訶薩亦無邊際；外空、內外空、空空、大空、勝義空、有為空、無為空、畢竟空、無際空、散無散空、本性空、自共相空、一切法空、不可得空、無性空、自性空、無性自性空無邊際故，當知菩薩摩訶薩亦無邊際。

「世尊！法界無邊際故，當知菩薩摩訶薩亦無邊際；真如、實際、不思議界、安隱界等無邊際故，當知菩薩摩訶薩亦無邊際。

「世尊！聲聞乘無邊際故，當知菩薩摩訶薩亦無邊際；獨覺乘、大乘無邊際故，當知菩薩摩訶薩亦無邊際。

3. 即諸法、離諸法菩薩無所有不可得

「世尊！即色，菩薩摩訶薩無所有不可得，離色，菩薩摩訶薩無所有不可得；即受、想、行、識，菩薩摩訶薩無所有不可得，離受、想、行、識，菩薩摩訶薩無所有不可得。

「世尊！即眼處，菩薩摩訶薩無所有不可得，離眼處，菩薩摩訶薩無所有不可得；即耳、鼻、舌、身、意處，菩薩摩訶薩無所有不可得，離耳、鼻、舌、身、意處，菩薩摩訶薩無所有不可得。

「世尊！即色處，菩薩摩訶薩無所有不可得，離色處，菩薩摩訶薩無所有不可得；即聲、香、味、觸、法處，菩薩摩訶薩無所有不可得，離聲、香、味、觸、法處，菩薩摩訶薩無所有不可得。

「世尊！即眼界，菩薩摩訶薩無所有不可得，離眼界，菩薩摩訶薩無所有不可得；即耳、鼻、舌、身、意界，菩薩摩訶薩無所有不可得，離耳、鼻、舌、身、意界，菩薩摩訶薩無所有不可得。

「世尊！即色界，菩薩摩訶薩無所有不可得，離色界，菩薩摩訶

薩無所有不可得;即聲、香、味、觸、法界,菩薩摩訶薩無所有不可得,離聲、香、味、觸、法界,菩薩摩訶薩無所有不可得。

「世尊!即眼識界,菩薩摩訶薩無所有不可得,離眼識界,菩薩摩訶薩無所有不可得;即耳、鼻、舌、身、意識界,菩薩摩訶薩無所有不可得,離耳、鼻、舌、身、意識界,菩薩摩訶薩無所有不可得。

「世尊!即眼觸,菩薩摩訶薩無所有不可得,離眼觸,菩薩摩訶薩無所有不可得;即耳、鼻、舌、身、意觸,菩薩摩訶薩無所有不可得,離耳、鼻、舌、身、意觸,菩薩摩訶薩無所有不可得。

「世尊!即眼觸為緣所生諸受,菩薩摩訶薩無所有不可得,離眼觸為緣所生諸受,菩薩摩訶薩無所有不可得;即耳、鼻、舌、身、意觸為緣所生諸受,菩薩摩訶薩無所有不可得,離耳、鼻、舌、身、意觸為緣所生諸受,菩薩摩訶薩無所有不可得。

「世尊!即布施波羅蜜多,菩薩摩訶薩無所有不可得,離布施波羅蜜多,菩薩摩訶薩無所有不可得;即淨戒、安忍、精進、靜慮、般若波羅蜜多,菩薩摩訶薩無所有不可得,離淨戒、安忍、精進、靜慮、般若波羅蜜多,菩薩摩訶薩無所有不可得。

「世尊!即四念住,菩薩摩訶薩無所有不可得,離四念住,菩薩摩訶薩無所有不可得;即四正斷、四神足、五根、五力、七等覺支、八聖道支,菩薩摩訶薩無所有不可得,離四正斷乃至八聖道支,菩薩摩訶薩無所有不可得。

「世尊!即空解脫門,菩薩摩訶薩無所有不可得,離空解脫門,菩薩摩訶薩無所有不可得;即無相、無願解脫門,菩薩摩訶薩無所有不可得,離無相、無願解脫門,菩薩摩訶薩無所有不可得。

「世尊!即佛十力,菩薩摩訶薩無所有不可得,離佛十力,菩薩摩訶薩無所有不可得;即四無所畏、四無礙解、大慈、大悲、大喜、大捨、十八佛不共法,菩薩摩訶薩無所有不可得,離四無所畏乃至十八佛不共法,菩薩摩訶薩無所有不可得。

「世尊!即內空,菩薩摩訶薩無所有不可得,離內空,菩薩摩訶薩無所有不可得;即外空、內外空、空空、大空、勝義空、有

為空、無為空、畢竟空、無際空、散無散空、本性空、自共相空、一切法空、不可得空、無性空、自性空、無性自性空,菩薩摩訶薩無所有不可得,離外空乃至無性自性空,菩薩摩訶薩無所有不可得。

「世尊!即法界,菩薩摩訶薩無所有不可得,離法界,菩薩摩訶薩無所有不可得;即真如、實際、不思議界、安隱界等,菩薩摩訶薩無所有不可得,離真如、實際、不思議界、安隱界等,菩薩摩訶薩無所有不可得。

「世尊!即聲聞乘,菩薩摩訶薩無所有不可得,離聲聞乘,菩薩摩訶薩無所有不可得;即獨覺乘、大乘,菩薩摩訶薩無所有不可得,離獨覺乘、大乘,菩薩摩訶薩無所有不可得。

4.菩薩不可得,云何以般若教授菩薩

「世尊!我於是等一切法,以一切種、一切處、一切時求諸菩薩摩訶薩都無所見竟不可得,云何令我以般若波羅蜜多教誡教授諸菩薩摩訶薩?

5.我、有情等畢竟不生,但有假名都無自性

「世尊!諸菩薩摩訶薩諸菩薩摩訶薩者,但有假名都無自性。

6.諸法畢竟不生但有假名

「如說我等畢竟不生,但有假名都無自性,諸法亦爾,畢竟不生,但有假名都無自性。

7.諸法畢竟不生不名諸法

「世尊!何等色畢竟不生?何等受、想、行、識畢竟不生?世尊!若畢竟不生則不名色,亦不名受、想、行、識。

「世尊!何等眼處畢竟不生?何等耳、鼻、舌、身、意處畢竟不生?世尊!若畢竟不生則不名眼處,亦不名耳、鼻、舌、身、意處。

「世尊!何等色處畢竟不生?何等聲、香、味、觸、法處畢竟不生?世尊!若畢竟不生則不名色處,亦不名聲、香、味、觸、法處。

「世尊!何等眼界畢竟不生?何等耳、鼻、舌、身、意界畢竟不生?世尊!若畢竟不生則不名眼界,亦不名耳、鼻、舌、身、意界。

「世尊!何等色界畢竟不生?何等聲、香、味、觸、法界畢竟不

生？世尊！若畢竟不生則不名色界，亦不名聲、香、味、觸、法界。

「世尊！何等眼識界畢竟不生？何等耳、鼻、舌、身、意識界畢竟不生？世尊！若畢竟不生則不名眼識界，亦不名耳、鼻、舌、身、意識界。

「世尊！何等眼觸畢竟不生？何等耳、鼻、舌、身、意觸畢竟不生？世尊！若畢竟不生則不名眼觸，亦不名耳、鼻、舌、身、意觸。

「世尊！何等眼觸為緣所生諸受畢竟不生？何等耳、鼻、舌、身、意觸為緣所生諸受畢竟不生？世尊！若畢竟不生則不名眼觸為緣所生諸受，亦不名耳、鼻、舌、身、意觸為緣所生諸受。

「世尊！何等布施波羅蜜多畢竟不生？何等淨戒、安忍、精進、靜慮、般若波羅蜜多畢竟不生？世尊！若畢竟不生則不名布施波羅蜜多，亦不名淨戒、安忍、精進、靜慮、般若波羅蜜多。

「世尊！何等四念住畢竟不生？何等四正斷乃至八聖道支畢竟不生？世尊！若畢竟不生則不名四念住，亦不名四正斷乃至八聖道支。

「世尊！何等空解脫門畢竟不生？何等無相、無願解脫門畢竟不生？世尊！若畢竟不生則不名空解脫門，亦不名無相、無願解脫門。

「世尊！何等佛十力畢竟不生？何等四無所畏乃至十八佛不共法畢竟不生？世尊！若畢竟不生則不名佛十力，亦不名四無所畏乃至十八佛不共法。

「世尊！何等內空畢竟不生？何等外空乃至無性自性空畢竟不生？世尊！若畢竟不生則不名內空，亦不名外空乃至無性自性空。

「世尊！何等法界畢竟不生？何等真如、實際、不思議界、安隱界等畢竟不生？世尊！若畢竟不生則不名法界，亦不名真如、實際、不思議界、安隱界等。

「世尊！何等聲聞乘畢竟不生？何等獨覺乘、大乘畢竟不生？世尊！若畢竟不生則不名聲聞乘，亦不名獨覺乘、大乘。

8.以畢竟不生般若教授畢竟不生菩薩

「世尊！我豈能以畢竟不生般若波羅蜜多，教誡教授畢竟不生諸

菩薩摩訶薩？

9.無菩薩能生無上菩提

「世尊！離畢竟不生，亦無菩薩摩訶薩能行無上正等菩提。

10.心不沉沒憂悔、不驚不恐不怖

「世尊！若菩薩摩訶薩聞如是說，心不沈沒亦不憂悔，其心不驚不恐不怖，當知是菩薩摩訶薩能行般若波羅蜜多。」」*10

(CBETA, T07, no. 220, p. 109, c¹⁷-p. 112, c⁷)

❷十無之因緣

卷 421〈無邊際品 23〉：第二分無邊際品第二十三之二

爾時，具壽舍利子問善現言：「

1.何緣故說前際諸菩薩摩訶薩無所有不可得，後際諸菩薩摩訶薩無所有不可得，中際諸菩薩摩訶薩無所有不可得？

2.何緣故說色無邊際故，當知菩薩摩訶薩亦無邊際，受、想、行、識無邊際故，當知菩薩摩訶薩亦無邊際；乃至聲聞乘無邊際故，當知菩薩摩訶薩亦無邊際，獨覺乘、大乘無邊際故，當知菩薩摩訶薩亦無邊際？

3.何緣故說即色，菩薩摩訶薩無所有不可得，離色，菩薩摩訶薩無所有不可得；即受、想、行、識，菩薩摩訶薩無所有不可得，離受、想、行、識，菩薩摩訶薩無所有不可得；乃至即聲聞乘，菩薩摩訶薩無所有不可得，離聲聞乘，菩薩摩訶薩無所有不可得；即獨覺乘、大乘，菩薩摩訶薩無所有不可得，離獨覺乘、大乘，菩薩摩訶薩無所有不可得？

4.何緣故說我於是等一切法，以一切種、一切處、一切時，求諸菩薩摩訶薩都無所見竟不可得，云何令我以般若波羅蜜多教誡教授諸菩薩摩訶薩？

5.何緣故說諸菩薩摩訶薩諸菩薩摩訶薩者，但有假名都無自性？

6.何緣故說如說我等畢竟不生，但有假名都無自性？何緣故說諸法亦爾，畢竟不生，但有假名都無自性？何緣故說何等色畢竟不生？何等受、想、行、識畢竟不生；乃至何等聲聞乘畢竟不生？何等獨覺乘、大乘畢竟不生？

7.何緣故說若畢竟不生則不名色，亦不名受、想、行、識；乃至若畢竟不生則不名聲聞乘，亦不名獨覺乘、大乘？

8.何緣故說我豈能以畢竟不生般若波羅蜜多教誡教授畢竟不生諸

菩薩摩訶薩？

9.何緣故說離畢竟不生亦無菩薩摩訶薩能行無上正等菩提？

10.何緣故說若菩薩摩訶薩聞如是說，心不沈沒亦無憂悔，其心不驚不恐不怖，當知是菩薩摩訶薩能行般若波羅蜜多？仁者今應具為我說。」*10

❸第一觀：三際中菩薩不可得

1.約世間空

(1)有情無所有、空、離、無自性故

爾時，具壽善現報舍利子言：

「尊者所問『何緣故說前際諸菩薩摩訶薩無所有不可得，後際諸菩薩摩訶薩無所有不可得，中際諸菩薩摩訶薩無所有不可得？』者，舍利子！<u>有情無所有</u>故，前際諸菩薩摩訶薩無所有不可得。<u>有情空</u>故，前際諸菩薩摩訶薩無所有不可得。<u>有情遠離</u>故，前際諸菩薩摩訶薩無所有不可得。<u>有情無自性</u>故，前際諸菩薩摩訶薩無所有不可得。後際、中際諸菩薩摩訶薩無所有不可得亦復如是。

(2)五蘊法等無所有、空、離、無自性故

「舍利子！色無所有故，前際諸菩薩摩訶薩無所有不可得；受、想、行、識無所有故，前際諸菩薩摩訶薩無所有不可得。色空故，前際諸菩薩摩訶薩無所有不可得；受、想、行、識空故，前際諸菩薩摩訶薩無所有不可得。色遠離故，前際諸菩薩摩訶薩無所有不可得；受、想、行、識遠離故，前際諸菩薩摩訶薩無所有不可得。色無自性故，前際諸菩薩摩訶薩無所有不可得；受、想、行、識無自性故，前際諸菩薩摩訶薩無所有不可得。後際、中際諸菩薩摩訶薩無所有不可得亦復如是。

「舍利子！眼處無所有故，前際諸菩薩摩訶薩無所有不可得；耳、鼻、舌、身、意處無所有故，前際諸菩薩摩訶薩無所有不可得。眼處空故，前際諸菩薩摩訶薩無所有不可得；耳、鼻、舌、身、意處空故，前際諸菩薩摩訶薩無所有不可得。眼處遠離故，前際諸菩薩摩訶薩無所有不可得；耳、鼻、舌、身、意處遠離故，前際諸菩薩摩訶薩無所有不可得。眼處無自性故，前際諸菩薩摩訶薩無所有不可得；耳、鼻、舌、身、

意處無自性故，前際諸菩薩摩訶薩無所有不可得。後際、中際諸菩薩摩訶薩無所有不可得亦復如是。

「舍利子！色處無所有故，前際諸菩薩摩訶薩無所有不可得；聲、香、味、觸、法處無所有故，前際諸菩薩摩訶薩無所有不可得。色處空故，前際諸菩薩摩訶薩無所有不可得；聲、香、味、觸、法處空故，前際諸菩薩摩訶薩無所有不可得。色處遠離故，前際諸菩薩摩訶薩無所有不可得；聲、香、味、觸、法處遠離故，前際諸菩薩摩訶薩無所有不可得。色處無自性故，前際諸菩薩摩訶薩無所有不可得；聲、香、味、觸、法處無自性故，前際諸菩薩摩訶薩無所有不可得。後際、中際諸菩薩摩訶薩無所有不可得亦復如是。

「舍利子！眼界無所有故，前際諸菩薩摩訶薩無所有不可得；耳、鼻、舌、身、意界無所有故，前際諸菩薩摩訶薩無所有不可得。眼界空故，前際諸菩薩摩訶薩無所有不可得；耳、鼻、舌、身、意界空故，前際諸菩薩摩訶薩無所有不可得。眼界遠離故，前際諸菩薩摩訶薩無所有不可得；耳、鼻、舌、身、意界遠離故，前際諸菩薩摩訶薩無所有不可得。眼界無自性故，前際諸菩薩摩訶薩無所有不可得；耳、鼻、舌、身、意界無自性故，前際諸菩薩摩訶薩無所有不可得。後際、中際諸菩薩摩訶薩無所有不可得亦復如是。

「舍利子！色界無所有故，前際諸菩薩摩訶薩無所有不可得；聲、香、味、觸、法界無所有故，前際諸菩薩摩訶薩無所有不可得。色界空故，前際諸菩薩摩訶薩無所有不可得；聲、香、味、觸、法界空故，前際諸菩薩摩訶薩無所有不可得。色界遠離故，前際諸菩薩摩訶薩無所有不可得；聲、香、味、觸、法界遠離故，前際諸菩薩摩訶薩無所有不可得。色界無自性故，前際諸菩薩摩訶薩無所有不可得；聲、香、味、觸、法界無自性故，前際諸菩薩摩訶薩無所有不可得。後際、中際諸菩薩摩訶薩無所有不可得亦復如是。

「舍利子！眼識界無所有故，前際諸菩薩摩訶薩無所有不可得；耳、鼻、舌、身、意識界無所有故，前際諸菩薩摩訶薩無所有不可得。眼識界空故，前際諸菩薩摩訶薩無所有不可得；耳、鼻、舌、身、意識界空故，前際諸菩薩摩訶薩無所

有不可得。眼識界遠離故，前際諸菩薩摩訶薩無所有不可得；耳、鼻、舌、身、意識界遠離故，前際諸菩薩摩訶薩無所有不可得。眼識界無自性故，前際諸菩薩摩訶薩無所有不可得；耳、鼻、舌、身、意識界無自性故，前際諸菩薩摩訶薩無所有不可得。後際、中際諸菩薩摩訶薩無所有不可得亦復如是。

「舍利子！眼觸無所有故，前際諸菩薩摩訶薩無所有不可得；耳、鼻、舌、身、意觸無所有故，前際諸菩薩摩訶薩無所有不可得。眼觸空故，前際諸菩薩摩訶薩無所有不可得；耳、鼻、舌、身、意觸空故，前際諸菩薩摩訶薩無所有不可得。眼觸遠離故，前際諸菩薩摩訶薩無所有不可得；耳、鼻、舌、身、意觸遠離故，前際諸菩薩摩訶薩無所有不可得。眼觸無自性故，前際諸菩薩摩訶薩無所有不可得；耳、鼻、舌、身、意觸無自性故，前際諸菩薩摩訶薩無所有不可得。後際、中際諸菩薩摩訶薩無所有不可得亦復如是。

「舍利子！眼觸為緣所生諸受無所有故，前際諸菩薩摩訶薩無所有不可得；耳、鼻、舌、身、意觸為緣所生諸受無所有故，前際諸菩薩摩訶薩無所有不可得。眼觸為緣所生諸受空故，前際諸菩薩摩訶薩無所有不可得；耳、鼻、舌、身、意觸為緣所生諸受空故，前際諸菩薩摩訶薩無所有不可得。眼觸為緣所生諸受遠離故，前際諸菩薩摩訶薩無所有不可得；耳、鼻、舌、身、意觸為緣所生諸受遠離故，前際諸菩薩摩訶薩無所有不可得。眼觸為緣所生諸受無自性故，前際諸菩薩摩訶薩無所有不可得；耳、鼻、舌、身、意觸為緣所生諸受無自性故，前際諸菩薩摩訶薩無所有不可得。後際、中際諸菩薩摩訶薩無所有不可得亦復如是。

2.約出世間空

(1)六度無所有、空、離、無自性故

「舍利子！布施波羅蜜多無所有故，前際諸菩薩摩訶薩無所有不可得；淨戒、安忍、精進、靜慮、般若波羅蜜多無所有故，前際諸菩薩摩訶薩無所有不可得。布施波羅蜜多空故，前際諸菩薩摩訶薩無所有不可得；淨戒、安忍、精進、靜慮、般若波羅蜜多空故，前際諸菩薩摩訶薩無所有不可得。布施波

羅蜜多遠離故，前際諸菩薩摩訶薩無所有不可得；淨戒、安忍、精進、靜慮、般若波羅蜜多遠離故，前際諸菩薩摩訶薩無所有不可得。布施波羅蜜多無自性故，前際諸菩薩摩訶薩無所有不可得；淨戒、安忍、精進、靜慮、般若波羅蜜多無自性故，前際諸菩薩摩訶薩無所有不可得。後際、中際諸菩薩摩訶薩無所有不可得亦復如是。

(2)十八空無所有、空、離、無自性故

「舍利子！內空無所有故，前際諸菩薩摩訶薩無所有不可得；外空、內外空、空空、大空、勝義空、有為空、無為空、畢竟空、無際空、散無散空、本性空、自共相空、一切法空、不可得空、無性空、自性空、無性自性空無所有故，前際諸菩薩摩訶薩無所有不可得。內空空故，前際諸菩薩摩訶薩無所有不可得；外空乃至無性自性空空故，前際諸菩薩摩訶薩無所有不可得。內空遠離故，前際諸菩薩摩訶薩無所有不可得；外空乃至無性自性空遠離故，前際諸菩薩摩訶薩無所有不可得。內空無自性故，前際諸菩薩摩訶薩無所有不可得；外空乃至無性自性空無自性故，前際諸菩薩摩訶薩無所有不可得。後際、中際諸菩薩摩訶薩無所有不可得亦復如是。

(3)三十七道品乃至十八佛不共法無所有、空、離、無自性故

「舍利子！四念住無所有故，前際諸菩薩摩訶薩無所有不可得；四正斷、四神足、五根、五力、七等覺支、八聖道支無所有故，前際諸菩薩摩訶薩無所有不可得。四念住空故，前際諸菩薩摩訶薩無所有不可得；四正斷乃至八聖道支空故，前際諸菩薩摩訶薩無所有不可得。四念住遠離故，前際諸菩薩摩訶薩無所有不可得；四正斷乃至八聖道支遠離故，前際諸菩薩摩訶薩無所有不可得。四念住無自性故，前際諸菩薩摩訶薩無所有不可得；四正斷乃至八聖道支無自性故，前際諸菩薩摩訶薩無所有不可得。後際、中際諸菩薩摩訶薩無所有不可得亦復如是。

「舍利子！如是乃至佛十力無所有故，前際諸菩薩摩訶薩無所有不可得；四無所畏、四無礙解、大慈、大悲、大喜、大捨、十八佛不共法無所有故，前際諸菩薩摩訶薩無所有不可得。佛十力空故，前際諸菩薩摩訶薩無所有不可得；四無所畏乃

至十八佛不共法空故，前際諸菩薩摩訶薩無所有不可得。佛十力遠離故，前際諸菩薩摩訶薩無所有不可得；四無所畏乃至十八佛不共法遠離故，前際諸菩薩摩訶薩無所有不可得。佛十力無自性故，前際諸菩薩摩訶薩無所有不可得；四無所畏乃至十八佛不共法無自性故，前際諸菩薩摩訶薩無所有不可得。後際、中際諸菩薩摩訶薩無所有不可得亦復如是。

(4)三乘法無所有、空、離、無自性故

「舍利子！聲聞法無所有故，前際諸菩薩摩訶薩無所有不可得；獨覺法、諸佛法無所有故，前際諸菩薩摩訶薩無所有不可得。聲聞法空故，前際諸菩薩摩訶薩無所有不可得；獨覺法、諸佛法空故，前際諸菩薩摩訶薩無所有不可得。聲聞法遠離故，前際諸菩薩摩訶薩無所有不可得；獨覺法、諸佛法遠離故，前際諸菩薩摩訶薩無所有不可得。聲聞法無自性故，前際諸菩薩摩訶薩無所有不可得；獨覺法、諸佛法無自性故，前際諸菩薩摩訶薩無所有不可得。後際、中際諸菩薩摩訶薩無所有不可得亦復如是。

(5)一切三摩地門、陀羅尼門無所有、空、離、無自性故

「舍利子！一切三摩地門無所有故，前際諸菩薩摩訶薩無所有不可得；一切陀羅尼門無所有故，前際諸菩薩摩訶薩無所有不可得。一切三摩地門空故，前際諸菩薩摩訶薩無所有不可得；一切陀羅尼門空故，前際諸菩薩摩訶薩無所有不可得。一切三摩地門遠離故，前際諸菩薩摩訶薩無所有不可得；一切陀羅尼門遠離故，前際諸菩薩摩訶薩無所有不可得。一切三摩地門無自性故，前際諸菩薩摩訶薩無所有不可得；一切陀羅尼門無自性故，前際諸菩薩摩訶薩無所有不可得。後際、中際諸菩薩摩訶薩無所有不可得亦復如是。

(6)法界、真如等無所有、空、離、無自性故

「舍利子！法界無所有故，前際諸菩薩摩訶薩無所有不可得；真如、實際、不思議界、安隱界等無所有故，前際諸菩薩摩訶薩無所有不可得。法界空故，前際諸菩薩摩訶薩無所有不可得；真如、實際、不思議界、安隱界等空故，前際諸菩薩摩訶薩無所有不可得。法界遠離故，前際諸菩薩摩訶薩無所有不可得；真如、實際、不思議界、安隱界等遠離故，前際

諸菩薩摩訶薩無所有不可得。法界無自性故,前際諸菩薩摩
訶薩無所有不可得;真如、實際、不思議界、安隱界等無自
性故,前際諸菩薩摩訶薩無所有不可得。後際、中際諸菩薩
摩訶薩無所有不可得亦復如是。

(7)三乘無所有、空、離、無自性故

「舍利子!聲聞乘無所有故,前際諸菩薩摩訶薩無所有不可
得;獨覺乘、大乘無所有故,前際諸菩薩摩訶薩無所有不可
得。聲聞乘空故,前際諸菩薩摩訶薩無所有不可得;獨覺乘、
大乘空故,前際諸菩薩摩訶薩無所有不可得。聲聞乘遠離
故,前際諸菩薩摩訶薩無所有不可得;獨覺乘、大乘遠離故,
前際諸菩薩摩訶薩無所有不可得。聲聞乘無自性故,前際諸
菩薩摩訶薩無所有不可得;獨覺乘、大乘無自性故,前際諸
菩薩摩訶薩無所有不可得。後際、中際諸菩薩摩訶薩無所有
不可得亦復如是。

(8)一切智等無所有、空、離、無自性故

「舍利子!一切智無所有故,前際諸菩薩摩訶薩無所有不可
得;道相智、一切相智無所有故,前際諸菩薩摩訶薩無所有
不可得。一切智空故,前際諸菩薩摩訶薩無所有不可得;道
相智、一切相智空故,前際諸菩薩摩訶薩無所有不可得。一
切智遠離故,前際諸菩薩摩訶薩無所有不可得;道相智、一
切相智遠離故,前際諸菩薩摩訶薩無所有不可得。一切智無
自性故,前際諸菩薩摩訶薩無所有不可得;道相智、一切相
智無自性故,前際諸菩薩摩訶薩無所有不可得。後際、中際
諸菩薩摩訶薩無所有不可得亦復如是。

3.結說

「何以故?舍利子!如是空中,前際不可得,後際不可得,中際
不可得,菩薩摩訶薩亦不可得。舍利子!若如是空,若前際,
若後際,若中際,若菩薩摩訶薩,如是一切法皆無二、無二處。
舍利子!由此因緣,我作是說:前際諸菩薩摩訶薩無所有不可
得,後際諸菩薩摩訶薩無所有不可得,中際諸菩薩摩訶薩無所
有不可得。*10

❹第二觀:五蘊乃至三乘無邊故,菩薩亦無邊

「復次,舍利子!尊者所問『何緣故說色無邊際故,當知菩薩摩訶

薩亦無邊際；受、想、行、識無邊際故，當知菩薩摩訶薩亦無邊際；乃至聲聞乘無邊際故，當知菩薩摩訶薩亦無邊際；獨覺乘、大乘無邊際故，當知菩薩摩訶薩亦無邊際？』者，舍利子！色如虛空，受、想、行、識如虛空。所以者何？舍利子！如虛空前際不可得、後際不可得、中際不可得，由彼中、邊俱不可得說為虛空；色乃至識亦復如是，前、後、中際俱不可得。何以故？色乃至識皆性空故。舍利子！空中前際不可得、後際不可得、中際不可得，亦以中、邊俱不可得故說為空。舍利子！由此因緣，我作是說：色無邊際故，當知菩薩摩訶薩亦無邊際；受、想、行、識無邊際故，當知菩薩摩訶薩亦無邊際。乃至三乘亦復如是。*10

❺ 第三觀：即五蘊乃至三乘、離五蘊乃至三乘，菩薩不可得

「復次，舍利子！尊者所問『何緣故說即色，菩薩摩訶薩無所有不可得，離色，菩薩摩訶薩無所有不可得；即受、想、行、識，菩薩摩訶薩無所有不可得，離受、想、行、識，菩薩摩訶薩無所有不可得；乃至即聲聞乘，菩薩摩訶薩無所有不可得，離聲聞乘，菩薩摩訶薩無所有不可得；即獨覺乘、大乘，菩薩摩訶薩無所有不可得，離獨覺乘、大乘，菩薩摩訶薩無所有不可得？』者，舍利子！色色性空，受、想、行、識受、想、行、識性空。何以故？色性空中，色無所有不可得故，諸菩薩摩訶薩亦無所有不可得；受、想、行、識性空中，受、想、行、識無所有不可得故，諸菩薩摩訶薩亦無所有不可得。舍利子！非色非色性空，非受、想、行、識非受、想、行、識性空。何以故？非色性空中，非色無所有不可得故，諸菩薩摩訶薩亦無所有不可得；非受、想、行、識性空中，非受、想、行、識無所有不可得故，諸菩薩摩訶薩亦無所有不可得。舍利子！由此因緣我作是說：即色，菩薩摩訶薩無所有不可得，離色，菩薩摩訶薩無所有不可得；即受、想、行、識，菩薩摩訶薩無所有不可得，離受、想、行、識，菩薩摩訶薩無所有不可得。乃至三乘亦復如是。*10

❻ 第四觀：於一切種、一切處、一切時遍求菩薩不可得，當教誰般若波羅蜜

「復次，舍利子！尊者所問『何緣故說我於是等一切法，以一切種、一切處、一切時求諸菩薩摩訶薩都無所見竟不可得，云何令我以般若波羅蜜多教誡教授諸菩薩摩訶薩？』者，

1.「舍利子！色色性空故，色於色無所有不可得，色於受、想、行、
　識無所有不可得，色中受、想、行、識亦無所有不可得。受受
　性空故，受於受無所有不可得，受於色、想、行、識無所有不
　可得，受中色、想、行、識亦無所有不可得。想想性空故，想
　於想無所有不可得，想於色、受、行、識無所有不可得，想中
　色、受、行、識亦無所有不可得。行行性空故，行於行無所有
　不可得，行於色、受、想、識無所有不可得，行中色、受、想、
　識亦無所有不可得。識識性空故，識於識無所有不可得，識於
　色、受、想、行無所有不可得，識中色、受、想、行亦無所有
　不可得。

2.「舍利子！眼處眼處性空故，眼處於眼處無所有不可得，眼處於
　耳、鼻、舌、身、意處無所有不可得，眼處中耳、鼻、舌、身、
　意處亦無所有不可得。耳處耳處性空故，耳處於耳處無所有不
　可得，耳處於眼、鼻、舌、身、意處無所有不可得，耳處中眼、
　鼻、舌、身、意處亦無所有不可得。鼻處鼻處性空故，鼻處於
　鼻處無所有不可得，鼻處於眼、耳、舌、身、意處無所有不可
　得，鼻處中眼、耳、舌、身、意處亦無所有不可得。舌處舌處
　性空故，舌處於舌處無所有不可得，舌處於眼、耳、鼻、身、
　意處無所有不可得，舌處中眼、耳、鼻、身、意處亦無所有不
　可得。身處身處性空故，身處於身處無所有不可得，身處於眼、
　耳、鼻、舌、意處無所有不可得，身處中眼、耳、鼻、舌、意
　處亦無所有不可得。意處意處性空故，意處於意處無所有不可
　得，意處於眼、耳、鼻、舌、身處無所有不可得，意處中眼、
　耳、鼻、舌、身處亦無所有不可得。

3.「舍利子！色處色處性空故，色處於色處無所有不可得，色處於
　聲、香、味、觸、法處無所有不可得，色處中聲、香、味、觸、
　法處亦無所有不可得。聲處聲處性空故，聲處於聲處無所有不
　可得，聲處於色、香、味、觸、法處無所有不可得，聲處中色、
　香、味、觸、法處亦無所有不可得。香處香處性空故，香處於
　香處無所有不可得，香處於色、聲、味、觸、法處無所有不可
　得，香處中色、聲、味、觸、法處亦無所有不可得。味處味處
　性空故，味處於味處無所有不可得，味處於色、聲、香、觸、
　法處無所有不可得，味處中色、聲、香、觸、法處亦無所有不

可得。觸處觸處性空故，觸處於觸處無所有不可得，觸處於色、聲、香、味、法處無所有不可得，觸處中色、聲、香、味、法處亦無所有不可得。法處法處性空故，法處於法處無所有不可得，法處於色、聲、香、味、觸處無所有不可得，法處中色、聲、香、味、觸處亦無所有不可得。

4.「舍利子！眼界眼界性空故，眼界於眼界無所有不可得，眼界於耳、鼻、舌、身、意界無所有不可得，眼界中耳、鼻、舌、身、意界亦無所有不可得。耳界耳界性空故，耳界於耳界無所有不可得，耳界於眼、鼻、舌、身、意界無所有不可得，耳界中眼、鼻、舌、身、意界亦無所有不可得。鼻界鼻界性空故，鼻界於鼻界無所有不可得，鼻界於眼、耳、舌、身、意界無所有不可得，鼻界中眼、耳、舌、身、意界亦無所有不可得。舌界舌界性空故，舌界於舌界無所有不可得，舌界於眼、耳、鼻、身、意界無所有不可得，舌界中眼、耳、鼻、身、意界亦無所有不可得。身界身界性空故，身界於身界無所有不可得，身界於眼、耳、鼻、舌、意界無所有不可得，身界中眼、耳、鼻、舌、意界亦無所有不可得。意界意界性空故，意界於意界無所有不可得，意界於眼、耳、鼻、舌、身界無所有不可得，意界中眼、耳、鼻、舌、身界亦無所有不可得。

5.「舍利子！色界色界性空故，色界於色界無所有不可得，色界於聲、香、味、觸、法界無所有不可得，色界中聲、香、味、觸、法界亦無所有不可得。聲界聲界性空故，聲界於聲界無所有不可得，聲界於色、香、味、觸、法界無所有不可得，聲界中色、香、味、觸、法界亦無所有不可得。香界香界性空故，香界於香界無所有不可得，香界於色、聲、味、觸、法界無所有不可得，香界中色、聲、味、觸、法界亦無所有不可得。味界味界性空故，味界於味界無所有不可得，味界於色、聲、香、觸、法界無所有不可得，味界中色、聲、香、觸、法界亦無所有不可得。觸界觸界性空故，觸界於觸界無所有不可得，觸界於色、聲、香、味、法界無所有不可得，觸界中色、聲、香、味、法界亦無所有不可得。法界法界性空故，法界於法界無所有不可得，法界於色、聲、香、味、觸界無所有不可得，法界中色、聲、香、味、觸界亦無所有不可得。

6.「舍利子！眼識界眼識界性空故，眼識界於眼識界無所有不可得，眼識界於耳、鼻、舌、身、意識界無所有不可得，眼識界中耳、鼻、舌、身、意識界亦無所有不可得。耳識界耳識界性空故，耳識界於耳識界無所有不可得，耳識界於眼、鼻、舌、身、意識界無所有不可得，耳識界中眼、鼻、舌、身、意識界亦無所有不可得。鼻識界鼻識界性空故，鼻識界於鼻識界無所有不可得，鼻識界於眼、耳、舌、身、意識界無所有不可得，鼻識界中眼、耳、舌、身、意識界亦無所有不可得。舌識界舌識界性空故，舌識界於舌識界無所有不可得，舌識界於眼、耳、鼻、身、意識界無所有不可得，舌識界中眼、耳、鼻、身、意識界亦無所有不可得。身識界身識界性空故，身識界於身識界無所有不可得，身識界於眼、耳、鼻、舌、意識界無所有不可得，身識界中眼、耳、鼻、舌、意識界亦無所有不可得。意識界意識界性空故，意識界於意識界無所有不可得，意識界於眼、耳、鼻、舌、身識界無所有不可得，意識界中眼、耳、鼻、舌、身識界亦無所有不可得。

7.「舍利子！眼觸眼觸性空故，眼觸於眼觸無所有不可得，眼觸於耳、鼻、舌、身、意觸無所有不可得，眼觸中耳、鼻、舌、身、意觸亦無所有不可得。耳觸耳觸性空故，耳觸於耳觸無所有不可得，耳觸於眼、鼻、舌、身、意觸無所有不可得，耳觸中眼、鼻、舌、身、意觸亦無所有不可得。鼻觸鼻觸性空故，鼻觸於鼻觸無所有不可得，鼻觸於眼、耳、舌、身、意觸無所有不可得，鼻觸中眼、耳、舌、身、意觸亦無所有不可得。舌觸舌觸性空故，舌觸於舌觸無所有不可得，舌觸於眼、耳、鼻、身、意觸無所有不可得，舌觸中眼、耳、鼻、身、意觸亦無所有不可得。身觸身觸性空故，身觸於身觸無所有不可得，身觸於眼、耳、鼻、舌、意觸無所有不可得，身觸中眼、耳、鼻、舌、意觸亦無所有不可得。意觸意觸性空故，意觸於意觸無所有不可得，意觸於眼、耳、鼻、舌、身觸無所有不可得，意觸中眼、耳、鼻、舌、身觸亦無所有不可得。

8.「舍利子！眼觸為緣所生諸受眼觸為緣所生諸受性空故，眼觸為緣所生諸受於眼觸為緣所生諸受無所有不可得，眼觸為緣所生諸受於耳、鼻、舌、身、意觸為緣所生諸受無所有不可得，眼

觸為緣所生諸受中耳、鼻、舌、身、意觸為緣所生諸受亦無所有不可得。耳觸為緣所生諸受耳觸為緣所生諸受性空故，耳觸為緣所生諸受於耳觸為緣所生諸受無所有不可得，耳觸為緣所生諸受於眼、鼻、舌、身、意觸為緣所生諸受無所有不可得，耳觸為緣所生諸受中眼、鼻、舌、身、意觸為緣所生諸受亦無所有不可得。鼻觸為緣所生諸受鼻觸為緣所生諸受性空故，鼻觸為緣所生諸受於鼻觸為緣所生諸受無所有不可得，鼻觸為緣所生諸受於眼、耳、舌、身、意觸為緣所生諸受無所有不可得，鼻觸為緣所生諸受中眼、耳、舌、身、意觸為緣所生諸受亦無所有不可得。舌觸為緣所生諸受舌觸為緣所生諸受性空故，舌觸為緣所生諸受於舌觸為緣所生諸受無所有不可得，舌觸為緣所生諸受於眼、耳、鼻、身、意觸為緣所生諸受無所有不可得，舌觸為緣所生諸受中眼、耳、鼻、身、意觸為緣所生諸受亦無所有不可得。身觸為緣所生諸受身觸為緣所生諸受性空故，身觸為緣所生諸受於身觸為緣所生諸受無所有不可得，身觸為緣所生諸受於眼、耳、鼻、舌、意觸為緣所生諸受無所有不可得，身觸為緣所生諸受中眼、耳、鼻、舌、意觸為緣所生諸受亦無所有不可得。意觸為緣所生諸受意觸為緣所生諸受性空故，意觸為緣所生諸受於意觸為緣所生諸受無所有不可得，意觸為緣所生諸受於眼、耳、鼻、舌、身觸為緣所生諸受無所有不可得，意觸為緣所生諸受中眼、耳、鼻、舌、身觸為緣所生諸受亦無所有不可得。」

(CBETA, T07, no. 220, p. 113, a^6-p. 118, a^{26})

卷 422〈無邊際品 23〉：第二分無邊際品第二十三之三

9.「舍利子！布施波羅蜜多布施波羅蜜多性空故，布施波羅蜜多於布施波羅蜜多無所有不可得，布施波羅蜜多於淨戒、安忍、精進、靜慮、般若波羅蜜多無所有不可得，布施波羅蜜多中淨戒、安忍、精進、靜慮、般若波羅蜜多亦無所有不可得。乃至般若波羅蜜多般若波羅蜜多性空故，般若波羅蜜多於般若波羅蜜多無所有不可得，般若波羅蜜多於布施、淨戒、安忍、精進、靜慮波羅蜜多無所有不可得，般若波羅蜜多中布施、淨戒、安忍、精進、靜慮波羅蜜多亦無所有不可得。

10.「舍利子！內空內空性空故，內空於內空無所有不可得，內空於

外空、內外空、空空、大空、勝義空、有為空、無為空、畢竟
空、無際空、散無散空、本性空、自共相空、一切法空、不可
得空、無性空、自性空、無性自性空無所有不可得，內空中外
空乃至無性自性空亦無所有不可得。如是乃至無性自性空無性
自性空性空故，無性自性空於無性自性空無所有不可得，無性
自性空於內空乃至自性空無所有不可得，無性自性空中內空乃
至自性空亦無所有不可得。

11.「舍利子！四念住四念住性空故，四念住於四念住無所有不可
得，四念住於四正斷、四神足、五根、五力、七等覺支、八聖
道支無所有不可得，四念住中四正斷乃至八聖道支亦無所有不
可得。乃至八聖道支八聖道支性空故，八聖道支於八聖道支無
所有不可得，八聖道支於四念住乃至七等覺支無所有不可得，
八聖道支中四念住乃至七等覺支亦無所有不可得。

12.「舍利子！如是乃至佛十力佛十力性空故，佛十力於佛十力無所
有不可得，佛十力於四無所畏、四無礙解、大慈、大悲、大喜、
大捨、十八佛不共法無所有不可得，佛十力中四無所畏乃至十
八佛不共法亦無所有不可得。如是乃至十八佛不共法十八佛不
共法性空故，十八佛不共法於十八佛不共法無所有不可得、十
八佛不共法於佛十力乃至大捨無所有不可得，十八佛不共法中
佛十力乃至大捨亦無所有不可得。

13.「舍利子！一切三摩地門一切三摩地門性空故，一切三摩地門於
一切三摩地門無所有不可得，一切三摩地門於一切陀羅尼門無
所有不可得，一切三摩地門中一切陀羅尼門亦無所有不可得。
一切陀羅尼門一切陀羅尼門性空故，一切陀羅尼門於一切陀羅
尼門無所有不可得，一切陀羅尼門於一切三摩地門無所有不可
得，一切陀羅尼門中一切三摩地門亦無所有不可得。

14.「舍利子！種性法種性法性空故，種性法於種性法無所有不可
得，種性法於第八、預流、一來、不還、阿羅漢、獨覺、菩薩、
如來法無所有不可得，種性法中第八乃至如來法亦無所有不可
得。如是乃至如來法如來法性空故，如來法於如來法無所有不
可得，如來法於種性乃至菩薩法無所有不可得，如來法中種性
乃至菩薩法亦無所有不可得。

15.「舍利子！淨觀地淨觀地性空故，淨觀地於淨觀地無所有不可

得，淨觀地於種性地、第八地、具見地、薄地、離欲地、已辦地、獨覺地、菩薩地、如來地無所有不可得，淨觀地中種性地乃至如來地亦無所有不可得。如是乃至如來地如來地性空故，如來地於如來地無所有不可得，如來地於淨觀地乃至菩薩地無所有不可得，如來地中淨觀地乃至菩薩地亦無所有不可得。

16. 「舍利子！極喜地極喜地性空故，極喜地於極喜地無所有不可得，極喜地於離垢地、發光地、焰慧地、極難勝地、現前地、遠行地、不動地、善慧地、法雲地無所有不可得，極喜地中離垢地乃至法雲地亦無所有不可得。如是乃至法雲地法雲地性空故，法雲地於法雲地無所有不可得，法雲地於極喜地乃至善慧地無所有不可得，法雲地中極喜地乃至善慧地亦無所有不可得。

17. 「舍利子！一切智一切智性空故，一切智於一切智無所有不可得，一切智於道相智、一切相智無所有不可得，一切智中道相智、一切相智亦無所有不可得。道相智道相智性空故，道相智於道相智無所有不可得，道相智於一切智、一切相智無所有不可得，道相智中一切智、一切相智亦無所有不可得。一切相智一切相智性空故，一切相智於一切相智無所有不可得，一切相智於一切智、道相智無所有不可得，一切相智中一切智、道相智亦無所有不可得。

18. 「舍利子！預流預流性空故，預流於預流無所有不可得，預流於一來、不還、阿羅漢、獨覺、菩薩、如來無所有不可得，預流中一來乃至如來亦無所有不可得。如是乃至如來如來性空故，如來於如來無所有不可得，如來於預流乃至菩薩無所有不可得，如來中預流乃至菩薩亦無所有不可得。

19. 「舍利子！菩薩摩訶薩菩薩摩訶薩性空故，菩薩摩訶薩於菩薩摩訶薩無所有不可得，菩薩摩訶薩於般若波羅蜜多、教誡教授無所有不可得，菩薩摩訶薩中般若波羅蜜多、教誡教授亦無所有不可得。般若波羅蜜多般若波羅蜜多性空故，般若波羅蜜多於般若波羅蜜多無所有不可得，般若波羅蜜多於菩薩摩訶薩、教誡教授無所有不可得，般若波羅蜜多中菩薩摩訶薩、教誡教授亦無所有不可得。教誡教授教誡教授性空故，教誡教授於教誡教授無所有不可得，教誡教授於菩薩摩訶薩、般若波羅蜜多無

所有不可得，教誡教授中菩薩摩訶薩、般若波羅蜜多亦無所有不可得。

「舍利子！我於是等一切法，以一切種、一切處、一切時求菩薩摩訶薩都無所有亦不可得。何以故？自性空故。舍利子！由此因緣，我作是說：我於是等一切法，以一切種、一切處、一切時，求諸菩薩摩訶薩都無所有竟不可得，云何令我以般若波羅蜜多教誡、教授諸菩薩摩訶薩？」*10

(CBETA, T07, no. 220, p. 118, b^6-p. 119, c^1)

sher phyin: v26, pp. 699^{05}-749^{09} 《合論》：v50, pp. 679^{03}-721^{09}

❼第五觀：菩薩亦但有假名都無自性

(10.6.2)從證得三乘義利出生正行中遮遣所證與能證關聯

卷 422〈無邊際品 23〉：

「復次，舍利子！尊者所問『何緣故說諸菩薩摩訶薩諸菩薩摩訶薩但有假名都無自性？』者，舍利子！以諸菩薩摩訶薩名唯客攝故。」

時，舍利子問善現言：「何緣故說以諸菩薩摩訶薩名唯客所攝？」

善現對曰：

1.「舍利子！如色名唯客所攝，受、想、行、識名亦唯客所攝。所以者何？色非名，名非色；受、想、行、識非名，名非受、想、行、識。色等中無名，名中無色等，非合非散但假施設。何以故？以色等與名俱自性空故，自性空中，若色等、若名，俱無所有不可得故。舍利子！菩薩摩訶薩名亦復如是唯客所攝，由斯故說：諸菩薩摩訶薩但有假名都無自性。

2.「舍利子！如眼處名唯客所攝，耳、鼻、舌、身、意處名亦唯客所攝。所以者何？眼處非名，名非眼處；耳、鼻、舌、身、意處非名，名非耳、鼻、舌、身、意處。眼處等中無名，名中無眼處等，非合非散但假施設。何以故？以眼處等與名俱自性空故，自性空中，若眼處等、若名，俱無所有不可得故。舍利子！菩薩摩訶薩名亦復如是唯客所攝，由斯故說：諸菩薩摩訶薩但有假名都無自性。

3.「舍利子！如色處名唯客所攝，聲、香、味、觸、法處名亦唯客所攝。所以者何？色處非名，名非色處；聲、香、味、觸、法處非名，名非聲、香、味、觸、法處。色處等中無名，名中無

色處等，非合非散但假施設。何以故？以色處等與名俱自性空故，自性空中，若色處等、若名，俱無所有不可得故。舍利子！菩薩摩訶薩名亦復如是唯客所攝，由斯故說：諸菩薩摩訶薩但有假名都無自性。

4.「舍利子！如眼界名唯客所攝，耳、鼻、舌、身、意界名亦唯客所攝。所以者何？眼界非名，名非眼界；耳、鼻、舌、身、意界非名，名非耳、鼻、舌、身、意界。眼界等中無名，名中無眼界等，非合非散但假施設。何以故？以眼界等與名俱自性空故，自性空中，若眼界等、若名，俱無所有不可得故。舍利子！菩薩摩訶薩名亦復如是唯客所攝，由斯故說：諸菩薩摩訶薩但有假名都無自性。

5.「舍利子！如色界名唯客所攝，聲、香、味、觸、法界名亦唯客所攝。所以者何？色界非名，名非色界，聲、香、味、觸、法界非名，名非聲、香、味、觸、法界。色界等中無名，名中無色界等，非合非散但假施設。何以故？以色界等與名俱自性空故，自性空中，若色界等、若名，俱無所有不可得故。舍利子！菩薩摩訶薩名亦復如是唯客所攝，由斯故說：諸菩薩摩訶薩但有假名都無自性。

6.「舍利子！如眼識界名唯客所攝，耳、鼻、舌、身、意識界名亦唯客所攝。所以者何？眼識界非名，名非眼識界；耳、鼻、舌、身、意識界非名，名非耳、鼻、舌、身、意識界。眼識界等中無名，名中無眼識界等，非合非散但假施設。何以故？以眼識界等與名俱自性空故，自性空中，若眼識界等、若名，俱無所有不可得故。舍利子！菩薩摩訶薩名亦復如是唯客所攝，由斯故說：諸菩薩摩訶薩但有假名都無自性。

7.「舍利子！如眼觸名唯客所攝，耳、鼻、舌、身、意觸名亦唯客所攝。所以者何？眼觸非名，名非眼觸；耳、鼻、舌、身、意觸非名，名非耳、鼻、舌、身、意觸。眼觸等中無名，名中無眼觸等，非合非散但假施設。何以故？以眼觸等與名俱自性空故，自性空中，若眼觸等、若名，俱無所有不可得故。舍利子！菩薩摩訶薩名亦復如是唯客所攝，由斯故說：諸菩薩摩訶薩但有假名都無自性。

8.「舍利子！如眼觸為緣所生諸受名唯客所攝，耳、鼻、舌、身、

意觸為緣所生諸受名亦唯客所攝。所以者何？眼觸為緣所生諸受非名，名非眼觸為緣所生諸受；耳、鼻、舌、身、意觸為緣所生諸受非名，名非耳、鼻、舌、身、意觸為緣所生諸受。眼觸為緣所生諸受等中無名，名中無眼觸為緣所生諸受等，非合非散但假施設。何以故？以眼觸為緣所生諸受等與名俱自性空故，自性空中，若眼觸為緣所生諸受等、若名，俱無所有不可得故。舍利子！菩薩摩訶薩名亦復如是唯客所攝，由斯故說：諸菩薩摩訶薩但有假名都無自性。

9.「舍利子！如布施波羅蜜多名唯客所攝，淨戒、安忍、精進、靜慮、般若波羅蜜多名亦唯客所攝。所以者何？布施波羅蜜多非名，名非布施波羅蜜多；淨戒、安忍、精進、靜慮、般若波羅蜜多非名，名非淨戒、安忍、精進、靜慮、般若波羅蜜多。布施波羅蜜多等中無名，名中無布施波羅蜜多等，非合非散但假施設。何以故？以布施波羅蜜多等與名俱自性空故，自性空中，若布施波羅蜜多等、若名，俱無所有不可得故。舍利子！菩薩摩訶薩名亦復如是唯客所攝，由斯故說：諸菩薩摩訶薩但有假名都無自性。

10.「舍利子！如內空名唯客所攝，外空、內外空、空空、大空、勝義空、有為空、無為空、畢竟空、無際空、散無散空、本性空、自共相空、一切法空、不可得空、無性空、自性空、無性自性空名亦唯客所攝。所以者何？內空非名，名非內空；外空乃至無性自性空非名，名非外空乃至無性自性空。內空等中無名，名中無內空等，非合非散但假施設。何以故？以內空等與名俱自性空故，自性空中，若內空等、若名，俱無所有不可得故。舍利子！菩薩摩訶薩名亦復如是唯客所攝，由斯故說：諸菩薩摩訶薩但有假名都無自性。

11.「舍利子！如四念住名唯客所攝，四正斷、四神足、五根、五力、七等覺支、八聖道支名亦唯客所攝。所以者何？四念住非名，名非四念住；四正斷乃至八聖道支非名，名非四正斷乃至八聖道支。四念住等中無名，名中無四念住等，非合非散但假施設。何以故？以四念住等與名俱自性空故，自性空中，若四念住等、若名，俱無所有不可得故。舍利子！菩薩摩訶薩名亦復如是唯客所攝，由斯故說：諸菩薩摩訶薩但有假名都無自性。

12.「舍利子！如是乃至如佛十力名唯客所攝，四無所畏、四無礙解、大慈、大悲、大喜、大捨、十八佛不共法名亦唯客所攝。所以者何？佛十力非名，名非佛十力；四無所畏乃至十八佛不共法非名，名非四無所畏乃至十八佛不共法。佛十力等中無名，名中無佛十力等，非合非散但假施設。何以故？以佛十力等與名俱自性空故，自性空中，若佛十力等、若名，俱無所有不可得故。舍利子！菩薩摩訶薩名亦復如是唯客所攝，由斯故說：諸菩薩摩訶薩但有假名都無自性。

13.「舍利子！如一切三摩地門名唯客所攝，一切陀羅尼門名亦唯客所攝。所以者何？一切三摩地門非名，名非一切三摩地門；一切陀羅尼門非名，名非一切陀羅尼門。一切三摩地門等中無名，名中無一切三摩地門等，非合非散但假施設。何以故？以一切三摩地門等與名俱自性空故，自性空中，若一切三摩地門等、若名，俱無所有不可得故。舍利子！菩薩摩訶薩名亦復如是唯客所攝，由斯故說：諸菩薩摩訶薩但有假名都無自性。

14.「舍利子！乃至如一切智名唯客所攝，道相智、一切相智名亦唯客所攝。所以者何？一切智非名，名非一切智；道相智、一切相智非名，名非道相智、一切相智。一切智等中無名，名中無一切智等，非合非散但假施設。何以故？以一切智等與名俱自性空故，自性空中，若一切智等、若名，俱無所有不可得故。舍利子！菩薩摩訶薩名亦復如是唯客所攝，由斯故說：諸菩薩摩訶薩但有假名都無自性。*10

❽第六觀：諸法畢竟不生但有假名都無自性

1.有情空、法空，畢竟無所有不可得故

「復次，舍利子！尊者所問『何緣故說如說我等畢竟不生但有假名都無自性？』者，舍利子！我畢竟無所有不可得，云何有生？乃至見者亦畢竟無所有不可得，云何有生？舍利子！色畢竟無所有不可得，云何有生？受、想、行、識亦畢竟無所有不可得，云何有生？舍利子！眼處畢竟無所有不可得，云何有生？耳、鼻、舌、身、意處亦畢竟無所有不可得，云何有生？舍利子！色處畢竟無所有不可得，云何有生？聲、香、味、觸、法處亦畢竟無所有不可得，云何有生？舍利子！眼界畢竟無所有不可得，云何有生？耳、鼻、舌、身、意界亦畢竟無所有不可得，

云何有生？舍利子！色界畢竟無所有不可得，云何有生？聲、香、味、觸、法界亦畢竟無所有不可得，云何有生？舍利子！眼識界畢竟無所有不可得，云何有生？耳、鼻、舌、身、意識界亦畢竟無所有不可得，云何有生？舍利子！眼觸畢竟無所有不可得，云何有生？耳、鼻、舌、身、意觸亦畢竟無所有不可得，云何有生？舍利子！眼觸為緣所生諸受畢竟無所有不可得，云何有生？耳、鼻、舌、身、意觸為緣所生諸受亦畢竟無所有不可得，云何有生？舍利子！布施波羅蜜多畢竟無所有不可得，云何有生？淨戒、安忍、精進、靜慮、般若波羅蜜多亦畢竟無所有不可得，云何有生？舍利子！內空畢竟無所有不可得，云何有生？外空乃至無性自性空亦畢竟無所有不可得，云何有生？舍利子！四念住畢竟無所有不可得，云何有生？四正斷乃至八聖道支亦畢竟無所有不可得，云何有生？舍利子！如是乃至佛十力畢竟無所有不可得，云何有生？四無所畏乃至十八佛不共法亦畢竟無所有不可得，云何有生？舍利子！一切三摩地門畢竟無所有不可得，云何有生？一切陀羅尼門亦畢竟無所有不可得，云何有生？舍利子！乃至聲聞乘畢竟無所有不可得，云何有生？獨覺乘、大乘亦畢竟無所有不可得，云何有生？舍利子！由此因緣我作是說：如說我等畢竟不生，但有假名都無自性。

2.諸法和合生無自性，無常亦不失，非常亦非滅故

　(1)諸法和合生故

　　「復次，舍利子！尊者所問『何緣故說諸法亦爾畢竟不生但有假名都無自性』者，舍利子！諸法都無和合自性。何以故？和合有法自性空故。」

　　時，舍利子問善現言：「何法都無和合自性？」

　　善現對曰：

　　「舍利子！色都無和合自性，受、想、行、識亦都無和合自性；眼處都無和合自性，耳、鼻、舌、身、意處亦都無和合自性；色處都無和合自性，聲、香、味、觸、法處亦都無和合自性；眼界都無和合自性，耳、鼻、舌、身、意界亦都無和合自性；色界都無和合自性，聲、香、味、觸、法界亦都無和合自性；眼識界都無和合自性，耳、鼻、舌、身、意識界亦都無和合

自性；眼觸都無和合自性，耳、鼻、舌、身、意觸亦都無和合自性；眼觸為緣所生諸受都無和合自性，耳、鼻、舌、身、意觸為緣所生諸受亦都無和合自性；布施波羅蜜多都無和合自性，淨戒、安忍、精進、靜慮、般若波羅蜜多亦都無和合自性；四念住都無和合自性，四正斷、四神足、五根、五力、七等覺支、八聖道支亦都無和合自性；乃至佛十力都無和合自性，四無所畏、四無礙解、大慈、大悲、大喜、大捨、十八佛不共法亦都無和合自性；乃至聲聞乘都無和合自性，獨覺乘、大乘亦都無和合自性。舍利子！由此因緣我作是說：諸法亦爾畢竟不生，但有假名都無自性。

(2)諸法非常無所去，非常亦非滅故

「復次，舍利子！諸法非常亦無所去。」

時，舍利子問善現言：「何法非常亦無所去？」

善現對曰：

「舍利子！色非常亦無所去，受、想、行、識非常亦無所去。何以故？舍利子！若法非常，自性盡故。舍利子！由斯故說若法非常亦無所去。

「舍利子！有為法非常亦無所去，無為法非常亦無所去；有漏法非常亦無所去，無漏法非常亦無所去；善法非常亦無所去，非善法非常亦無所去；有記法非常亦無所去，無記法非常亦無所去。何以故？舍利子！若法非常，自性盡故。舍利子！由斯故說：若法非常亦無所去。

「復次，舍利子！諸法非常亦不滅壞。」

時，舍利子問善現言：「何法非常亦不滅壞？」

善現對曰：

「舍利子！色非常亦不滅壞，受、想、行、識非常亦不滅壞。何以故？本性爾故。

「舍利子！有為法非常亦不滅壞，無為法非常亦不滅壞；有漏法非常亦不滅壞，無漏法非常亦不滅壞；善法非常亦不滅壞，非善法非常亦不滅壞；有記法非常亦不滅壞，無記法非常亦不滅壞。何以故？本性爾故。

「舍利子！由此因緣我作是說：諸法亦爾畢竟不生，但有假名都無自性。

3.諸五蘊等畢竟不生，作者不可得故

「復次，舍利子！尊者所問『何緣故說何等色畢竟不生？何等受、想、行、識畢竟不生？乃至何等聲聞乘畢竟不生？何等獨覺乘、大乘畢竟不生？』者，舍利子！一切色本性不生，一切受、想、行、識本性不生。何以故？舍利子！一切色乃至識非所作故，非所起故。所以者何？以一切色乃至識作者、起者不可得故。舍利子！乃至一切聲聞乘本性不生，一切獨覺乘、大乘本性不生。何以故？舍利子！一切聲聞乘、獨覺乘、大乘非所作故，非所起故。所以者何？以一切聲聞乘、獨覺乘、大乘作者、起者不可得故。舍利子！由此因緣我作是說：何等色畢竟不生，何等受、想、行、識畢竟不生？乃至何等聲聞乘畢竟不生？何等獨覺乘、大乘畢竟不生？*10

❾第七觀：諸法本性空故，無生滅異住

「復次，舍利子！尊者所問『何緣故說若畢竟不生則不名色，亦不名受、想、行、識；乃至若畢竟不生則不名聲聞乘，亦不名獨覺乘、大乘？』者，舍利子！色本性空故，若法本性空則不可施設若生、若滅、若住、若異。由此緣故，若畢竟不生則不名色。何以故？空非色故。舍利子！受、想、行、識本性空故，若法本性空則不可施設若生、若滅、若住、若異。由此緣故，若畢竟不生則不名受、想、行、識。何以故？空非受、想、行、識故。舍利子！乃至聲聞乘本性空故，若法本性空則不可施設若生、若滅、若住、若異。由此緣故，若畢竟不生則不名聲聞乘。何以故？空非聲聞乘故。舍利子！獨覺乘、大乘本性空故，若法本性空則不可施設若生、若滅、若住、若異。由此緣故，若畢竟不生則不名獨覺乘、大乘。何以故？空非獨覺乘、大乘故。舍利子！由此因緣我作是說：若畢竟不生則不名色，亦不名受、想、行、識；乃至若畢竟不生則不名聲聞乘，亦不名獨覺乘、大乘。*10

❿第八觀：畢竟不生與般若無二無別，當教誰般若波羅蜜

「復次，舍利子！尊者所問『何緣故說我豈能以畢竟不生般若波羅蜜多教誡教授畢竟不生諸菩薩摩訶薩？』者，舍利子！畢竟不生即是般若波羅蜜多，般若波羅蜜多即是畢竟不生。何以故？畢竟不生與般若波羅蜜多無二無二處故。舍利子！畢竟不生即是菩薩摩訶薩，菩薩摩訶薩即是畢竟不生。何以故？畢竟不生與菩薩摩

10-67

訶薩亦無二無二處故。舍利子！由此因緣我作是說：我豈能以畢竟不生般若波羅蜜多，教誡教授畢竟不生諸菩薩摩訶薩？*10

❶ 第九觀：若離畢竟不生則無菩薩行道，畢竟不生與般若、菩薩無二無別

「復次，舍利子！尊者所問『何緣故說離畢竟不生亦無菩薩摩訶薩能行無上正等菩提？』者，舍利子！諸菩薩摩訶薩修行般若波羅蜜多時，不見離畢竟不生有般若波羅蜜多，亦不見離畢竟不生有菩薩摩訶薩。何以故？若般若波羅蜜多，若菩薩摩訶薩，與畢竟不生無二無二處故。舍利子！諸菩薩摩訶薩修行般若波羅蜜多時，不見離畢竟不生有色，亦不見離畢竟不生有受、想、行、識。何以故？若色，若受、想、行、識，與畢竟不生無二無二處故。舍利子！諸菩薩摩訶薩修行般若波羅蜜多時，不見離畢竟不生有眼處，亦不見離畢竟不生有耳、鼻、舌、身、意處。何以故？若眼處，若耳、鼻、舌、身、意處，與畢竟不生無二無二處故。舍利子！諸菩薩摩訶薩修行般若波羅蜜多時，不見離畢竟不生有色處，亦不見離畢竟不生有聲、香、味、觸、法處。何以故？若色處，若聲、香、味、觸、法處，與畢竟不生無二無二處故。舍利子！諸菩薩摩訶薩修行般若波羅蜜多時，不見離畢竟不生有眼界，亦不見離畢竟不生有耳、鼻、舌、身、意界。何以故？若眼界，若耳、鼻、舌、身、意界，與畢竟不生無二無二處故。舍利子！諸菩薩摩訶薩修行般若波羅蜜多時，不見離畢竟不生有色界，亦不見離畢竟不生有聲、香、味、觸、法界。何以故？若色界，若聲、香、味、觸、法界，與畢竟不生無二無二處故。舍利子！諸菩薩摩訶薩修行般若波羅蜜多時，不見離畢竟不生有眼識界，亦不見離畢竟不生有耳、鼻、舌、身、意識界。何以故？若眼識界，若耳、鼻、舌、身、意識界，與畢竟不生無二無二處故。舍利子！諸菩薩摩訶薩修行般若波羅蜜多時，不見離畢竟不生有眼觸，亦不見離畢竟不生有耳、鼻、舌、身、意觸。何以故？若眼觸，若耳、鼻、舌、身、意觸，與畢竟不生無二無二處故。舍利子！諸菩薩摩訶薩修行般若波羅蜜多時，不見離畢竟不生有眼觸為緣所生諸受，亦不見離畢竟不生有耳、鼻、舌、身、意觸為緣所生諸受。何以故？若眼觸為緣所生諸受，若耳、鼻、舌、身、意觸為緣所生諸受，與畢竟不生無二無二處故。舍利子！諸菩薩

摩訶薩修行般若波羅蜜多時，不見離畢竟不生有布施波羅蜜多，亦不見離畢竟不生有淨戒、安忍、精進、靜慮、般若波羅蜜多。何以故？若布施波羅蜜多，若淨戒、安忍、精進、靜慮、般若波羅蜜多，與畢竟不生無二無二處故。舍利子！諸菩薩摩訶薩修行般若波羅蜜多時，不見離畢竟不生有四念住，亦不見離畢竟不生有四正斷、四神足、五根、五力、七等覺支、八聖道支。何以故？若四念住，若四正斷乃至八聖道支，與畢竟不生無二無二處故。舍利子！諸菩薩摩訶薩修行般若波羅蜜多時，不見離畢竟不生廣說乃至有佛十力，亦不見離畢竟不生有四無所畏、四無礙解、大慈、大悲、大喜、大捨、十八佛不共法。何以故？若佛十力，若四無所畏乃至十八佛不共法，與畢竟不生無二無二處故。舍利子！諸菩薩摩訶薩修行般若波羅蜜多時，不見離畢竟不生有一切三摩地門，亦不見離畢竟不生有一切陀羅尼門。何以故？若一切三摩地門，若一切陀羅尼門，與畢竟不生無二無二處故。舍利子！諸菩薩摩訶薩修行般若波羅蜜多時，不見離畢竟不生有一切智，亦不見離畢竟不生有道相智、一切相智。何以故？若一切智，若道相智、一切相智，與畢竟不生無二無二處故。舍利子！諸菩薩摩訶薩修行般若波羅蜜多時，不見離畢竟不生有聲聞乘，亦不見離畢竟不生有獨覺乘、大乘。何以故？若聲聞乘，若獨覺乘、大乘，與畢竟不生無二無二處故。舍利子！由此因緣我作是說：離畢竟不生，亦無菩薩摩訶薩能行無上正等菩提。*10

⓬第十觀：菩薩見一切法如夢等故，心不怖畏

「復次，舍利子！尊者所問『何緣故說若菩薩摩訶薩聞如是說，心不沈沒亦不憂悔，其心不驚、不恐、不怖，當知是菩薩摩訶薩能行般若波羅蜜多？』者，舍利子！諸菩薩摩訶薩修行般若波羅蜜多時，不見諸法有實作用，但見諸法如夢、如幻、如響、如像、如陽焰、如光影、如尋香城、如變化事，雖現似有而無實用，聞說諸法本性皆空，深生歡喜離沈沒等。舍利子！由此因緣我作是說：若菩薩摩訶薩聞如是說，心不沈沒亦不憂悔，其心不驚、不恐、不怖，當知是菩薩摩訶薩能行般若波羅蜜多。」*10

(CBETA, T07, no. 220, p. 119, c²-p. 123, b²⁹)

②菩薩行般若觀諸法，有五正觀行

❶正說五正觀行：不受、不取、不住、不著、不言

卷 423〈無邊際品 23〉：第二分無邊際品第二十三之四

爾時，具壽善現白佛言：

1.「世尊！若時菩薩摩訶薩修行般若波羅蜜多觀察諸法，是時，菩薩摩訶薩於色無受無取無住無著，亦不施設為我；於受、想、行、識無受無取無住無著，亦不施設為我。何以故？世尊！是菩薩摩訶薩當於爾時不見色乃至識故。

2.「於眼處無受無取無住無著，亦不施設為我；於耳、鼻、舌、身、意處無受無取無住無著，亦不施設為我。何以故？世尊！是菩薩摩訶薩當於爾時不見眼處乃至意處故。

3.「於色處無受無取無住無著，亦不施設為我；於聲、香、味、觸、法處無受無取無住無著，亦不施設為我。何以故？世尊！是菩薩摩訶薩當於爾時不見色處乃至法處故。

4.「於眼界無受無取無住無著，亦不施設為我；於耳、鼻、舌、身、意界無受無取無住無著，亦不施設為我。何以故？世尊！是菩薩摩訶薩當於爾時不見眼界乃至意界故。

5.「於色界無受無取無住無著，亦不施設為我；於聲、香、味、觸、法界無受無取無住無著，亦不施設為我。何以故？世尊！是菩薩摩訶薩當於爾時不見色界乃至法界故。

6.「於眼識界無受無取無住無著，亦不施設為我；於耳、鼻、舌、身、意識界無受無取無住無著，亦不施設為我。何以故？世尊！是菩薩摩訶薩當於爾時不見眼識界乃至意識界故。

7.「於眼觸無受無取無住無著，亦不施設為我；於耳、鼻、舌、身、意觸無受無取無住無著，亦不施設為我。何以故？世尊！是菩薩摩訶薩當於爾時不見眼觸乃至意觸故。

8.「於眼觸為緣所生諸受無受無取無住無著，亦不施設為我；於耳、鼻、舌、身、意觸為緣所生諸受無受無取無住無著，亦不施設為我。何以故？世尊！是菩薩摩訶薩當於爾時不見眼觸為緣所生諸受乃至意觸為緣所生諸受故。

9.「於布施波羅蜜多無受無取無住無著，亦不施設為我；於淨戒、安忍、精進、靜慮、般若波羅蜜多無受無取無住無著，亦不施設為我。何以故？世尊！是菩薩摩訶薩當於爾時不見布施波羅蜜多乃至般若波羅蜜多故。

10.「於內空無受無取無住無著，亦不施設為我；於外空、內外空、

空空、大空、勝義空、有為空、無為空、畢竟空、無際空、散無散空、本性空、自共相空、一切法空、不可得空、無性空、自性空、無性自性空無受無取無住無著，亦不施設為我。何以故？世尊！是菩薩摩訶薩當於爾時不見內空乃至無性自性空故。

11.「於四念住無受無取無住無著，亦不施設為我；於四正斷、四神足、五根、五力、七等覺支、八聖道支無受無取無住無著，亦不施設為我。何以故？世尊！是菩薩摩訶薩當於爾時不見四念住乃至八聖道支故。

12.「如是乃至於佛十力無受無取無住無著，亦不施設為我；於四無所畏、四無礙解、大慈、大悲、大喜、大捨、十八佛不共法無受無取無住無著，亦不施設為我。何以故？世尊！是菩薩摩訶薩當於爾時不見佛十力乃至十八佛不共法故。

13.「於一切三摩地門無受無取無住無著，亦不施設為我；於一切陀羅尼門無受無取無住無著，亦不施設為我。何以故？世尊！是菩薩摩訶薩當於爾時不見一切三摩地門、一切陀羅尼門故。

14.「乃至於一切智無受無取無住無著，亦不施設為我；於道相智、一切相智無受無取無住無著，亦不施設為我。何以故？世尊！是菩薩摩訶薩當於爾時不見一切智、道相智、一切相智故。

❷行般若時，知諸法不生不滅故不見諸法

1.不見諸法

「世尊！諸菩薩摩訶薩修行般若波羅蜜多時，不見色，亦不見受、想、行、識。何以故？色等性空，無生滅故。不見眼處，亦不見耳、鼻、舌、身、意處。何以故？眼處等性空，無生滅故。不見色處，亦不見聲、香、味、觸、法處。何以故？色處等性空，無生滅故。不見眼界，亦不見耳、鼻、舌、身、意界。何以故？眼界等性空，無生滅故。不見色界，亦不見聲、香、味、觸、法界。何以故？色界等性空，無生滅故。不見眼識界，亦不見耳、鼻、舌、身、意識界。何以故？眼識界等性空，無生滅故。不見眼觸，亦不見耳、鼻、舌、身、意觸。何以故？眼觸等性空，無生滅故。不見眼觸為緣所生諸受，亦不見耳、鼻、舌、身、意觸為緣所生諸受。何以故？眼觸為緣所生諸受等性空，無生滅故。不見布施波羅蜜多，亦不見淨戒、安忍、

精進、靜慮、般若波羅蜜多。何以故？布施波羅蜜多等性空，無生滅故。不見內空，亦不見外空乃至無性自性空。何以故？內空等性空，無生滅故。不見四念住，亦不見四正斷乃至八聖道支。何以故？四念住等性空，無生滅故。如是乃至不見佛十力，亦不見四無所畏乃至十八佛不共法。何以故？佛十力等性空，無生滅故。不見一切三摩地門，亦不見一切陀羅尼門。何以故？一切三摩地門等性空，無生滅故。不見法界，亦不見真如、實際、不思議界、安隱界等。何以故？法界等性空，無生滅故。不見一切菩薩摩訶薩行，亦不見諸佛無上正等菩提。何以故？一切菩薩摩訶薩行等性空，無生滅故。不見一切智，亦不見道相智、一切相智。何以故？一切智等性空，無生滅故。

2.法不生不滅即非法

(1)「世尊！色不生不滅即非色，受、想、行、識不生不滅亦非受、想、行、識。所以者何？以色等與不生不滅無二、無二處。何以故？以不生不滅法非一、非二、非多、非別。是故色不生不滅即非色，受、想、行、識不生不滅亦非受、想、行、識。

(2)「世尊！眼處不生不滅即非眼處，耳、鼻、舌、身、意處不生不滅亦非耳、鼻、舌、身、意處。所以者何？以眼處等與不生不滅無二、無二處。何以故？以不生不滅法非一、非二、非多、非別。是故眼處不生不滅即非眼處，耳、鼻、舌、身、意處不生不滅亦非耳、鼻、舌、身、意處。

(3)「世尊！色處不生不滅即非色處，聲、香、味、觸、法處不生不滅亦非聲、香、味、觸、法處。所以者何？以色處等與不生不滅無二、無二處。何以故？以不生不滅法非一、非二、非多、非別。是故色處不生不滅即非色處，聲、香、味、觸、法處不生不滅亦非聲、香、味、觸、法處。

(4)「世尊！眼界不生不滅即非眼界，耳、鼻、舌、身、意界不生不滅亦非耳、鼻、舌、身、意界。所以者何？以眼界等與不生不滅無二、無二處。何以故？以不生不滅法非一、非二、非多、非別。是故眼界不生不滅即非眼界，耳、鼻、舌、身、意界不生不滅亦非耳、鼻、舌、身、意界。

(5)「世尊！色界不生不滅即非色界，聲、香、味、觸、法界不生

不滅亦非聲、香、味、觸、法界。所以者何？以色界等與不生不滅無二、無二處。何以故？以不生不滅法非一、非二、非多、非別。是故色界不生不滅即非色界，聲、香、味、觸、法界不生不滅亦非聲、香、味、觸、法界。

(6)「世尊！眼識界不生不滅即非眼識界，耳、鼻、舌、身、意識界不生不滅亦非耳、鼻、舌、身、意識界。所以者何？以眼識界等與不生不滅無二、無二處。何以故？以不生不滅法非一、非二、非多、非別。是故眼識界不生不滅即非眼識界，耳、鼻、舌、身、意識界不生不滅亦非耳、鼻、舌、身、意識界。

(7)「世尊！眼觸不生不滅即非眼觸，耳、鼻、舌、身、意觸不生不滅亦非耳、鼻、舌、身、意觸。所以者何？以眼觸等與不生不滅無二、無二處。何以故？以不生不滅法非一、非二、非多、非別。是故眼觸不生不滅即非眼觸，耳、鼻、舌、身、意觸不生不滅亦非耳、鼻、舌、身、意觸。

(8)「世尊！眼觸為緣所生諸受不生不滅即非眼觸為緣所生諸受，耳、鼻、舌、身、意觸為緣所生諸受不生不滅亦非耳、鼻、舌、身、意觸為緣所生諸受。所以者何？以眼觸為緣所生諸受等與不生不滅無二、無二處。何以故？以不生不滅法非一、非二、非多、非別。是故眼觸為緣所生諸受不生不滅即非眼觸為緣所生諸受，耳、鼻、舌、身、意觸為緣所生諸受不生不滅亦非耳、鼻、舌、身、意觸為緣所生諸受。

(9)「世尊！布施波羅蜜多不生不滅即非布施波羅蜜多，淨戒、安忍、精進、靜慮、般若波羅蜜多不生不滅亦非淨戒、安忍、精進、靜慮、般若波羅蜜多。所以者何？以布施波羅蜜多等與不生不滅無二、無二處。何以故？以不生不滅法非一、非二、非多、非別。是故布施波羅蜜多不生不滅即非布施波羅蜜多，淨戒、安忍、精進、靜慮、般若波羅蜜多不生不滅亦非淨戒、安忍、精進、靜慮、般若波羅蜜多。

(10)「世尊！內空不生不滅即非內空，外空乃至無性自性空不生不滅亦非外空乃至無性自性空。所以者何？以內空等與不生不滅無二、無二處。何以故？以不生不滅法非一、非二、非多、非別。是故內空不生不滅即非內空，外空乃至無性自性空不

生不滅亦非外空乃至無性自性空。

(11)「世尊！四念住不生不滅即非四念住，四正斷乃至八聖道支不生不滅亦非四正斷乃至八聖道支。所以者何？以四念住等與不生不滅無二、無二處。何以故？以不生不滅法非一、非二、非多、非別。是故四念住不生不滅即非四念住，四正斷乃至八聖道支不生不滅亦非四正斷乃至八聖道支。

(12)「世尊！如是乃至佛十力不生不滅即非佛十力，四無所畏乃至十八佛不共法不生不滅亦非四無所畏乃至十八佛不共法。所以者何？以佛十力等與不生不滅無二、無二處。何以故？以不生不滅法非一、非二、非多、非別。是故佛十力不生不滅即非佛十力，四無所畏乃至十八佛不共法不生不滅亦非四無所畏乃至十八佛不共法。

(13)「世尊！一切三摩地門不生不滅即非一切三摩地門，一切陀羅尼門不生不滅亦非一切陀羅尼門。所以者何？以一切三摩地門等與不生不滅無二、無二處。何以故？以不生不滅法非一、非二、非多、非別。是故一切三摩地門不生不滅即非一切三摩地門，一切陀羅尼門不生不滅亦非一切陀羅尼門。

(14)「世尊！法界不生不滅即非法界，真如、實際、不思議界、安隱界等不生不滅亦非真如、實際、不思議界、安隱界等。所以者何？以法界等與不生不滅無二、無二處。何以故？以不生不滅法非一、非二、非多、非別。是故法界不生不滅即非法界，真如、實際、不思議界、安隱界等不生不滅亦非法界真如、實際、不思議界、安隱界等。

(15)「世尊！一切菩薩摩訶薩行不生不滅即非一切菩薩摩訶薩行，諸佛無上正等菩提不生不滅亦非諸佛無上正等菩提。所以者何？以一切菩薩摩訶薩行等與不生不滅無二、無二處。何以故？以不生不滅法非一、非二、非多、非別。是故一切菩薩摩訶薩行不生不滅即非一切菩薩摩訶薩行，諸佛無上正等菩提不生不滅亦非諸佛無上正等菩提。

(16)「世尊！一切智不生不滅即非一切智，道相智、一切相智不生不滅亦非道相智、一切相智。所以者何？以一切智等與不生不滅無二、無二處。何以故？以不生不滅法非一、非二、非多、非別。是故一切智不生不滅即非一切智，道相智、一切

相智不生不滅亦非道相智、一切相智。

3.諸法與不生不滅無二無別 (法不二即非法)

「世尊！色不二即非色，受、想、行、識不二亦非受、想、行、識；眼處不二即非眼處，耳、鼻、舌、身、意處不二亦非耳、鼻、舌、身、意處；色處不二即非色處，聲、香、味、觸、法處不二亦非聲、香、味、觸、法處；眼界不二即非眼界，耳、鼻、舌、身、意界不二亦非耳、鼻、舌、身、意界；色界不二即非色界，聲、香、味、觸、法界不二亦非聲、香、味、觸、法界；眼識界不二即非眼識界，耳、鼻、舌、身、意識界不二亦非耳、鼻、舌、身、意識界；眼觸不二即非眼觸，耳、鼻、舌、身、意觸不二亦非耳、鼻、舌、身、意觸；眼觸為緣所生諸受不二即非眼觸為緣所生諸受，耳、鼻、舌、身、意觸為緣所生諸受不二亦非耳、鼻、舌、身、意觸為緣所生諸受；布施波羅蜜多不二即非布施波羅蜜多，淨戒、安忍、精進、靜慮、般若波羅蜜多不二亦非淨戒、安忍、精進、靜慮、般若波羅蜜多；內空不二即非內空，外空乃至無性自性空不二亦非外空乃至無性自性空；四念住不二即非四念住，四正斷乃至八聖道支不二亦非四正斷乃至八聖道支。如是乃至佛十力不二即非佛十力，四無所畏乃至十八佛不共法不二亦非四無所畏乃至十八佛不共法；一切三摩地門不二即非一切三摩地門，一切陀羅尼門不二亦非一切陀羅尼門；法界不二即非法界，真如、實際、不思議界、安隱界等不二亦非真如、實際、不思議界、安隱界等；一切菩薩摩訶薩行不二即非一切菩薩摩訶薩行，諸佛無上正等菩提不二即非諸佛無上正等菩提；一切智不二即非一切智，道相智、一切相智不二亦非道相智、一切相智。

❸明諸法入無二法數 (不著法、不著法空)

「世尊！色入無二法數，受、想、行、識入無二法數；眼處入無二法數，耳、鼻、舌、身、意處入無二法數；色處入無二法數，聲、香、味、觸、法處入無二法數；眼界入無二法數，耳、鼻、舌、身、意界入無二法數；色界入無二法數，聲、香、味、觸、法界入無二法數；眼識界入無二法數，耳、鼻、舌、身、意識界入無二法數；眼觸入無二法數，耳、鼻、舌、身、意觸入無二法數；眼觸為緣所生諸受入無二法數，耳、鼻、舌、身、意觸為緣所生

諸受入無二法數；布施波羅蜜多入無二法數，淨戒、安忍、精進、靜慮、般若波羅蜜多入無二法數；內空入無二法數，外空乃至無性自性空入無二法數；四念住入無二法數，四正斷乃至八聖道支入無二法數；如是乃至佛十力入無二法數，四無所畏乃至十八佛不共法入無二法數；一切三摩地門入無二法數，一切陀羅尼門入無二法數；法界入無二法數，真如、實際、不思議界、安隱界等入無二法數；一切菩薩摩訶薩行入無二法數，諸佛無上正等菩提入無二法數；一切智入無二法數，道相智、一切相智入無二法數。」

*10

(CBETA, T07, no. 220, p. 123, c⁸-p. 126, b²⁴)

sher phyin: v26, pp. 749¹⁰-801⁰⁷　《合論》：v50, pp. 721¹⁰-746²¹

③明「菩薩、般若波羅蜜、觀察諸法」義

　卷423〈遠離品24〉：爾時，具壽舍利子問善現言：

「如仁者所說，若時菩薩摩訶薩修行般若波羅蜜多觀察諸法者，云何菩薩摩訶薩？云何般若波羅蜜多？云何觀察諸法？」

❶菩薩摩訶薩：發大心求佛道，遍知一切法相亦不著

　爾時，具壽善現對曰：

「尊者所問『云何菩薩摩訶薩？』者，舍利子！勤求無上正等菩提利樂有情故名菩薩，具如實覺能遍了知一切法相而無所執故復名摩訶薩。」

　時，舍利子又問善現：「云何菩薩摩訶薩能遍了知一切法相而無所執？」

　善現對曰：

「舍利子！諸菩薩摩訶薩如實了知一切色相而無所執，如實了知一切受、想、行、識相而無所執；如實了知一切眼處相而無所執，如實了知一切耳、鼻、舌、身、意處相而無所執；如實了知一切色處相而無所執，如實了知一切聲、香、味、觸、法處相而無所執；如實了知一切眼界相而無所執，如實了知一切耳、鼻、舌、身、意界相而無所執；如實了知一切色界相而無所執，如實了知一切聲、香、味、觸、法界相而無所執；如實了知一切眼識界相而無所執，如實了知一切耳、鼻、舌、身、意識界相而無所執；如實了知一切眼觸相而無所執，如實了知一切耳、鼻、舌、身、意觸相而無所執；如實了知一切眼觸為緣所生諸受相而無所執，

如實了知一切耳、鼻、舌、身、意觸為緣所生諸受相而無所執；如實了知一切布施波羅蜜多相而無所執，如實了知一切淨戒、安忍、精進、靜慮、般若波羅蜜多相而無所執；如實了知一切內空相而無所執，如實了知一切外空乃至無性自性空相而無所執；如實了知一切四念住相而無所執，如實了知一切四正斷乃至八聖道支相而無所執；如是乃至如實了知一切佛十力相而無所執，如實了知一切四無所畏乃至十八佛不共法相而無所執；如實了知一切三摩地門相而無所執，如實了知一切陀羅尼門相而無所執；如實了知一切法界相而無所執，如實了知一切真如、實際、不思議界、安隱界等相而無所執；乃至如實了知一切一切智相而無所執，如實了知一切道相智、一切相智相而無所執。」

時，舍利子問善現言：「復何名為一切法相？」

善現對曰：

「舍利子！若由如是諸行、相、狀表知諸法是色、是聲、是香、是味、是觸、是法、是內、是外、是有漏、是無漏、是有為、是無為，此等名為一切法相。

❷般若波羅蜜

「復次，舍利子！尊者所問『云何般若波羅蜜多？』者，

1.「舍利子！有勝妙慧<u>遠有所離</u>故名般若波羅蜜多。」

舍利子言：「此於何法而能遠離？」

善現答言：

「此於諸蘊、諸處、諸界、諸煩惱見及六趣等皆能遠離故名般若波羅蜜多。

2.「又，舍利子！有勝妙慧<u>遠有所到</u>故名般若波羅蜜多。」

舍利子言：「此於何法而能遠到？」

善現答言：

「此於布施波羅蜜多乃至般若波羅蜜多皆能遠到故名般若波羅蜜多，此於內空乃至無性自性空皆能遠到故名般若波羅蜜多，此於四念住乃至八聖道支皆能遠到故名般若波羅蜜多，如是乃至此於佛十力乃至十八佛不共法皆能遠到故名般若波羅蜜多，乃至此於一切智、道相智、一切相智皆能遠到故名般若波羅蜜多。舍利子！由此因緣說為般若波羅蜜多。

❸觀察諸法

「復次，舍利子！尊者所問『云何觀察諸法？』者，舍利子！諸菩薩摩訶薩修行般若波羅蜜多時，觀察色乃至識，非常非無常、非樂非苦、非我非無我、非淨非不淨、非空非不空、非有相非無相、非有願非無願、非寂靜非不寂靜、非遠離非不遠離。

「觀察眼處乃至意處，非常非無常、非樂非苦、非我非無我、非淨非不淨、非空非不空、非有相非無相、非有願非無願、非寂靜非不寂靜、非遠離非不遠離。

「觀察色處乃至法處，非常非無常、非樂非苦、非我非無我、非淨非不淨、非空非不空、非有相非無相、非有願非無願、非寂靜非不寂靜、非遠離非不遠離。

「觀察眼界乃至意界，非常非無常、非樂非苦、非我非無我、非淨非不淨、非空非不空、非有相非無相、非有願非無願、非寂靜非不寂靜、非遠離非不遠離。

「觀察色界乃至法界，非常非無常、非樂非苦、非我非無我、非淨非不淨、非空非不空、非有相非無相、非有願非無願、非寂靜非不寂靜、非遠離非不遠離。

「觀察眼識界乃至意識界，非常非無常、非樂非苦、非我非無我、非淨非不淨、非空非不空、非有相非無相、非有願非無願、非寂靜非不寂靜、非遠離非不遠離。

「觀察眼觸乃至意觸，非常非無常、非樂非苦、非我非無我、非淨非不淨、非空非不空、非有相非無相、非有願非無願、非寂靜非不寂靜、非遠離非不遠離。

「觀察眼觸為緣所生諸受乃至意觸為緣所生諸受，非常非無常、非樂非苦、非我非無我、非淨非不淨、非空非不空、非有相非無相、非有願非無願、非寂靜非不寂靜、非遠離非不遠離。

「觀察布施波羅蜜多乃至般若波羅蜜多，非常非無常、非樂非苦、非我非無我、非淨非不淨、非空非不空、非有相非無相、非有願非無願、非寂靜非不寂靜、非遠離非不遠離。

「觀察內空乃至無性自性空，非常非無常、非樂非苦、非我非無我、非淨非不淨、非空非不空、非有相非無相、非有願非無願、非寂靜非不寂靜、非遠離非不遠離。

「觀察四念住乃至八聖道支，非常非無常、非樂非苦、非我非無我、非淨非不淨、非空非不空、非有相非無相、非有願非無願、非寂

靜非不寂靜、非遠離非不遠離。

「如是乃至觀察佛十力乃至十八佛不共法，非常非無常、非樂非苦、非我非無我、非淨非不淨、非空非不空、非有相非無相、非有願非無願、非寂靜非不寂靜、非遠離非不遠離。

「觀察一切三摩地門、一切陀羅尼門，非常非無常、非樂非苦、非我非無我、非淨非不淨、非空非不空、非有相非無相、非有願非無願、非寂靜非不寂靜、非遠離非不遠離。

「如是乃至觀察一切智、道相智、一切相智非常非無常、非樂非苦、非我非無我、非淨非不淨、非空非不空、非有相非無相、非有願非無願、非寂靜非不寂靜、非遠離非不遠離。

「舍利子！此等名為觀察諸法。舍利子！諸菩薩摩訶薩修行般若波羅蜜多時，應作如是觀察諸法。」*10

④以無生觀諸法皆入無二法數

❶自性空故觀法無生

爾時，具壽舍利子問善現言：

「仁者何緣作如是說：色不生不滅即非色，受、想、行、識不生不滅亦非受、想、行、識，如是乃至一切智不生不滅即非一切智，道相智、一切相智不生不滅亦非道相智、一切相智？」

善現對曰：

「舍利子！色色性空，受、想、行、識受、想、行、識性空，此性空中無生無滅亦無色乃至識。由斯故說：色不生不滅即非色，受、想、行、識不生不滅亦非受、想、行、識。舍利子！如是乃至一切智一切智性空，道相智、一切相智道相智、一切相智性空，此性空中無生無滅亦無一切智、道相智、一切相智。由斯故說：一切智不生不滅即非一切智，道相智、一切相智不生不滅亦非道相智、一切相智。」

❷散無散空故觀法不二 (非相應非不相應)

爾時，具壽舍利子問善現言：

「仁者何緣作如是說：色不二即非色，受、想、行、識不二亦非受、想、行、識，如是乃至一切智不二即非一切智，道相智、一切相智不二亦非道相智、一切相智？」

善現對曰：

「舍利子！若色若不二，若受、想、行、識若不二，如是一切皆非

相應非不相應，無色、無見、無對、一相，所謂無相。由斯故說：色不二即非色，受、想、行、識不二亦非受、想、行、識。舍利子！如是乃至若一切智若不二，若道相智、一切相智若不二，如是一切皆非相應非不相應，無色、無見、無對、一相，所謂無相。由斯故說：一切智不二即非一切智，道相智、一切相智不二亦非道相智、一切相智。」

❸觀法無生故入無二法數

爾時，具壽舍利子問善現言：

「仁者何緣作如是說：色入無二法數，受、想、行、識入無二法數，如是乃至一切智入無二法數，道相智、一切相智入無二法數？」

善現對曰：

「舍利子！色不異無生無滅，無生無滅不異色，色即是無生無滅，無生無滅即是色；受、想、行、識不異無生無滅，無生無滅不異受、想、行、識，受、想、行、識即是無生無滅，無生無滅即是受、想、行、識。由斯故說：色入無二法數，受、想、行、識入無二法數。舍利子！如是乃至一切智不異無生無滅，無生無滅不異一切智，一切智即是無生無滅，無生無滅即是一切智；道相智、一切相智不異無生無滅，無生無滅不異道相智、一切相智，道相智、一切相智即是無生無滅，無生無滅即是道相智、一切相智。由斯故說：一切智入無二法數，道相智、一切相智入無二法數。」

*10

(3)就無生忍明無生觀

[智德大]：
10.7 現證十法之究竟智謂一切相智

①人法無生畢竟淨不可得

❶人與法無生畢竟淨故

爾時，具壽善現白佛言：

「世尊！若時菩薩摩訶薩修行般若波羅蜜多觀察諸法，是時菩薩摩訶薩見我無生，畢竟淨故，乃至見見者無生，畢竟淨故；見色無生，畢竟淨故，乃至見識無生，畢竟淨故；見眼處無生，畢竟淨故，乃至見意處無生，畢竟淨故；見色處無生，畢竟淨故，乃至見法處無生，畢竟淨故；見眼界無生，畢竟淨故，乃至見意界無

生，畢竟淨故；見色界無生，畢竟淨故，乃至見法界無生，畢竟淨故；見眼識界無生，畢竟淨故，乃至見意識界無生，畢竟淨故；見眼觸無生，畢竟淨故，乃至見意觸無生，畢竟淨故；見眼觸為緣所生諸受無生，畢竟淨故，乃至見意觸為緣所生諸受無生，畢竟淨故；見布施波羅蜜多無生，畢竟淨故，乃至見般若波羅蜜多無生，畢竟淨故；見內空無生，畢竟淨故，乃至見無性自性空無生，畢竟淨故；見四念住無生，畢竟淨故，乃至見八聖道支無生，畢竟淨故；如是乃至見佛十力無生，畢竟淨故，乃至見十八佛不共法無生，畢竟淨故；見一切三摩地門無生，畢竟淨故，見一切陀羅尼門無生，畢竟淨故；如是乃至見一切智無生，畢竟淨故，見道相智、一切相智無生，畢竟淨故；見異生法無生，畢竟淨故，見異生無生，畢竟淨故；見預流法無生，畢竟淨故，見預流無生，畢竟淨故；見一來法無生，畢竟淨故，見一來無生，畢竟淨故；見不還法無生，畢竟淨故，見不還無生，畢竟淨故；見阿羅漢法無生，畢竟淨故，見阿羅漢無生，畢竟淨故；見獨覺法無生，畢竟淨故，見獨覺無生，畢竟淨故；見一切菩薩法無生，畢竟淨故，見一切菩薩無生，畢竟淨故；見諸佛法無生，畢竟淨故，見諸佛無生，畢竟淨故；見一切有情法無生，畢竟淨故，見一切有情無生，畢竟淨故。」

(CBETA, T07, no. 220, p. 126, b^{26}-p. 128, c^{13})

❷論無生

1.舍利子問

(1)若人法無生，則六道無差別、聖人無大小、聖法無優劣

卷424〈遠離品24〉：「第二分遠離品第二十四之二

爾時，具壽舍利子謂善現言：

「如我解仁者所說義，我乃至見者畢竟不生，色乃至識畢竟不生，如是乃至諸佛法及諸佛畢竟不生，一切有情法及一切有情畢竟不生。若如是者，六趣受生應無差別，不應預流得預流果，不應一來得一來果，不應不還得不還果，不應阿羅漢得阿羅漢果，不應獨覺得獨覺菩提，不應菩薩得一切相智；不應菩薩摩訶薩見六趣生死深生厭患，為拔濟彼故得五種菩提。

(2)若法不生，何故二乘斷結修道、菩薩為度有情難行苦行、佛得

菩提轉法輪

「復次，善現！若一切法畢竟不生，云何預流為預流果，勤修
永斷三結之道？云何一來為一來果，勤修永斷貪、瞋、癡道？
云何不還為不還果，勤修永斷順下結道？云何阿羅漢為阿羅
漢果，勤修永斷順上結道？云何獨覺為獨覺菩提，勤修獨悟
緣起法道？云何菩薩摩訶薩為度無量無邊有情，修多百千難
行苦行，具受無量難忍重苦？云何如來、應、正等覺證得無
上正等菩提？云何諸佛為度無量有情苦故轉妙法輪？」

2.善現答：於無生法中，不見一切法有所得

爾時，具壽善現報舍利子言：

「非我於彼無生法中，見有六趣受生差別；非我於彼無生法中，
見有能入諦現觀者；非我於彼無生法中，見有預流得預流果，
見有一來得一來果，見有不還得不還果，見有阿羅漢得阿羅漢
果，見有獨覺得獨覺菩提，見有菩薩得一切相智；非我於彼無
生法中，見有菩薩摩訶薩厭患生死得五菩提；非我於彼無生法
中，見有聲聞修斷結道，見有獨覺勤修獨悟緣起法道；非我於
彼無生法中，見有菩薩摩訶薩為度有情修多苦行受諸重苦，然
諸菩薩摩訶薩不起難行苦行之想。何以故？舍利子！若起難行
苦行想者，終不能為無量無數無邊有情作大饒益。舍利子！一
切菩薩以無所得而為方便，於諸有情起大悲心，住如父母、兄
弟、妻子及己身想，為度脫彼發起無上正等覺心，乃能為彼作
大饒益。

「舍利子！一切菩薩應作是念：『如我自性，於一切法以一切種、
一切處、一切時求不可得，內外諸法亦復如是，都無所有皆不
可得。』若住此想便不見有難行苦行，由此能為無量無數無邊
有情修多百千難行苦行作大饒益。何以故？是菩薩摩訶薩於一
切法、一切有情、一切種、一切處、一切時無執受故。舍利子！
非我於彼無生法中，見有如來、應、正等覺，證得無上正等菩
提，轉妙法輪度無量眾。何以故？舍利子！以一切法、一切有
情不可得故。」

❸論得道

1.明得道因緣

時，舍利子問善現言：

「於意云何？為欲以生法有所證得，為欲以無生法有所證得耶？」

善現對曰：「我不欲以生法有所證得，亦不欲以無生法有所證得。」

2.依二諦說：世俗假名有，勝義畢竟空

舍利子言：「若如是者，豈都無得、無現觀耶？」

善現對曰：

「雖有得、有現觀，而實不由二法證得。舍利子！但隨世間言說施設有得、現觀，非勝義中有得、現觀。舍利子！但隨世間言說施設有預流、有預流果，有一來、有一來果，有不還、有不還果，有阿羅漢、有阿羅漢果，有獨覺、有獨覺菩提，有菩薩摩訶薩、有菩薩摩訶薩行，有諸佛、有諸佛無上正等菩提，非勝義中有預流等。」

舍利子言：

「若隨世間言說施設有得、現觀及預流等非勝義者，六趣差別亦隨世間言說施設，非勝義耶？」

善現對曰：

「如是！如是！何以故？舍利子！非勝義中有業異熟及染淨故。」

❹明諸法無生

1.不生法、生法皆無生，以自性空故

(1)不生法、生法皆無生

時，舍利子問善現言：

「於意云何？為欲令未生法生，為欲令已生法生耶？」

善現對曰：「我不欲令未生法生，亦不欲令已生法生。」

(2)色等法自性空故無生

舍利子言：「何等是未生法，仁者不欲令彼法生？」

善現對曰：

「舍利子！色是未生法，我不欲令生。何以故？自性空故。受、想、行、識是未生法，我不欲令生。何以故？自性空故。乃至諸佛無上正等菩提是未生法，我不欲令生。何以故？自性空故。」

舍利子問：「何等是已生法，仁者不欲令彼法生？」

善現對曰：

「舍利子！色是已生法，我不欲令生。何以故？自性空故。受、想、行、識是已生法，我不欲令生。何以故？自性空故。乃至諸佛無上正等菩提是已生法，我不欲令生。何以故？自性空故。」

2. 非生生，亦非不生生，諸法無相故無生

時，舍利子問善現言：「於意云何？為欲令生生，為欲令不生生耶？」

善現對曰：

「我不欲令生生，亦不欲令不生生。何以故？舍利子！生與不生，如是二法俱非相應非不相應，無色、無見、無對、一相，謂無相故。由此因緣，我不欲令生生，亦不欲令不生生。」

❺ 稱歎樂說無生

時，舍利子又問善現：「仁者於所說無生法樂辯說無生相耶？」

善現對曰：

「舍利子！我於所說無生法亦不樂辯說無生相。何以故？舍利子！若無生法，若無生相，若樂辯說，如是一切皆非相應非不相應，無色、無見、無對、一相，謂無相故。」

時，舍利子又問善現：「於不生法起不生言，此不生言亦不生不？」

善現對曰：

「如是！如是！誠如所說。於不生法起不生言，此法及言俱無生義。所以者何？舍利子！色不生，受、想、行、識亦不生。何以故？本性空故。眼處不生，耳、鼻、舌、身、意處亦不生。何以故？本性空故。色處不生，聲、香、味、觸、法處亦不生。何以故？本性空故。眼界不生，耳、鼻、舌、身、意界亦不生。何以故？本性空故。色界不生，聲、香、味、觸、法界亦不生。何以故？本性空故。眼識界不生，耳、鼻、舌、身、意識界亦不生。何以故？本性空故。眼觸不生，耳、鼻、舌、身、意觸亦不生。何以故？本性空故。眼觸為緣所生諸受不生，耳、鼻、舌、身、意觸為緣所生諸受亦不生。何以故？本性空故。地界不生，水、火、風、空、識界亦不生。何以故？本性空故。身行不生，語行、意行亦不生。何以故？本性空故。布施波羅蜜多不生，乃至一切相智亦不生。何以故？本性空故。舍利子！由此因緣，於不生法起不生言，此法及言俱無生義。舍利子！若所說法、若能言說者、

聽者皆無生義。」

❻知諸法空而無所依，能淨菩提道

爾時，具壽舍利子讚善現言：

「說法人中仁為第一，除佛世尊無能及者。何以故？隨所問詰種種
法門皆能酬答無滯礙故。」

1.法性常空故諸法無所依

善現報言：

「諸佛弟子於一切法無依著者，法爾皆能隨所問詰一一酬答自在
無畏。何以故？以一切法無所依故。」

舍利子言：「云何諸法都無所依？」

善現答言：

「舍利子！色本性空故，不依內不依外不依兩間；受、想、行、
識亦本性空故，不依內不依外不依兩間。

「舍利子！眼處本性空故，不依內不依外不依兩間；耳、鼻、舌、
身、意處亦本性空故，不依內不依外不依兩間。

「舍利子！色處本性空故，不依內不依外不依兩間；聲、香、味、
觸、法處亦本性空故，不依內不依外不依兩間。

「舍利子！眼界本性空故，不依內不依外不依兩間；耳、鼻、舌、
身、意界亦本性空故，不依內不依外不依兩間。

「舍利子！色界本性空故，不依內不依外不依兩間；聲、香、味、
觸、法界亦本性空故，不依內不依外不依兩間。

「舍利子！眼識界本性空故，不依內不依外不依兩間；耳、鼻、
舌、身、意識界亦本性空故，不依內不依外不依兩間。

「舍利子！眼觸本性空故，不依內不依外不依兩間；耳、鼻、舌、
身、意觸亦本性空故，不依內不依外不依兩間。

「舍利子！眼觸為緣所生諸受本性空故，不依內不依外不依兩
間；耳、鼻、舌、身、意觸為緣所生諸受亦本性空故，不依內
不依外不依兩間。

「舍利子！布施波羅蜜多本性空故，不依內不依外不依兩間；乃
至般若波羅蜜多亦本性空故，不依內不依外不依兩間。

「舍利子！內空本性空故，不依內不依外不依兩間；乃至無性自
性空亦本性空故，不依內不依外不依兩間。

「舍利子！四念住本性空故，不依內不依外不依兩間；乃至八聖

道支亦本性空故，不依內不依外不依兩間。

「舍利子！乃至佛十力本性空故，不依內不依外不依兩間；乃至十八佛不共法亦本性空故，不依內不依外不依兩間。

「舍利子！乃至一切智本性空故，不依內不依外不依兩間；道相智、一切相智亦本性空故，不依內不依外不依兩間。

「舍利子！由此因緣，我說諸法本性空故，都無所依。

2.勸淨菩提道

「復次，舍利子！諸菩薩摩訶薩修行六種波羅蜜多時，應淨色乃至識，應淨眼處乃至意處，應淨色處乃至法處，應淨眼界乃至意界，應淨色界乃至法界，應淨眼識界乃至意識界，應淨眼觸乃至意觸，應淨眼觸為緣所生諸受乃至意觸為緣所生諸受，應淨布施波羅蜜多乃至般若波羅蜜多，應淨內空乃至無性自性空，應淨四念住乃至八聖道支，如是乃至應淨佛十力乃至十八佛不共法，乃至應淨一切智、道相智、一切相智，應淨菩提道。」

*11

(CBETA, T07, no. 220, p. 128, c^{19}-p. 130, c^4)

sher phyin:　v26, pp. 801^{08}-839^{03}　　《合論》: v50, pp. 747^{21}-811^{12}

②明趣無生之方便

❶行六度淨菩提道 (遠道)

10.8 能生一切相智之勝進道金剛喻定之有境出生

能生一切相智之勝進道金剛喻定之有境（即能緣心也）出生。

卷424〈遠離品24〉:「爾時，具壽舍利子問善現言：

「云何菩薩摩訶薩修行六種波羅蜜多時淨菩提道？」

善現答言:「舍利子！六波羅蜜多各有二種。一者、世間。二者、出世間。」

1.布施度

舍利子問:「云何世間布施波羅蜜多？云何出世間布施波羅蜜多？」

(1)世間布施度：著三輪行、有所依

善現對曰：

「舍利子！若菩薩摩訶薩為大施主，能施一切沙門、婆羅門、

貧病、孤露、道行乞者，須食與食，須飲與飲，須乘與乘，須衣與衣，須香華與香華，須莊嚴具與莊嚴具，須舍宅與舍宅，須醫藥與醫藥，須燈明與燈明，須坐臥具與坐臥具，如是一切隨其所須餘資生具悉皆施與。若復有來乞男與男，乞女與女，乞妻妾與妻妾，乞官秩與官秩，乞國城與國城，乞王位與王位，乞頭目與頭目，乞耳鼻與耳鼻，乞手足與手足，乞支節與支節，乞血肉與血肉，乞骨髓與骨髓，乞僮僕與僮僕，乞生類與生類，如是一切隨其所求，內外之物悉皆施與。雖作是施而有所依，謂作是念：『我施彼受，我為施主，我不慳貪，我隨佛教一切能捨，我行布施波羅蜜多。』彼行施時，以有所得而為方便，與諸有情平等共有迴向無上正等菩提。復作是念：『我持此福施諸有情，令獲此世後世安樂，乃至證得無餘涅槃。』彼著三輪而行布施。何等為三？所謂自想、他想、施想。由著此三輪而行施故，名世間布施波羅蜜多。何緣此施名為世間？以與世間同共行故，不動不出世間法故，由斯故說世間布施波羅蜜多。

(2)出世間布施度：三輪清淨、無所依

「舍利子！若菩薩摩訶薩行布施時三輪清淨。何等為三？一者、不執我為施者。二者、不執彼為受者。三者、不著施及施果。是菩薩摩訶薩行布施時三輪清淨。

「又，舍利子！若菩薩摩訶薩以大悲為上首，所修施福普施有情，於諸有情都無所得，雖與有情平等共有迴向無上正等菩提，而於其中不見少相，由都無所執而行施故，名出世布施波羅蜜多。何緣此施名出世間？不與世間同共行故，能動能出世間法故，由斯故說出世布施波羅蜜多。」

2.例餘五度

舍利子言：

「云何世間淨戒、安忍、精進、靜慮、般若波羅蜜多？云何出世間淨戒、安忍、精進、靜慮、般若波羅蜜多？」

善現答言：

「舍利子！若菩薩摩訶薩修行淨戒、安忍、精進、靜慮、般若時，有所依者著三輪故，名為世間波羅蜜多，以與世間同共行故，不動不出世間法故。若菩薩摩訶薩修行淨戒、安忍、精進、靜

慮、般若時，無所依者三輪淨故，名出世間波羅蜜多，不與世間同共行故，能動能出世間法故。

「舍利子！如是菩薩摩訶薩修行六種波羅蜜多時淨菩提道。」

❷行三十七道品等開菩提道 (近道)

爾時，具壽舍利子問善現言：「何謂菩薩摩訶薩菩提道？」

善現答言：

「舍利子！布施波羅蜜多乃至般若波羅蜜多是菩薩摩訶薩菩提道，四念住乃至八聖道支是菩薩摩訶薩菩提道，空解脫門、無相、無願解脫門是菩薩摩訶薩菩提道，內空乃至無性自性空是菩薩摩訶薩菩提道，真如、法界、實際、不思議界等是菩薩摩訶薩菩提道，一切三摩地門、一切陀羅尼門是菩薩摩訶薩菩提道，佛十力乃至十八佛不共法是菩薩摩訶薩菩提道。舍利子！如是等無量無邊大功德聚皆是菩薩摩訶薩菩提道。」

❸稱讚般若波羅蜜勢力

時，舍利子讚善現言：

「善哉！善哉！誠如所說。善現！如是大功德聚，為由何等波羅蜜多勢力所辦？」

善現答言：

「舍利子！如是所說大功德聚，皆由般若波羅蜜多勢力所辦。何以故？

1.般若能生一切善法

舍利子！如是般若波羅蜜多能與一切善法為母，一切聲聞、獨覺、菩薩、諸佛善法從此生故。

2.般若能攝受一切善法

舍利子！如是般若波羅蜜多普能攝受一切善法，一切聲聞、獨覺、菩薩、諸佛善法依此住故。

3.十方三世諸佛皆行般若而得無上菩提

舍利子！過去菩薩摩訶薩眾，修行般若波羅蜜多極圓滿故，已證無上正等菩提；未來菩薩摩訶薩眾，修行般若波羅蜜多極圓滿故，當證無上正等菩提；現在十方諸佛世界無量菩薩摩訶薩眾，修行般若波羅蜜多極圓滿故，現證無上正等菩提。*11

③明順應般若之行者

❶明能隨順般若行之人

「復次，舍利子！若菩薩摩訶薩聞說般若波羅蜜多，心無疑惑亦不迷悶，當知是菩薩摩訶薩住如是住恒不捨離，謂無所得而為方便；常勤救濟一切有情，當知是菩薩摩訶薩成就如是殊勝作意，所謂大悲相應作意。」

❷有情及諸法空而不離大悲相應作意

時，舍利子謂善現言：

「若菩薩摩訶薩住如是住恒不捨離，成就大悲相應作意者，則一切有情亦應成菩薩摩訶薩。所以者何？以一切有情亦於此住及此作意常不捨離，則諸菩薩摩訶薩與一切有情應無差別。」

爾時，具壽善現報舍利子言：

「善哉！善哉！誠如所說，能如實知我所說意，雖似難我而成我義。何以故？

1.「舍利子！有情非有故，當知如是住及作意亦非有。有情無實故，當知如是住及作意亦無實。有情無性故，當知如是住及作意亦無性。有情空故，當知如是住及作意亦空。有情遠離故，當知如是住及作意亦遠離。有情寂靜故，當知如是住及作意亦寂靜。有情無覺知故，當知如是住及作意亦無覺知。

2.「舍利子！色乃至識非有故，當知如是住及作意亦非有。色乃至識無實故，當知如是住及作意亦無實。色乃至識無性故，當知如是住及作意亦無性。色乃至識空故，當知如是住及作意亦空。色乃至識遠離故，當知如是住及作意亦遠離。色乃至識寂靜故，當知如是住及作意亦寂靜。色乃至識無覺知故，當知如是住及作意亦無覺知。

3.「舍利子！眼處乃至意處非有故，當知如是住及作意亦非有。眼處乃至意處無實故，當知如是住及作意亦無實。眼處乃至意處無性故，當知如是住及作意亦無性。眼處乃至意處空故，當知如是住及作意亦空。眼處乃至意處遠離故，當知如是住及作意亦遠離。眼處乃至意處寂靜故，當知如是住及作意亦寂靜。眼處乃至意處無覺知故，當知如是住及作意亦無覺知。

4.「舍利子！色處乃至法處非有故，當知如是住及作意亦非有。色處乃至法處無實故，當知如是住及作意亦無實。色處乃至法處無性故，當知如是住及作意亦無性。色處乃至法處空故，當知如是住及作意亦空。色處乃至法處遠離故，當知如是住及作意

亦遠離。色處乃至法處寂靜故，當知如是住及作意亦寂靜。色處乃至法處無覺知故，當知如是住及作意亦無覺知。

5.「舍利子！眼界乃至意界非有故，當知如是住及作意亦非有。眼界乃至意界無實故，當知如是住及作意亦無實。眼界乃至意界無性故，當知如是住及作意亦無性。眼界乃至意界空故，當知如是住及作意亦空。眼界乃至意界遠離故，當知如是住及作意亦遠離。眼界乃至意界寂靜故，當知如是住及作意亦寂靜。眼界乃至意界無覺知故，當知如是住及作意亦無覺知。

6.「舍利子！色界乃至法界非有故，當知如是住及作意亦非有。色界乃至法界無實故，當知如是住及作意亦無實。色界乃至法界無性故，當知如是住及作意亦無性。色界乃至法界空故，當知如是住及作意亦空。色界乃至法界遠離故，當知如是住及作意亦遠離。色界乃至法界寂靜故，當知如是住及作意亦寂靜。色界乃至法界無覺知故，當知如是住及作意亦無覺知。

7.「舍利子！眼識界乃至意識界非有故，當知如是住及作意亦非有。眼識界乃至意識界無實故，當知如是住及作意亦無實。眼識界乃至意識界無性故，當知如是住及作意亦無性。眼識界乃至意識界空故，當知如是住及作意亦空。眼識界乃至意識界遠離故，當知如是住及作意亦遠離。眼識界乃至意識界寂靜故，當知如是住及作意亦寂靜。眼識界乃至意識界無覺知故，當知如是住及作意亦無覺知。

8.「舍利子！眼觸乃至意觸非有故，當知如是住及作意亦非有。眼觸乃至意觸無實故，當知如是住及作意亦無實。眼觸乃至意觸無性故，當知如是住及作意亦無性。眼觸乃至意觸空故，當知如是住及作意亦空。眼觸乃至意觸遠離故，當知如是住及作意亦遠離。眼觸乃至意觸寂靜故，當知如是住及作意亦寂靜。眼觸乃至意觸無覺知故，當知如是住及作意亦無覺知。

9.「舍利子！眼觸為緣所生諸受乃至意觸為緣所生諸受非有故，當知如是住及作意亦非有。眼觸為緣所生諸受乃至意觸為緣所生諸受無實故，當知如是住及作意亦無實。眼觸為緣所生諸受乃至意觸為緣所生諸受無性故，當知如是住及作意亦無性。眼觸為緣所生諸受乃至意觸為緣所生諸受空故，當知如是住及作意亦空。眼觸為緣所生諸受乃至意觸為緣所生諸受遠離故，當知

如是住及作意亦遠離。眼觸為緣所生諸受乃至意觸為緣所生諸受寂靜故，當知如是住及作意亦寂靜。眼觸為緣所生諸受乃至意觸為緣所生諸受無覺知故，當知如是住及作意亦無覺知。

10.「舍利子！地界乃至識界非有故，當知如是住及作意亦非有。地界乃至識界無實故，當知如是住及作意亦無實。地界乃至識界無性故，當知如是住及作意亦無性。地界乃至識界空故，當知如是住及作意亦空。地界乃至識界遠離故，當知如是住及作意亦遠離。地界乃至識界寂靜故，當知如是住及作意亦寂靜。地界乃至識界無覺知故，當知如是住及作意亦無覺知。

11.「舍利子！布施波羅蜜多乃至般若波羅蜜多非有故，當知如是住及作意亦非有。布施波羅蜜多乃至般若波羅蜜多無實故，當知如是住及作意亦無實。布施波羅蜜多乃至般若波羅蜜多無性故，當知如是住及作意亦無性。布施波羅蜜多乃至般若波羅蜜多空故，當知如是住及作意亦空。布施波羅蜜多乃至般若波羅蜜多遠離故，當知如是住及作意亦遠離。布施波羅蜜多乃至般若波羅蜜多寂靜故，當知如是住及作意亦寂靜。布施波羅蜜多乃至般若波羅蜜多無覺知故，當知如是住及作意亦無覺知。

12.「舍利子！內空乃至無性自性空非有故，當知如是住及作意亦非有。內空乃至無性自性空無實故，當知如是住及作意亦無實。內空乃至無性自性空無性故，當知如是住及作意亦無性。內空乃至無性自性空空故，當知如是住及作意亦空。內空乃至無性自性空遠離故，當知如是住及作意亦遠離。內空乃至無性自性空寂靜故，當知如是住及作意亦寂靜。內空乃至無性自性空無覺知故，當知如是住及作意亦無覺知。

13.「舍利子！四念住乃至八聖道支非有故，當知如是住及作意亦非有。四念住乃至八聖道支無實故，當知如是住及作意亦無實。四念住乃至八聖道支無性故，當知如是住及作意亦無性。四念住乃至八聖道支空故，當知如是住及作意亦空。四念住乃至八聖道支遠離故，當知如是住及作意亦遠離。四念住乃至八聖道支寂靜故，當知如是住及作意亦寂靜。四念住乃至八聖道支無覺知故，當知如是住及作意亦無覺知。

14.「舍利子！如是乃至佛十力乃至十八佛不共法非有故，當知如是住及作意亦非有。佛十力乃至十八佛不共法無實故，當知如是

住及作意亦無實。佛十力乃至十八佛不共法無性故,當知如是
住及作意亦無性。佛十力乃至十八佛不共法空故,當知如是住
及作意亦空。佛十力乃至十八佛不共法遠離故,當知如是住及
作意亦遠離。佛十力乃至十八佛不共法寂靜故,當知如是住及
作意亦寂靜。佛十力乃至十八佛不共法無覺知故,當知如是住
及作意亦無覺知。

15.「舍利子!一切三摩地門、一切陀羅尼門非有故,當知如是住及
作意亦非有。一切三摩地門、一切陀羅尼門無實故,當知如是
住及作意亦無實。一切三摩地門、一切陀羅尼門無性故,當知
如是住及作意亦無性。一切三摩地門、一切陀羅尼門空故,當
知如是住及作意亦空。一切三摩地門、一切陀羅尼門遠離故,
當知如是住及作意亦遠離。一切三摩地門、一切陀羅尼門寂靜
故,當知如是住及作意亦寂靜。一切三摩地門、一切陀羅尼門
無覺知故,當知如是住及作意亦無覺知。

16.「舍利子!一切智、道相智、一切相智非有故,當知如是住及作
意亦非有。一切智、道相智、一切相智無實故,當知如是住及
作意亦無實。一切智、道相智、一切相智無性故,當知如是住
及作意亦無性。一切智、道相智、一切相智空故,當知如是住
及作意亦空。一切智、道相智、一切相智遠離故,當知如是住
及作意亦遠離。一切智、道相智、一切相智寂靜故,當知如是
住及作意亦寂靜。一切智、道相智、一切相智無覺知故,當知
如是住及作意亦無覺知。

17.「舍利子!聲聞菩提、獨覺菩提、無上菩提非有故,當知如是住
及作意亦非有。聲聞菩提、獨覺菩提、無上菩提無實故,當知
如是住及作意亦無實。聲聞菩提、獨覺菩提、無上菩提無性故,
當知如是住及作意亦無性。聲聞菩提、獨覺菩提、無上菩提空
故,當知如是住及作意亦空。聲聞菩提、獨覺菩提、無上菩提
遠離故,當知如是住及作意亦遠離。聲聞菩提、獨覺菩提、無
上菩提寂靜故,當知如是住及作意亦寂靜。聲聞菩提、獨覺菩
提、無上菩提無覺知故,當知如是住及作意亦無覺知。

「舍利子!由此因緣,諸菩薩摩訶薩於如是住及此作意常不捨離,
與諸有情亦無差別,以一切法無差別故。」*11

5.佛讚說勸學,現瑞證說,時眾得益

爾時,世尊讚善現曰:

「善哉!善哉!汝善能為諸菩薩摩訶薩宣說般若波羅蜜多,此皆如來威神
之力。若有欲為諸菩薩摩訶薩宣說般若波羅蜜多者,皆應如汝之所宣說。
若菩薩摩訶薩欲學般若波羅蜜多者,皆應隨汝所說而學。若菩薩摩訶薩
隨汝所說而學般若波羅蜜多,是菩薩摩訶薩速證無上正等菩提,轉妙法
輪度無量眾。」

具壽善現為諸菩薩摩訶薩眾宣說如是甚深般若波羅蜜多時,於此三千大千
世界六種變動,謂動、極動、等極動,踊、極踊、等極踊,震、極震、等
極震,擊、極擊、等極擊,吼、極吼、等極吼,爆、極爆、等極爆;又此
三千大千世界東踊西沒、西踊東沒、南踊北沒、北踊南沒、中踊邊沒、邊
踊中沒。

爾時,世尊即便微笑,具壽善現即白佛言:「何因何緣現此微笑?」

佛告善現:

「如我今者於此三千大千世界,為諸菩薩摩訶薩眾宣說般若波羅蜜多,今
於東方無量無數無邊世界,各有如來、應、正等覺,亦為菩薩摩訶薩眾
宣說般若波羅蜜多;南西北方四維上下無量無數無邊世界,亦各有如來、
應、正等覺,為諸菩薩摩訶薩眾宣說般若波羅蜜多。如我今者於此三千
大千世界宣說般若波羅蜜多故,有十二那庾多天、人、阿素洛等得無生
法忍。今於十方無量無數無邊世界,亦各有如來、應、正等覺宣說般若
波羅蜜多故,亦各有無量無數無邊有情皆發無上正等覺心獲大利樂。」

*12

(CBETA, T07, no. 220, p. 130, c^5-p. 133, c^{20})

sher phyin:　v26, pp. 839^{03}-857^{09}　　《合論》:v50, pp. 811^{13}-823^{01}

註解：

*1 三法忍(忍：悟解法理且認證之)

(1)音響忍 ghosānugama-dharma-ksānti (音聲忍、生忍)：十信位，聽聞教法，尋聲而悟解。(聞慧)

(2)柔順忍 anulomikī-dharma-ksānti (柔順法忍、思惟柔順忍)：三賢位，隨順真理思惟而得悟，伏業惑，令六塵無性不生。(思慧)

(3)無生法忍 anutpattika-dharma-ksānti (修習無生忍)：契合真理，七地以上，離一切相而證悟實相。(修慧)

觀諸法無生無滅之理而諦認之，安住具不動心。

《智論》50「無生法忍者，於無生滅諸法實相中，信受通達，無礙不退，是名無生忍。」

《大乘義章》12「從境為名，理寂不起，稱曰無生，慧安此理名無生忍。」

又說無生法忍，即聲聞於入見道位時見四諦之理，菩薩則於入初地時諦認諸法無生無滅之理，以住不退轉地。

*2 大乘五歎(五殊勝)

大乘有五殊勝。

(1)勝出歎

阿羅漢不知一切總相別相，亦不能破魔王降伏外道，厭老病死故直趣涅槃。

獨覺入諸法實相深於聲聞，少有悲心，以神通力化度有情，能破煩惱，不破魔及外道。

菩薩從初發心起大慈悲利益有情，決定知諸法實相，具足六波羅蜜，破魔及外道，斷煩惱習具足一切相智，悉知總相別相，成無上菩提。

三人雖俱免生死，然方便道各異，菩薩勝出。

(2)等空歎 (3)含受歎

大乘含受三世諸佛及諸弟子，如虛空含受一切國土無盡。

(4)不見來去住歎 (5)三世等歎

如虛空常相，無入、出、住相；大乘無未來世入處、無過去世出處、無現在世住處。

破三時故三世等，名大乘。

*3 勝出歎

(1)總相說

大乘摧破勝出一切世間人、天、阿修羅等。(能破三善道勝出，何況三惡道。)

①有為法非實故

❶三界非實

三界虛誑如夢如幻，無明虛妄，因緣故有，因果無有定實，一切無常破壞皆是空相。大乘與三界相違，故能摧破勝出。

若三界定實、常、不虛妄，則大乘不能摧破勝出，以力等故。

❷蘊、處、界、觸、受亦如是非實。

②法性等無為法非實故

若法性是有法，非無法者，大乘不能破世間得勝出。以法非有故，大乘能得勝出世間。

法性等無為法空，故說無；有為法實相即無為，離有為，無為不可得；觀有為法虛誑，

而人於法性等無為法取相起諍故說無。

③六度等法非實故

世間布施波羅蜜著故有，出世間布施波羅蜜無故空；為破慳貪故言有布施波羅蜜，為破邪見故言無布施波羅蜜；為度初學者說有，聖人心中則無。

④金剛喻智非實故

菩薩金剛喻智非實有，是非有性故，菩薩用此金剛喻智通達諸法自性皆空，永斷一切煩惱習氣相續，證得一切智智，超勝一切世間。

(聲聞及獨覺煩惱已斷，猶有少分似貪瞋等發身語相，說此為習氣相續。如是習氣相續，如來永斷。)

(2)別相說

①諸佛相好、光明、音聲非實勝出

佛三十二相莊嚴身非實有，其威光妙德勝一切有情。

佛所放光明非實有，其光明能普照十方，勝日、月、諸天一切光明。

佛音聲非實有，其六十妙音能遍告十方，勝一切音樂、世界妙聲、諸天梵音。

(參考《大乘莊嚴經論》6，弘法品)

②諸佛轉法輪度有情非實而勝出

佛所轉法輪非實有，最極清淨，無障無礙，勝轉輪聖王寶輪及諸外道法輪。

佛法輪能令永入無餘涅槃，不復入生死。

此中有情若是實有，佛不應令有情入無餘涅槃，永拔其根。以有情顛倒心見我故，佛欲破其顛倒，說言涅槃，實無有情可滅。

大乘有如是功德故，勝出一切世間。

*4 等空歎

大乘如虛空無種種相。

(1)無十方相、非形色相、非顯色相

虛空無十方、無長短方圓、無青黃赤白等相，大乘亦如是。

(2)非三世相乃至非可說非不可說相

虛空無三世相乃至無可說、不可說相，大乘亦如是，皆是無所有。初發心菩薩於內外種種因緣法中著心，故佛說此種種相，以明大乘與虛空等。

(3)此中虛空是無為法，無色無方，而大乘是有為法(是色法)，云何說大乘與虛空等？

①世間六度等法是有為法、色法，與虛空不同。

而出世間六度等法，與真如、法性、實際智慧和合故，似如虛空。菩薩得無生法忍後，無所分別，亦如虛空。

②如佛以無礙智觀諸法實相如虛空。(餘人若智慧未畢竟清淨，則不然。)

③佛說「諸法畢竟空，如無餘涅槃相，如虛空」。

*5 含受歎

(1)總相說一切法空故普能含受有情

①釋疑

❶問：何以不說「虛空廣大無邊故受一切物」，而言「虛空無所有故能受一切物，有情、大乘

亦無所有」？

答：現見虛空無所有，一切萬物皆在其中，以無所有故能受。

❷問：心心數法亦無形質，何以不受一切物？

答：1.心心數法覺知相，非是受相；又無住處(若內、若外、若近、若遠)，但以分別相故知有心。形色法有住處，因色處故知有虛空。以色不受物故則知虛空受物(色與虛空相違，色若不受，則知虛空是受。又如以無明故知有明，以苦故知有樂。)因色無故說有虛空，更無別相。

2.心心數法更有不受義，如邪見心不受正見，正見心不受邪見。虛空則不然，一切皆受故。

3.心心數法生滅相，是可斷法，虛空則不然。

心心數法、虛空，但無色無形同，不得言都不異。

以是故，諸法中說虛空能受一切。

❸問：何以不言「虛空無量無邊能受一切物」，而言「無所有能受一切物」？

答：虛空無自相，待色相說虛空；若無自相，則無虛空，云何言「無量無邊」？

❹問：汝言「受相則是虛空」，云何言「無」？

答：1.受相即是無色相(色不到處)，(假)名為虛空；以是故(實)無虛空。

2.若實有虛空，未有色時或已有色時皆應有虛空。

(1)若未有色有虛空，虛空則無相。

何以故？

以未有色故。因色故知有虛空，有色故便知有無色(虛空)。

(2)若先有色後有虛空，虛空則是作法。(作法不名為常)

3.若有無相法，是為不可得。

以是故無虛空。

❺虛空寂滅如涅槃

問：若常有虛空，因色故虛空相現，然後相在虛空。

答：若虛空先無相，後相亦無所住。

1.若虛空先有相，相無所相；若先無相，相亦無所住。

(空相未有時，則無虛空法(相無所住)；若先有虛空，即為是無相(相無所現)。)

《中論》1，觀六種品

2.若離相無相已，相無住處；

(有相無相中，相則無所住；離有相無相，餘處亦不住。)

若相無住處，所相處亦無；所相處無故，相亦無；

(相法無有故，可相法亦無；可相法無故，相法亦復無。)

離相及相處，更無有法。

(是故今無相，亦無有可相；離相可相已，更亦無有物。)《中論》1，觀六種品

以是故，虛空不名為相、不名為所相、不名為法、不名為非法、不名為有、不名為無，斷諸語言，寂滅如無餘涅槃。

餘一切法亦如是。

❻以易解空辨難解事 (以虛空為喻)

問：若一切法如是者，即是虛空，何以復以虛空為喻？

答：諸法因果皆是虛誑，因無明故有，誑有情心；有情於是法中生著，而不於虛空生著；

六塵法誑有情心，虛空雖復誑，則不爾！

以是故，以虛空為喻，以麁現事破微細事。

②釋經義

❶釋「有情無所有故虛空無所有、大乘亦無所有」

如虛空因色故，但有假名，無有定法；有情亦如是，因五蘊和合故，但有假名，亦無定法；大乘亦如是，以有情空，無佛無菩薩；以有有情故，有佛有菩薩；若無佛無菩薩，則無大乘。

以是故，大乘能受無量無邊無數有情；若有是法，不能受無量諸佛及弟子。

❷釋「大乘無所有故，無數、無量無邊無所有，一切法亦無所有」

1.釋疑「若實無虛空，云何能受無量無數有情」

問：若實無虛空，云何能受無量無邊無數有情？

答：以是故，佛說：「大乘無故，無數無；無數無故，無量亦無；無量無故，無邊亦無；無邊無故，一切法亦無，以是故能受。」

2.釋無數(阿僧祇) asaṃkhya

「僧祇」者「數」，「阿」者「無」。阿僧祇即是無數。

(1)有情諸法各各不可得邊故名「無數」。

(2)數虛空十方遠近不可得邊故名「無數」。

(3)分別數六波羅蜜無有數，數幾有情已上乘、當上乘、今上乘不可數，是名「無數」。

(4)有人言「初數為一，但有一，一一故言二，如是等皆一，更無餘數法。」若皆是一，則無數。

(5)有人言「一切法和合故有名字，如輪、輞、輻、轂和合故，名為車，無有定實法。」一法無故，多亦無，先一後多故。

(6)以繫數事，數事無故，數亦無。

3.釋「無量故無數，無數故無邊」

「無量」者，如以斗稱量物，以智慧量諸法亦如是。諸法空故無數，無數故無量無邊，無有實智，云何能得諸法定相？

無量故無邊，量名總相，邊名別相；量為初始，邊名終竟。

(2)別說諸法空故能含受

①如、法性、實際等皆不可得

我乃至知者見者無故，實際亦無；實際無故，無數亦無；無數無故，無量亦無；無量無故，無邊亦無；無邊無故，一切法亦無。

以是故，一切法無，畢竟清淨。

是大乘能含受一切有情及法，二事相因：若無有情則無法，若無法則無有情。

先總相說一切法空，後一一別說諸法空。實際是末後妙法，此若無者，何況餘法。

②例餘皆不可得

從不可思議性乃至如涅槃性亦如是，皆不可得。

*6 廣明一切法無來無去無住

[1]《大智度論》51

佛說：「一切法無來無去無住，以一切法實相不動故。」

(問)諸法現有來去可見，云何言「不動相」、「無來無去」？

(答)

　1.無來去者

　一切佛法中，無我眾生乃至無知者見者故，來者去者無。

　來者去者無故，來去相亦應無。

　2.三時中不可得

　(1)三時中求去相不可得

　　所以者何？

　　　已去中無去，未去中亦無去；離已去未去，去時亦無去。

　(2)別釋「去時亦無去」

　　(問)有身動處是名為去，已去未去中無身動；去時有身動即應有去(去時去)。

　　　(外人以離已去未去，別有去時)

　　(答) ①觀去時中無去 (約法與時不離說)

　　　若離去相，去時不可得，若離去時，去相不可得，云何言「去時去」？

　　　(去時為去法上假名安立，非離去法別有實體之去時。)

　　　若去時有去相，應離去相(別)有去時。

　　　何以故？

　　　　汝說「去時有去」故。

　　　若言「去時去」，應有二去(法)：(1)去時，(2)去時去。

　　　若有二去法，則有過失。

　　②觀去者不能去 (約法與我不離說)

　　　❶若有二去法，則有二去者，以離於去者，去法不可得。

　　　一人有二去二去者，此不然，故去時亦無去。

　　　❷若離於去者，去法不可得；以無去法故，何得有去者？(云何於無去法中定有去者？)

　　　　是故去者不去，不去者(亦)不去；離去不去者，無第三去者。

　　(3)來者、住者亦如是。

　以是故佛說：「凡夫人法虛誑無實，雖復肉眼所見，與畜生無異(無慧眼故猶是盲)，是不可信。」是故說：「諸法無來無去無住處，亦無動。」

[2][中論青目釋] 觀時品第十九(卷3)

[因物故有時，離物何有時？物尚無所有，何況當有時。] (頌6)

因物生故則有名時，若離物則無時。上還種種因緣破諸物，物無故何有時？

(附註)

　　時間是依附事物而安立，其本身是無有來處亦無去處。緣起之事物與依附事物之時間都無實在之自性。去者、去時和去都是緣起法，都無自性。

　　必須放棄自性見，方能建立去者、去時和去法三時之關係。

[3][中論青目釋] 觀去來品第二(卷1)

　1.三時門 (破三時中實有自性之去去者、發發者、住住者)

　(1)觀去不成

　　①總破

　　(問)世間眼見三時有作。已去未去去時，以有作故當知有諸法。(外人問)

　　(答)

　　　　[已去無有去，未去亦無去，離已去未去，去時亦無去。] (頌1) (排中律)

　　　　已去無有去，已去故。若離去有去業，是事不然。未去亦無去，未有去法故。去時名半去半未去，不離已去未去故。

　　　　(附註)

　　　　　1.去分為已去和未去二種，在二種之間無第三之去時。

　　　　　　(1)自性有之立場

　　　　　　　時間是有自性的，可脫離去而獨立存在，不需去為基礎，兩者各自獨立。時間不需要結合去而成為去時。而且二者都各自有獨立自性，也不可能結合成去時。

　　　　　　　去時既不成立，則無去時去，故說去時亦無去。

　　　　　　(2)緣起之立場

　　　　　　　時間是依附事物的發生、流變而安立的，故說「因物故有時」。同樣的，時間也是應以去(運動)為基礎才能建立。去時(運動時間)是以去的發生為成立的依據。去、時並無獨立之自性。

　　　　　2.去來 gatāgata

　　　　　gatāgata 為 gata 和 āgata 之複合語，含已去和未去義。

　　　　　　去、來同義，故此處只破去不別破來。

　　　　　　gata(gacchati 的過去分詞)表已去、已達，已來到某種狀態。

　　　　　　gatāgata：去和來(常常去來)、換位置、鳥飛來飛去、不規則的星跡，陳述過去和未來。

　　　　　　去來之動：初發(起點，有發者)→去(動之過程，有去者)→住(終止，有住者)來去之動是現象界有為緣生之法，必不離時、空(範疇)而存在。

　　　　　3.去法分為未去、去時、已去三時。若能證知此三時皆無動之自性，則去法即不能成立。

　　　　　　(1)已去法

　　　　　　　已去無有去，已去故。若離去有去的業(用)，是事不然。(來已更不來，去已更不去。)

(2)未去法

　　未去亦無去，未有去法故。

(3)去時法 gamyamāna

　　離已去未去，去時亦無去。

　　去時是藉已去與未去而假立的。

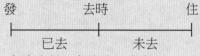

　　離已去與未去無去時，故去時是無體法，無有自性，無實去時存在。

　若已去無有去、未去亦無去、去時亦無去，則實自性之去法不可得。

4.別破去時有去

(1)若去時離去法無別自體，

　　則①一切去法(已去、未去、去時)無實自性業用。(已於「總破」中破)

　　　②去法依去者相待而有，實無自性；去時依去法相待而有，亦無實自性。

　　故知去時無去之實自性業用，故言：去時無有去。

(2)若去時離去法別有自體，

　　則①有二種去法：去法之去及去時之去。

　　　②當有二去者：去法之去者及去時之去者。

　　　一種去有二去法及二去者，不應理，故「去時離去法別有自體」亦不應

　　　理。

　　故知去時無實自體之業用，故言：去時無有去。

②別破

(問)[動處則有去，此中有去時，非已去未去，是故去時去。]　(頌 2)　(外人問)

　1.隨有作業處(動處)，是中應有去。　2.眼見去時中有作業。

　　已去中作業已滅，未去中未有作業，是故當知去時有去。

(答)

❶無體破

　[云何於去時，而當有去法，若離於去法，去時不可得。]　(頌 3)

　　去時有去法，是事不然。

　　何以故？

　　　離去法去時不可得。　(去時無自體)

　　　若離去法有去時者，應去時中另有去法，如容器(去時)中有果(去法)。

　　(附註)

　　　1.外人以動處有去，從發動處著手，建立「去時有去」之主張。

　　　2.答：若去時不成立，則不能說去時中有去法。去法與去時不是所容與能

　　　容之關係，

　　　　　因為去時是依去法而假立的，離緣生無自性之去法，假立之去時不

　　　　　可得。

❷別體破

　[若言去時去，是人則有咎，離去有去時，去時獨去故。]　(頌 4)

若謂已去未去中無去，去時實有去者，是人則有咎。

若離去法別有(獨立自性之)去時，則不相因待。

何以故？

若說去時有去，是則為二，而實不爾。

(若去時不再依去法相因待而有，則去時去法各別有體而獨立實有。此實不爾。)

是故不得言離去有去時。

(附註)

若言去時去，其過失在於脫離去(運動)下，也可以有去時，甚至去時變得可以獨自存在，而不需依待去而成立。此即是把去和去時各自獨立，只有在諸法各有自性立場下才能成立。

但在緣起世界時，時間和去都是無自性可得，兩相依待而成。

把時間和去分開來說是錯誤的見解，因為時間是依附於去成立，脫離去，不能說有去時。時間不能獨立，是緣起無自性，必須依於去而說存在。

❸二法破

[若去時有去，則有二種去，一謂為去時，二謂去時去。] (頌5)

若謂(獨立自性之)去時有去是則有過，所謂有二去。

一者因去法有去時(去時之去)，二者去時中有去法(去法之去)。

(附註)

若主張「去時有去」，則會產生二種去(運動)，有違常理。

1.去時：是指由去而成立了去時之去，去在時前。

2.去時去：是指去時成立之後的去，去在時後。

此二都是指獨立於時間之外之去(運動)。

故以自性立場看，便會產生「去在時前」與「去在時後」二種去(運動)，而與常理不合。

❹兩人破

(問)若有二去有何咎？

(答)

[若有二去法，則有二去者，以離於去者，去法不可得。] (頌6)

若有二去法，則有二去者。

何以故？

因(有)去法便有去者故。

一人有二去二去者，此則不然。

是故去時亦無去。

(附註)

若有二種互不相關之去出現，便會產生二種去者，因為離開去者，則無

　　　　　　去。去去者不能分離。

　　　　　　因去法必有去者，若說「去時有去」，則二種不同之去必會有二去者，但
　　　　　　此不可能發生在同一個去者身上。

　(2)觀去者不成

　　(問1)離去者無去法可爾，今三時中定有去者？

　　(答) 1.**[若離於去者，去法不可得，以無去法故，何得有去者？]**　(頌7)

　　　　　若離於去者，則去法不可得。

　　　　　今云何於無去法中，言三時定有去者？

　　　　(附註)

　　　　　　去(運動)依於去者，若離去者，去不可得。

　　　　　　而去者亦依於去，無去，去者亦不能成立。

　　　　　　由此可知去與去者皆無自性可得，二者相依待而不相離。

　　　　　　以下所論述之「去者亦不去」其論證方式與上述「去時亦不去」相似。

　　　　2.**[去者則不去，不去者不去，離去不去者，無第三去者。]**　(頌8)(排中律)

　　　　　無有去者。

　　　　　何以故？

　　　　　　若有去者則有二種，若去者若不去者，若離是二，無第三去者。

　　(問2)若去者去，有何咎？

　　(答) 1.**[若言去者去，云何有此義？若離於去法，去者不可得。]**　(頌9)

　　　　　若謂定有去者用去法，是事不然。

　　　　　何以故？

　　　　　　離去法，去者不可得故。

　　　　　　若離去者定有去法，則去者能用去法，而實不爾。

　　　　2.**[若去者有去，則有二種去，一謂去者去，二謂去法去。]**　(頌10)

　　　　　若言去者用去法，則有二過。

　　　　　　於一去者中而有二去，一以去法成去者，二以去者成去法。

　　　　　　去者成已，然後用去法，是事不然。

　　　　　是故，先三時中，謂定有去者用去法，是事不然。

　　　　3.**[若謂去者去，是人則有咎，離去有去者，說去者有去。]**　(頌11)

　　　　　若人說去者能用去法，是人則有咎，離去法有去者。

　　　　　何以故？

　　　　　　說去者用去法，是為先有去者後有去法，是事不然。

　　　　　是故三時中無有去者。

　(3)觀發不成

　　　若決定有去有去者，應有(有自性之)初發。　(有(動)發，便有去)

　　　而於三時中，求發不可得。

　　　何以故？

[已去中無發，未去中無發，去時中無發，何處當有發？] (頌 12)

何故三時中無發？

　①三時中無(自性)發

　　　[未發無去時，亦無有已去，是二應有發，未去何有發？] (頌 13)

　　　❶若人未發則無去時，亦無已去。若(實)有發當在二處去時、已去中，此二俱不
　　　　然。

　　　　　(以去時、已去皆無有去，故知去時、已去中皆無有發。)

　　　❷未去時未有發故，未去中何有發？

　②無去無去者

　　　[無去無未去，亦復無去時，一切無有發，何故而分別？] (頌 14)

　　　發無故無去，無去故無去者，何得有已去、未去、去時(等之分別)。

(4)觀住不成

　(問)若無去無去者，應有住住者。　(去住相待而有，由發而去而住。)

　(答)

　　　①去者、不去者、第三者皆不住

　　　[去者則不住，不去者不住，離去不去者，何有第三住？] (頌 15)

　　　若有住有住者，應去者住，或不去者住。若離此二，應有第三住，是事不然。

　　　　(一切法若有住，則或去者住或不去者住，非餘。)

　　　去者不住，去未息故，與去相違名為住。

　　　不去者亦不住，何以故？

　　　　因去法滅故有住，(不去者)無去則無住。

　　　離去者不去者，更無第三住者。若有第三者，即在去者不去者中。

　　　以是故，不得言去者住。

　　　②別說去者當來亦無住

　　　[去者若當住，云何有此義，若當離於去，去者不可得。] (頌 16)

　　　汝謂去者住，是事不然。

　　　何以故？

　　　　離去法，去者不可得。

　　　　若去者在去相，云何當有住？去住相違故。

　　　③一切法三時皆無住

　　　[去未去無住，去時亦無住，所有行止法，皆同於去義。] (頌 17)

　　　若謂去者住，是人應在去時、已去、未去中住。三處皆無住，是故汝言去者有
　　　住，是則不然。

　　　如破去法住法，行止亦如是。

　　　行者，如從穀子相續至芽莖葉等。止者，穀子滅故芽莖葉滅。相續故名行，斷
　　　故名止。又如無明緣諸行乃至老死是名行，無明滅故諸行等滅是名止。

　　　(附註)

一切法不外去者、不去者，無餘。不去者無去故無住，去者亦無住。一切法皆無有住。

既無所去亦無所住，無去無住，無動無靜，雙破雙遣不落二邊。殆契中道。無去亦即無來，來去同以動為體，此中所說破去亦即破來。一切法既無去來，則行 止餘法亦當無有去來，同於去義。

生死流轉相續為行，皆以緣生而無自性，無有生滅去來，如上所破去義，無發、去、住於其間。一切生死流轉亦無去來。涅槃滅生死流轉為止，緣滅而相續息滅，實無自性之體。由生而轉滅，由來而轉去，當中自無發、去、住存於其間。一切還滅而得解脫，亦無所發、無所去、無所住。由一切行止之法，無實自性之生死流轉，無實自性之涅槃還滅，無實自性之生、滅、來、出。生死涅槃是畢竟空，涅槃還滅亦是畢竟空。此為中觀學派及般若思想之空義。然流轉還滅宛然有，非是虛無，是緣生故不「但空」。此即中觀思想「非空、非不空」之中道義。

2.一異門 (破實有人法之體)

　(此為鈍根者另立一異門、因緣門、有無門。)

　(1)(問)汝雖種種門破去去者住住者，而眼見有去住。

　　(答)肉眼所見不可信。

　　　若實有去去者，為以一法成？為以二法成？

　　　二俱有過。

　　　何以故？

　　　[去法即去者，是事則不然，去法異去者，是事亦不然。] (頌18)

　　　若去法去者一，是則不然。異，亦不然。

　　　　(附註)

　　　　若去與去者實有自性，則非一即異(排中律)。

　　　　若皆不然，則非實存。此破人法之體。

　(2)(問)一異有何過？

　　(答)①**[若謂於去法，即為是去者，作者及作業，是事則為一。]** (頌19)

　　　[若謂於去法，有異於去者，離去者有去，離去有去者。] (頌20)

　　　如是二俱有過。

　　　何以故？

　　❶一者

　　　若去法即是去者，是則錯亂破於因緣。(錯亂過)

　　　　因去有去者，因去者有去。(破壞相互因待之因緣關係)

　　　又去名為法，去者名為人，人常法無常。

　　　　若一者則二俱應常二俱無常。(人法同體則常(久)無常(暫)無別)

　　　一中有如是等過。

　　❷異者

若異者則相違:「未有去法應有去者,未有去者應有去法。」

不相因待。一法滅應一法在。

異中有如是等過。(相違過,自性別異不能成立。)

②[去去者是二,若一異法成,二門俱不成,云何當有成?] (頌21)

若去者去法(實)有,若以一法成,若以異法成,二俱不可得。先已說無第三法成。
若謂有成,應說因緣。(只有緣起無自性假立之去與去者,才有成立之可能。)

(附註)

若去與去者各有獨立自性,不相因待,則去與去者若一若異皆有過。應否定自
性之設定,成就無自性空義。

3.<u>因緣門</u> (破實有人法之用)

(1)去者不能用去法破

[因去知去者,不能用<u>是去</u>,先無有去法,故無<u>去者去</u>。] (頌22)

隨以何去法知(有何)去者,是去者不能用是去法。

何以故?

是去法未有時,無有去者,亦無去時、已去、未去。

(去者及去時已去未去俱非有自性,必依去法而後有。此能依之去者不能受用其
所依之去法。若去者與去法各不依待,各別有體,然後去者或可用去法。)

如先有人、有城邑(各不依待而有),人方得有所趣。(人趣往城,此即其用。)

(如照依鏡現,照不能自照其所依之鏡。割不能自割其所依之刀。)

去法去者則不然,去者因去法成,去法因去者成故。

(去者及去互為條件(因緣)而存在。故實無自性之去者,不能受用實無自性之去
法。)

(2)去者不能用異去法破

[因去知去者,不能用<u>異去</u>,於一去者中,不得二去故。] (頌23)

隨以何去法知去者,是去者不能用異去法。

何以故?

一去者中,二去法不可得故。(去者依去法而有,非別有另一去法可為此去者所用。)

4.<u>有無門</u> (去去者自性實有實無皆不可得) (兩難法)

[決定有去者,不能用三去,不決定去者,亦不用三去。] (頌24)

[去法定不定,去者不用三。是故去去者,所去處皆無。] (頌25)

決定者名本實有,不因去法生。去法名身動,三種名未去、已去、去時。

(1)若決定有去者,離去法應有去者,(應恆去)不應有住。是故說<u>決定有去者</u>不能用三去。

若去者不決定,不決定名本實無,以因去法得名去者,以無去法故,不能用三去。

因去法故有去者,若先無去法則無去者。云何言<u>不決定去者</u>用三去?

(定有去者、定無去者、一切去者皆不能用三去。)

(2)如去者去法亦如是

若先離去者,<u>決定有去法</u>,則不因去者有去法,是故去者不能用三去法。

若<u>決定無去法</u>，去者何所用？

　　(定有去法、定無去法、一切去法皆不能為去者所用。)

　(3)如是思惟觀察，<u>去法去者所去處</u>，是法皆相因待。(因緣和合)

　　因去法有去者，因去者有去法，因是二法則有可去處，不得言定有，不得言定無。

　　是故決定知，三法虛妄空無所有，但有假名，如幻如化。

　　(一切法無自性故不來不去，然以無自性故有緣起現象，而說有來有去。無自性故空，
　　卻(相因待)假名宛然有。外道不知此義，執著有自性，而有來去之顛倒見。)

*7 別觀諸法五事明無來無去無住

　別觀諸法五事若動若住不可得，以明一切法無來無去亦復不住。

　(1)色：眼見(之)事，<u>未分別好醜、實不實、自相他相</u>。

　(2)色本性：(prakṛti，<u>本來的狀態</u>、構成之要素)　　　　　　　(色法，無常生滅、不淨之性)

　　　　　　如色之<u>無常生滅、不淨等性質</u>(傾向)。

　(3)色真如：(tathatā，<u>真實相</u>、實際、如實)　　　　　　　　(色如，三世如是虛誑無實)

　　　　　　色和合有，如水沫不牢固，離散則無。

　　　　　　<u>色虛偽無實，但誑人眼，現在如是，過去未來亦爾</u>。

　　　　　　如現在火熱，比知過去未來亦如是。

　(4)色自性：(svabhāva，天生存在之本質、自體性。)(指抽象之本質為主)

　　　　　　　　　　　　　　　　　　　　　　　　　　　　(色性，畢竟清淨空)

　　　　　　如諸佛觀色相<u>畢竟清淨空</u>，菩薩亦應如是觀。

　　　　　　色法、色(真)如等，何因緣不如凡夫人所見？性自爾故。

　(5)色自相：(svalakṣaṇa，特質、<u>特徵</u>。)(指具體之物質或心理之相狀)

　　　　　　　　　　　　　　　　　　　　　　　　(色相，無常、破壞、苦惱、粗澀等相)

　　　　　　色性深妙，云何可知？以色相力故可知。

　　　　　　今見色<u>無常、破壞、苦惱、粗澀相</u>，則知其性爾。

　　　　　　如火以烟為相，見烟則知有火。

　別觀此五法不去、不來、不住，如先說。如是乃至有為界、無為界亦如是。

*8 三世等歎

　大乘前際、後際、中際俱不可得，三世平等，是名大乘。

　(1)約法空，說三世不可得

　　①三世、大乘、菩薩法空

　　❶三世云何不可得？

　　　過去世過去世空，未來世未來世空，現在世現在世空，故不可得。

　　❷云何三世平等？

　　　三世中三世相空，故言三世平等空。

　　　大乘大乘自空，菩薩菩薩自空亦如是。

　　❸空因緣

　　　空空相，非一、非二、非三、非四、非五等差別相，不異、不合、不散，無有分別。

三世平等，空相無所有故，是平等亦空。

　　菩薩若能如是解諸法三世平等，不以無始來為疲厭，不以未來世無邊故為難，是為三世平等，名為大乘。

　　②相待法不可得 (約空無自性說)

　　大乘中，等相不可得，不等相亦不可得。

　　若得如是三世平等三昧，能破如是不等相。

　　不等相待而有平等，不等畢竟無故平等亦無。

　　　諸相待法，如貪離貪、瞋離瞋、痴離痴、慢離慢，如是乃至善非善、有記無記、常無常、樂苦、我無我、淨不淨、欲界出欲界、色界出色界、無色界出無色界相俱不可得。

　　以諸法皆從因緣和合故無自性，自性無故空。

(2)約三世空中空相不可得，說蘊處界、諸道法、凡聖不可得

　　①蘊處界不可得

　　空中空相不可得，何況空中有三世五蘊相。

　　　過去色、過去色相空，未來、現在亦如是；如色，餘四蘊亦如是。

　　如是乃至十二處、十八界、觸、受亦如是不可得。

　　②諸道法不可得

　　空中三世六波羅蜜、三十七道品、佛十力乃至十八佛不共法亦皆不可得。

　　③凡聖不可得

　　空中三世異生、聲聞、獨覺、如來皆不可得。

(3)約三際平等中，諸法、平等不可得，說蘊處界、諸道法、凡聖不可得

　　①蘊處界不可得

　　三世平等故，此平等即是空，菩薩觀五蘊皆空。

　　十二處、十八界、觸、受亦如是，於三世平等皆不可得。

　　②諸道法不可得

　　菩薩觀五蘊空，斷貪欲入道行，而所謂布施波羅蜜等諸道行，亦如五蘊，於三世中不可得。

　　　諸法平等中無三世，等中之等相亦不可得，何況三世！

　　三十七道品、佛十力乃至十八佛不共法亦如是不可得。

　　③凡聖不可得

　　三世中，凡夫相不可得，聲聞乃至如來亦不可得，以異生等空故。

(4)勤學大乘速得一切相智

　　菩薩住般若波羅蜜，能如是依大乘修學三世等空，集諸善功德，便具足一切相智，得成佛道。

*9 大乘與般若無二無別

大乘隨順般若，無有違越。

(1)三乘善法皆入般若故

　　①三乘所攝善法皆合聚在般若波羅蜜中。

　　　以一切三乘善法皆為涅槃故，而入空、無相、無作解脫門。

　　②三乘善法皆攝在般若中：

　　　　❶三乘共法：三十七道品、三解脫門。
　　　　❷菩　薩　法：六波羅蜜。
　　　　❸佛　　　法：佛十力、四無所畏、四無礙解、大慈大悲大喜大捨、十八佛不共法。

(2)大乘與般若諸法皆空故

　　大乘空，般若波羅蜜亦空，空義一故，大乘隨順般若無違。如同般若波羅蜜空，餘五波羅蜜乃至法界、真如、實際、不思議界、菩提、涅槃亦如是。

(3)大乘與般若等法皆無相，無二無別故

　　從般若波羅蜜乃至涅槃，皆是非相應非不相應，無色、無見、無對，一相，所謂無相。

　　是同相故，說大乘不異般若，般若不異大乘，大乘般若無二無別故。

*10 就柔順忍明無生觀

(1)十無觀中求菩薩不可得

　　①廣分別說菩薩不可得

　　　　行者若觀諸法空，隨順無相、無作。此中以無作心故不欲有所作，不能自作利益，何況利益人！又，行者若住我心中，能分別諸法善不善相，集諸善法、捨不善法。而今佛說：「般若波羅蜜中，不應計我心，不應分別諸法，但行眾善。」行者念：「若無我者，為誰修善？」先有我，今以般若波羅蜜故無，心生憂戚，以此故，善現重說：「我，從本已來無，非先有今無。」行者如是知本來自無，今無所失，故無所憂。

　　　　菩薩說空，非一說便得，以是故更廣分別空門以利益有情。

　　②略辨十無觀

　　　　❶第一觀

　　　　　　前世中無有菩薩，以前世無初故；未來世亦無，未有因緣故；前後無則無中間。

　　　　❷第二觀

　　　　　　五蘊等畢竟空故無量無邊，如同無為法。若五蘊是菩薩，則菩薩亦無邊。

　　　　❸第三觀

　　　　　　若說菩薩無邊，是事不然。以是故說菩薩不可得。

　　　　❹第四觀

　　　　　　於一切處、一切種、一切時求菩薩不可得，當為誰說？

　　　　❺第五觀

　　　　　　我等畢竟不生、空無所有，但有假名。

　　　　❻第六觀　❼第七觀

　　　　　　如我畢竟不生，諸法亦畢竟不生，但有假名都無自性。諸法畢竟不生，不名諸法。

　　　　❽第八觀

　　　　　　畢竟不生般若，不可教化畢竟不生菩薩。

　　　　❾第九觀

　　　　　　離畢竟不生，無菩薩行道。

　　　　❿第十觀

　　　　　　菩薩見諸法如夢如幻，心不怖畏，能行菩薩道。

③第一觀：三際中菩薩不可得
　❶約世間空
　　1.有情無所有、空、離、自性無故
　　　我、有情、人是一物，因功德別異而有凡夫(未得道時)、聲聞人(從初入道乃至阿羅漢)、
　　　獨覺人(觀因緣法悟空)、菩薩人(入深空行六波羅蜜，大慈大悲)；因事別異而有見者(以
　　　眼見事)、知者(以意得)、受者(受苦樂等)。
　　　如是我、有情、人等，以種種因緣(無所有、空、離等)無故，菩薩亦應無。有情無故，
　　　三世中無菩薩。
　　2.五蘊法等無所有、空、離、自性無故
　　　無我故五蘊無所屬，無所屬故空，空故無菩薩。
　　　五蘊空、五蘊離、五蘊無自性，亦無菩薩。
　　　若菩薩不可得，則三世中菩薩皆不可得。
　❷約出世間空
　　1.八度等無所有、空、離、自性無故
　　　觀五蘊等世間法、六波羅蜜等諸道法，是名菩薩。
　　　此等法空故，菩薩亦空。
　　　　此中諸法空不異菩薩，菩薩不異空，菩薩空、三世空，無二無別。
　　2.例餘三乘、一切相智等無所有、空、離、自性無故
　　　從六波羅蜜乃至一切相智，行是諸法故，是名菩薩。
　　　此等諸法空故，菩薩亦空。
　　　此中法空，聲聞、獨覺得是空故，名聲聞、獨覺人；聲聞、獨覺人空故，菩薩亦空。
④第二觀：五蘊等無邊，菩薩亦無邊
　五蘊等如虛空，中、邊不可得。
　色等空故，空中無邊亦無中，當知菩薩亦無邊。
　❶色無邊
　　1.無處不有色，不可得籌量遠近輕重，如同四大不可稱量。
　　2.三世不可得邊。色過去時初始不可得，未來時中無可限。初邊、後邊無故，中亦無。
　　3.色分別破散，諸相不可得如虛空邊不可得。
　　4.以法空觀觀色皆空，不生不滅、無數無量無邊，與無為法及虛空同相。
　❷五蘊等諸法無邊，菩薩亦無邊
　　色無邊，心心所法無形不可見亦無邊。無量無數無邊法中，乃至微塵不可得，何況菩薩。
　　故說「五蘊等無邊，菩薩亦無邊。」
⑤第三觀：即五蘊乃至三乘、離五蘊乃至三乘，菩薩不可得
　❶即五蘊、離五蘊，菩薩不可得
　　1.色等無量無數無邊故，不得言「色等是菩薩」。
　　2.色若離心心所法，如草木；心心所法離色，無依止處、無所能為，皆不名為菩薩。
　❷色、非色性空不可得，菩薩亦不可得

修六波羅蜜乃至一切相智者，名為菩薩。

色色性空，色性空中，色無所有不可得；非色非色性空，非色性空中，非色無所有不可得。

即色，菩薩無所有不可得；離色，菩薩無所有不可得。

⑥第四觀：於一切種、一切處、一切時遍求菩薩不可得

　❶自法中無自法，亦無他法

　　1.無自法：色於色無。

　　2.無他法：色於受、想、行、識無；色中無受、想、行、識。

　❷一切種、一切處

　　一切處指於五蘊、十二處、十八界、六波羅蜜乃至一切相智等。

　　一切種指十八空、三解脫門、般若波羅蜜等觀若常若無常等，入一門、二門乃至無量門等，名為一切種。

⑦第五觀：菩薩但有假名都無自性

　色等是假名，色等名非色。名、名相勝義中空，若如是空者，則非菩薩。以是故菩薩但有假名。六波羅蜜、十八空、四念住等諸道法亦但有假名，因緣和合而有。以是故行是法名菩薩者亦但有假名無實。

⑧第六觀：諸法畢竟不生，但有假名都無自性

　❶我空法空，畢竟無所有不可得故

　　我乃至見者，無所有不可得，云何有生？

　　五蘊乃至意觸為緣所生受無所有不可得，云何有生？

　　六波羅蜜、十八空乃至諸三摩地門、陀羅尼門無所有不可得，云何有生？

　　聲聞乘、獨覺乘、大乘無所有不可得，云何有生？

　　若法先有，然後可問生，法體若無，云何有生？

　　由此因緣，我作是言：如說我等畢竟不生，但有假名都無自性。

　❷諸法和合生無自性，無常不失，非常非滅故

　　1.諸法和合生故無自性

　　　如我，諸法亦和合生，畢竟不生，但有假名都無自性。

　　　　譬如有眼、有色、有明、有空、有欲見心等諸因緣和合生眼識，是中不得言「眼是見者」、「識是見者」、「色是見者」、「明是見者」。眼、色、識等，各各不得有所見，和合中亦不應有見。如是見法畢竟空，如幻如夢，一切諸法亦如是。菩薩從作法、眾緣和合生故，非一法所成，故為假名。

　　2.諸法非常無所去，非常亦非滅壞故

　　　諸法非常，以自性盡故。

　　　　若法非常，即是動相、即是空相，故諸法非常亦無所去(不失)。非常破常倒，無所去破斷滅倒。此非常無所去法即是入實相門。

　　　又，諸法非常非滅壞，以本性爾故。

　　由此因緣故說：諸法畢竟不生，但有假名都無自性。

❸五蘊等畢竟不生，作者不可得故

一切諸法皆非起非作，以作者、起者皆不可得故。

色乃至識，一切聲聞、獨覺乘乃至大乘，皆非作法(非所作)、非起法(非所起)，以無作者，無起者故，故說色等諸法畢竟不生。

因邊不起名不出，緣邊不起名不生，定生相不可得名不出不生。

不可得故無作無起，起法作法皆是虛誑，若離如是相，名畢竟清淨。《大智度論》43

⑨第七觀：諸法本性空故無生滅異住

色從因緣生無自性，常空相。若法常空相，是法無生相、無滅相、無住異相。不生相法即是無為非有為相。

⑩第八觀：畢竟不生與般若無二無別，當教誰般若波羅蜜

畢竟不生即是諸法實相，諸法實相即是般若波羅蜜，云何以般若波羅蜜教般若波羅蜜？

⑪第九觀：若離畢竟不生則無菩薩行道

菩薩、般若波羅蜜、畢竟不生，無二無別，云何離畢竟不生有菩薩行道？

⑫第十觀：菩薩見一切法如夢，心不怖畏

菩薩於一切法中不見我、有情乃至知者見者，亦無說者聽者，無邪說正說，亦無無說者；知一切法因緣和合生，離諸緣則滅，無有起者滅者，知一切法虛誑，無實無定，故不怖畏悔沒。

菩薩得諸法實相覺，雖入世間夢中見有怖畏事而無所畏，如人知夢、幻、光影雖現似有而無實用，聞說諸法本性皆空，深生歡喜，心離沉沒而不憂悔。

(2)菩薩行般若觀諸法，有五正觀行

①五正觀行

菩薩觀察諸法，於五蘊中有五正觀行：

❶不受：五蘊中有無常火能燒心故。

❷不取：觀五蘊無常故空，不應取相。

❸不住：五蘊為煩惱賊所依止處，不應久住。

❹不著：五蘊無常、苦、空、無我，不得自在，有無量無邊過罪，云何可著？

❺不言：不以邪見說色等若常若無常等，不言五蘊如是定相，不施設為我。

如是乃至一切智亦如是有五正觀行。

②知諸法不生不滅，故不見諸法

❶諸法與無生無二無別，故不見諸法。

1.於色等中行五種正行，五蘊皆無生相，皆一相所謂無相，若無相則非有五蘊。乃至一切相智亦如是。(色等若是無生即是非色等)

2.若一切法無生相，與般若波羅蜜無二無別。得如是無生心，即是般若波羅蜜；得般若波羅蜜，即知諸法無生無滅。以是故，般若波羅蜜即是無生，無二無別。

3.復次，所謂是無生法不一相、不二相、不三、不異。何以故？諸法無生一相故。

❷諸法與無滅亦無二無別，故不見諸法。

③觀法無生故入無二法數

菩薩尚未破色，則生愛等結使，著是色等。破色已，則生邪見，著是色空等。今色等用空智慧故，皆是空不二相。

是諸法虛誑不實，內外入所攝故名為二；色等乃至一切相智，離是二，名不二。今為憐愍有情、利益諸菩薩故，說「是諸法不二，入無二法數中。」

(3)明「菩薩、般若波羅蜜、觀察諸法」義

　①菩薩 (菩提薩埵)

　　有說菩薩是為求佛菩提修行之有情。　　　(此處薩埵指有情)

　　或說菩薩是發大心求無上菩提而未得者。(此處薩埵指大心)

　　《經》說「菩薩摩訶薩」：

　　　「勤求無上正等菩提利樂有情，故名菩薩，具如實覺能遍了知一切法相，而無所執故復名摩訶薩。」

　　❶此中先知諸法各各相(地堅相等)；

　　❷後知畢竟空相，於是二種智慧中亦不著，但欲度有情故。

　②般若波羅蜜

　　❶能遠離諸法

　　　於諸蘊、處、界、煩惱見、六趣等皆能遠離，故名般若波羅蜜。

　　❷能遠到諸法

　　　於六波羅蜜、十八空、三十七道品、佛十力乃至十八佛不共法、一切智、道相智、一切相智皆能遠到，故名般若波羅蜜。

　③觀察諸法

　　應如是觀察諸法，非常非無常、非樂非苦、非我非無我、非淨非不淨、非空非不空、非有相非無相、非有願非無願、非寂靜非不寂靜、非遠離非不遠離。

(4)以無生觀諸法皆入無二法數

　①自性空故觀法無生

　　何以色無生即是非色？

　　以色色性空，此性空中無生亦無色(相)。行者以無生智慧令色無生，得是無生，心作是念：「今即得色實相」，故言「色無生即是非色。」

　　　色性常自無生，非今智慧力故使無生。

　　　如有人破色令空，猶存本色想(相)；譬如除廁作舍，今雖無廁，猶有不淨想。若能知廁本無，幻化所作，則無廁想；行者如是，若能知從本已來初自無生者，則不復存色想，故言色無生即是非色。

　　如是乃至一切相智亦如是。

　②散無散空故觀法不二 (非相應非不相應)

　　何以色不二即是非色？

　　若色若不二，如是一切皆非相應非不相應(散無散空)，無色無見無對，一相所謂無相。故說色不二即是非色。

　③觀法無生故入無二法數

❶何以色入無二法數？

以色不異無生無滅，無生無滅不異色，色即是無生無滅，無生無滅即是色。

由斯故說：色入無二法數。

❷破生者無生，破二名不二

無生即是無二，義雖一，所入觀門異。

行者或先入無生觀門，後入不二；或先入不二，後入無生觀。

破色生故言無生，破色二故言不二。

破生相者，破因中有果無果、初生後生。破二相者，破眼色、有無諸二。

無生因緣是「自性空」；不二因緣是「散無散空」(非相應非不相應)，所謂非相應(不合)
非不相應(不散)，一相所謂無相。

*11 就無生忍明無生觀

(1)人法無生畢竟淨不可得

①人法二空故無生

❶二種無生觀

1.柔順忍觀：此之無生不畢竟淨。

2.無生忍觀：若漸習柔順觀，得無生忍，則畢竟淨。

菩薩得無生忍時，滅諸煩惱，得菩薩道入菩薩位，雖有煩惱習，坐道場時乃盡，無所
妨故說畢竟淨。(此乃相對於柔順忍說畢竟淨，非對佛道說畢竟淨。)

❷以人法二空故顯無生

以有情空、法空故，從見色無生畢竟淨，乃至觸所生受無生畢竟淨；從六波羅蜜無生
畢竟淨，乃至一切相智無生畢竟淨；從異生異生法無生畢竟淨，乃至佛佛法，有情有
情法無生畢竟淨。

(異生 bālaprthagjana(舊譯為凡夫)：起異類之見、異類之煩惱，造異類之業、受異類之
果、異類之生。)《大毗婆沙論》45

(有情 sattva(薩埵，舊譯為眾生或含識)：一切有心識、有感情、有見聞覺知之生命體。)

②論無生

❶舍利子問難

(問難 1)若人與法無生，

1.六趣受生應無差別；

2.聖人應無大小、聖法應無優劣；(應無預流得預流果乃至菩薩得一切相智之
差別)

3.菩薩不得五種菩提。 (見第九義參考資料 9-10 註釋*7) P9-249

(問難 2)若諸法不生，

1.何故二乘斷結修道？

(預流斷三結；一來斷貪瞋痴；不還斷五下分結；阿羅漢斷五上分結；獨覺
獨悟緣起法道。)

2.何故菩薩為有情修難行苦行？

　　　　3.何故如來證無上菩提，為有情轉妙法輪？

❷善現答

於無生法中，不見一切法有所得故，不見有六趣受生差別，不見有諸聖人及所得聖法之差別。

　1.於無生法中，不見二乘斷結得果

　　於無生法中不見有預流得預流果，乃至不見阿羅漢得阿羅漢果、獨覺得獨覺菩提。

　2.於無生法中，不見有菩薩難行苦行

　　於無生法中不見有菩薩作難行、為有情受種種苦。菩薩不以難行心行道，若生難心苦心，不能利益無量無邊有情。

　　菩薩於有情如父母兄弟想、如兒子及己身想，以無所得故能利益有情。

　　　菩薩若如是生心，則無難心、苦心，則於一切種、一切處、一切法不受故。

　3.於無生法中，不見有佛得菩提轉法輪

　　於無生法中，不見有佛得菩提，不見有佛轉法輪。

③論得道

❶得道因緣：不以二法而得道果

　若一切法無生相，此無生相以生法得證？以不生法得證？

　1.若以生法得證

　　生法虛誑，前已說種種因緣破；又不可以生法得脫生法。

　2.若以無生法得證

　　無生未有法相，不可以證，云何得證？

　此二法皆不可受，以皆有過失故。

❷依二諦說：世俗假名有，勝義畢竟空

　有為、無為二法攝一切法。

　若離此二法，云何當說得道事？

　　但為菩薩說無生，不以二法故。而為世俗故說有須陀洹乃至佛。何以故？一切諸法實無我相，今用我分別須陀洹乃至佛是世俗法。未得法空，故言是善、不善，是有為、無為等；第一義中，無有情故，無須陀洹乃至佛；法空故，無須陀洹果乃至佛道。聖人、聖法猶尚虛誑無定實，何況凡人六道業及果報。

④明諸法無生

❶不生法、生法皆無生

　1.舍利子問：

　　「(諸法是)不生法生？生法生？」

　　　用慧眼，知諸法皆無生，而今現見諸法生，故問云何生。

　　善現答：

　　「不生法、生法皆無生。」

　　(1)若「生法」生，則生法已生，不應更生。

　　(2)若「不生法」生，未有生法故，不應生。

(3)若謂生時「半生半不生」，亦不生。

　此中若生分(半生)則已生竟；若未生分(半不生)則無生。

　是故善現不用是肉眼見，以肉眼不通達故；不生法、生法皆不受，但說是生如幻如夢，從虛誑法生，應離、應不取相。

2.舍利子問：

「何等是生法、不生法，仁者不欲令彼法生？」

善現答：

「色乃至佛無上正等菩提是生法、是不生法，我不欲令生。何以故？自性空相，畢竟不生故。」

　(若世諦虛誑可有生，生如幻化。)

❷非生生，亦非不生生，諸法無相故無生

生、不生，如是二法不合不散，無色、無見、無對，一相所謂無相。以是因緣故，非生生，亦非不生生。

⑤樂說無生

善現樂說無生法，亦樂說無生相。

　以諸無生法及無生相，樂說及語言，如是等一切法皆不合不散，無色無形無對，一相所謂無相。以是因緣，樂說不生法亦樂說不生相，如是樂說及語言亦不生。(若但說外物無生，而樂說及語言非無生，則非清淨。要樂說及語言皆無生，是實清淨。)

非但樂說、語言是無生，色乃至一切相智亦無所生。

⑥知諸法空而無所依，應淨菩提道

色性常空，不依內，不依外，不依兩中間；如是乃至一切相智性常空，不依內，不依外，不依兩中間。諸法無所依，性常空故。

　內法空故，色不依止內；外法空故，色不依止外；中間無所有故，色不依止中間。如色，乃至一切相智亦如是。於一切法無所依止，則無障無礙。

若菩薩知一切三界無常空故，於中不依止，爾時煩惱斷，能淨菩薩道。菩薩行六波羅蜜，應淨色乃至應淨一切相智，應淨菩提道。

(2)明趣無生之方便

六波羅蜜是為新學菩薩初開菩薩道；而能用無所得空，行三十七道品，是為開菩提道(佛道)。

①行六度淨菩薩道

❶世間波羅蜜：著三輪行、有所依

若布施時有所依止，以施者離實智慧，心力薄少故依止，如老病依侍他力而能行能立。此中依止者，有我相(己身)、他相(受者)、施相(施物)三礙，著心取相，生憍慢等煩惱，於世間中不動不出，是名世間布施波羅蜜。

餘五波羅蜜亦如是。

❷出世間波羅蜜：三輪清淨、無所依

菩薩於布施時，我、受者、施物不可得亦不望報，是為三分清淨布施波羅蜜。以此布施迴向無上菩提，乃至不見微細法相，是名出世間布施波羅蜜，以於世間中能動能出

10-115

故。

　　此中菩薩柔順忍為動，無生法忍為出；聲聞法中，學人為動，無學為出。

　　餘五波羅蜜亦如是。

②行三十七道品等開菩提道

　❶淨菩提道

　　菩薩時有道，佛已到則不須道。此道得無上菩提，故名菩提道；菩薩行此道，故名菩薩道。

　　四念住乃至八聖道分、三解脫門、十八空、佛十力乃至十八佛不共法，是菩薩摩訶薩無上菩提道。

　　從初發心至金剛三昧，菩薩為菩提之所行，皆可說是菩提道。

　❷遠道與近道

　　此中，六波羅蜜是菩薩道，是遠道；三十七道品是菩提道，是近道。

　　六波羅蜜中，布施、持戒等雜，故遠；三十七道品但有禪定、智慧，故近。

　　六波羅蜜有世間、出世間雜，故遠；三十七道品、三解脫門等畢竟淨，故近。

③稱讚般若波羅蜜勢力

　　能開菩提道之大功德聚，皆由般若波羅蜜勢力所辦。

　❶般若能生一切三乘善法，離常斷、有無二邊等。

　❷般若波羅蜜能攝受一切三乘善法，所謂六波羅蜜乃至十八佛不共法。

　❸十方三世諸佛皆行般若而得無上菩提。

(3)明順應般若之行者

①能隨順般若行之人

　　若菩薩摩訶薩集諸福德、利根、折薄煩惱，

　❶聞說般若波羅蜜多，心無疑惑亦不迷悶，當知是菩薩<u>住如是住</u>恆不捨離，所謂<u>無所得而為方便</u>(畢竟空念)；

　❷常勤救濟一切有情，當知是菩薩成就殊勝作意，所謂<u>大悲相應作意</u>。

　　畢竟空破世間諸煩惱，常示涅槃；大悲引之令還入善法中，以利益有情。

②有情及諸法空，而不離大悲相應作意

　舍利子問：

　　若一切有情亦如同菩薩摩訶薩不離畢竟空作意及大悲作意，則一切有情亦應成菩薩摩訶薩？

　善現答：

　　諸法相畢竟空故，有情亦空；有情空故，畢竟空作意亦空。

　　若諸法畢竟空，何有有情，而說「有情不離如是作意，應成菩薩」？

　　是故說：

　❶1.有情非有故，如是住(畢竟空念)及(大悲)作意亦非有。

　　2.有情無實、3.有情無性、4.有情空、5.有情遠離、6.有情寂靜、7.有情無覺知故，如是住及作意亦如是。

❷色乃至無上菩提亦如是。

由此因緣，諸菩薩摩訶薩於如是住及此作意常不捨離，與諸有情亦無差別，以一切法無差別故。

③何以別說「不離畢竟空作意」？

若菩薩不離大悲作意，心常不捨有情，是用無所得為方便故。

畢竟空與無所得空，名異義一。無所得空在初，畢竟空在後；畢竟空大，所生悲亦大。

有三種悲：有情緣、法緣、無緣。

無緣大悲從畢竟空生。

(眾生緣慈，初發大心菩薩所得；法緣之慈，趣向聖行菩薩所得；無緣之慈，證無生忍菩薩所得。)《大寶積經》41, 菩薩藏會 12

*12 六種變動　　　　　參考第九義 P.9-10

(1)六種變動 (震動)

①動即搖動；踊(涌)即出沒；震聲隱隱；擊即扣擊，吼即發響，爆即聲驚。

②東涌西沒、西涌東沒，南涌北沒，北涌南沒、中涌邊沒、邊涌中沒。

(2)地動因緣

①地神歡喜

會中菩薩發無上菩提心，蒙佛授記皆當作佛，地神歡喜有主，令地震動。

②福德因緣所感

人心深信般若波羅蜜，以福德因緣感大風以動水，水動故地動。

③龍王聽法

地下龍王欲聽般若波羅蜜，從水出故水動，水動故地動。

④佛神力

令地動，令眾生知福德微薄皆歸無常，引導眾生信樂般若波羅蜜。

⑤其他因緣

❶佛初生時，證道成佛時，將滅度時，欲大集眾生時，三千大千世界六動震動。

❷四種震動因火動、龍動、金翅鳥動、天王動而起。

❸《長阿含》2 之八因八緣。〈遊行經〉

❹《增一阿含》之八因。

1.隨風輪上下而動；　2.菩薩入胎出胎；　3.出家、道成正覺；　4.轉法輪；

5.入涅槃；　6.神通比丘心得自在；　7.諸天命終還生勝處；　8.眾生福盡手相攻伐；

故皆地動。

第二事

第11義

[乙二]道相智　　道相智品第三

【第二事】道相智　(大乘聖智)

〔義相〕：由最殊勝方便智慧二所攝持之大乘聖智，是道相智之相。

(若不完善了知道相智，則無法證悟一切相智。)

〔界限〕：從大乘見道乃至佛地。

[丙一]道相智支分

【第 11 義】：道相智之支分　11

〔義相〕：道相智因、果、自性三法隨一所攝，大悲任持之殊勝
　　　　　功德，是道相智支分之相。

〔界限〕：從大乘種性醒覺者乃至佛地。

[調伏諸天故，放光令隱暗，境決定普遍，本性及事業。](頌2-1)

11.1 由如來本性之光明，令欲色諸天異熟光明黯然失色者，為令了知由
　　　摧伏其增上慢心故，乃能發心及生道相智之智德。

11.2 次明道相智唯發菩提心者乃(能)生起，故境各別決定。

11.3 總謂一切有情皆可生道相智，故云普遍。

11.4 不求斷自身欲、有諸漏為本性。(不將欲界與生死界有漏所攝之煩惱，當作首
　　　要所斷而隨時隨地努力斷除，是為道相智之自性。此輪迴之有漏為成辦利他之支分。)

11.5 成就利他殊勝作用。(以智慧、善巧方便將未善攝之眾生善加攝受等，是為作用。)

是為道相智之五支也。

[乙二]道相智　　道相智品第三

【第二事】道相智

[丙一]道相智支分　【第 11 義】：道相智之支分

1.佛光伏慢，諸天問般若

(1)諸天來集

11.1 佛光隱蔽諸天光明摧(伏)其增上慢令生道相智
(1.由摧伏增上慢起)

卷 425〈帝釋品 25〉：

「第二分帝釋品第二十五之一

爾時於此三千大千堪忍世界，

所有四大天王各與無量百千俱胝四大王眾天*1 諸天子眾俱來集會，

所有天帝各與無量百千俱胝三十三天諸天子眾俱來集會，

所有蘇夜摩天王各與無量百千俱胝夜摩天諸天子眾俱來集會，

所有珊覩史多天王各與無量百千俱胝覩史多天諸天子眾俱來集會，

所有妙變化天王各與無量百千俱胝樂變化天諸天子眾俱來集會，

所有自在天王各與無量百千俱胝他化自在天諸天子眾俱來集會，

所有大梵天王各與無量百千俱胝諸梵天眾俱來集會，

所有極光淨天各與無量百千俱胝第二靜慮天眾俱來集會，

所有遍淨天各與無量百千俱胝第三靜慮天眾俱來集會，

所有廣果天各與無量百千俱胝第四靜慮天眾俱來集會，

所有色究竟天各與無量百千俱胝淨居天眾俱來集會。

(2)如來常光勝諸天光明，能伏其增上慢

是四大王天眾乃至淨居天眾所有淨業異熟身光*2，

比如來身所現常光，百分不及一，千分不及一，百千分不及一，俱胝分不及一，

百俱胝分不及一，千俱胝分不及一，百千俱胝分不及一，如是乃至數分、算分、計分、喻分乃至鄔波尼殺曇*3 分亦不及一。

何以故？

以如來身所現常光熾然赫奕，於諸光中最尊最勝、最上最妙、無比無等、無上無一，蔽諸天光皆令不現，猶如燋炷對贍部金。」*4

(CBETA, T07, no. 220, p. 133, c²⁸-p. 134, a²⁵)

sher phyin:　v26, pp. 857¹⁰-859⁰¹　《合論》：v50, pp. 823⁰⁷-824¹⁶

(3)天帝釋以三義問般若

「爾時，天帝釋白善現言：

「今此三千大千世界所有四大王眾天乃至淨居天皆來集會，

欲聞尊者宣說般若波羅蜜多，唯願尊者知時為說。

尊者！

1.何謂菩薩摩訶薩般若波羅蜜多？

2.云何菩薩摩訶薩應住般若波羅蜜多？

3.云何菩薩摩訶薩應學般若波羅蜜多？」*5

(CBETA, T07, no. 220, p. 134, a²⁶-b²)

sher phyin:　v26, p. 859⁰¹⁻¹³　《合論》：v50, pp. 824¹⁶-825⁰⁶

(4)善現受請為說般若

11.2 唯發菩提心者乃生起故境各別決定

(2.次發菩提心生)

11.3 一切有情皆可生道相智　　(3.有情皆可生)(普遍)
11.4 不求但斷自身諸有漏為本性　(4.不求斷自漏)(本性)
11.5 成就利他殊勝作用　　(5.成就利他行)(作用)

①承佛力說

「時，具壽善現告天帝釋言：

「憍尸迦*6！汝等天眾諦聽！諦聽！善思念之！吾當承佛威神之力順如來意，為諸菩薩摩訶薩眾宣說般若波羅蜜多，如菩薩摩訶薩可於其中應如是住，應如是學。

②勸發菩提心

憍尸迦！汝諸天等未發無上菩提心者今皆應發。

憍尸迦！諸有已入聲聞、獨覺正性離生，不復能發大菩提心。何以故？憍尸迦！彼於生死已結界故。」

③一切有情發心皆可成勝法

「此中若有能於無上正等菩提發心趣者，我亦隨喜。」

「何以故？憍尸迦！諸有勝人應求勝法，我終不障他勝善品。」*5

(CBETA, T07, no. 220, p. 134, b$^{02-13}$)

sher phyin:　v26, p. 859^{13}- v.027, p. 4$^{01-05}$　　《合論》: v50, p. 825^{07}- p. 826^{03}

註解：

*1 欲色界諸天

(1)欲界六天

　①四天王天：為東方持國天王 dhṛtarāṣtra，南方增長天王 virūdhaka，西方廣目天王 virūpākṣa，
　　　　　　　北方多聞天王 vaiśravaṇa 及諸天子眾所居。下有堅手天、持花鬘天、常放逸天、
　　　　　　　日月星宿天，為夜叉、多福神、仙人等所居。東方主乾闥婆及毘舍闍，南方主
　　　　　　　拘槃荼及薜荔多(餓鬼)，西方主諸龍王及富多那，北方主夜叉及羅刹。

　②三十三天：(trāyastriṃśa 忉利天)，為天帝釋(śakra-devānām-indra 釋提桓因陀羅)及三十三天
　　　　　　　諸天子眾所居。

　③夜　摩　天：(yāma)，為蘇夜摩天王(suyāma 妙善)及諸夜摩天諸天子眾所居。

　④覩史多天：(tuṣita)，為珊覩史多天王(saṃtuṣita 妙足)及覩史多天諸天子眾所居。

　⑤樂變化天：(nirmāṇarati)，為妙變化天王(sunirmita)及樂變化天諸天子眾所居。

　⑥他化自在天：(paranirmita vaśavartin)，為自在天王波旬(pāpīyas 或 pāpman，又名魔羅 māra)
　　　　　　　　及他化自在天諸天子眾所居。

(2)色界十八天

　①初　靜慮天(三天)：梵眾天、梵輔天、大梵天(mahā-brahmā)。

　②第二靜慮天(三天)：少光天、無量光天、極光淨天(ābhāsvara 光音天)。

　③第三靜慮天(三天)：少淨天、無量淨天、遍淨天(śubhakṛtsna)。

　④第四靜慮天(九天)：

　　❶無雲天、福生天、廣果天(bṛhatphala) (凡夫)

　　❷無想有情天(asaṃjñasattva) (外道)

　　❸無煩天、無熱天、善見天、善現天、色究竟天(akaniṣṭha)

　　(五淨居天 śuddhāvāsa(首陀婆天)，為證不還果(三果)所居處。色究竟天以大自在天
　　mahesvara 為上首。)

*2 業報身光與佛常光

(1)業異熟身光

　①欲界天以燈燭、明珠等施，及布施持戒禪定等清淨故，身常光明，不須日月。

　　色界天行禪離欲、修習火三昧故，身常出妙光，勝於日月及欲界異熟身光。

　②如來常光

　　「云何為常光？

　　　答曰：佛身四邊各一丈光明，菩薩生便有此，是三十二相之一，名為丈光相。」

*3 鄔波尼殺曇 upaniṣad

　微細極至鄰虛，數法之極(分到不可再分)。

*4 瞻部金(閻浮檀金)

　南瞻部洲，上有閻浮樹，故稱閻浮提(洲)。

　此洲上有閻浮林，林中有河，底有金沙，名閻浮檀金。

*5 以三義問般若

佛光能蔽諸天光，佛智之明亦當能破諸天愚闇。今見佛命善現說般若，故諸天來集，欲聞般若義。

(1)天帝釋以三義問般若

    ①何謂般若波羅蜜？   此是問般若波羅蜜體。

    ②云何行？   此是問初入方便行。

    ③云何住？   此是問深入究竟住。

(2)善現受請為說

    ①說法因緣

    善現承佛威神力，若菩薩發心求佛道，當為是人說般若，於中應如是住，應如是學，能得大利益。

    ②勸發菩提心

    般若之當機：

    ❶未發無上菩提心者，今應當發。

    ❷已入聲聞‧獨覺正性離生者，但求斷白漏，不能發無上菩提心，因已於生死結界(作障隔)故。

    ❸若有已入二乘正位，勝人更求勝法，而能發無上菩提心者，我亦隨喜，為利他終不障他勝善品功德。

*6 憍尸迦

(1)天帝釋梵文為 śakra(釋)-devānām(提桓)-indra(因陀羅)，音譯或稱釋提桓因，意譯應為釋天帝(deva 為天，indra 為王者、最勝者)，但漢譯多稱帝釋天。

(2)帝釋天為人時，為摩伽陀國之婆羅門，出生於憍尸迦 kauśika 族姓，故善現稱他為憍尸迦。

第二事
第12義

[丙二]道相智本性
[丁一]聲聞之道相智

【第 12 義】：知聲聞道之道相智　12

〔義相〕：由發心、迴向、通達空慧三法任持，為欲攝受聲聞
種性所應知之現觀種類大乘聖智，即是知聲聞道道
相智之相。

〔界限〕：從大乘見道乃至佛地

[戊一]自性 12.1

[道相智理中，由諸四聖諦，行相不可得，當知聲聞道。](頌2-2)

道相智理者，即此品中四聖諦上，無常等十六行相，由發心、迴向、真
實不可得之空慧三法任持門中，當知修此聲聞道相。*1*2*3

四諦無常等十六行相者，謂：

(12.1.1)因緣生故無常，隨煩惱業轉故苦，無異體清淨之我故空，無自體
之我故無我，是苦諦上之四相。(此等之性相為四寂靜相)

(12.1.2)是苦之根本故名因，數數生苦故名集，招猛利苦故名生，與後生
果作助緣故名緣，是集諦上之四相。

(12.1.3)是斷除煩惱之離繫故名滅，是寂滅苦之離繫故名靜，是利樂自性
之離繫故名妙，是苦不再生之離繫故名離，此是滅諦上之四相。
(滅本質為無我，靜妙行相本質為寂靜，離之性相為空無相無願無加行之諸行相。)

(12.1.4)是趣解脫之道故名道，是對治煩惱之道故名理，由現證之體性不
顛倒行故名行，能從根本拔除苦及煩惱故名出，此是道諦上之
四相。

苦諦上四相互違，餘三諦上四相義同。

(從自性不可得方面，於道相智階段，菩薩應完善如是了知為聲聞眾之道。)

[戊二]順決擇分因 12.2

[聖聲聞道中，由色等空故，空無別為煖。由彼無所得，](頌2-3)
[許為至頂位。忍位於色等，破住常等理。依於十地等，](頌2-4)
[由廣說無住，即名第一法，由佛以現智，不見諸法故。](頌2-5)

了知聖聲聞道(四聖諦)之道相智因，有四順決擇分，謂：

(12.2.1)色等勝義空故，通達空性與色等無分別慧所攝持之加行道，即煖位。(色等蘊自性空故，諸空性彼此非相異。)

(12.2.2)通達色等勝義無所得慧所攝持之加行道，即頂位。(色等如前般不可得)

(12.2.3)通達色等於勝義中破除安住常無常等理，此慧所攝持之加行道，即忍位。(如是色等非常亦非無常。)

(12.2.4)依於十地者，謂通達極喜地等勝義無所住如《經》廣說，此慧所攝持之加行道，即世第一法。

何故如是十地勝義無耶？

　　謂十地是無，以佛世尊現知一切法，於勝義中不見有十地故。(如來成正等覺後不見諸法)

若爾，此處之加行道與第一品所說之加行道，有重復失？

　　答云：前品所說是為了知勝出聲聞之加行道。此中所說，是為令了知以通達空性慧攝持而修四諦無常等十六行相，故無過失。

[丙二]道相智本性
[丁一]聲聞之道相智【第 12 義】：知聲聞道之道相智

2.何等是般若波羅蜜？云何修？ (第一問、第三問)

12.1 自性

> 道相智理者，即此品中四聖諦上，無常等十六行相，由發心、迴向、真實不可得之空慧三法任持門中，當知修此聲聞道相。

卷 425〈帝釋品 25〉：

「憍尸迦！汝問『何謂菩薩摩訶薩般若波羅蜜多？』者，汝等諦聽！吾當為說。

(1)空慧觀 (以無所得觀四諦十六行相)
　①觀苦諦集諦 (觀五蘊無常等)

> 因緣生故無常，隨煩惱業轉故苦，無異體清淨之我故空，無自體之我故無我，是苦諦上之四相。是苦之根本故名因，數數生苦故名集，招猛利苦故名生，與後生果作助緣故名緣，是集諦上之四相。

「憍尸迦！若菩薩摩訶薩發一切智智相應之心，以無所得而為方便，思惟色乃至識若無常、若苦、若無我、若空、若如病、若如癰、若如箭、若如瘡、若熱惱、若逼切、若敗壞、若衰朽、若變動、若速滅、若可畏、若可厭、若有災、若有橫、若有疫、若有癘、若不安隱、若不可保信，
思惟眼處乃至意處，思惟色處乃至法處，思惟眼界乃至意界，思惟色界乃至法界，思惟眼識界乃至意識界，思惟眼觸乃至意觸，思惟眼觸為緣所生諸受乃至意觸為緣所生諸受，思惟地界乃至識界，亦復如是。
憍尸迦！是謂菩薩摩訶薩般若波羅蜜多。」*4
(CBETA, T07, no. 220, p. 134, b[14-27])
　②觀滅諦 (觀五蘊寂靜等)

> 是斷除煩惱之離繫故名滅，是寂滅苦之離繫故名靜，是利樂自性之離繫故名妙，是苦不再生之離繫故名離，此

是滅諦上之四相。

卷 425〈帝釋品 25〉：

「復次，憍尸迦！若菩薩摩訶薩發一切智智相應之心，以無所得而為方便，思惟色乃至識若寂靜、若遠離、若無生、若無滅、若無染、若無淨、若無作、若無為，思惟眼處乃至意處，思惟色處乃至法處，思惟眼界乃至意界，思惟色界乃至法界，思惟眼識界乃至意識界，思惟眼觸乃至意觸，思惟眼觸為緣所生諸受乃至意觸為緣所生諸受，思惟地界乃至識界，亦復如是。*4

憍尸迦！是謂菩薩摩訶薩般若波羅蜜多。」

(CBETA, T07, no. 220, p. 134, b^{28}-c^8)

sher phyin： v.027, pp. 4^{05}-8^{19} 《合論》: v50, pp. 826^{07}-827^{06}

③觀道諦

是趣解脫之道故名道，是對治煩惱之道故名理，由現證之體性不顛倒行故名行，能從根本拔除苦及煩惱故名出，此是道諦上之四相。

❶觀十二因緣

卷 425〈帝釋品 25〉：

「復次，憍尸迦！若菩薩摩訶薩發一切智智相應之心，以無所得而為方便，思惟無明緣行，行緣識，識緣名色，名色緣六處，六處緣觸，觸緣受，受緣愛，愛緣取，取緣有，有緣生，生緣老死乃至純大苦蘊集；以無所得而為方便，思惟無明滅故行滅，行滅故識滅，識滅故名色滅，名色滅故六處滅，六處滅故觸滅，觸滅故受滅，受滅故愛滅，愛滅故取滅，取滅故有滅，有滅故生滅，生滅故老死乃至純大苦蘊滅。

憍尸迦！是謂菩薩摩訶薩般若波羅蜜多。

❷修三乘共法乃至諸佛功德

1.「復次，憍尸迦！若菩薩摩訶薩發一切智智相應之心，以無所得而為方便，安住內空乃至無性自性空，安住真如、法界、實際、不思議界、安隱界等。

憍尸迦！是謂菩薩摩訶薩般若波羅蜜多。

2.「復次，憍尸迦！若菩薩摩訶薩發一切智智相應之心，以無所得而為方便，修行四念住乃至八聖道支，修行空解脫門、無相、無願

解脫門，修行佛十力乃至十八佛不共法，修行一切三摩地門、陀羅尼門，修行一切智、道相智、一切相智。

憍尸迦！是謂菩薩摩訶薩般若波羅蜜多。

3.「復次，憍尸迦！若菩薩摩訶薩發一切智智相應之心，以無所得而為方便，修行布施、淨戒、安忍、精進、靜慮、般若波羅蜜多。

憍尸迦！是謂菩薩摩訶薩般若波羅蜜多。

❸觀諸法緣起無我

「復次，憍尸迦！若菩薩摩訶薩修行般若波羅蜜多時

作如是觀：『唯有諸法互相滋潤、互相增長、互相圓滿，思惟校計無我、我所。』*4

(2)觀初迴向心與菩提心不相合不相在

①不以世諦說

復作是觀：『諸菩薩摩訶薩迴向心不與菩提心和合，菩提心亦不與迴向心和合，謂菩薩摩訶薩迴向心於菩提心中無所有不可得，菩提心於迴向心中亦無所有不可得。

諸菩薩摩訶薩雖如實觀諸法，而於諸法都無所見。』

憍尸迦！是謂菩薩摩訶薩般若波羅蜜多。」

②勝義諦說

時，天帝釋問善現言：

「云何菩薩摩訶薩迴向心不與菩提心和合，菩提心亦不與迴向心和合？

云何菩薩摩訶薩迴向心於菩提心中無所有不可得，菩提心於迴向心中亦無所有不可得？」

善現答言：

「憍尸迦！諸菩薩摩訶薩迴向心則非心，菩提心亦非心；

不應非心迴向非心，心亦不應迴向非心；

非心不應迴向於心，心亦不應迴向於心。

何以故？

❶憍尸迦！非心即是不可思議，不可思議即是非心，如是二種俱無所有，無所有中無迴向義。

❷憍尸迦！心無自性，心性無故心所亦無；心及心所既無自性故，心亦無迴向心義。

憍尸迦！若作是觀，是謂菩薩摩訶薩般若波羅蜜多。」*4

(CBETA, T07, no. 220, p. 134, c⁹-p. 135, a²⁶)

sher phyin:　v.027, pp. 8¹⁹-12⁰⁷　　《合論》：v50, pp. 827⁰⁶-831⁰²

(3)佛讚所說

卷 425〈帝釋品 25〉：爾時，世尊讚善現曰：

「善哉！善哉！汝善能為諸菩薩摩訶薩宣說般若波羅蜜多，亦善勸勵諸菩薩摩訶薩令生歡喜，勤修般若波羅蜜多。」

具壽善現白言：

「世尊！我既知恩不應不報。何以故？過去如來、應、正等覺及諸弟子，為諸菩薩摩訶薩眾宣說六種波羅蜜多，示現教導讚勵慶喜，安撫建立令得究竟。世尊爾時亦在中學，今證無上正等菩提，轉妙法輪利樂我等，故我今者應隨佛教，為諸菩薩摩訶薩眾宣說六種波羅蜜多，示現教導讚勵慶喜，安撫建立令得究竟，疾證無上正等菩提，是則名為報彼恩德。」

*4

3.云何應住般若波羅蜜中 (第二問)

12.2 順抉擇分因

了知聖聲聞道之道相智因，有四順決擇分。

爾時，具壽善現告天帝釋言：

「憍尸迦！汝問『云何菩薩摩訶薩應住般若波羅蜜多？』者，汝等諦聽！吾當為說諸菩薩摩訶薩於般若波羅蜜多，如所應住不應住相。

(1)應如是住

(12.2.1)煖位

色等勝義空故，通達空性與色等無分別，慧所攝持之加行道，即煖位。

①蘊處界空乃至十二因緣空與菩薩空無二無別

「憍尸迦！色，色空；受、想、行、識，受、想、行、識空；菩薩，菩薩空。若色空，若受、想、行、識空，若菩薩空，如是一切皆無二無二處。憍尸迦！諸菩薩摩訶薩於般若波羅蜜多應如是住。

「憍尸迦！眼處眼處空，乃至意處意處空，菩薩菩薩空。若眼處空，乃至若意處空，若菩薩空，如是一切皆無二無二處。憍尸迦！諸菩薩摩訶薩於般若波羅蜜多應如是住。

「憍尸迦！色處色處空，乃至法處法處空，菩薩菩薩空。若色處空，乃至若法處空，若菩薩空，如是一切皆無二無二處。憍尸迦！諸菩薩摩訶薩於般若波羅蜜多應如是住。

「憍尸迦！眼界眼界空，乃至意界意界空，菩薩菩薩空。若眼界空，乃至若意界空，若菩薩空，如是一切皆無二無二處。憍尸迦！諸菩薩摩訶薩於般若波羅蜜多應如是住。

「憍尸迦！色界色界空，乃至法界法界空，菩薩菩薩空。若色界空，乃至若法界空，若菩薩空，如是一切皆無二無二處。憍尸迦！諸菩薩摩訶薩於般若波羅蜜多應如是住。

「憍尸迦！眼識界眼識界空，乃至意識界意識界空，菩薩菩薩空。若眼識界空，乃至若意識界空，若菩薩空，如是一切皆無二無二處。憍尸迦！諸菩薩摩訶薩於般若波羅蜜多應如是住。

「憍尸迦！眼觸眼觸空，乃至意觸意觸空，菩薩菩薩空。若眼觸空，乃至若意觸空，若菩薩空，如是一切皆無二無二處。憍尸迦！諸菩薩摩訶薩於般若波羅蜜多應如是住。

「憍尸迦！眼觸為緣所生諸受眼觸為緣所生諸受空，乃至意觸為緣所生諸受意觸為緣所生諸受空，菩薩菩薩空。若眼觸為緣所生諸受空，乃至若意觸為緣所生諸受空，若菩薩空，如是一切皆無二無二處。憍尸迦！諸菩薩摩訶薩於般若波羅蜜多應如是住。

「憍尸迦！地界地界空，乃至識界識界空，菩薩菩薩空。若地界空，乃至若識界空，若菩薩空，如是一切皆無二無二處。憍尸迦！諸菩薩摩訶薩於般若波羅蜜多應如是住。

「憍尸迦！無明無明空，乃至老死老死空，菩薩菩薩空。若無明空，乃至若老死空，若菩薩空，如是一切皆無二無二處。憍尸迦！諸菩薩摩訶薩於般若波羅蜜多應如是住。

「憍尸迦！無明滅無明滅空，乃至老死滅老死滅空，菩薩菩薩空。若無明滅空，乃至若老死滅空，若菩薩空，如是一切皆無二無二處。憍尸迦！諸菩薩摩訶薩於般若波羅蜜多應如是住。

②六度乃至一切陀羅尼門空與菩薩空無二無別

「憍尸迦！布施波羅蜜多布施波羅蜜多空，乃至般若波羅蜜多般若波羅蜜多空，菩薩菩薩空。若布施波羅蜜多空，乃至若般若波羅蜜多空，若菩薩空，如是一切皆無二無二處。憍尸迦！諸菩薩摩訶薩於般若波羅蜜多應如是住。

「憍尸迦！內空內空空，乃至無性自性空無性自性空空，菩薩菩薩空。若內空空，乃至若無性自性空空，若菩薩空，如是一切皆無二無二處。憍尸迦！諸菩薩摩訶薩於般若波羅蜜多應如是住。

「憍尸迦!四念住四念住空,乃至十八佛不共法十八佛不共法空,菩薩菩薩空。若四念住空,乃至若十八佛不共法空,若菩薩空,如是一切皆無二無二處。憍尸迦!諸菩薩摩訶薩於般若波羅蜜多應如是住。

「憍尸迦!一切三摩地門一切三摩地門空,一切陀羅尼門一切陀羅尼門空,菩薩菩薩空。若一切三摩地門空,若一切陀羅尼門空,若菩薩空,如是一切皆無二無二處。憍尸迦!諸菩薩摩訶薩於般若波羅蜜多應如是住。

③三乘空乃至一切相智空與菩薩空無二無別

「憍尸迦!聲聞乘聲聞乘空,獨覺乘、無上乘獨覺乘、無上乘空,菩薩菩薩空。若聲聞乘空,若獨覺乘、無上乘空,若菩薩空,如是一切皆無二無二處。憍尸迦!諸菩薩摩訶薩於般若波羅蜜多應如是住。

「憍尸迦!預流預流空,乃至如來如來空,菩薩菩薩空。若預流空,乃至若如來空,若菩薩空,如是一切皆無二無二處。憍尸迦!諸菩薩摩訶薩於般若波羅蜜多應如是住。

「憍尸迦!一切智一切智空,道相智、一切相智道相智、一切相智空,菩薩菩薩空。若一切智空,若道相智、一切相智空,若菩薩空,如是一切皆無二無二處。

憍尸迦!諸菩薩摩訶薩於般若波羅蜜多應如是住。」*5

(CBETA, T07, no. 220, p. 135, a^{26}-p. 136, b^{2})

sher phyin: v.027, pp. 12^{08}-20^{05} 《合論》: v50, pp. 831^{03}-836^{05}

(2)所不應住

(12.2.2)頂位

通達色等勝義無所得,慧所攝持之加行道,即頂位。

卷 425〈帝釋品 25〉:時,天帝釋問善現言:

「云何菩薩摩訶薩修行般若波羅蜜多時所不應住?」

①不應住諸法

善現答言:

「憍尸迦!諸菩薩摩訶薩修行般若波羅蜜多時,不應住色,不應住受、想、行、識;不應住眼處,乃至不應住意處;不應住色處,乃至不應住法處;不應住眼界,乃至不應住意界;不應住色界,乃至不應住法界;不應住眼識界,乃至不應住意識界;不應住眼觸,乃至不應住意觸;不應住眼觸為緣所生諸受,乃至不應住意觸為緣所生諸受;不應

住地界，乃至不應住識界；不應住無明，乃至不應住老死；不應住無明滅，乃至不應住老死滅；不應住布施波羅蜜多，乃至不應住般若波羅蜜多；不應住內空，乃至不應住無性自性空；不應住四念住，乃至不應住十八佛不共法；不應住一切三摩地門，不應住一切陀羅尼門；不應住聲聞乘，不應住獨覺乘、無上乘；不應住預流，乃至不應住如來；不應住一切智，不應住道相智、一切相智。

何以故？憍尸迦！如是住者有所得故。

②不應住「如是諸法」

「復次，憍尸迦！諸菩薩摩訶薩修行般若波羅蜜多時，不應住此是色，乃至此是識；不應住此是眼處，乃至此是意處；不應住此是色處，乃至此是法處；不應住此是眼界，乃至此是意界；不應住此是色界，乃至此是法界；不應住此是眼識界，乃至此是意識界；不應住此是眼觸，乃至此是意觸；不應住此是眼觸為緣所生諸受，乃至此是意觸為緣所生諸受；不應住此是地界，乃至此是識界；不應住此是無明，乃至此是老死；不應住此是無明滅，乃至此是老死滅；不應住此是布施波羅蜜多，乃至此是般若波羅蜜多；不應住此是內空，乃至此是無性自性空；不應住此是四念住，乃至此是十八佛不共法；不應住此是一切三摩地門，此是一切陀羅尼門；不應住此是聲聞乘，此是獨覺乘、無上乘；不應住此是預流乃至此是如來；不應住此是一切智，此是道相智、一切相智。

何以故？憍尸迦！如是住者有所得故。」*5

(CBETA, T07, no. 220, p. 136, b³-c¹²)

sher phyin: v.027, pp. 20⁰⁶-23²¹ 《合論》: v50, pp. 836⁰⁶-837¹²

③不應住諸法若常無常等

(12.2.3)忍位

通達色等於勝義中破除安住常無常等理，此慧所攝持之加行道，即忍位。

卷 425〈帝釋品 25〉：

「復次，憍尸迦！諸菩薩摩訶薩修行般若波羅蜜多時，不應住色乃至識若常若無常、若樂若苦、若我若無我、若淨若不淨、若空若不空、若寂靜若不寂靜、若遠離若不遠離；不應住眼處乃至意處，若常若無常乃至若遠離若不遠離；不應住色處乃至法處，若常若無常乃至若遠離

若不遠離；不應住眼界乃至意界，若常若無常乃至若遠離若不遠離；不應住色界乃至法界，若常若無常乃至若遠離若不遠離；不應住眼識界乃至意識界，若常若無常乃至若遠離若不遠離；不應住眼觸乃至意觸，若常若無常乃至若遠離若不遠離；不應住眼觸為緣所生諸受乃至意觸為緣所生諸受，若常若無常乃至若遠離若不遠離；不應住地界乃至識界，若常若無常乃至若遠離若不遠離；不應住無明乃至老死，若常若無常乃至若遠離若不遠離；不應住無明滅乃至老死滅，若常若無常乃至若遠離若不遠離；不應住布施波羅蜜多乃至般若波羅蜜多，若常若無常乃至若遠離若不遠離；不應住內空乃至無性自性空，若常若無常乃至若遠離若不遠離；不應住四念住乃至十八佛不共法，若常若無常乃至若遠離若不遠離；不應住一切三摩地門、一切陀羅尼門，若常若無常乃至若遠離若不遠離；不應住聲聞乘、獨覺乘、無上乘，若常若無常乃至若遠離若不遠離；不應住預流乃至如來，若常若無常乃至若遠離若不遠離；不應住一切智、道相智、一切相智，若常若無常乃至若遠離若不遠離。

何以故？憍尸迦！如是住者有所得故。

④不應住三乘果相及其福田

「復次，憍尸迦！諸菩薩摩訶薩修行般若波羅蜜多時，不應住預流果若有為所顯若無為所顯，不應住一來、不還、阿羅漢果、獨覺菩提、諸佛無上正等菩提若有為所顯若無為所顯。

何以故？憍尸迦！如是住者有所得故。

「復次，憍尸迦！諸菩薩摩訶薩修行般若波羅蜜多時，不應住預流是福田，不應住一來、不還、阿羅漢、獨覺、菩薩、如來是福田。

何以故？憍尸迦！如是住者有所得故。」*5

(CBETA, T07, no. 220, p. 136, c^{13}-p. 137, a^{22})

sher phyin: v.027, pp. 23^{21}-28^{12} 《合論》：v50, pp. 837^{13}-839^{09}

⑤不住於十地

(12.2.4)世第一位

依於十地者，謂通達極喜地等勝義無所住如經廣說，此慧所攝持之加行道，即世第一法。

卷425〈帝釋品25〉：

「復次，憍尸迦！諸菩薩摩訶薩修行般若波羅蜜多時，不應住初地，乃

至不應住第十地。何以故？憍尸迦！如是住者有所得故。所以者何？如是住者有動轉故。

⑥不住念於諸道法、嚴土熟生、成辦功德及所證果位

❶不住念於諸道法

「復次，憍尸迦！諸菩薩摩訶薩修行般若波羅蜜多時，不應住初發心已便作是念：『我當圓滿布施波羅蜜多乃至般若波羅蜜多。』不應住初發心已便作是念：『我當修行四念住乃至八聖道支。』不應住初發心已便作是念：『我當修行空、無相、無願解脫門乃至十八佛不共法。』不應住作是念：『我修加行既圓滿已當入菩薩正性離生。』不應住作是念：『我已得入正性離生，當住菩薩不退轉地。』不應住作是念：『我當圓滿菩薩五通。』不應住作是念：『我住菩薩圓滿五通，常遊無量無數佛土，禮敬瞻仰供養承事諸佛世尊，聽聞正法、如理思惟、廣為他說。』何以故？憍尸迦！如是住者有所得故。

❷不住念於嚴土熟生等

「復次，憍尸迦！諸菩薩摩訶薩修行般若波羅蜜多時，不應住作是念：『我當嚴淨如十方佛所居淨土。』不應住作是念：『我當化作如十方佛所居淨土。』不應住作是念：『我當成熟諸有情類，令證無上正等菩提、或般涅槃、或人天樂。』不應住作是念：『我當往詣無量無數諸佛國土，供養恭敬、尊重讚歎諸佛世尊，復以無邊花香、瓔珞、寶幢、幡蓋、衣服、臥具、飲食、燈明、百千俱胝那庾多數天諸伎樂及無量種上妙珍財而為供養。』不應住作是念：『我當安立無量無數無邊有情，令於無上正等菩提得不退轉。』何以故？憍尸迦！如是住者有所得故。

❸不住念於諸行成辦功德

「復次，憍尸迦！諸菩薩摩訶薩修行般若波羅蜜多時，不應住作是念：『我當成辦清淨肉眼、天眼、慧眼、法眼、佛眼。』不應住作是念：『我當成辦諸等持門，於諸等持自在遊戲。』不應住作是念：『我當成辦諸總持門，於諸總持皆得自在。』不應住作是念：『我當成辦如來十力、四無所畏、四無礙解、大慈、大悲、大喜、大捨、十八佛不共法。』不應住作是念：『我當成辦三十二相、八十隨好所莊嚴身，令諸有情見者歡喜觀無厭倦，由斯證得利益安樂。』何以故？憍尸迦！如是住者有所得故。

❹不住念於所證三乘果位

「復次，憍尸迦！諸菩薩摩訶薩修行般若波羅蜜多時，不應住此是第八補特伽羅，此是隨信行，此是隨法行；不應住此是預流極七返有，此是家家，此是一間；不應住此是齊首補特伽羅，乃至壽盡煩惱方盡；不應住此是預流定不墮法，此是一來至此世間得盡苦際；不應住此是不還向，此是不還果，往彼方得般涅槃者；不應住此是阿羅漢，永盡後有，現在必入無餘涅槃；不應住此是獨覺；不應住此是如來、應、正等覺。

⑦不住念所當證及所得勝事

「不應住作是念：『我超聲聞、獨覺地已住菩薩地。』不應住作是念：『我當具足一切智、道相智、一切相智，覺一切法一切相已，永斷一切煩惱纏結習氣相續。』不應住作是念：『我當證得所求無上正等菩提，得成如來、應、正等覺，轉妙法輪作諸佛事，度脫無量無數有情，令得涅槃畢竟安樂。』不應住作是念：『我當善修四神足已，安住如是殊勝等持，由此等持增上勢力，令我壽命如殑伽沙大劫而住。』不應住作是念：『我當獲得壽量無邊。』不應住作是念：『我當成就三十二相，是一一相百福莊嚴。』不應住作是念：『我當成就八十隨好，是一一好有無數量希有勝事。』

「不應住作是念：『我當安住一嚴淨土，其土寬廣於十方面如殑伽沙世界之量。』不應住作是念：『我當安坐一金剛座，其座廣大量等三千大千世界。』不應住作是念：『我當居止大菩提樹，其樹高廣眾寶莊嚴，所出妙香，有情聞者貪、瞋、癡等心疾皆除，無量無邊身病亦愈。諸有聞此菩提樹香，離諸聲聞、獨覺作意，必獲無上正等菩提。』

⑧不住念於五蘊乃至諸佛功德名聲

「不應住作是念：『願我當得嚴淨佛土，其土清淨，無色蘊名聲，無受、想、行、識蘊名聲；無眼處名聲，無耳、鼻、舌、身、意處名聲；無色處名聲，無聲、香、味、觸、法處名聲；無眼界名聲，無耳、鼻、舌、身、意界名聲；無色界名聲，無聲、香、味、觸、法界名聲；無眼識界名聲，無耳、鼻、舌、身、意識界名聲；無眼觸名聲，無耳、鼻、舌、身、意觸名聲；無眼觸為緣所生諸受名聲，無耳、鼻、舌、身、意觸為緣所生諸受名聲；無地界名聲，無水、火、風、空、識界名聲；無無明名聲，無行、識、名色、六處、觸、受、愛、取、有、生、老死名聲；唯有布施波羅蜜多名聲，乃至唯有般若波羅蜜多名聲；唯有內空名聲，乃至唯有無性自性空名聲；唯有真如名聲，乃至唯有

不思議界名聲；唯有四念住名聲，廣說乃至唯有十八佛不共法名聲；其中都無預流、一來、不還、阿羅漢、獨覺、異生等名聲，唯有菩薩摩訶薩、如來應正等覺等名聲。』何以故？憍尸迦！如是住者有所得故。所以者何？一切如來、應、正等覺證得無上正等菩提時，覺一切法都無所有；一切菩薩摩訶薩眾住不退轉地時，亦見諸法都無所有。*5

(3)隨住不住相無所得而學

「憍尸迦！是為菩薩摩訶薩於般若波羅蜜多如所應住不應住相。憍尸迦！諸菩薩摩訶薩於深般若波羅蜜多隨所應住不應住相，以無所得而為方便，應如是學。」

①於一切法無所住亦非不住

爾時，舍利子作是念言：

「若菩薩摩訶薩修行般若波羅蜜多時，於一切法不應住者，云何應住般若波羅蜜多？」

具壽善現知舍利子心之所念，便謂之曰：「於意云何？諸如來心為何所住？」

舍利子言：

「諸如來心都無所住。所以者何？善現！如來之心不住色，不住受、想、行、識；不住眼處，不住耳、鼻、舌、身、意處；不住色處，不住聲、香、味、觸、法處；不住眼界，不住耳、鼻、舌、身、意界；不住色界，不住聲、香、味、觸、法界；不住眼識界，不住耳、鼻、舌、身、意識界；不住眼觸，不住耳、鼻、舌、身、意觸；不住眼觸為緣所生諸受，不住耳、鼻、舌、身、意觸為緣所生諸受；不住有為界，不住無為界；不住四念住，廣說乃至不住十八佛不共法；不住一切智，不住道相智、一切相智。何以故？以一切法不可得故。如是，善現！如來之心於一切法都無所住亦非不住。」

②隨住不住相，以無所得為方便而學

時，具壽善現謂舍利子言：

「諸菩薩摩訶薩修行般若波羅蜜多時亦復如是，雖住般若波羅蜜多，而同如來於一切法都無所住亦非不住。所以者何？舍利子！諸菩薩摩訶薩修行般若波羅蜜多時，雖住般若波羅蜜多，而於色非住非不住，乃至於一切相智亦非住非不住。何以故？舍利子！以色等法無二相故。舍利子！諸菩薩摩訶薩於深般若波羅蜜多，隨此非住非不住相，以無

所得而為方便，應如是學。」*6

(CBETA, T07, no. 220, p. 137, a^{22}-p. 138, b^{28})

sher phyin:　v.027, p. 28^{12}-37^{21}　　《合論》：v50, pp. 839^{10}-846^{18}

註解：

*1 四諦及十六行相

(1) 四聖諦

① 《分別聖諦經》、《中阿含經》卷 7, 31 經

❶ 云何苦聖諦？

謂生苦、老苦、病苦、死苦、怨憎會苦、愛別離苦、所求不得苦。略五盛陰苦。

1.生苦；2.老苦；3.病苦；4.死苦。

生：謂彼眾生、彼彼眾生種類，生則生，出則出，成則成，興起五陰，已得命根，是名為生。

老：謂彼眾生、彼彼眾生種類，彼為老耄，頭白齒落，盛壯日衰，體重氣上，拄杖而行，肌縮皮緩，皺如麻子，諸根毀熟，顏色醜惡，是名為老。

病：謂頭痛、眼痛、耳痛、鼻痛、面痛、脣痛、齒痛、舌痛、齶痛、咽痛、風喘、咳嗽、喝吐、喉痺、癲癇、癰瘻、經溢、赤膽、壯熱、枯槁、痔瘻、下痢，若有如是比餘種種病，從更樂觸生，不離心，立在身中，是名為病。

死：謂彼眾生、彼彼眾生種類，命終無常，死喪散滅，壽盡破壞，命根閉塞，是名為死。

生苦：謂眾生生時，

身受苦受、遍受、覺、遍覺，心受苦受、遍受、覺、遍覺，身心受苦受、遍受、覺、遍覺；

身熱受、遍受、覺、遍覺，心熱受、遍受、覺、遍覺，身心熱受、遍受、覺、遍覺；

身壯熱煩惱憂慼受…，心壯熱煩惱憂慼受…，身心壯熱煩惱憂慼受、遍受、覺、遍覺。

老苦(謂眾生老時)、病苦(謂眾生病時)、死苦(謂眾生死時)身心受苦亦如是。

5.怨憎會苦；6.愛別離苦。

怨憎會：

(1) 眾生實有內外處：

不(可)愛眼、耳、鼻、舌、身、意處，彼同會一，有攝、和、集、共和為苦。

外處：如是外處，更樂、覺、想、思、愛，亦復如是。

(2) 眾生實有六界：

不(可)愛地、水、火、風、空、識界，彼同會一，有攝、和、集、共和為苦。

愛別離：

(1) 眾生實有內外處：

(可)愛眼、耳、鼻、舌、身、意處，彼異分散，不得相應，別離不會，不攝、不集、不和合為苦。

外處：如是外處，更樂、覺、想、思、愛，亦復如是。

(2) 眾生實有六界：

(可)愛地、水、火、風、空、識界，彼異分散，不得相應，別離不會，不攝、不集、不和合為苦。

怨憎會苦：謂眾生怨憎會時，

身受苦受、遍受、覺、遍覺，心受苦受、遍受、覺、遍覺，身心受苦受、遍受、覺、遍覺。

愛別離苦(謂眾生別離時)，身心受苦亦如是。

7.所求不得苦

(1)眾生生法，不離生法，欲得令我而不生者，此實不可以欲而得。

(2)老法死法愁憂慼法，不離憂慼法，欲得令我不憂慼者，此亦不可以欲而得。

(3)眾生實生苦而不可樂不可愛念。彼作是念…欲得轉是令可愛念，此亦不可以欲而得。

(4)眾生實生樂而可愛念。彼作是念…欲得令是常恆久住不變易法，此亦不可以欲而得。

(5)眾生實生思想而不可樂不可愛念。彼作是念…欲得轉是令可覺念，此亦不可以欲而得。

(6)眾生實生思想而可愛念。彼作是念…欲得令是常恆久住不變易法，此亦不可以欲而得。

說所求不可得苦者，因此故說。

8.五盛陰苦

說略五盛陰苦者，此說何因？謂色盛陰，覺(受)、想、行、識盛陰。

說略五盛陰苦者，因此故說。

過去時是苦聖諦，未來現在時是苦聖諦，真實不虛，不離於如，亦非顛倒，真諦審實。合如是諦，聖所有，聖所知，聖所見，聖所了，聖所得，聖所等正覺，是故說苦聖諦。

❷云何愛集苦集聖諦？

1.內外處愛集苦

(1)眾生實有(可)愛內六處(眼、耳、鼻、舌、身、意處)，

於中若有愛、有膩、有染、有著者，是名為集。(對自我生命之染愛)

多聞聖弟子知我如是知此法，如是見，如是了，如是視，如是覺，是謂愛集苦集聖諦。

云何知耶？

若有愛妻、子、奴婢、給使、眷屬、田地、屋宅、店肆、出息財物，

為所作業，有愛、有膩、有染、有著者，是名為集。(對我所之染愛)

彼知是愛集苦集聖諦。

(2)如是外處，更樂、覺、想、思、愛，亦復如是。

2.六界愛集苦

眾生實有(可)愛六界(地、水、火、風、空、識界)

於中若有愛、有膩、有染、有著者，是名為集。(對外處之染愛)

多聞聖弟子<u>知</u>我如是知此法，如是見，如是了，如是視，如是覺，是謂愛集苦<u>集聖諦</u>。

云何知耶？

若有愛妻、子、奴婢、給使、眷屬、田地、屋宅、店肆、出息財物，

為所作業，有愛、有膩、有染、有著者，是名為集。

彼知是愛集苦<u>集聖諦</u>。

過去時是愛集苦集聖諦，未來現在時是愛集苦集聖諦，真實不虛，不離於如，亦非顛倒，真諦審實。

合如是諦，聖所有，聖所知，聖所見，聖所了，聖所得，聖所等正覺，是故說愛集苦集<u>聖諦</u>。

❸云何愛滅苦滅聖諦？

　1.內外處苦滅

　　(1)眾生實有(可)愛內六處(眼、耳、鼻、舌、身、意處)，

　　　　彼若解脫，不染不著、斷捨吐盡、無欲、滅、止沒者，是名苦滅。

　　　多聞聖弟子<u>知</u>我如是知此法，如是見，如是了，如是視，如是覺，是謂愛滅苦<u>滅聖諦</u>。

　　　　　云何知耶？

　　　　若有不愛妻、子、奴婢、給使、眷屬、田地、屋宅、店肆、出息財物，

　　　　　不為所作，彼若解脫，不染不著、斷捨吐盡、無欲、滅、止沒者，是名<u>苦滅</u>。

　　　　　彼知是愛滅苦<u>滅聖諦</u>。

　　(2)如是外處，更樂、覺(受)、想、思、愛，亦復如是。

　2.六界苦滅

　　眾生實有(可)愛六界(地、水、火、風、空、識界)。

　　彼若解脫，不染不著、斷捨吐盡、無欲、滅、止沒者，是名苦滅。

　　多聞聖弟子<u>知</u>我如是知此法，如是見，如是了，如是視，如是覺，是謂愛滅苦<u>滅聖諦</u>。

　　　云何知耶？

　　　若有不愛妻、子、奴婢、給使、眷屬、田地、屋宅、店肆、出息財物，

　　　　不為所作，彼若解脫，不染不著、斷捨吐盡、無欲、滅、止沒者，是名<u>苦滅</u>。

　　　　彼知是愛滅苦<u>滅聖諦</u>。

過去時是愛滅苦滅聖諦，未來現在時是愛滅苦滅聖諦，真實不虛，不離於如，亦非顛倒，真諦審實。

合如是諦，聖所有，聖所知，聖所見，聖所了，聖所得，聖所等正覺，是故說愛滅苦<u>滅聖諦</u>。

❹云何苦滅道聖諦？

謂正見、正志、正語、正業、正命、正方便、正念、正定。

謂聖弟子

　念苦是苦時，集是集，滅是滅，念道是道時，

　或觀本所作，或學念諸行，或見諸行災患，或見涅槃止息，或無著念觀心解脫時，

1.云何正見？

　於中擇、遍擇、決擇、擇法、視、遍視，觀察明達，是名正見。

2.云何正志？(正思惟)

　於中心伺、遍伺、隨順伺，可念則念，可望則望，是名正志。

3.云何正語？

　於中除口四妙行(不妄語、不惡口、不兩舌、不綺語)，餘諸口惡行遠離斷除，不行
　不作，不合不會，是名正語。

4.云何正業？

　於中除三妙行(不貪、不瞋、不痴)，諸餘身惡行遠離斷除，不行不作，不合不會，
　是名正業。

5.云何正命？

　於中非無理求，不以多欲無厭足，不為種種伎術咒說邪命活；但以法求衣，不以非
　法；亦以法求食、床座，不以非法，以名正命。(邪命活指不以正道而以邪曲方式生
　活，如販賣物品、占相吉凶、行咒術或詐現邪特異相等。)

6.云何正方便？(正精進)

　於中若有精進方便，一向精勤求，有力趣向，專著不捨，亦不衰退，正伏其心，是
　名正方便。

7.云何正念？

　於中若有心順念、背不向念、念遍、念憶、復憶、心正、不忘心之所應，是名正念。

8.云何正定？

　於中若心住、禪住、順住、不亂不散，攝止正定，是名正定。

　　過去時是苦滅道聖諦，未來現在時是苦滅道聖諦，真實不虛，不離於如，亦非顛倒，真
諦審實。

　　合如是諦，聖所有，聖所知，聖所見，聖所了，聖所得，聖所等正覺，是故說苦滅道聖
諦。

②《清淨道論》四諦義

　❶苦聖諦：1.逼迫義；2.有為義；3.熱惱義；4.變易義。

　❷集聖諦：1.增益義；2.因緣義；3.結縛義；4.障礙義。

　❸滅聖諦：1.出離義；2.遠離義；3.無為義；4.不死義。

　❹道聖諦：1.出義；　2.因義；　3.見義；　4.增上義。

(2)三轉法輪

《(三)轉法輪經》　《雜阿含經》卷15, 379 經

(示轉)

「此苦聖諦，本所未曾聞法，當正思惟時，生眼、智、明、覺**；此苦集、此苦滅、此苦滅
　道跡聖諦，本所未曾聞法，當正思惟，時，生眼、智、明、覺。」

**(眼、智、明、覺)

　1.南傳《相應部》諦相應，轉法輪品

「眼生、智生、慧生、明生、光明生。」

此中可解為眼(法眼)、智(正智)、慧(般若慧)、明(三明)、光明(正定光)。

2.《大毗婆沙論》79

有兩義：

(1)眼(法智忍)、智(諸法智)、明(類智忍)、覺(類智)。

(2)眼(觀見義)、智(決斷義)、明(照了義)、覺(警察義)。

3.《瑜伽師地論》95

所有現量聖智，能斷見道所斷煩惱，爾時說名生聖慧眼。即此由依去來今世有差別故，如其次第名智、明、覺。

(勸轉)

「此聖諦(已知)當復知…苦集聖諦已知當斷…此苦滅聖諦已知當作證…此苦滅道跡聖諦已知當修，本所未曾聞法，當正思惟，時，生眼、智、明、覺。」

(證轉)

「此苦聖諦已知、知已出…此苦集聖諦已知、已斷出…此滅聖諦已知、已作證出…此滅道跡聖諦已知、已修出，所未曾聞法，當正思惟，時，生眼、智、明、覺。…

「我於此四聖諦三轉十二行不生眼、智、明、覺者，我終不得於諸天、魔、梵、沙門、婆羅門聞法眾中，為解脫、為出、為離亦不自證得阿耨多羅三藐三菩提。

「我已於四聖諦三轉十二行生眼、智、明、覺，故於諸天、魔、梵、沙門、婆羅門聞法眾中，得出、得脫，自證得成阿耨多羅三藐三菩提。」

「爾時，世尊說是法時，尊者憍陳如及八萬諸天遠塵離垢，得法眼淨。」

①三轉十二行相義

❶三轉

示轉(初轉)：此是苦諦、集諦、滅諦、道諦。　　　　　　　　　(示相)

勸轉(二轉)：此應證智遍知、證智捨斷、證智作證、證智修習。　(勸修)

證轉(三轉)：此已證智遍知，證智捨斷、證智作證、證智修習。　(作證)

❷十二行相

四諦一一三轉，故成十二行相。《清淨道論》

或如《俱舍論》〈分別賢聖品〉說，以一一三轉中眼、智、明、覺四種智慧生起而成十二行相。

1.苦諦(苦果)：　(初轉)此是苦，逼迫性。　(二轉)此是苦，汝應知。
　　　　　　　　(三轉)此是苦，我已知。

2..集諦(苦因)：　(初轉)此是集，招感性。　(二轉)此是集，汝應斷。
　　　　　　　　(三轉)此是集，我已斷。

3.滅諦(苦果滅)：(初轉)此是滅，可證性。　(二轉)此是滅，汝應證。
　　　　　　　　(三轉)此是滅，我已證。

4.道諦(滅苦道)：(初轉)此是道，可修性。　(二轉)此是道，汝應修。
　　　　　　　　(三轉)此是道，我已修。

② 《瑜伽師地論》95

此為《(三)轉法輪經》之本母。（《雜阿含經》卷 15, 379 經）

「由五種相轉法輪者，當知名為善轉法輪。

　　1.世尊為菩薩時，為得所得所緣境界。　2.為得所得方便。

　　3.證得自所應得。　　　　　　　　　　4.得已，樹他相續，令於自證深生信解。

　　5.令他於他所證深生信解。

　1.所緣境

　　謂四聖諦。此四聖諦安立體相，若略若廣，如聲聞地。

　2.得方便

　　謂即於此四聖諦中，三周正轉十二相智。

　　(1)最初轉　(得法眼淨、初果) (正見地)

　　　謂昔菩薩入現觀時，如實了知是苦聖諦，廣說乃至道聖諦。

　　　於中所有現量聖智，能斷見道所斷煩惱，爾時說名生聖慧眼(得法眼淨)。

　　　即此由依去來今世，有差別故，如其次第，名智‧明‧覺‧

　　(2)第二轉　(修行中生覺受)

　　　謂是有學，以其妙慧如實通達，我當於後猶有所作，

　　　　應當遍知未知苦諦，應當永斷未斷集諦，應當作證未證滅諦，應當修習未修道諦。

　　　　如是亦有四種行相，如前應知。

　　(3)第三轉　(證量)

　　　謂是無學，已得盡智、無生智故，言所應作我皆已作。

　　　　如是亦有四種行相，如前應知。

　　此差別者，謂前二轉四種行相，是其有學真聖慧眼，最後一轉得其無學真聖慧眼。

　3.得所得

　　謂得無上正等菩提。

　4.令他於自深生信解

　　樹他相續，令於自證生信解者，

　　　謂如長老阿若(已開悟 aññāta)憍陳從世尊所聞正法已，最初悟解四聖諦法，又答問

　　　言：我已解法。從此已後，如前所說究竟行相，五皆證得阿羅漢果，生解脫處。

　5.令他於他深生信解

　　最後令他於他所證生信解者，謂如長老阿若憍陳，起世間心：我已解法。

　　如來知已，起世間心：阿若憍陳已解我法。

　地神(堅牢地神 prthivi)知已，舉聲傳告，經由剎那、瞬息、須臾，其聲展轉乃至梵世。

　當知世尊轉所解法，置於阿若憍陳身中，此復隨轉置餘身中，彼復隨轉置餘身中。

　以是展轉隨轉義故，說名為輪。正見等法所成性故，說名法輪。如來應供是梵增語，彼

　所轉故，亦名梵輪。

(3)四諦十六行相之開展

　《雜阿含經》很多地方教授如實知四聖諦以得須陀洹乃至阿羅漢果，但未將四諦分為十六行

相，作為觀修之對象。

十六行相說應是以四諦三轉十二行相為基礎開展而成的，在說一切有部之初期論典如《發智論》及《法蘊足論》等六足論乃至之後的《俱舍論》，才逐漸形成十六行相之修道體系。此中《俱舍論》承繼了《大毗婆沙論》之傳統說法。

苦諦是五取蘊果，集諦是五取蘊之因，滅諦是苦果滅，道諦是滅苦之方法，四諦與三界有緊密關係。在四善根位欲界之十六行相與色無色界之十六行相分開來修，而共有三十二行相。所謂十六行相，是苦諦下觀無常、苦、空、無我，集諦下觀因、集、生、緣，滅諦下觀滅、靜、妙、離，道諦下觀道、如、行、出。

①行相義　ākāra

　　ākāra 有三義：形相(外在事物之形象相貌)、影像(識中現起外在事物之影像)、行相(心心所的取境作用)。

　　❶《大毘婆沙論》

　　　說一切有部說「於諸境相，簡擇而轉，是行相義。」慧心所簡擇作用生起時，與之同時生起之無常、苦、空、無我等相貌，從不離慧心所，以慧心所為體。

　　❷《俱舍論》

　　　世親將行相擴及到一切心心所。「心心所取境類別，皆名行相。」行相指心心所取境時，所現起的青黃等相貌。廣義行相說，凡是心心所取境作用皆有行相現起。但狹義說，專就慧心所的簡擇，說有四諦十六行相現起。

　　❸《成唯識論》

　　　在心心所中安立見分、相分。相分是所緣。將行相等同於見分，指心心所了別、領納、取像等取境作用。

②《俱舍論》卷26　分別智品

[行相實十六，此體唯是慧，能行有所緣，所行諸有法]

如是行相以慧為體。若爾，慧應非有行相，以慧與慧不相應故。(慧心所不應擁有慧心所，同一剎那不能有兩個同樣心所有法存在。)

由此應言諸心心所取境類別皆名行相。慧及諸餘心心所法有所緣故皆是能行。一切有法皆是所行。由此三門，體有寬狹。慧通行相、能行、所行，餘心心所唯能、所行，諸餘有法唯是所行。

　　❶苦聖諦

	無常	苦	空	無我
1	待緣故(五蘊因緣和合，非常住實相。)	逼迫性故 (五蘊苦果，逼迫性)	違我所見故 (五蘊假名無實體)	違我見故(無實我，但為五蘊因緣總和。)
2	非究竟故	如荷重擔故	內離士夫故	不自在故
3	生滅故 (生滅法故非常)	違聖心故 (違聖者心之行苦性故苦)	於此無我故 (五蘊假和合無實體我可得故空)	非自我故 (五蘊無常故苦，苦即無我無我所)
4	為治常故修	為治樂故修	為治我所故修	為治我見故修

❷集聖諦

	因	集	生	緣
1	如種理故 (如種會生芽)	等現理故 (無明業感未來苦果)	相續理故 (令有情於三界相續之煩惱法)	成辦理故 (眾緣和合成辦未來苦果)
2	牽引義故	出現義故	滋產義故	為依義故
3	五取蘊以欲為根	五取蘊以欲為集	五取蘊以欲為生	五取蘊以欲為類**
4	為治無因知故修	為治一因知故修	為治變因知故修	為治先因見故修

**此四欲體差別云何？

　　因：於苦是初因，如種子於果。　　　　　集：於苦等招集故，如芽等於果。

　　緣：於苦為別緣，如田水糞等力令果熟。　生：於苦能近生，如華蕊於果。

(1)隨位別　(四欲)

　　①執現總我起總自體欲；　②執當總我起總後有欲；　③執當別我起別後有欲；

　　④執續生我起續生時欲(或執造業我起造業時欲)。

(2)隨愛行別(契經說有十八愛行)　　　　　(另可參考《瑜伽師地論》95，說明十八愛行，百八愛行)

　　①執現總我有五種異：

　　　　❶執我現決定有　❷執我現如是有　❸執我現變異有　❹執我現有　❺執我現無。

　　②執當總我有五種異：

　　　　❶執我當決定有　❷執我當如是有　❸執我當變異有　❹執我當有　❺執我當無。

　　③執當別我有四種異：

　　　　❶執我當別有　❷執我當決定別有　❸執我當如是別有　❹執我當變異別有。

　　④執續生我有四種異：

　　　　❶執我當有　❷執我當決定有　❸執我當如是有　❹執我當變異有。

❸滅聖諦

	滅	靜	妙	離
1	諸蘊盡故	三火息故(三毒煩惱永斷)	無眾患故	脫眾災故(永離三界災患)
2	不續相續斷故	離三有為相故	勝義善故	極安隱故
3	流轉斷故	眾苦息故	更無上故 (唯涅槃最寂靜故)	不退轉故
4	為治解脫是無見故修	為治解脫是苦見故修	為治靜慮及等至樂是妙見故修	為治解脫是數退墮非永見故修

❹道聖諦

	道	理(如)	行	出
1	通行義故 (聖者應履行之途)	契正理故 (契合真如理)	正趣向故 (趣向涅槃)	能永超故 (出離生死苦患)
2	治邪道故	治不如故	趣入涅槃宮故	棄捨一切有故

3	如正道故	如實轉故	定能趣故	離永有故 (此道能至清淨故)
4	為治無道見故修	為治邪道見故修	為治餘道見故修	為治退道見故修

③《現觀莊嚴論》釋

　❶苦聖諦

　　無常相：因緣生故；　　　　　　　苦　相：隨煩惱業轉故；

　　空　相：無異體清淨之我故；　　　無我相：無自體之我故。

　❷集聖諦

　　因　相：苦之根本故；　　　　　　集　相：數數生苦故；

　　生　相：招猛利苦故；　　　　　　緣　相：與後生果作助緣故。

　❸滅聖諦

　　滅　相：斷除煩惱之離繫故；　　　靜　相：寂滅苦之離繫故；

　　妙　相：利樂自性之離繫故；　　　離　相：苦不再生之離繫故。

　❹道聖諦

　　道　相：趣解脫之道故；　　　　　理(如)相：對治煩惱之道故；

　　行　相：現證之體性不顛倒故；　　出　　相：能從根本拔除苦及煩惱故。

(4)世俗諦與勝義諦說

　　說一切有部以緣起因果是世俗法，而以諸行無我說勝義空。

　　赤銅鍱部是依涅槃的寂滅(煩惱永滅、六處永滅)而說勝義空。(《無礙解道》)

　　依世俗法與勝義，而安立世俗諦與勝義諦，又依四諦而明此二諦之安立。

　①四家說

　　《大毗婆沙論》列舉了四家二諦說。

	世俗諦	勝義諦	
1.	苦、集	滅、道	與說出世部相近(苦集是世間虛妄，滅道是出世間真實)
2.	苦、集、滅	道	滅諦是以譬喻施設的，而道諦是聖者自知，不可以世俗表示。 與說假部「聖道常住說」相通。
3.	四諦皆世俗施設	一切法空、非我理 (空非我中，諸世俗事絕施設。)	近似大乘空義，亦與一說部見解相近。
4.	四諦皆有世俗	四諦皆有勝義。 (十六行相)	苦諦中苦無常空無我理，集諦中因集生緣理，滅諦中滅靜妙離理，道諦中道如行出理，皆是勝義諦。 此為說一切有部之正義。

　　　3,4 皆以世俗事之施設為世俗諦，而勝義諦是絕諸施設(不可安立)的。

　②說一切有部之事理二諦說

　　　說一切有部以四諦事相是世俗諦，四諦十六行相(共相、理)是勝義諦。

　　　如實知四諦共相，能見道而向解脫。(此十六行相只限於四諦之共通義理，不通於四諦以外

（之通遍理性）

❶《大毗婆沙論》38，說：「諸法自性即是諸法自相，同類性是共相。」自性(svabhāva)是法之自體，在說一切有部中，與自相是相同的，但自相依相立名，自性是以相而知法自體的。自相是一法(物)所有，共相是通於多法的。如色是自相，色法的無常性通心心所等，故無常是共相。

❷如物近帝青寶，自相不現，皆同彼色，分別共相慧應知亦爾。如種種物遠帝青寶，青黃等色各別顯現，分別自相慧應知亦爾。又如日出時光明遍照，眾闇頓遣…如日出已，漸照眾物，牆壁竅隙，山巖幽藪皆悉顯現，此分別共相慧…自相慧應知亦爾。 《大毗婆沙論》42

❸

		苦諦	集諦	滅諦	道諦	
苦諦	苦行相	○	—	—	—	苦行相只通苦諦
	無常行相	○	○	—	○	無常行相通苦、集、道諦
	空行相	○	○	○	○	空無我行相通四諦一切法
	無我行相	○	○	○	○	
集諦	四行相	—	○	—	—	各諦各自四行相只通自諦
滅諦	四行相	—	—	○	—	
道諦	四行相	—	—	—	○	

*2 說一切有部之修行體系

三 賢 位	五停心位	不淨觀、慈悲觀、因緣觀、界分別觀、數息觀	
	別相念住	觀身受心法之自相共相	
	總相念住	總觀身受心法之無常苦空無我	
四善根位	煖 位 頂 位 下忍位	觀四諦十六行相	
	中忍位	於四諦十六行相減緣減行	(見參考資料 3-2)
	上忍位	唯觀欲界苦諦下隨一行相	
	世第一法位	四諦隨一行相重觀	
見 道	苦法智忍 苦法智	緣欲界苦聖諦四行相之現觀	斷欲界見苦所斷惑 證欲界見苦所斷惑
	苦類智忍 苦類智	緣上界苦聖諦四行相之現觀	斷上界見苦所斷惑 證上界見苦所斷惑
	集法智忍 集法智	緣欲界集聖諦四行相之現觀	斷欲界見集所斷惑 證欲界見集所斷惑
	集類智忍 集類智	緣上界集聖諦四行相之現觀	斷上界見集所斷惑 證上界見集所斷惑
	滅法智忍	緣欲界滅聖諦四行相之現觀	斷欲界見滅所斷惑

	滅法智		證欲界見滅所斷惑
	滅類智忍 滅類智	緣上界滅聖諦四行相之現觀	斷上界見滅所斷惑 證上界見滅所斷惑
	道法智忍 道法智	緣欲界道聖諦四行相之現觀	斷欲界見道所斷惑 證欲界見道所斷惑
	道類智忍 (道類智)	緣上界道聖諦四行相之現觀	斷上界見道所斷惑 證上界見道所斷惑
修　道	道類智 預流果	頓修八智十六行相	證見所斷惑
	一來向 一來果	八智數數修習	欲界六品修惑—斷、證
	不還向 不還果		斷上界修惑
	阿羅漢向		斷上界修惑
無　學　道	阿羅漢果	盡智、無生智	證一切煩惱之擇滅

(忍：信忍四諦理之智慧，以此慧斷煩惱是無間道。智：能證理的作用是解脫道。)

四善根位：修四諦十六行相，但仍在世俗階段，未能如實現觀，未斷煩惱。

見道：在苦法智忍生時進入正性離生、正性決定，得聖者名入見道位。苦法智忍無間生起苦法智，依序到第十五心道類智忍。未見之諦理今見，故名見道。

修道：在道類智忍前已全觀所有諦理，故在第十六心道類智生起時不名見道，而是修道位。於此位後更進一步修得預流果、一來果、不還果乃至最後證得阿羅漢果，此中都是修觀四諦十六行相，直到煩惱滅盡。

無學道：最後證阿羅漢果，得盡智、無生智。

說一切有部藉由如實知見四諦而斷除迷於四諦理之煩惱。見道十五心，時間很短，僅以十五剎那迅斷迷理的見惑，但修道之迷惑，不易斷除，需要長時間修行。

《俱舍論賢聖品》所說以四聖諦為中心之修道階段，也即是說一切有部之修行體系。此體系是依《轉法輪經》第三轉(證轉)逐漸開展而成。

*3 四諦現觀之頓漸

(1)四諦法為有情從凡入聖之關鍵

約有情生死流轉及涅槃還滅現象，如實了知：

①苦之實相；②集苦之因；③苦之可滅；④滅苦之道。

由此說明由世間走上出世間之過程。

(2)現觀 abhisamaya 是一種睿智的直覺能力，當下清晰明瞭地證知直理。指的是能觀的智與所觀的理契合為一之狀態，也就是現證或親證的意思。先經多聞、尋思、伺察、簡擇過程，再在正信及意志集中下審諦觀察，以達到現觀。(諦 satya 是審諦不倒(確實如此)，通常以如(tatha)來形容。)

現觀四諦，是以「蘊、處、界」為對象，觀諸法共相，即非常、苦、空、非我、厭、離欲、滅盡而得解脫。

現觀是對於四諦真相的一種直覺體驗，是入聖流的初始，是不共外道的佛法經驗。

(3) 《阿含經》之頓漸見

　①《雜阿含經》 435 經

　　「佛告長者：

　　　『此四聖諦漸次無間，非頓無間等**。…

　　　　若於苦聖諦未無間等，而欲於苦集聖諦、苦滅聖諦、苦滅道跡聖諦無間等者，無有是

　　　　處。』」

　　《雜阿含經》 397 經

　　「…若苦聖諦、苦集聖諦、苦滅聖諦無間等已，而欲苦滅道跡聖諦無間等者，斯有是處。」

　　總之，《雜阿含經》所說四諦現觀，是透過知、斷、證、修的漸次完成。

　　**(無間等)

　　　　1.南傳作「現觀」abhisamaya。(abhi 勝過、向，samaya 宗義、教義)

　　　　2.無間等 abhisamaya

　　　　(1)突破通達、洞察、現證。　　　(2)無間、修行、如實修行法。

　　　　相關詞如「得無間等果」、「為漸次無間等」、「正無間等」、「無間等法」。

　　　　3.無間雜等覺、現(對向)等覺、abhisamaya 轉向(對向)菩提。

　　　　(1)表示開悟過程。轉向解脫境(涅槃)。　　　(2)唯出世心能見。

　　　　(3)指見道，觀開悟之所緣(涅槃)即是現觀。

　　　　4.《俱舍論》22

　　　　「此現觀名為目何義？應知此目現等覺義。

　　　　　何緣說此唯是無漏？對向涅槃正覺境故。此覺真淨，故得正名。」

　　　　《大毘婆沙論》3

　　　　「有誦名入正性決定。謂見道位無漏相續，必無餘隔，故名決定。」

　②漢譯南傳《相應部》諦相應

　　〈轉法輪品〉對四諦有完整之詮釋。

　　❶〈拘利村品〉伽梵婆提第十：

　　　「見苦者，亦見苦集、亦見苦滅、亦見順苦滅道。」

　　　此中顯然有「頓見」之傾向。

　　❷〈深嶮品〉重閣堂第四

　　　「譬如作如是言：

　　　　『我尚未作重閣堂之下層，即欲建築其上層。』無有此理。…

　　　　『我對苦聖諦未如實現觀，對苦集聖諦未如實現觀，對苦滅聖諦未如實現觀，對順苦

　　　　　滅道聖諦未如實現觀，而作苦之邊際。』無有此理。」

　　　此為「漸見」之傾向。

　　《阿含經》中頓、漸二種說法都有提及，但到部派時期則形成二種強烈對立之說。

(4)部派時期之頓漸四諦

　①漸現觀四諦

　　❶說一切有部 《大毗婆沙論》

1.修道階位

(1)三賢位：五停心觀(不淨、慈悲、緣起、界差別、數息)

　　　　　別相念住(身、受、心、法)

　　　　　總相念住(總觀身受心法為無常苦空無我)

(2)四善根位：煖、頂、忍、世第一法。

　　　　　所修的觀法為四諦理。欲界四諦十六行相，色無色界四諦十六行相。

(3)見道位／修道位：經十六心剎那得八忍八智，前十五心為見道，第十六心屬修道。

　　　　　觀四諦十六行相，漸見四諦理、斷諸煩惱。

2.現觀次第

由於四諦性質不同，無法同時現觀。先觀苦，乃至最後觀道。(苦諦粗道諦細故)

在四諦十六行相加行中，漸次的減緣減行，由苦諦中的無常、苦、空、無我行相中一種入手，經世第一法位入正性離生。

「五取蘊合成苦諦，⋯思惟如是(諸蘊)共逼迫相，即是思惟苦及非常、空、非我相，亦即名為苦諦現觀。如是現觀，若對諸諦名自相觀，若對諸蘊名共相觀，⋯由對諸諦名自相觀，故於四諦不頓現觀。」《大毗婆沙論》78

「復次於一一諦尚不頓觀，況有一時頓觀四諦。謂現觀位先別觀欲界苦，後合觀色無色界苦。先別觀欲界集，後合觀色無色界集。先別觀欲界滅，後合觀色無色界滅。先別觀欲界道，後合觀色無色界道。故無頓觀四聖諦義。」《大毗婆沙論》78

「如契經說：⋯佛告居士：諸瑜伽師，於四聖諦定漸現觀，如漸登上四桄梯法。」《大毗婆沙論》103 (此中契經應為《雜阿含經》436 經等)

3.事理二諦說

四諦事相是世俗諦，四諦理(共相)是勝義諦。

苦諦有四行相：苦行相(限於苦諦)、無常行相(通苦、集、道諦)、空與無我行相(通四諦)集、滅、道諦亦各有四行相，但局限於自諦。

見行人修空三摩地，愛行人修無願三摩地，唯緣此二三摩地即能入正性離生。

而無相住者即是十五心之見道位。

別觀四諦理時，應先收縮其觀境，集中於體悟苦諦中流動演變的「諸行無常」。

及無我、作者、受者之「諸法無我」之後，通達滅諦中不生不滅之寂靜涅槃。

❷《俱舍論》

《俱舍論》完全接受說一切有部修道次第之傳承。

「詳諸現觀，總有三種，謂見、緣、事有差別故。」《俱舍論》23 分別賢聖品

見現觀：唯以無漏慧，於諸四諦的一一自相，如實的覺了現見。

緣現觀：無漏慧及慧相應心心所法，同一所緣，名之為緣現觀。

事現觀：諸相應法及餘俱有法，同一事業(功用)，名事現觀。

　　　　(餘俱有法，指的是道共戒及生住異滅四相等不相應行法。)

「若諸諦中的約見現觀(或緣現觀)說頓現觀，理必不然，以諸諦中行相別故。⋯若彼復謂見一諦時，於餘諦中得自在，故說頓現觀，理亦無失。」《俱舍論》23

有部以為：大眾部所說的頓現觀，僅是相當於事現觀，而非見現觀或緣現觀。見一諦時能得自在，就好像在觀苦諦時能生起(無漏的)道共戒，於其餘三諦亦同時能生起，這種說法是通的，但此等道共戒及生住異滅等不相應行法之生起，與見現觀或緣現觀如實覺了四諦一一自相，畢竟是不同的。而且四諦各自行相不一，不能說覺了一諦即等同覺了四諦。

要說於苦諦無有疑惑，即其餘三諦同時無有疑惑，應是指證入果位之聖者，非是在加行位的凡夫。

❸若以十五心言「頓現觀」，理應無失。從「因中說果」角度而言「頓現觀」，論師們是允許此一方便說的，但基本上否認在十五心之前的加行位中，可以有「頓現觀」的能力。「頓現觀」說法僅圍限於世第一法位以後的事。其背後主要是說「漸修」，而且唯以苦諦為下手處。

眾賢之《順正理論》亦採用世親相同之說法。

②頓現觀四諦

❶法藏部 dharmaguptaka

「薩婆多(說一切有部)及婆磋(犢子部)部說次第諦無間等；曇無得(法藏部)等說一無間等。…

說一無間等者，…如燈俱作四專：熱器、燒炷、油盡、破闇。

如是一智知苦乃至修道；是故一無間等。」《雜阿毗曇心論》11

法藏部說只要現觀四諦的任何一諦，便可同時現觀其餘三諦。但在四諦之中，明顯重視「滅諦」(涅槃之異名，指無為寂靜)。

「或復有說：唯無相三摩地能入正性離生，如達摩鴝多部(法藏部)說。彼說以無相三摩地，於涅槃起寂靜作意入正性離生。」《大毗婆沙論》184

法藏部說緣滅諦入正性離生見道，名為無相住者，「於一切相不復思惟，證無相心三摩地具足住」。

❷分別論者(vibhajyavadin)主張「若於苦諦能無有疑惑，於其他三諦亦無有疑惑」。其所說的「見滅得道」，主要是以聖涅槃為境界來修行。

初修以涅槃為所緣。若能使能觀智與所觀理(涅槃)統一的話，即可稱為見一滅諦(涅槃異名)而同時現觀其他三諦。見道後持續以涅槃為所緣，精進修習，最後必證不動心之阿羅漢果。

世冑(vasuvarman，與世親、眾賢同時代)所造《四諦論》：

「分別部說：此中說苦相即是苦諦，相生是煩惱，業即是集諦；相滅即是滅諦；是法能令心離相見無相即是道諦。若見無為法寂離生滅，四義一時成。異此無為寂靜是名苦諦，由除此故無為法寂靜是名集諦，無為法即是滅諦，能觀此寂靜及見無為，即是道諦。以是義故，四相雖別，得一時觀。」

(T32, P378a)

「我不說見苦諦即見餘諦，我說一時見四諦，一時離(苦)，一時除(集)，一時得(滅)，一時修道(故)，說餘非為無用。」(T32, P379a)

「云何一時而得並觀者？答：由想故。經中說修習無常想，拔除一切貪愛是想境界即是苦諦；一切貪愛即是集諦；拔除即是滅諦；無常想即是道諦。以是義故，雖四不同，一時得見。」(T32, P377c)

此中非是將四諦作為四類事理，各別去分別了解，而是從其實踐中離苦斷集證滅而統一於修道的。如火、日、燈、船喻。

「一時現觀四諦」，非以一諦之現觀而遍通其他三諦。

❸大眾系(大眾、一說、說出世、雞胤)說：

「以一剎那現觀邊智，遍知四諦諸相差別。」

此是現觀見諦以前之世第一法位，能一心觀四諦。以現觀前之世俗智引入現觀，在現觀那一剎那，同時完成差別相的觀察，藉般若現起之功能，消融四諦之差別相。

❹赤銅鍱部

《無礙解道》引經說四諦「是如，不離如，不異如。」

四諦依四行相(如、無我、諦、通達)、九行相、十二行相來同一所攝。其中以無我義來通於四諦，無我即空，從諸行空延展到一切空無我。

《解脫道論》12

初基時必須先對四諦作自相分別、思辨，然後才能頓見滅諦。

「性智無間次第，現知苦、現斷集、現作證成、現修道。…於一剎那以一智非初非後，分別四諦。」

《清淨道論》智見清淨

「於諦觀之時，在彼等(須陀洹道等)四智的一一剎那所說的遍知、捨斷、作證、修習等各各四種作用，而此等都應依他們的自性而知。古師說：譬如燈火，在非前非後的同一剎那而行四種作用，燃燒燈蕊、破除黑暗、發光、消油，如是道智亦於非前非後的同一剎那而現觀四諦。…以滅為所緣而得成就觀見及通達於四諦。」

主張在聖道現前時，是無相、不起、離、滅以涅槃為所緣而入，這樣的見滅得道，體證的是涅槃空寂。此中完全採納《無礙解道》、《解脫道論》頓現觀之思想。

❺《成實論》

主張「見滅得道」「一時見諦」。

其現觀次第，從一時見諦來說，同於大眾及分別說者，然修行過程，實融攝了說一切有部的漸入思想。

體見諸法寂滅性，達到離愛無欲才是真正的得道，這本是《阿含經》以來共傳之思想，不過在論理上經過大眾分別說系等之發揮才能有此大的發展。真正見道，必須通達空寂不滅的涅槃理體。先對四諦深入的分別思辨，然後集中觀境在一滅諦上，一旦生起如實智，正觀諸行無常諸法無我等，才是契入真理。

空義就是滅，見滅得道是對於空義賦予直覺經驗之根據。

(5)初期大乘之現觀思想

初期大乘特別重視涅槃空寂之頓入。見滅得道與大乘佛法之無生法忍相通。無生法忍體現「觀一切法空而不證實際」。雖有「有滅涅槃」的知見，但無實際果位的一類聖者，即是「忍而不

證」的菩薩特色。學空不證空的菩薩，是不盡煩惱，不作究竟想，不入滅盡定及不取證涅槃的。(忍是無間道，表示知而不是證入。)

《般若經》在現觀四諦前，必先對四諦法相作分別依次學習，此點與說一切有部論書一致，其差別在於反對「法體恆存，三世實有」而提出一切法空觀之思想。

「通達四聖諦，知苦不生緣苦心，乃至知道不生緣道心。但順阿耨多羅三藐三菩提心，觀諸法如實相。世尊！云何觀諸法如實相？佛言：觀諸法空。世尊！何等空觀？佛言：自相空。是菩薩用如是智慧觀一切法空，無法性可見，住是性中，得阿耨多羅三藐三菩提。」《大般若經第二會》 477 佛法品

①諸法平等性

「爾時觀一切法平等，平等無性為性，以一剎那相應般若，證得無上正等菩提，謂如實知是苦聖諦，是集聖諦，是滅聖諦，是道聖諦，皆同一相，所謂無相。」《大般若經第二會》 465

《般若經》站在法不生滅的涅槃境界，說諸法皆同一相，所謂無相。這種平等觀，不僅無眾生、無業因緣、無果報，更通達四諦皆是緣起，空無白性，不離有為而說無為。

菩薩應學習對四諦法相分別的基礎，透過法性空如實觀察，一旦如實智生起，則能了達諸法之無性、無相。對於四諦之差別也能夠同時消融，呈現出一切法的平等性。

《般若經》繼承「見滅得道」思想，很明顯是受了大眾分別說部系的影響。

②頓入寂滅

《大智度論》很具體的說菩薩是頓入寂滅法之聖者。

❶(卷35)

「問曰：諸賢聖智慧，皆緣四諦生，何以但說滅諦？

答曰：四諦中，滅諦為上，所以者何？是三諦皆屬滅故。」

(卷94)

「四諦平等即是滅，不用苦諦滅乃至道諦滅。

何以故？是苦等四法皆從緣生，虛妄不實，無有自性。」

❷(卷54)

「聲聞人智力薄故，初始不能觀五眾若遠離、若寂滅等，但能觀無常等，如第三諦，乃能觀寂滅。

菩薩利根故，初觀五眾，便得寂滅相。用無所得者，常用無所得空慧觀諸法相。…般若相者，不離五眾有涅槃，不離涅槃有五眾，五眾實相即是涅槃。是故初發心鈍根者，先用無常等觀，然後觀五眾寂滅等；十二因緣亦如是。」

(卷86)

「聲聞人以四諦得道，菩薩以一諦入道。佛說四諦皆是一諦，分別故有四。…聲聞、辟支佛智慧，觀色等五眾生滅，心厭，離欲，得解脫。菩薩以大福德智慧觀生滅時心不怖畏，一菩薩捨生滅觀，入不生不滅中。」

龍樹此中所說之聲聞人，是指說一切有部系者，並非破斥佛說阿含之聲聞。「初觀五眾便得寂滅相」，似與大眾部「一剎那心了一切法，一剎那心相應般若知一切法」相似，

但實不同。大乘說「世間即涅槃」之深智，與利根菩薩之「大方便力」及「不捨眾生之悲願」，都比大眾部「見滅得道」更殊勝。

❸(卷 94)

「知是四諦藥病相對，亦不著是四諦，但觀諸法如實相，不作四種分別觀。須菩提問：云何如實觀諸法？佛言：觀空。」

龍樹以「觀空」(無自性)思想，將四諦差別作一平等的觀察。此時一諦現觀不生不滅法的菩薩，正式登上不退轉地。

❹隨根性不同有別

龍樹說眾生因根性利鈍不同，或宿世善根福德因緣不同，未必每個眾生皆須漸修四諦方能獲得現觀。

「如聞說一諦而成道果，或聞二三四諦而得道果。有人於苦諦多惑故，為說苦諦而得道，餘三諦亦如是。或有都惑四諦故，為說四諦而得道。如佛語比丘：汝若能斷貪欲，我保汝得阿那含道。若斷貪欲，當知恚痴亦斷。」《大智度論》18

❺三三昧皆能入正性離生

龍樹認為「空」「無相」「無願」三摩地，三者文異而義同，三者皆能入正性離生。

「是三解脫門，摩訶衍中是一法，以行因緣故，說有三種。觀諸法空是名空，於空中不可取相，是時空轉名無相，無相中不應有所作為三界生，是時無相轉名無作。譬如城有三門，一人身不得一時從三門入，若入則從一門。」《大智度論》20

三三昧通世出世間，若以無漏而言，三三昧稱為三解脫門。見多眾生修空解脫門，愛多者修無作解脫門，愛見等分者修無相解脫門三三昧皆能入見道。若能從一切法如如不異(不生不滅)去觀察無常、空、無我的是少數利根深智者所能趣入的。

初期大乘之現觀思想，雖與大眾分別說系的頓現觀相似，但從「一切法空」「一切法無自性」來看，彼此間還是有不同之處，尤其菩薩的深智廣行是聲聞人所不能比的。

*4 何謂般若波羅蜜？云何應學？

(此答天帝釋所問三義之第一問、第三問)

(1)空觀慧 (以無所得觀四諦十六行相)

若菩薩發一切智智相應心，以無所得為方便觀諸法，是謂般若波羅蜜。

①觀苦諦集諦

❶發一切智智相應心，以無所得為方便觀五蘊無常等，是謂般若波羅蜜。

　1.觀色無常、苦、無我、空、

　2.觀色如病、如癰、如箭、如瘡、

　3.觀色熱惱、逼切、敗壞、衰朽、變動、速滅、

　　　　可畏、可厭、有災、有橫、有疫、有癘、

　　　　不安隱、不可保信。

《雜阿含經》中呵五蘊有百種罪過，此處略舉二十二。

於十二處、十八界、觸、受、六種亦復如是。(此為三乘所共行)

❷根之利鈍與凡聖差別

此中為利根人說前四事，即入苦諦；而於中根人，但說四不能生厭心，要說如病等，具說八事，則生厭心；鈍根人雖聞是八事，猶不生厭，更為說熱惱逼切等，然後乃厭。觀此等事為三乘所共行。

前八事多為聖所行，餘事則是凡、聖共行。前四入四諦十六行相中。

②觀滅諦

若菩薩發一切智智相應心，以無所得為方便觀五蘊寂靜等，是謂般若波羅蜜。

行者但為般若波羅蜜故，

　　觀五蘊等寂靜、遠離、

　　　　　　無生、無滅、無染、無淨、無作、無為。

　　觀十二處、十八界、觸、受、六種亦復如是。(此為大乘不共行)

❶菩薩以無所得空慧觀諸法相，但說般若相，不問五蘊罪過事。雖不說五蘊諸事，但五蘊實相即是涅槃，不離五蘊有涅槃，不離涅槃有五蘊。

❷初發心、鈍根者，先用無常等觀，然後觀五蘊寂靜等。若是利根菩薩，初觀五蘊，便得寂靜相。聲聞人智力薄故，初始不能觀五蘊若寂靜、若遠離等，但能觀無常等，要入第三滅諦乃能觀寂靜。

③觀道諦

❶觀十二因緣

若菩薩發一切智智相應心，以無所得為方便，觀十二因緣之流轉與還滅，是謂般若波羅蜜。

　1.流轉：觀無明緣行，生緣老死乃至純大苦蘊集。

　2.還滅：觀無明滅故行滅，生滅故老死乃至純大苦蘊滅。

❷修三乘共法乃至諸佛功德

　1.若菩薩發一切智智相應心，以無所得為方便，

　　安住：(1)內空乃至無性自性空；　　　　(2)真如乃至安隱界等。

　　修行：(1)三十七道品；　　(2)三解脫門；　　(3)佛十力乃至十八佛不共法；

　　　　　(4)一切三摩地門、陀羅尼門；　(5)一切智、道相智、一切相智。

　　是謂般若波羅蜜。

　　(三十七道品雖是三乘共法，能發一切智智相應心，以無所得為方便，則是般若波羅蜜相。)

　2.行六波羅蜜

　　　若菩薩發一切智智相應心，以無所得為方便，修行六波羅蜜，是謂般若波羅蜜。

❸觀諸法更互因緣增長而無我無我所

菩薩行般若波羅蜜時，作如是觀：

「唯有諸法共相因緣互相增長，分別校計，於中無我、無我所。」

　1.諸法無常畢竟空而因緣有

　　先說諸法無常等過，再說諸法寂靜等，次說諸法雖空，從因緣和合故有，後說三十七道品乃至十八佛不共法行佛道。

2.諸法空，無有作者，從因緣故令果報增長

　諸法寂滅，誰能修行如是法得佛菩提？

　諸法空，無我無有情，而從因緣故，有四大六識，此十法各各有力，能生、能起、能；有所作，如地能持，水能爛，火能消，風能迴轉，識能分別。

　此十法各有所作，有情顛倒，謂是人作、我作；如皮骨和合故有語聲，謂為人語。如火燒乾竹林，出大音聲，此中無有作者；又如木人、幻人、化人，雖能動作，無有作者，此十法亦如是。

　常修常集前生法、後生法因緣，或共生因緣、或相應因緣、或報因緣，能令果報增長，如春植果樹，隨時灌溉，能令花果繁茂。

　以智慧分別，知此中諸法實無有作者。

(2)觀初迴向心與菩提心不相合不相在

　①不以世諦說

　　發心迴向能作菩提心因緣。

　　　初發心迴向時未有菩提心，菩提心中亦未有迴向心，雖無，但能作因緣。

　　(問)若初發心迴向時無有菩提心者，何所迴向？

　　(答)世諦如幻如夢，不應以世諦說而問難：

　　　❶迴向心已滅無所有，云何與菩提作因？

　　　　(以諸法非常非無常，非有相非無相，故不應作是難。)

　　　❷無菩提心，何所迴向？

　　　　(以諸法非生滅非不生滅，云何以不生不滅而作難？)

　　　❸未來無菩提故，何所迴向？

　　　　(菩提相非過去、非未來、非現在，云何有此問難？)

　　　❹菩提心不在迴向心中，迴向心不在菩提心中。

　　　　(過去世不離未來世，未來世不離過去世，過去世如、未來世如，一如無二。故不說菩提心、迴向心互不相在。)

　　菩薩從發心已來乃至佛道，修諸功德，皆迴向佛道不休不息，用如幻如夢無所得故，能知諸法因緣生果報而無有定相，是謂菩薩般若波羅蜜。

　②勝義諦說

　　(問)何以故迴向心不在菩提心中，菩提心不在迴向心？

　　(答)若以勝義諦說；「迴向心、菩提心皆空，非心相。」

　　　❶諸法畢竟空中，無是心、非心。如是法，云何可有迴向？

　　　　若有二法，可有迴向，如乘車西行，南有止宿處，故迴車趣向。車與迴向處異故，可有迴向；不能但有車而言迴向，無異故。

　　　❷心相如常住，不生不滅，不垢不淨等。以非心相故非心，亦無是非心，是故說「不可思議」。「不可思議」常不可籌量思惟取相。

　③諸法緣起性空，空有無礙

　　以是因緣故，無上菩提所因心似果，不似則不能生。若初心不淨，後不能發淨心，如鍊鐵

不能成金。

(3)佛讚所說

    ①佛讚善現說法

        ❶佛讚善現雖是小乘人，而能深得諸法因緣，能善說深般若波羅蜜。

        ❷莫以煩惱未盡，未成佛道而懈廢。諸法無礙，初心後心無有異相，但勤精進，則成佛道。

    ②善現知恩報恩

        ❶報法恩：念法大恩，行此諸法實相，得脫老病死苦。

        ❷報佛恩：我以佛恩故得道，助佛說法度有情，是為報恩。

        ❸報三寶恩

          世尊因過去諸佛、菩薩及弟子而得成道，故我亦愛敬。

          善現深信三寶，故說：「我知今世尊及法，過去諸佛及弟子恩。」

    ③善現以四事莊嚴說法

        ❶示現：示人善不善，應行不應行，分別三乘，分別六波羅蜜。

        ❷教導：教人捨惡行善。

        ❸讚勵：未得善法味者心退沒，引導令出，今雖勤苦，果報出時，大得利益。

        ❹慶喜：隨喜讚歎所行。

*5 云何應住般若波羅蜜中？

  菩薩於般若波羅蜜都無所住亦非不住。

(1)應如是住

    (通達諸法勝義空，通達空性與諸法無分別，此通達慧所攝持之加行道，即是煖位。)

    ①五蘊空與菩薩空無二無別

        ❶以十八空觀五蘊空、菩薩空皆無二無別。

        ❷人法二空無二無別

          凡夫顛倒故，取五蘊相(法相)，五蘊和合中取菩薩相(人相)。

          般若波羅蜜中，以法空除五蘊，無五蘊相，以有情空除有情，即是無菩薩相。

          二空無有別異，故說五蘊空、菩薩空無二無別。如栴檀火滅、糞草木火滅，滅法無異。

          若取未滅時相於滅時說，故有別異，於滅中則無異。

    ②處、界、種、因緣、波羅蜜空，乃至三乘三乘果空、一切相智等空、菩薩空，如是一切皆

      無二無別，

    菩薩摩訶薩般若波羅蜜中應如是住。

(2)所不應住

    (通達色等諸法勝義無所得，此通達慧所攝持之加行道，即是頂位。)

    ①不應住五蘊乃至一切相智

      不應住色、不應住此是色，如是乃至不應住一切相智、不應住此是一切相智。

        如是住者，則應諸法有所得，故不應住。

        應離諸法而不住，而如前說住於諸法諸法空、菩薩菩薩空無二無別。

    (通達色等諸法勝義中不住常無常等理，此慧所攝持之加行道，即是忍位。)

②不應住五蘊等諸法之常無常等

應以何門說不應住色等諸法？

不應住於色等諸法之

❶常或無常；　　❷樂或苦；　　❸我或無我；　　❹淨或不淨；

❺空或不空；　　❻寂靜或不寂靜；　　❼遠離或不遠離。

如是住者，則於諸法(性)有所得，故不應住。

③不應住三乘果相及其福田

❶不應住三乘果相

三乘果如預流果乃至阿羅漢果、獨覺菩提、諸佛無上菩提，若有為所顯，若無為所顯。

1.若有為相，有為相虛誑無實，不應住。

2.若無為相，則無法可著，何所著？何所取？

菩薩先觀諸法空無所有，心退沒，欲取涅槃，此涅槃即是無為相。故說不應住預流果無為相，乃至阿羅漢果、獨覺菩提、諸佛無上菩提等無為相。

❷不應住三乘福田

1.三乘福田不應住

菩薩行道應求福田，以福田因緣功德故，所願得滿。

佛說：「餘田果報有量，賢聖田無量，果報亦無量。」菩薩聞是說，便欲作預流。以是故說：「預流福田不應住，乃至獨覺福田不應住。」

2.如來福田不應住

以平等法性故，二乘福田不住，如來福田亦不住。

以空無所有故，一切處皆不應住。

應以等心布施，若分別福田，則破大悲，亦破三輪清淨布施。

如是住者有所得，於三乘果相及福田有所得，故不應住。

(通達十地等勝義無所住如經廣說，此慧所攝持之加行道，即是世第一法。)

④不住於菩薩初地乃至十地

❶不住初地

1.若不捨初地，則不得二地等，故不住。

2.如是住者，著心取相有動轉，有所得，故不住。

❷如是第二地乃至第十地亦如是。

⑤不住念諸道法、嚴土熟生、成辦功德及所證果位

❶不應住念我當修道得神通

若住此念即是有所得，不應住。

1.應破計我邪見取相心住，但不破清淨住(無所得行道)。

2.為斷法愛故，不應住。

3.不違佛說「畢竟空」，不應住。

若以不著心之方便，憐愍有情，雖住無咎。

❷不應住念嚴土熟生、成辦功德

若住念嚴土熟生、所成辦之五眼、如來十力及相好等，即是有所得，不應住。

❸不應住念所證三乘果位

不應住此是第八補特伽羅乃至此是阿羅漢，不應住此是獨覺，此是如來應正等覺。(參考第二義 2.3.3)

聲聞果位：

1.第八：見諦道中隨信行、隨法行。（預流向）

2.預流：極七世生。

(1)家家：三世生，三世生已入涅槃。

(2)中間：除家家，餘中間入涅槃。

(3)齊首：今世壽盡煩惱盡，得阿羅漢。

住六無礙、五解脫中者，皆是預流、一來向。

3.一來

斷欲界六種結，從天上來生人間入涅槃。

4.不還

(1)不還向

斷欲界第七分結(斷第八分結者亦名不還向)。又名「種子不還」(一間)，此間死，彼間生，入涅槃。

(2)不還

能斷欲界一切結使，此間死，生色無色界，入涅槃，更不復生。

①現法：今世滅不還；　　　　　②中般：中陰滅不還；

③生般：即生時入涅槃；　　　　④有行般：生已修起諸行入涅槃；

⑤無行般：不勤求諸行入涅槃；

⑥往色究竟天：上行至色究竟天(全超、半超、遍沒)；

⑦往有頂者：生無色界入涅槃；　⑧身證：得身證入涅槃(阿羅漢向)。

5.阿羅漢

有九種，漏盡捨身時入無餘涅槃。

退法阿羅漢、不退法阿羅漢、死法阿羅漢、護法阿羅漢、住法阿羅漢、勝進法阿羅漢、不壞法阿羅漢、慧解脫阿羅漢、俱解脫阿羅漢。

⑥不住念所當證及所得勝事

不住、不作是念：

❶我過聲聞地獨覺地住菩薩地，我當具足一切智、道相智、一切相智，知一切法。我當斷一切煩惱習氣；我當證菩提成佛轉妙法輪。

❷我當善修四神足，以等持力住如殑伽沙劫壽。我當得壽量無邊。

❸我當成就三十二相、八十種好，我當安住嚴淨土、安坐金剛座；我當居止大菩提樹，有情聞此菩提樹香，無有貪瞋病，亦無二乘心，當得無上菩提；有情聞香身病、意病皆悉除盡。

如是住者有所得故。

⑦不住念於五蘊乃至於諸佛功德名聲

　❶不應住作是念：

　　我當得嚴淨佛土，其土清淨。

　　此佛土中，

　　　1.無有蘊處界名、無有六界名、無有十二因緣名；唯有六波羅蜜名、十八空名、真如等
　　　名、四念住乃至十八佛不共法名。

　　　2.無有預流、一來、不還、阿羅漢、獨覺、異生名；唯有菩薩、如來名。

　❷有佛土，樹木、虛空常出諸法實相之音，演說諸法不生不滅、不染不淨、空無相無願等。
　　有情聞之自然得無生法忍。

　　如是佛土中，不須分別說諸法名字，所謂五蘊乃至諸佛等。如是佛土中，有情皆有三十
　　二相、八十種好莊嚴身，無量光明，一種道，一種果。

　❸若生如是佛土，易生高心，以是故不應取相住。

⑧不住因緣

　一切如來證得無上菩提時，覺一切法都無所有；一切菩薩摩訶薩住不退轉地時，亦見諸法
　都無所有。諸法不得定實相故，當何所住！

*6 隨住不住相無所得而學

　若於一切法不應住者，云何應住般若波羅蜜？

　諸佛心於一切法中無所住，所謂色乃至一切相智；菩薩亦應如是學，用無所住心行般若波羅
　蜜。

　如諸佛無所住心中亦不住、非不住心中亦不住，畢竟清淨故。諸菩薩亦應隨佛住，畢竟清淨
　故，諸菩薩亦應隨佛學。

參考資料 12-1

《轉法輪經》如來所說(一)　《相應部諦相應 12》轉法輪品
取自性空法師釋文

如是我聞。一時，世尊住波羅奈國仙人墮處鹿野苑。

爾時，世尊告五比丘：「諸比丘！出家者不可從事於二邊。以何為二邊耶？」

以愛欲貪著為事者，乃下劣、卑賤、凡夫、非聖賢、無義相應。以自我苦行為事者，為苦、非聖賢、無義相應。諸比丘！如來捨此二邊，依中道現等覺。以此資於眼生、智生、寂靜、證智、等覺、涅槃。

諸比丘！云何如來能於中道現等覺，資於眼生、智生、寂靜、證智、等覺、涅槃？謂八支聖道是。即：正見、正思惟、正語、正業、正命、正精進、正念、正定。諸比丘！此是如來現等覺之中道，資於眼生、智生、寂靜、證智、等覺、涅槃。

諸比丘！苦聖諦者，即：生苦、老苦、病苦、死苦、愁悲憂惱苦、怨憎會苦、愛別離苦、求不得苦。略說為五取蘊苦。

諸比丘！苦集諦者，即：渴愛引導再生、伴隨喜貪、隨處歡喜之渴愛，謂：欲愛、有愛、無有愛。

諸比丘！苦滅聖諦者，即：於此渴愛息滅無餘、捨棄、遣離、解脫、無著。

諸比丘！順苦滅道聖諦者，所謂八正道。即：正見、正思惟、正語、正業、正命、正精進、正念、正定。

諸比丘！苦聖諦者，即是此，是前所未聞之法，我眼生、智生、慧生、明生、光明生。諸比丘！對此苦聖諦應遍知，諸比丘！已遍知，於前所未聞之法，我眼生乃至光明生。

諸比丘！苦集聖諦者，即是此，是前所未聞之法，我眼生、智生、慧生、明生、光明生。諸比丘！對此苦集聖諦應斷除，諸比丘！已斷除，於前所未聞之法，我眼生、智生乃至光明生。

諸比丘！苦滅聖諦者，即是此，是前所未聞之法，我眼生、智生、慧生、明生、光明生。諸比丘！對此苦滅聖諦應現證，諸比丘！已現證，於前所未聞之法，我眼生乃至光明生。

諸比丘！順苦滅道聖諦者，即是此，前所未聞之法，我眼生、智生、慧生、明生、光明生。諸比丘！對此順苦滅道聖諦應修習，諸比丘！已修習，於前所未聞之法，我眼生乃至光明生。

諸比丘！我於四聖諦以如是三轉十二行相之如實智見未達悉皆清淨時，諸比丘！我則不於天、魔、梵、沙門、婆羅門、人、天眾生中，宣稱證得無上正等現等覺。

諸比丘！然而我於此四聖諦，如是三轉十二行相之如實智見達悉皆清淨故，諸比丘！我於天、魔、梵、沙門、婆羅門、人、天眾生中，宣稱證得無上正等現等覺。又，得生智與見，心解脫不動，此為我最後生，不受後有。

世尊如是說已，五比丘歡喜、信受於世尊之所說。具壽憍陳如生遠塵離垢之法眼，了知：有集法者，皆有滅法。

世尊轉如是法輪時，地居之諸天發聲言：世尊如是於波羅奈國仙人墮處鹿野苑，轉無上之法輪，沙門、婆羅門、天、魔、梵或世間之任何者，皆不能覆。

聞得地居諸天音聲之四大天王諸天，發聲言：世尊如是於波羅奈國仙人墮處鹿野苑，轉無上之法輪，沙門、婆羅門、天、魔、梵或世間之任何者，皆不能覆。

聞得四大天王諸天音聲忉利諸天、焰摩諸天、兜率諸天、化樂諸天、他化自在諸天、梵天諸天發聲言：世尊如是於波羅奈國仙人墮處鹿野苑，轉無上之法輪，沙門、婆羅門、天、魔、梵或世間之任何者，皆不能覆。

如是於其剎那，須臾之間，諸天梵世普聞其聲。又，此十千世界地湧震動，現起無量廣大，超越諸天威神之光明。

是時，世尊稱讚言：憍陳如悟矣，憍陳如悟矣！因此即名具壽憍陳如，為阿若憍陳如。

[1]中道

《轉法輪經》先提出離苦樂兩邊之中道，而後開示四聖諦。

1.中道行

「以愛欲貪著為事者，乃下劣、卑賤、凡夫、非聖賢、無義相應。

以自我苦行為事者，為苦、非聖賢、無義相應。諸比丘！如來捨此二邊，依中道現等覺。以此資於眼生、智生、寂靜、證智、等覺、涅槃。」

(1)中道行

享樂五欲及自我苦行二邊，不能利益我們實現善道，也不能利益我們離開惡法，皆為無義之事。

修行時捨苦樂二邊，以中道而行，實現道，不再有五種見(身見、邊見、邪見、見取見、戒禁取見)。中道行為如來覺悟的第一內容。

(2)眼生：唯有中道才能引生法眼、慧眼，透視四聖諦。

智生：唯有中道才能產生了知四聖諦之智慧。

寂靜：唯有中道能生正定，息苦證滅，實現真正的寂靜。

證智：中道能讓我們證知四聖諦。

等覺：生起了知四聖諦之聖道智。(有中道才能有真實而平等之開悟)

涅槃：藉中道引導走向涅槃。(煩惱止息究竟安樂境界)

2.中道之具體內容－八支聖道

(1)實踐的中道

解脫苦靠中道，中道的內容是八正道，此八正道不能和道心(涅槃為目標之出世善心)分開。唯有在出世間道心中八正道才能同時出現。

①正見：包括世間正見(對因果業報之見解)和出世正見(緣起中道正見，包括無常苦無我及四諦)。

②正思惟：以尋深入思惟洞察四聖諦。

③正語、正業、正命

此三屬律儀。

律儀有三種：❶自然律儀；❷受戒律儀；❸道共戒律儀(與無漏心、道心共者)。

④正精進：是道及正定之資糧。

⑤正念：不忘四聖諦，使想穩定在四聖諦上即是正念之因緣。

⑥正定

正定有二種。

❶概念的正定：依修行之所緣(如地遍、安般等)來實現定。

❷依相的正定：依自相或共相，能看到剎那剎那生滅，體驗無常苦無我。道心也是依相的正定，其所緣是出世法，可以如

實現四聖諦，正斷煩惱，體證涅槃。

從生活上深切反省體驗切身之煩惱，朝向清淨、祥和、智慧，即是「中道」，這是實踐的中道。

(2)緣起中道

緣起中道是就能否看到世間真實相來說，解脫最重要的條件是「照見真實」。若能用緣起中道的智慧，洞察事物無常生滅的真相，就沒有「有見」和「無見」的偏見，沒有一個不變的「我」存在。隨順緣起如實觀世間，不執不取，對苦的生起與消滅，也如實觀察，如此便能產生親證的智慧。

實踐的中道就是八正道，緣起中道是十二支緣起，描述生命的解脫與輪迴。順著緣起看世間，可以看到世間生滅的真實情況，而能夠如實觀察世間，便是走上解脫之路。

(3)中道與四聖諦

實踐八正道開法眼，產生如實觀之智慧，能夠看清楚世間真實相。看清無常苦迫，明白苦聖諦；看清生滅因緣，了解集聖諦；繼而成就聖道諦證入滅聖諦。四聖諦包含修行的開端、中端、末端，也包括二種中道。八支聖道有世間和出世間之分別。四諦現觀次第是苦、集、滅、道，但在道心中並無次第，四聖諦能在同一心中生起，八聖道也能同時出現於一心，因為道心是五根(信、進、念、定、慧)平衡，且同以一個目標為所緣。依此投入四聖諦修行，成就戒定慧三學。

[2]廣說四聖諦

1.苦聖諦

「諸比丘！苦聖諦者，即：生苦、老苦、病苦、死苦、愁悲憂惱苦、怨憎會苦、愛別離苦、求不得苦。略說為五取蘊苦。」

《俱舍論》以良醫先知病、病因、病之痊癒以及病之治療譬喻苦集滅道四聖諦。

聖人了知聖諦，了知一切苦樂、一切受猶如虛空，皆不執取。

佛陀依不同道理，方便說受有二受、三受、六受、十八受、三十六受乃至一百零八種受，告知眾生不要執著。

修行者要捨受才能成道。離開欲界粗劣受，才能成就初禪之離生喜樂受。離開粗劣的初禪受，才能成就二禪之定生喜樂。離開粗劣的二禪受，才能成就三禪之離喜妙樂。同樣地，離開粗劣的三禪受，才能成就四禪的捨念

清淨。入無色定，雖同樣是捨受，但都是捨離下地粗受成就較細之上地定。如能成就觀禪，修禪定自在，就能實現滅盡定，完全沒有受。佛陀以不同之受方便引導修行者遠離執著。若對受有深刻了解，則能知苦諦，一切苦、樂、不苦不樂受，猶如虛空無有自性。不僅不執於受、於色、想、行、識亦如是。

對於苦如實地認知它。「此是苦」，而不是「我受苦」。只是看著身心所感受之苦，並把它視為「苦」，而不要習慣的對它起反應。因為只有呈顯苦的生滅現象，而無受苦的「人」。如果我們起反應，即是種苦因，那我們的苦就會連續不斷再發生。「我吃了很多苦，我為什麼要受這種苦，我不想再受苦了。」這是「我苦諦」，不是「苦聖諦」。

(1)八苦/三苦

　①八苦

　　❶生；　　　　❷老；　　　　❸病；　　　　❹死；
　　❺愁悲苦憂惱；❻怨憎會；　　❼愛別離；　　❽求不得。

　　　生是苦。離開母胎是此身的開端是生，剎那剎那生滅也是生。
　　　老乃至求不得都是身心相續中看到的苦，不僅看到自己也看別人的苦。

　　究竟的苦是五取蘊，上述八苦之說明是為了讓我們了解五取蘊。

　　　佛不說五蘊是苦，而說五取蘊是苦。

　　　五蘊就是我們的世界。因有多次連續的愛，產生強烈的取，執著在五蘊上，生出無邊痛苦。既生則無法避免老病死，若有智慧能看到剎那剎那變化的苦，能不執著這些連續壞滅的過程，便不會有愁悲苦憂惱及怨憎會、愛別離、求不得等苦。(《中阿含經‧分別聖諦經》八苦為生、老、病、死、愛別離、怨增會、求不得、五盛陰苦。)

　②三苦

　　❶苦苦(於不可意境，產生逼惱身心之苦)；
　　❷壞苦(可意境壞滅所起逼惱身心之苦)？
　　❸行苦(指無常之苦，一切有為法因緣生滅，遷流變化逼惱之苦)。

(2)五取蘊是存在的因

　無常是苦，五蘊之變化就是無常。眾生執著無常、執有五蘊故都有苦。若能實現見道，看到解脫境界，就能以無漏清淨法眼來了解苦。若能見苦之真諦就能見集、滅、道之真諦。

　佛、獨覺、阿羅漢有身，有身苦，但由於徹底了解中道，故無心苦。

聲聞、菩薩見道後，還有微細的愛，有取便會生苦，心苦仍在。

愛是取的因，有取就有五取蘊，五取蘊是我們存在的原因。

阿羅漢、佛雖有蘊，但無取蘊(由於沒有愛，故無取無執著)，故雖有現在的存在，不再有未來存在的因緣。

(3)無常之苦為存在之真相

連續不斷地無常就是我們現在存在的真實經驗。凡夫不知此真相，唯有聖人能知。這個無常逼迫稱之為苦，在這個不斷生滅的逼迫中心，就是我們存在的漩渦，也是我們解脫或輪迴癥結的所在，也就是我們的心。能看到這個癥結必須有清淨眼。憍陳如實現見道時，深入了解存在的漩渦，因此他的心轉向解脫，看到沒有存在漩渦的解脫境界。

心是存在漩渦之中心，就是我們存在的種子。心若有執著，即是有其依存的田，而有輪迴，如同種子有依存的田而發芽成長。心依存的田是「行」。有輪迴的心存在的緣就是行。輪迴心是緣起法，它的緣是色、受、想、行等其他諸蘊。心不能自己存在，要靠它的「行」田。心是剎那剎那生滅，它不斷受無常之逼迫。其他色受想行諸蘊也隨著心不斷受到生滅之壓迫。在這存在漩渦裡，所有的法都和心一起生起，也不斷地受到生滅之逼迫。了解這個道理，才能真正了解苦諦。(行有三義：1.指因緣生之有為法；2.業行等；3.思心所及除受想以外之心所。)

(4)離苦之方法

「苦」是我們的共業，過去、現在受苦，未來也會繼續受苦。有沒有共通的理則，指引我們朝向「離苦」的彼岸？

①修定不能究竟解脫

古印度修行人相信心若有境界，就一定會受苦。心自在成為主人，不受外境影響(沒有境界)，就能解脫。要實現解脫一定要修定。佛陀開悟前雖學深定，但了解出定後煩惱仍舊現起，不能去除心中所有微細的煩惱種子，不能藉由禪定而得究竟解脫。

②無我中道

佛開悟實現中道時，知道如何完全斷除煩惱的種子。佛實現苦諦，發現五取蘊裡沒有主人。若有主人的概念，都是心的苦、縛、漏、憂、結。若要真正解脫，就要完全去掉主人的概念，體證無我的真義。如此才能了解真正的苦諦，斷真正的集諦，實現真正的滅諦，修真正的道諦，實現中道的內容。

③行中道以徹知四聖諦

有中道才能體證無我，才能對四諦真正了解，才能成就道。要先了解
苦諦才能了解集諦、滅諦、道諦。四聖諦之了解是不能分開的，但唯
有在見道時，才能真正清楚看到苦集滅道四聖諦，同時出現在一個心
的過程中。沒有見道，不能真正看見解脫的所緣，也就不能洞察四諦
彼此之關係。當見道看到四諦同時現起，就不可能有我、主人之概念，
這才是真正的解脫。

現觀之過程是了解四諦的過程，沒有我的概念，心才能實現解脫境界，
沒有任何主人概念，就能遠離所有之限制，遠離苦、樂行二邊，究竟
出離苦。

(5)結說苦聖諦

在苦諦裡，所有世界經驗都在五蘊境界中，一切的所緣、一切的心都屬
於五蘊，在五蘊裡不管什麼經驗，都是苦諦。沒有五蘊的境界，才會有
真的解脫。在五蘊裡，一切都是無常的經驗，不管我們生起什麼色受想
行識，都包含在無常之苦中，如要超越無常，必須超越五蘊的境界。

苦不是連續不斷地受到苦受，而是指連續不斷地受無常苦的逼迫，如果
有我、主人的概念，就無法離開無常的逼迫。唯有實現中道，沒有我的
觀念，才能了解無常、了解苦的緣而離苦。經驗沒有無常逼迫的境界，
就是涅槃的境界。

2.集聖諦

「諸比丘！苦集諦者，即：渴愛引導再生、伴隨喜貪、隨處歡喜
之渴愛，謂：欲愛、有愛、無有愛。」

(1)集諦即是苦因

①渴愛引導再生

有愛就會繼續輪迴。

②伴隨喜貪

如果受有貪、瞋及無明的染(執著)，就會繼續輪迴。

樂受伴隨貪隨眠、苦受伴隨瞋隨眠、不苦不樂受伴隨無明隨眠，就
成為未來輪迴的緣。其中「愛」(貪)最為明顯。《中部·有明小經》

③隨處歡喜之渴愛

有愛就會繼續輪迴。

如一百零八種愛是我們未來存在的緣。

內六根、外六塵十二種，各有過去現在未來三世，而成三十六種。
此三十六種又有欲愛、有愛、無有愛，總成一百零八種愛。

任何一種愛，眾生就會續繼輪迴，故渴愛就是苦因。

❶欲　愛：指對五欲的執取，愛著色、聲、香、味、觸。

❷有　愛：對有(存在)的執著，常和「常見」隨眠相應。

❸無有愛：對「不喜歡我們的存在」，也是一種愛，常和「斷見」隨眠相應。

(2)五種集諦　(《中部141經‧諦分別經》(分別品))

①愛欲是集諦。

②十種煩惱是集諦：貪、瞋、痴、慢、邪見、疑、昏沉、掉舉、無慚、無愧。

③一切不善法是集諦。

④一切不善法及能造成投生之三善根(無貪、無瞋、無痴)是集諦。

⑤一切不善法及能造成投生善法，或一切不善業力及能造成投生之善業力，都是集諦。

(佛說緣起法是集諦，故無明、愛、取、行、業都是集諦。《相應部因緣品相應》)

不管什麼愛都是未來輪迴的緣。阿羅漢在六根對六塵境時，能不斷地捨而得以脫離輪迴。此中「捨」是指「行捨」，非捨受。阿羅漢樂受時高興，但沒有樂受的貪欲隨眠；苦受時會痛，但沒有瞋的隨眠；不苦不樂受時，沒有無明隨眠，沒有昏沉掉舉，這就是行捨。由於行捨，故阿羅漢死時，其心沒有「行」(福行、非福行、不動行)，故不會再有未來之存在。

苦的緣、無常境界的緣就集諦。如能了解集諦，就不必繼續在無常境界中。

阿羅漢雖有五蘊，但沒有五取蘊，所以不會在無常境界中，因他們沒有愛取，而終止了所有無常之逼迫。

(3)渴愛即是集諦

有渴愛故有取。愛、取因無明而生，無明也因愛、取而生。因有無明、愛，故繼續在無常境界中，受無常的逼迫。愛、取、無明因業而有，有無明故行，有行就有輪迴的心，有輪迴的心就不能和所有的經驗和五蘊分開。

無明、行、業、愛、取都是未來存在的條件。未來有無明、行、業，是因為現在有愛。愛是未來存在最特別的要素，但愛不會自己出現。愛和無明、行、業、取一同生起，所以眾生會繼續輪迴。

我們「現在的存在」，是過去無明、行、業、愛、取的果，不斷地受到無常的逼迫。我們若能去掉現在的愛、取，就不會繼續在無明、有行的心

中，不會繼續集「業」，避免未來存在的條件。現在存在的緣，是因有過去的業，而未來存在最重要的因緣是現在的愛。如能去掉愛，就能去掉未來的苦、未來的集、未來的五蘊、未來的世界。

苦諦、集諦就是我們的五取蘊、我們的世界、我們的緣起。五取蘊裡一切法都是緣起法。

《俱舍論》引《緣起經》：

「眼睛都有因、有緣！…業是眼睛的因、眼睛的緣；…愛是業的因、業的緣；…無明是愛的因、愛的緣：…不如理的作意為無明的因、無明的緣。」

業即是生(存在的現象)，愛即是起(再生的過程)。業種是有分別的，而取就是愛，愛如同水，種子靠水而成長。一切存在的緣是因有愛水灌溉而出現。

(4)結說集聖諦

苦諦是緣起法，苦最明顯的緣起就是無明、行、業、愛、取。所有的煩惱、有漏法都是苦的因緣。其中愛最明顯，有愛一定有無明、行、業、取。業是我們現在的苦，而愛是未來存在最明顯的緣。對受歡喜就會有愛，之後愛緣取，取緣有，有緣生，生緣所有的苦。未來存在的重點是現在的愛，苦是因為有執著，而執著起於有愛，而繼續有輪迴心的相續。佛在《正見經》說四食(段食、觸食、意思食、識食)的緣是愛，愛的緣是受，受的緣是觸，在緣起相互關係中，以愛說明集諦，因有愛、有取，而有未來的存在、未來的苦。

3.滅聖諦

「諸比丘！苦滅聖諦者，即：於此渴愛息滅無餘、棄捨、遣離、解脫、無著。」

(1)滅諦即是涅槃

滅聖諦就是涅槃。涅槃是無取法、無漏法、無為法，沒有愛、沒有取、沒有緣，也就是沒有苦、集諦。苦的緣是煩惱，涅槃本身沒有緣(無緣法)，但會出現在道中，道是實現涅槃的緣。

①渴愛息滅無餘

所有的煩惱都是輪迴的緣，其中主要的是愛，有愛才有無明及其他的煩惱。

如果離開愛，就能離開五取蘊。(多次連續強烈的愛稱之為取)

離開輪迴是指離開五取蘊(非五蘊)。愛為五取蘊根本的緣。涅槃就是沒

有愛。

(nibbāna 涅槃，nib 沒有，bāna 愛。梵文 nirvāṇa)

沒有愛就能入涅槃的境界。五取蘊是愛，有愛就會有輪迴的緣，就有無明等煩惱，就有再生。

②棄捨

如能棄捨愛及所有其他的煩惱，就能棄捨五蘊、棄捨輪迴。

③遣離

指放棄所有煩惱。(與棄捨同)

④解脫

棄捨一切之目的在於能完全解脫。

⑤無著

如能棄捨愛，在輪迴裡沒有「住」、「著」。涅槃是沒有愛的境界，無愛即無住無所，也就能滅。

(2)了解名色法與緣起

若要真正了解滅諦，應先見道才能直接體驗。假如我們能夠用無漏智慧思惟苦無常無我，就能在實現中道時，看到四聖諦同時現起。

能用智慧去分別了解世界的緣起，就是了解苦諦集諦的基礎，若無此基礎，就無法實踐見道。

名色就是智慧的境界。名色中包括所有無漏智慧、所有之分別、所有的蘊處界等。觀名色即沒有我、你，名色是世界的真實經驗。如要進入智慧境界，就要洞察實際的名色經驗。沒有洞察名色法，就不能真正了解無常。真正對於物的觀，是看見地水火風等四大不斷破壞的過程。此破壞過程是我們觀的對象—色；而能觀這個破壞過程，叫做名，也是連續不斷破壞的過程。

了解名色才能了解緣起、了解集諦。

若我們知道愛的所緣(金錢、房子等)，雖然存在，但會改變會壞，此等認知只是世界經驗，不是真正了解，不是「觀」，所以仍會不斷執取，產生煩惱。

想要實現滅諦，必須了解名色都在無常破壞中，才能放下愛。

如果思惟苦諦集諦是能觀、所觀，思惟它們不斷剎那剎那無常變化的過程，就能實現行捨智(saṅkhārupekkhāñāṇa)。(照見諸行法中無一物可執取為我、我所，對一切行法以平等面對，實現行捨智。)如此就能遠離無常、苦，就能看到苦集滅道四諦同時現起。見道能觀四諦同時出現在一個心之過程，之

後藉由修道離開所有煩惱，也就是離開愛。(愛讓煩惱種子發芽、增長、變強。愛弱時煩惱就弱。)阿羅漢能用修行去除愛、使內心煩惱種子沒有功能，不再繼續輪迴，得以實現涅槃。阿羅漢以無漏智慧去掉愛，讓所有煩惱種子失去愛水而乾枯。

(3)滅諦與道諦之關係

我們觀察世間都是苦諦、集諦，要徹底了解苦，就要了解解脫、涅槃，要了解解脫涅槃，必須靠道來實現。道是無漏，卻是有為法。

《七車經》說明解脫、現觀過程有七種清淨法修習次第。(戒清淨法、心清淨法、見清淨法、度疑清淨法、道非道智見清淨法、行道智見清淨法、智見清淨法)修行目標是實現涅槃，實現解脫。沒有七清淨法就沒有道，就不能實現涅槃。七種清淨法是實現涅槃的方便。

涅槃不是道，道也不是涅槃，我們藉著道來實現涅槃，同時七種清淨法也一起實現。現觀是一個過程，依循道實現了這個過程，就進入涅槃城。七種清淨法是道，是實現涅槃的緣。

(4)擇滅與滅諦之關係

①滅諦是無為法

南傳認為無為法只有一個，就是涅槃。

說一切有部：三種無為法，即虛空無為、擇滅、非擇滅。擇滅即是滅諦。

(《俱舍論》分別界品)

②擇是以無漏智簡擇四聖諦，滅是遠離有漏法的繫縛得解脫。

對治不同煩惱，有不同的擇滅，但真正滅諦只有一個。

擇滅如同因，滅諦如同果，因此要用無漏智的擇滅來實現滅諦，而滅諦就是無漏智的境地。

③說一切有部強調，每個現觀過程對於四諦中每個諦，都要有系統次第的分別思惟。

要能分別漸次地思惟四聖諦的過程，才會有見苦所斷的煩惱、見集所斷的煩惱、見滅所斷的煩惱以及見道所斷煩惱等不同的分別。有此等分別，應有不同的擇滅。

④擇滅是真實法

南傳認為只有四真實法：色、心、心所、涅槃。

說一切有部認為心不相應行法之「得」與現觀過程對法之分別、煩惱之分別有關，而「非得」與「離繫」有關。得、非得都是真實法，故

離繫(擇滅)亦是真實法。

此等真實法有其自性，有自性法才能存在。我們要用緣起法來了解涅槃，南北傳三藏經都說要先有法住智，能用無漏智慧分別真實經驗，才能有涅槃智。

⑤離繫之頓漸

說一切有部認為苦集滅道四諦都有分別要斷的煩惱。在現觀過程中要有不同的擇滅。而南傳雖說在世間觀的過程斷煩惱是漸次，但在見斷則是頓斷。

要實現見道過程前，說一切有部認為我們只能思惟苦諦及集諦，不可能有滅諦的思惟，因滅諦屬於離繫的過程，是解脫的實現，此等都是無漏智慧的境界，見道前是不可能思惟的。依照南北傳的說法，滅諦是無緣法，無所緣無尋伺。在見道前，思惟苦諦時，就無法思惟滅諦。若不照說一切有部之說法，不用依不同離繫來漸次斷不同品的煩惱，而是斷苦諦所斷煩惱時，同時斷一切諦的煩惱。依照這樣說法，如果徹見苦諦，就能成為阿羅漢，因為真正了解苦諦就一定能完全了解集滅道諦，完全理解四聖諦一同生起的真相。

依說一切有部，現觀過程分見道、修道。見道前不可能有出世智慧，只能用世間智慧看到世間滅。沒有實現出世智慧，不能達到究竟滅。離繫就是斷煩惱，只有在出世間現觀、得出世間智才有力量斷煩惱、觀究竟滅。

在見道前要用世間智看苦集道，也要看滅，但只看到世間剎那剎那滅，無法觀見究竟滅。只有在見道後，才能以出世智慧斷所有煩惱。

依南傳說，無間道為斷煩惱道。在見道中，苦集滅諦和出世道諦在一個心的剎那過程中實現，因此四諦能同時生起，而見道前四諦不可能同時出現。說一切有部認為見道過程有十五剎那，若想充分了解，應先了解不同擇滅與不同品煩惱以及與世間出世間慧之相互關係。

(5)結說滅聖諦

①徹見緣起

《大緣經》說：如果不是阿羅漢一定有心苦。如果沒有實現漏盡智，就無法清楚地觀照緣起，無法徹見緣起，便無法解脫輪迴。

如果沒有實現究竟解脫，就不免有愛的束縛愛的苦，就不能了解緣起深義。我們應不斷思惟苦集滅道四諦，放下愛執，才能實現解脫。

②了解苦諦

如果對苦諦了解不夠深，就無法實現究竟解脫。

離苦的過程：

知苦→信心→精進→法喜→輕安→正定→如實觀→解脫→解脫智

(此中法喜的條件是(善)法欲與精進。)

③斷除愛

若有「愛」則有「求」，就會繼續收集「業」，繼續創造「行」，所以就有「得」。其結果常「決定」要這樣還是那樣。「決定」就是欲貪，因有欲貪而有執著，若沒有斷愛斷求，一定是在執著中、在五取蘊中。有求有愛則有要保護之所緣。有想保護之所緣，是因為有「慳」，有慳則一定保護自己，不能看到緣起深義。不斷愛斷求，則有保護之所緣，有求就有再生，就會繼續輪迴，滅諦的真正意思就是「愛盡」。

修行過程中，不免有求，但終要離開「求」。求就是愛，就是無明。信心是宗教上之愛，是特別的「道愛」，而愛又是我們存在的根本。「愛謂愛樂，體即是信。然愛有二，一有染污，二無染污。有染謂貪如愛妻子等，無染謂信，如愛師長等。有信非愛謂緣苦集信，有愛非信謂諸染污愛。」(《俱舍論》4 分別根品)

修行中要去體會處理這二種愛的矛盾。

以修安那般那為例，安那般若是苦諦，因入出息隨身心轉，名色呼吸都是無常生滅，故是苦諦。而用功專注在安那般那上，不斷的抓住、愛這個所緣，就是集諦。

若能除去苦、集二者就是滅諦。道諦是引導我們走向滅諦之方法。若能了解這個道理，才知緣起深義，才能了解解脫的過程。

4.道聖諦

「諸比丘！順苦滅道聖諦者，所謂八正道。即：正見、正思惟、正語、正業、正命、正精進、正念、正定。」

(1)中道之內容

中道內容裡，佛陀先說明八正道，後說四聖諦。有真正的開悟才有八正道，有八正道才有四聖諦。二者都有世間、出世間之分別。

①先示八正道

過去、現在、未來諸佛都依八正道而解脫，佛陀不僅了解四聖諦和八正道，也能方便為眾生說法。依南傳看法，見道時，因為無漏智慧現起，八正道會在一個心的過程中同時出現，若只用世間智無法實現見道，也無法看到八正道同時現起。

②後示四聖諦

未見道前佛陀無法在同一過程中現觀所有的法，所以不能發現四聖諦；之後在現觀過程中觀到四聖諦同時生起而開悟，很快在見道後，實現了阿羅漢果而完全解脫。(南傳認為現觀四諦在一個心的過程同時生起，說一切有部說見道是十五個剎那。)

見道後佛陀入修道，以十九個剎那實現阿羅漢果。之後，佛陀開示八正道，接著為眾生說明苦集滅道四諦。

八正道是佛陀開示的內容，也是實現涅槃的過程。實現涅槃包含對苦、集諦有漏法之了解以及對滅、道諦無漏法的了解。

《俱舍論》中先說明有漏法，先了解智慧的所緣：五蘊、六入、二十二根等。當我們對有漏世界或五蘊有所了解後，才能了解無漏法。

〈業品〉〈隨眠品〉談有業、煩惱、有漏法，世界就會不斷地轉動。能夠了解世界、業、煩惱後，才能實現現觀過程，才能清楚無漏法內容。

〈智品〉〈定品〉智慧、正定即是無漏法內容。有智慧、正定才能徹底了解現觀的過程。

說一切有部認為要先現觀，有智慧的了解後，再有定的了解。解脫必須靠定的深度，而定的深度則要靠智慧的深度，兩者有相互關係。

(2)八正道之意涵

①八正道是順苦滅道

苦、集諦體是一，只是從因從果說之差別。這個世間、五蘊的經驗，就是苦、集諦。沒有五取蘊就沒有苦、集諦。佛陀實現中道時，即以八正道離開一切世界的苦、離開五取蘊的苦。

②八正道是緣滅聖道

苦諦叫作五取蘊，而五取蘊的因就是愛。

《正見經》舍利佛說明愛是世界本來的緣。

而有漏而有無明，此無明的緣是愛，因愛使得我們看不到四聖諦、八正道。在《雜阿含經》裡，八正道名為「緣滅聖道」，此八聖道能領導我們捨離結生的緣－愛，而實現涅槃的境界。

③八正道是順行滅道

《俱舍論》說明了解苦諦、集諦就是「行」的了解，就是世間智慧的境界，要先有世間有漏智慧之了解，才能了解無漏法，想解脫就要實現「無行心」，無行心是實現無漏智慧的境界。八正道可稱為「順行滅

道」、「順無緣道」或「順無行道」，引我們走向「行滅」的中道。

④八正道是身見滅道

八正道實現無漏智慧而實現見道，就能知道有善不善業，但無作善不善業之主人或受果報之人。在無漏智慧中，「主人」之概念不會存在。《有明小經》說明八正道是「身見滅道」。

實現見道，在無漏智慧裡不會有善惡業之主體，或有未來要受善惡業果報主體的想法，斷除了身見。

(3)八正道之內容

①正見

要離開愛、離開未來的緣，先要用世間正見了解四聖諦與八正道，再用出世間正見斷煩惱。若世間正見尚未成熟，就無法用出世正見。

正見即是智慧，唯有靠正見才能了解苦集滅道諦及八正道。

正見也稱擇法，是分別的智慧。它能讓我們的「想」穩定、固定在所緣。

「想」固定在所緣上，心才能如實觀。「想」固定時才會有念，有正念才有正定。

現觀過程中，由於有正定、智慧，能看到無漏出世境界中八正道同時現起。在無漏定中八正道同時現起，此時沒有世間的所緣，能長時間在沒有煩惱的解脫境界，這就是正見的心、清淨的心。實現見道，於現觀中能看到正見、正思惟、正精進、正念、正定同時出現在出世智慧裡。唯有無漏智慧能正斷煩惱及隨眠，世間定的有漏智慧只能鎮伏煩惱，出定後煩惱仍會出現。見道過程裡，中道是「滅身見道」，斷身見，不再收集「行」，就能解脫愛、無明，實現涅槃。

❶世間正見

《大四十經》說明：有布施、有世間、有前後生、有善惡業、有善惡道、有善惡業果，這是世間正見(世間智慧)。

世間正見靠「行」，了解苦、集諦就是「行」的了解。世間正見因為有「我」，所以是有漏智慧。有「主人」概念就是世間正見。

❷出世間正見

出世間正見的境界，就是「滅」的境界。

在見道過程中，看到解脫境界，此時沒有「我」作善業或作不善業或作不動業之概念。無「我」的概念，就能去掉世間的所緣，就能成就出世智慧。此出世智慧能正斷煩惱。

出世正見引導我們走向無漏、無行心境界，以實現無為涅槃界。無漏出世正見滅身見、了解十二緣起之生滅。見道後繼續思惟緣起、苦集滅道諦，結束苦，完全解脫。

說一切有部認為實現見道的過程，就是第一法輪轉的過程，說明「此是苦、此是集、此是滅、此是道。」

②正思惟

正見能讓我們的思惟穩定，而思惟能夠穩定是因為「想」穩定。思惟即是「尋」，尋在修定過程中，就是取有關定的業處為所緣；在修觀的過程，就是取名業處或色業處為所緣。有這些修習業處，尋才能穩定在一個所緣上修習，它分為世間與出世間。

❶世間思惟

不害、不瞋、出離三種為世間思惟之所緣。

❷出世間思惟

出世間思惟是關於出世境界、四聖諦、滅諦。有無漏思惟才能正斷煩惱、斷「行」，實現無為涅槃。

③正語、正業、正命

有出世正見、出世思惟，即有出世心，有八正道的心，自然能斷不正語、不正業、不正命。

在無漏智慧心中，有出世心的律儀。(道心中自然有律儀)

在世間心中，因不正語、不正業、不正命之所緣不同，所以三者會在不同境界中分別現起。

所有不善戒在世間心中無法完全去除，唯有在道心，出世心中才能完全正斷。

出世心的所緣就是無漏智慧的境界－滅諦，此時，心有力量完全斷除煩惱隨眠。

④正精進

❶世間精進

世間正精進指四正勤，也就是未生之惡令不生、已生之惡令除滅、未生之善令生起、已生之善令增長。

❷出世間精進

在出世心裡，精進所緣是四聖諦。精進能讓善心的心法聚生在一起。當精進所緣是屬於出世無漏智慧，就能產生力量將道心裡所出現之善法聚集統一。沒有精進，善法就沒力量。

出世精進所緣是滅諦，能正斷心中所有煩惱。見道時，能斷身見、
疑見、戒禁取見三種煩惱種子。

⑤正念

正念是不讓心離開、忘失所緣，讓心繼續停留在我們所要的境界，「念」
的緣是固定的「想」。《俱舍論》說四念處之體是智慧，而智慧體就是
固定的想。有正見、正思惟、正精進，才有正念，有正念才有智慧。
當正念在出世所緣上，正念的力量使我們不忘失滅諦及四聖諦。出世
正念靠出世正見、出世正思惟、出世正精進，而能生起正斷煩惱的力
量。

⑥正定

世間定只能鎮伏下地煩惱，唯有出世間定能正斷煩惱。

出世定必須靠出世正見、出世正思惟、出世正精進、出世正念才能出
現。出世正定必須與其他七支聖道同時現起在同一個目標上，才能成
就正斷煩惱的過程。正精進是正定的資糧，正念(四念處)為正定之相，
此等諸法之練習、修習、多所作，是正定的修習。(《中部·有明小經》)

(4)立遍知

①南傳

南傳以三種遍知(pariññā)說明離開煩惱的過程，透徹了解五蘊等名色
法，才能斷除對名色法的貪愛而滅苦。此是道諦的精髓。

❶知遍知

「知遍知」稱為智慧所緣，所緣是苦諦和集諦。苦諦就是名色的分
別，唯有了解名色，具「名色分別智」才能實現智慧的境界。了解
名色還不夠，還要了解名色間的緣起。「緣攝受智」就是了解名色和
它們之間的緣起，也就是了解苦諦和集諦，這就是智慧的境界。

❷度遍知(審察遍知)

了解名色及其緣起，才會產生智慧而能檢查不斷的剎那生滅。
依照所要思惟的所緣(五蘊、十二處、十八界、緣起)，觀其剎那生滅，稱
為審察遍知。如果繼續用功思惟，就能用世間智看到剎那剎那的生
滅。如以「身體」為思惟所緣，在審察遍知下，會看到身體的生滅
越來越快，最後看不到「生」，只會看到「滅」。漸漸地可以此世間
智慧離開煩惱。

❸斷遍知

斷煩惱過程有其次第，先以世間智觀滅而得世間最高之智－「行捨

智」。有了行捨智，才有實現出世道之可能。行捨智雖已離煩惱，但不能完全斷除。若要完全斷除，必須斷最有力量的身見。斷了身見才不會受深重煩惱的壓迫。在見道前，依行捨智繼續努力觀世界生滅的壓迫，此時心敏銳發達，世間智成熟，心就會朝向出世境界。如果我們繼續實現世間最高的觀，繼續思惟無常的逼迫，心會一次一次地迴繞，若心看到出世所緣，就實現見道，不再回到世間(似船桅上烏鴉為喻)。當心轉向解脫的所緣，首先會實現道心(道智)，之後就會有道果定。這個過程如同入禪定，但出世道果定只要二個剎那(而禪定要二、三個小時)。出世道果定以涅槃為所緣，定在出世間境界裡以體驗涅槃之樂，但不屬於見道或修道斷煩惱之過程。要斷煩惱，必須繼續觀無常苦無我，才能達到真正的解脫。

②說一切有部

說一切有部將斷遍知分為九種，即九勝位，為斷除三界見惑、修惑的九種智慧。

(《俱舍論》21, 分別隨眠品)

❶見所斷煩惱立六遍知

　1.欲界繫三遍知

　　見苦所斷、見集所斷立一遍知；見滅所斷立一遍知；見道所斷立一遍知。

　2.色無色界繫三遍知

　　見苦所斷、見集所斷立一遍知；見滅所斷立一遍知；見道所斷立一遍知。

❷修道所斷立三遍知

　1.欲界繫立一遍知，即五順下分結。

　2.色界繫立一遍知。

　3.無色界繫立一遍知。

(5)斷煩惱

①南傳

南傳以三遍知名斷煩惱。斷遍知時觀滅。

　見道時能斷三結：身見、戒禁取、疑。

　修道時斷五下分結：欲貪、瞋恚、身見、戒禁取、疑。

　阿羅漢斷五上分結：色貪、無色貪、掉舉、慢、無明。

②說一切有部

見道時觀欲、色、無色界四諦，所斷見惑各有不同，共計八十八種。
見道所滅根本煩惱有十。

五利使：身見、邊見、邪見、見取見、戒禁取見。

五鈍使：貪、瞋、痴、慢、疑。

③斷「見」煩惱

實現見道時，出世智慧實現了出世所緣，我們自然離開所有「見」方面的煩惱，離開「見住」(diṭṭhithāna)，不再有不正見。

南傳阿毘達摩提及八種不正見的所緣。

❶五蘊

色蘊有「色是我」、「我有色」、「色在我之中」、「我在色之中」四種不正見，受想行識亦各有四種，五蘊計有二十種不正見。這二十種五蘊的不正見能完全在見道中正斷。(世間正見所緣為世間五蘊，不能斷此等不正見。)

❷無明

所有有漏心都有無明。與「見」「疑」相關之無明在見道時斷，不再成為不正見之依地。與「欲」、「瞋」、「慢」一起生起之無明仍會出現。

❸觸

觸的基礎是「我」、「五蘊」的存在。見道後了解，觸不再和身見不正見一起，不會成為見的依地。

❹想

四念處的修行是出世智慧現起之條件。智慧、念的緣都是穩定的想。有戲論時想就不穩定，就有愛的生起，心染著於所緣。當出世智慧能通達、抉擇出世所緣時，就能完全斷除和「我」不正見有關的煩惱。

❺尋

實現見道時，尋(粗略的思惟)已沒有「我」的所緣，已能了知、分別「我」不是真實的所緣，心不會在掉悔等煩惱中。

❻不如理作意

見道後，心還是會出現貪瞋等不如理作意，但已沒有真實存在「我」的概念，因此不再是不正見之基礎。

❼外道善知識

見道後了知「無我」，不再有「我」的概念，不再依靠外道善知識的

引導。

❽異論

見道時看到解脫的所緣，不再相信和「我」有關之異論。

要想斷除和不正見相關之煩惱，先要有世間八正道之修行，之後才能用出世八正道完全正斷煩惱。

(6)結說道聖諦

道諦有世間與出世間二方面，世間道諦無法完全斷煩惱，而出世道諦以滅諦為所緣，定、正念、精進、智慧都同以實現四聖諦為目標，故有力量正斷煩惱。在見道時，解脫所緣出現時，能同一心努力思惟無常，心朝向涅槃，朝向出世境界。

[3]三轉四諦

1.三轉法輪

南傳認為三轉就是三種智的說明，北傳沒有特別強調。

(1)示諦轉：示諦智 saccañāna (示轉)

初轉說明見道，就是實現四聖諦。(此為方便說)

初轉讓我們了解佛陀開悟內容及見道過程。

憍陳如聽聞《轉法輪經》得清淨眼，得見道智慧知世間法都是生滅法。

①南傳主張見道時斷三結。

②說一切有部：

❶欲界見苦所斷煩惱有十(貪、瞋、痴、慢、疑、身見、邊見、邪見、見取、戒禁取)，

　　　　見集所斷煩惱有七(少身、邊、戒禁取見)，

　　　　見滅所斷煩惱有七(少身、邊、戒禁取見)，

　　　　見道所斷煩惱有八(少身、邊見)，合有三十二種。

❷含色、無色界合計八十八種見道所應斷的煩惱。

(2)應作諦轉：應作諦智 kiccañāna (勸轉)

二轉指實現修道的過程，說明如何修道以離開見道時所未斷之一切煩惱。(此為方便說)

佛開悟除了自己通達道而實現解脫，又教導眾生修道及如何實現道而達到解脫。二轉明應作，即是勸轉義。

修所斷煩惱有十，而在第二轉所要實現的是金剛喻定。欲界斷貪、瞋、痴、慢；色界斷貪、瞋、慢；無色界斷貪、瞋、慢。 (修所斷煩惱三界計八十一種)

(3)已作諦轉：已作諦智 katañāna (證轉)

　　三轉說明已成金剛喻定，<u>得無漏智、無生智</u>，已實現真理，沒有什麼未做的。

佛說明四諦的三種智，我們才能徹底了解四諦，了解緣起之內容。(四諦就是緣起之說明)

三　　　轉	北傳	南　傳	
第一轉　實現見道	示轉	示諦轉→示諦智	(我遍知苦諦集諦滅諦道諦)
第二轉　實現修道	勸轉	應作諦轉→應作諦智	(我應遍知苦諦集諦滅諦道諦)
第三轉　得無漏智	證轉	已作諦轉→已作諦智	(我已遍知苦諦集諦滅諦道諦)

2.三轉苦諦

　　「諸比丘！苦聖諦者，<u>即是此</u>，是前所未聞之法，我眼生、智生、慧生、明生、光明生。諸比丘！對此苦聖諦<u>應遍知</u>，諸比丘！<u>已遍知</u>，於前所未聞之法，我眼生乃至光明生。」

(1)前所未聞之法

　　由於眾生愛的稠林淹沒古仙人道，看不到古涅槃城。佛陀沒有任何愛、煩惱種子，能為眾生開示四聖諦、八正道「如如」、「不離如」、「不異如」之深義。

(2)眼生　cakkhum udapādi：涅槃古城有真正的解脫、解脫智，生起無漏眼；

　　智生　ñāṇam udapādi：涅槃古城有真正的解脫、解脫智，生起無漏智；

　　慧生　paññā udapādi：涅槃古城有真正的解脫、解脫智，生起無漏慧；

　　明生　vijjā udapādi：涅槃古城有真正的解脫、解脫智，生起無漏明(沒有無明)；

　　光明生　āloko udapādi：涅槃古城有真正的解脫、解脫智，生起無漏智慧的光明。(有漏慧有定故也有光明，但無法分別解脫境界)

(3)涅槃是常法，是「前所未聞之法」，本已有，為愛之稠林所隱沒。

　　　(末法時代解說勝義法、緣起法之阿毘達摩先消失，之後經之深義不明，戒律也漸不見，最後佛法隱沒。)

　　佛陀以慈心悲智，用三層次教導指引我們，如何走這條解脫之路。以苦諦說明三轉，即是「我遍知苦諦、我應遍知苦諦、我已遍知苦諦」即是「示諦智，應作諦智、已作諦智」三種智的說明。

(4)《清淨道論》提到五方面之遍知，以徹底了解修行之過程。

　　①遍知苦的現起之性(輪迴)；　　②遍知名色(輪迴)；　　　　③遍知三界苦

　　④遍知四食；　　　　　　　⑤遍知五取蘊。

(5)苦是果。因過去業，我們結生母胎中，成長於不斷破壞無法滿足之世間，有生就有苦。

應知「此是苦、應知苦、已知苦」，徹底了解苦諦。

3.三轉集諦

「諸比丘！苦集聖諦者，<u>即是此</u>，是前所未聞之法，我眼生、智生、慧生、明生、光明生。諸比丘！對此苦集聖諦<u>應斷除</u>，諸比丘！<u>已斷除</u>，於前所未聞之法，我眼生、智生乃至光明生。」

集諦是苦的因，對於苦的原因應該要遠離。

關於集諦，要成就「知是集」、「應斷集」和「已斷集」三種智，才能徹底了解集諦。「即是此」指第一轉之知，知道這個就是集，「應斷除」指第二轉，「已斷除」指第三轉，於前所未聞之法，我眼生、智生、慧生、明生、光明生。

(1)說一切有部認為應依欲界、色界、無色界及依無間道、解脫道，有系統分別思惟四聖諦，離開各界之煩惱。

南傳認為佛陀三轉四諦法輪，三轉就是三種智，每一轉各有四行相。十二行相代表苦集滅道四諦各有三種智的實踐。

(2)南傳以「眼生、智生、慧生、明生、光明生」說明現觀的過程，而說一切有部以「眼、智、明、覺」說明離開煩惱和現觀的關係。

（《俱舍論》提及：「眼」為法智忍，表示無漏智慧，「智」為法智，代表無疑，「明」為類智忍，表示如實了解，「覺」為類智，表示智慧清淨。）

(3)說一切有部認為苦集二諦，應視為一個現觀的過程。依其修行系統，以九種遍知說明現觀過程。苦集同屬一個遍知，體同，屬有漏法。滅道體不同，雖同為無漏法，但道是有為法，滅是無為法。

「果性取蘊名為苦諦，因性取蘊名為集諦，是能集故，由此苦集因果性分，名雖有殊，非物有異；滅道二諦，物亦有殊。」（《俱舍論》分別賢聖品）

(4)《俱舍論》強調苦諦集諦就是行，行是輪迴最重要的緣。有愛就有無明，有無明就有行，有行就有苦(苦苦、壞苦、行苦)。一切法都在「行」的無常逼迫中，苦就是行，集就是「行的緣」。解脫道就是離愛之道，離愛就是離緣、離行。

4.三轉滅諦

「諸比丘！苦滅聖諦者，<u>即是此</u>，是前所未聞之法，我眼生、智

生、慧生、明生、光明生。諸比丘！對此苦滅聖諦應現證，諸比丘！已現證，於前所未聞之法，我眼生乃至光明生。」

滅諦三轉就是成就「知證滅」、「應證滅」、「已證滅」三種智。

(1)證滅

①證：即是用自身的經驗來了解佛法、了解涅槃、實現解脫。

②滅：說一切有部以「滅」為「擇滅」，就是用智慧來實現滅，也就是「行滅」的意思，此為漸次滅的過程。擇滅是究竟涅槃、無為境界，從方便來說也說明行滅的過程，是用智慧去掉煩惱的過程。對不同煩惱有不同擇滅方法與現觀的分別。

「行」(saṅkhāra)不是自然的，而是造作本來沒有的事情，即是發起所有法本來沒有的過程。行代表許多不同品的煩惱，要離開不同強度、不同品的煩惱，要用不同的擇滅。

(2)滅諦之實現

滅諦之實現就是離苦的過程。

勝義諦上之滅諦只有一個，沒有二個或三個不同的解脫境界。原始佛教中，滅諦只表示涅槃的境界，是究竟滅的意思，並沒有不同品的行滅。但在實現涅槃或實現初果乃至四果的過程中，會依行者的「根」之成熟程度而有不同的說明。南北傳佛教用三種根來讓我們了解這個道理。

①三種無漏根

「　1.謂在見道有未曾知當知行轉故，說彼名未知當知。

2.若在修道無未曾知，但為斷除餘隨眠故，即於彼境復數了知，是故說彼名為已知。

3.在無學道知已，已知故名為知，有此知者名為具知，或習此知已成性者名為具知。謂得盡智、無生智故，如實自知，我遍知苦，不復遍知。」(《俱舍論》分別根品)

根是關於出世間所緣(無漏所緣)的增上力。當我們第一次看到解脫的所緣時，其增上力(根)還很弱，但已入聖流。

②道果定

道果定是以解脫境界為所緣。當心能記得解脫的所緣，而且五根也平衡時，就能進入道果定。入聖流者都能修道果定。

此中南傳以為道心只有一剎那，果心有二或三剎那。

說一切有部認為見道是十五或十六個剎那。

③滅諦之實現

滅諦是無為法，是沒有所緣(行滅)的法，必須用無漏法來了解滅。

(無漏法含道聖諦及虛空、擇滅、非擇滅三無為。)

❶無漏境

只有初果及四果的無漏果，才是滅的境界。

❷增上緣

用三無漏根來幫助了解擇滅。

用現觀的過程來了解擇滅，擇滅和現觀過程無法分開。

❸以道實現

用無漏有為的「道」來實現涅槃無為法。

5.三轉道諦

「諸比丘！順苦滅道聖諦者，<u>即是此</u>，前所未聞之法，我眼生、智生、慧生、明生、光明生。諸比丘！對此順苦滅道聖諦<u>應修習</u>，諸比丘！<u>已修習</u>，於前所未聞之法，我眼生乃至光明生。」

滅諦是果，道諦是因。道諦三轉是「知有道」、「應修習」、「已修習」。

道諦的精髓在於離欲(即離愛)，故常稱為離欲道、離愛道。道引導我們離開所有煩惱，實現涅槃，是滅諦之因。道諦分為世間及出世間。

(1)世間與出世間道

①見道是無漏，因為實現見道要用<u>出世心</u>，唯出世心能正斷煩惱。出世間道是在說明見道的過程。

「見道應知，唯是無漏，修道通二，所以者何？見道速能治三界故，頓斷九品見所斷故，非世間道有此堪能，故見位中道唯無漏。修道有異，故通二種。」

(《俱舍論》分別賢聖品)

②修道包含世間與出世間二方面。

修道過程中，<u>出世心會出現四次</u>(得初果、二果、三果、四果時)，可以定在不同果位的<u>道果定</u>中。若用功修行，努力思惟無常、苦、無我，就能從初果任運地朝向第二果，接著自然朝向第三果、第四果。

③斷遍知

❶說一切有部說斷遍知只屬於見道過程，只有出世間的無漏智能作。

❷南傳認為斷遍知分世間與出世間二方面。

它開始於世間觀的過程中所得之「壞滅隨觀智」、

(2)修證

①修：道要修，涅槃要用自己身體來證。(此中「修」bhāvanā指「成」)

修道就是成道、證道的過程。

②應修：若還沒成道，稱為「應修」。

③已修

實現解脫時，稱「已修」，唯阿羅漢與佛可完全地修、證。「已修」成
道有三目標：

❶成就佛道：修道過程，「已修」部份要如同佛一般。

❷成就聲聞道：「已修」部份就是得無生智，成就阿羅漢果。

(有「時解脫」與「不時解脫」二種阿羅漢果。)

❸成就獨覺道：出現在無佛、無阿羅漢的時代，靠自己用功了解緣起
而成就。

修道過程就是成道的過程，一般分為：資糧、加行、見道、修道、無學
道。

[4]結說四聖諦

1.四聖諦與緣起法

(1)南傳佛教認為四聖諦是緣起的說明，它們是緣起法沒有自性。

「一切四諦，依第一義說，因無受(苦)者，作(煩惱)者，入滅者及行(道)者
之故，當知(四諦)是空。」(《清淨道論》)

要了解緣起才會了解四聖諦，若不了解四聖諦就不能了解緣起，就不了
解有涅槃、有阿羅漢，但沒有實現涅槃的人。同樣地因為有「行」(造作)，
所以有苦，但當中沒有「造作的人」。四諦彼此的關係在於因果的分別，
它們都是緣起法。

(2)說一切有部以為因、緣、果是真實的存在，因此四聖諦也是真實的法。

(3)大乘佛教批判說一切有部「真實存在法」之說，但不批判南傳「緣起法、
是空」之說。

2.四諦之同分與不同分 (《清淨道論》)

	同	異
苦諦與集諦	同為緣起法 (了解苦集諦就了解解脫過程) 同為世間有漏法。	集是因，苦是果； 苦要遍知，集要斷。
苦諦與滅諦	苦為集之果，滅為道之果。	苦為有為法，滅為無為法。
滅諦與道諦	同屬無漏法。	道為有為法，滅為無為法。
集諦與滅諦	無有學、無學之分別。	集有所緣，滅無所緣。

3.南北傳之分別

(1)思惟四諦行相之分別

在經典上看不到有關十六行相之說。北傳在現觀、修道過程是以十六行相來了解四聖諦，而南傳在《無礙解道》中有以十六行相了解四聖諦之方便說，之後又為《清淨道論》引用，但南北傳在行相的思惟上有出入。

思惟四諦相	北傳《俱舍論》	南傳《清淨道論》
苦諦四相	用自身體會(遍知)無常之逼迫是苦、了解苦諦是空、無我。	逼迫相、有為相、熱惱相、變易相(有壞相)。
集諦四相	苦因(由愛為因引向輪迴)由集(苦因積累)而有業而有生，有生則緣就會繼續，苦也會繼續。	累積(堆積)相、因緣相、結縛相、障礙相。
滅諦四相	滅相、靜相、妙相、離相。	出離相、遠離相、無為相、不死相。
道諦四相	道相、如相、行相、出相。	出(出離煩惱)相、因(解脫因、不死因)相、見(直接見到滅諦)相、增上相。

(2)觀四諦過程

①南傳現觀是自然的過程

不直接思惟四諦十六行相，而是在四念處修行過程中自然思惟有漏法之無常、苦、無我，四聖諦就會自然出現。首先了解身受心念處，領導我們漸漸朝向解脫，而法念處的修行才是真正解脫的實現。法念處包含身受心法，歸納了四念處所有修行。四念處的修行就是四聖諦的實現，是自然的過程。

②北傳思惟四諦是次第的過程

北傳修觀，並非如南傳修行四念處是藉由思惟無常、苦、無我，於實現道後自然得到對四聖諦之了解，而是有系統地用十六行相道理直接思惟四聖諦。

南傳從無常、苦、無我的了解中，看到緣起而漸漸增加智慧，對四聖諦的了解也會慢慢增加，在見道時就自然現觀四諦的生起。要能真正徹知四聖諦，必須要成道，唯有成道才能以出世心、無漏心來體證四聖諦。

(3)無漏道實現三學

以無漏心、出世的心實現「道」得以解脫。

在出世無漏道中，以涅槃為所緣，戒定慧一起出現而能正斷煩惱。

①戒學的實現

在出世心中，我們的所緣是滅諦，由於有根律儀，自然不會去取相(如男女相，而起貪染心)、取隨相(漂亮的眼睛頭髮，而有愛染)，所以不會執著解脫的所緣。此時不會有不正語、不正業、不正命的出現。

②定學的實現

出世心中一定有定，此出世定是靠正念、正精進的幫助，有關的定資糧一起出現。在定學成就時，就能正斷煩惱。

③慧學的實現

「想」只是取相，「識」是了別，而「智慧」才能通達所緣，而得以正斷煩惱，才得以解脫而成就慧學。慧學即是八聖道中的正見和正思惟。

4.結說四聖諦

「諸比丘！我於四聖諦以如是三轉十二行相之如實智見未達悉皆清淨時，諸比丘！我則不於天、魔、梵、沙門、婆羅門、人、天眾生中，宣稱證得無上正等現等覺。」

「諸比丘！然而我於此四聖諦，如是三轉十二行相之如實智見達悉皆清淨故，諸比丘！我於天、魔、梵、沙門、婆羅門、人、天眾生中，宣稱證得無上正等現等覺。又，得生智與見，心解脫不動，此為我最後生，不受後有。」

依照《雜阿含經》，實現聖道是漸次現觀的過程，我們要依苦諦、集諦、滅諦、道諦次第現觀，才能結束苦。

(1)說一切有部現觀過程一定要有次第，依十六行相次第在加行位中思惟四聖諦，漸離十六行相，而實現見道過程。

南傳則不依次第而直接思惟無常、苦、無我而實現見道。而在見道前，先實現世間觀智(壞滅隨觀智)，才能實踐現觀。

(2)南傳之斷遍知開始於世間觀階段，而北傳則認為斷遍知在離十六行相後即是現觀，是屬於見道的過程。如從苦法智忍乃至苦類智，從集法智忍乃至集類智，苦集諦是連在一起的。雖然南北傳有此不同，但都同樣認為只有出世智能正斷煩惱。《中部》說明，在一個剎那的現觀過程中，因三學在之前現觀涅槃所緣中已成熟，而依其功能觀苦集滅道諦，所以出世心能通達四聖諦。

(3)南傳《轉法輪經》中四聖諦三轉成為十二行相。說一切有部則以「眼智明覺」現觀與示轉、勸轉、證轉三轉而成為十二行相。南傳認為四諦三

轉就是三種智。

(4)佛開悟時已思考四諦十二行相。依南傳在第一轉中，佛有二種智慧，除自己通達四諦之智慧，同時有方便教導眾生的智慧。

①四聖諦是無上法

一切善法都包括在四聖諦中。因為有佛，我們才能完全了解四聖諦而開悟。佛滅後，對四聖諦道理越來越模糊，開悟的眾生越來越少。

②開悟時生離垢法眼

佛實現四聖諦得，得到漏盡智、無生智，這時以出世智慧來表示四聖諦。憍陳如是第一個開悟證果的人，生遠塵離垢之法眼，此法眼就是出世智慧。所有生法都是滅法，要能離垢就要有「離開我見」的智慧。

《雜阿含經》黑白牛譬

黑牛、白牛由於車軛的連結，彼此成為障礙。

白牛如內六入，黑牛如外六入，內外六入之間的軛就是煩惱結。由於有結存在，使得內外處連在一起不得自在。

若沒有真實智慧看到軛，認為實有車夫駕馭著牛。若實現清淨眼時，知道障礙是在軛，不是黑牛白牛，而「車夫」之概念也不是真的。

③有集法悉皆有滅法

有「有集法」就有滅法，如果沒有集法就不可能有滅法，所有的緣起法都是滅法。如牛(人)被繩子(煩惱)綁在柱子(有漏法)上。如果沒有離垢智慧，會執實有「被綁的牛」。有離垢法眼後，會知道形成障礙的是柱、繩，而不是在牛。

如同憍陳如以出世智慧了知「有集法者，悉皆有此滅法」，所有的緣起法都是滅法，了知緣起法中只有結、有有漏法存在，而沒有「我」的存在，有「我」就不能實現離垢智慧。

色聲香味觸法成為眼耳鼻舌身意之障礙是因為結，無結則不成為障。結的出現是因為有「有漏法」，沒有有漏法就沒有結。

遠塵離垢之法眼，能知有漏法、有結，也知道這是緣起法，緣起法都有生滅。出世離垢眼知道：有集法、有滅法，而沒有在其中生滅的「我」。

(5)轉法輪的意涵

《俱舍論》

轉法輪為見道的意思。憍陳如見道得「遠塵離垢法眼」，能知集法、滅法、知生滅，知沒有生滅之我及眾生。當集法滅、滅法滅時，就是

涅槃。實現涅槃前必須見道，了解「我」不是真的。

南傳認為法輪不只是見道部份，而是對四聖諦有徹底了解，因此從初轉到三轉都是法輪，都是四聖諦的部份。

(6)聞法開悟者

佛陀轉法輪時，不只五比丘，有許多天人也在聽法。由於聽者過去收集足夠的波羅蜜及智慧善根種子，所以能很快開悟。

憍陳如看到解脫的所緣，所以不會有「我」的概念，故能徹知四聖諦，證遠塵離垢法眼而開悟，得須陀洹果。證果後，憍陳如請求出家受比丘戒，佛陀欣然同意。隨後跋提、衛跋、摩訶那摩及阿說示也逐日證悟須陀洹果，並且以同樣方式受比丘戒。佛陀開示《轉法輪經》後第五日，開示《無我相經》，五位比丘證悟阿羅漢果，為世間第一批漏盡比丘。

(7)結語

四聖諦是說明輪迴和輪迴的原因，涅槃與涅槃的方法。輪迴只是一種身心五取蘊的相續，有五取蘊就會感覺到苦，這是苦諦。造成輪迴和輪迴的原因是渴愛，這是集諦。輪迴的終止是斷渴愛之後的涅槃，這是滅諦。第四聖諦是八正道，它使我們能夠擺脫輪迴的纏結和證得涅槃的方法。

參考資料 12-2-1

《雜阿含經》之聖諦四念處

1.四念處的基本認識：與四聖諦相應 (因緣集滅法)

與四聖諦相應之四念處，其念住身受心法必須與苦集滅道無漏思惟心法相應。此可謂出世間煩惱的四念處，因四聖諦中之集滅法，能如實自覺知煩惱苦的如何集起，亦能懂得如何滅除此一煩惱苦，而在整個煩惱的集滅道跡中，如實顯現八正道的實踐，而斷除愛結，轉去諸結心得解脫，超越生死輪迴。

(1)四念處集四念處沒法　(609 經)

食集則身集，食滅則身沒；觸集則受集，觸滅則受沒；

名色集則心集，名色滅則心沒；憶念集則法集，憶念滅則法沒，

如是隨集法觀法住，隨滅法觀法住，隨集滅法觀法住，則無所依住，於諸世間無所取。

觀集滅法斷執取貪戀，顧念的事項隨緣而集滅，心隨所憶念而境現。

(2)修四念處自知前後昇降差別　(615 經)

心有外求時心散亂，制令攝其心回，皆如實知。

①若於身身觀念住，昏沉心法懈怠，攝心不回，當起淨信(勝念理解四不壞淨)，擇取於淨相已，起淨信心，其心隨喜生喜悅，喜悅身心安樂，受身樂其心安定，如是攝令外散之心休息，至於三禪無覺無觀，捨念樂住如實知。

②受心法念住亦復如是，配合七覺支修攝散亂心。

(3)住正念正智修四念處　(622~624 經)

正信出家，出家學道，捨諸親里覺，正其身行，護口四過，正命清淨，習聖賢戒，守諸根門，護心正念，六根起正法律，如是善攝根門，來往周旋、顧視、屈伸、坐臥眠覺、語默動靜，住正念正智，斷離淨除五蓋，修習四念處。

(修習四念處的前行端正法)

(4)修四念處當取自心相(莫令外散攀緣)　(616 經)

於身身觀住，不能善攝其心，又不得內心寂靜，亦不得勝妙正念正知，則不能斷上諸煩惱，亦復不得四種增上心法，現法樂住。

若能善攝其心，內心寂止，正念正知，則得四種增上心法，現法真實樂住。

初禪乃至第四禪淨念一心，善攝一切心法。

(5)當以四念處為法洲為法依　(639 經) (638 經)

以四念處為自洲以自依，不異洲不異依。於世尊成等正覺所說法，為四念處、四正斷、四如意足、五根、五力、七覺支、八道支，並不隨著舍利佛、佛陀

之涅槃入滅而消失於世間。

(6)正觀五陰

如實正觀色受想行識五陰之本質。

①正觀五陰之無常、生滅法、變異法。

②正觀五陰之非我不異我不相在。(有我則能欲令如是不如是)

③現觀五陰之苦集滅道。　(31, 32, 42 經)

④七處善觀五陰之事集滅道味患離。　(41, 42 經)

⑤於苦樂受之受之集滅味患離不如實知,於五陰集取愛樂執著,愛緣增長,故生愛取有,憂悲惱苦。　(65 經,五陰集滅觀)

⑥於五陰之陰集滅道味患離不如實知,而染著愛樂,於未來世五受陰復生,是為五陰集五陰滅。　(66 經,五陰集滅觀)

⑦於五陰之集滅味患離不如實知,染著愛樂而生愛取有,乃至憂悲惱苦聚,如實知則憂悲惱苦聚滅。　(67 經,五陰集滅觀)

(7)正觀六入處

如實正觀眼耳鼻舌身意等六入處之本質。

①正觀六根六識六觸受無常、生滅法、磨滅法。　(188, 195 經)

②真實正觀六入處若過去現在未來、內外、好醜、粗細、遠近,非我非我所、不相在。　(198, 199 經)

③六入處根塵識和合生觸受,苦受樂受不苦不樂受,亦如實觀無常、無我。(有我則能欲令如是不如是)　(201, 202, 203 經)

④十二緣起之六觸入處的七處善觀與非我非我所。　(209 經)

⑤十二緣起之六入處的苦集滅道。　(353, 352, 344 經)

⑥六入處根塵識和合生觸受,眼滅則色想離、意滅則法想離;與此諸受集滅味患離如實知,不種貪欲身觸。　(211, 213 經)

⑦六入處根塵識和合生觸受,受已思,思已想,此等諸法皆無常、有為、心緣生(214, 213 經);與此諸受之受集滅道味患離如實知　(213, 214, 476, 478 經)

2.聖諦四念處 (現觀四聖諦)

當先經四聖諦思惟修純熟階段。

與四聖諦相應的四念處,乃至正念正知的現見中,如實現觀四聖諦,令正見生起,邪見滅除,破除五陰身心是我我所的錯誤思惟認知,甚至斷除語業命渴愛的束縛,力行實踐八正道的心定祥和。

開放六根現觀中,如實知苦受生起,則實已經由集諦而起諸受,而苦集滅道仍為現觀或思惟修的次第。(現觀集諦以觸、欲、覺因緣為記)

(1)聖諦身念處

目的乃在破除身是我是我所的錯誤認知，及對身體的執著欲貪。

　1.如實知此身是四大地水火風所和合組成，並無一個永遠不變的我存在；

　2.於身念處修習中，如實體會無常故苦，

　　　於欲貪求不得體會集諦，

　　　於五蓋漸減，妄念漸少，體會滅諦，

　　　於集滅道跡如實顯現八正道。

　3.並可由開放六根來禪修四念處，特別是由此進入受念處之修學。如色之陰集滅道味患離滅道跡如實知。　　(31, 42, 59, 65, 68 經)

①第一階：於身因緣生苦如實知

　如實知由身因緣生起老病苦、執著色相苦、四食傷身苦等。

　❶於五陰無常苦空無我不如實知，此身是四大組合亦不如實知，由是體會無常故苦的苦諦；

　❷不如實知諸受之集滅，如是於色身因緣生起煩惱苦。

②第二階：苦因緣生則苦集

　❶食集即身集，色愛喜即色集。

　❷身觸受之集滅不如實知，色身因緣事生愛樂欲貪，而有生老病死苦集，如是身苦病痛生，如是體會色集聖諦。

③第三階：苦集因緣滅則苦滅

　❶食滅即身滅，愛喜滅是色滅。

　❷五陰苦空無我如實知，身觸受集滅而生老病死苦集滅，是為滅諦；

　❸四大組合如實知，離諸食想與欲貪因緣則苦滅，正見生起，現觀於色不生愛欲貪則色滅。

④第四階：色滅道跡聖諦

　色身苦集、苦滅道跡如實見如實知，味患離四正斷思惟修，正見生起邪見消除，正念心靜，正定身行調和，八正道滅道跡如實顯現。

　破除身見結者，須進一步開放六根，內觀六根所引發之受念處、心念處、法念處，徹底清除對色身的欲貪執著與死亡怖畏。

(2)聖諦受念處

受有苦受樂受不苦不樂受之別，指情緒感受之內觀。

三受各有其集滅因緣，如觸因緣、覺因緣、欲因緣等，又根對塵，根塵識和合生觸，觸集是受集，落入自我主觀的想，生起合意不合意的覺，即引起此三受。

如實觀察五陰三受皆是因緣生滅法，苦空無常無我的本質，於此六受身，受之集滅、味患離、滅道跡如實知。　　(343, 352, 476, 609, 65, 68 經)

如實現觀中不必再經思惟修，此意謂著已經四聖諦思惟修純熟階段。

①第一階：諸受生起如實知

如是生起種種感受之變化如實知。

如何是苦受要如實知，

如壓力感、病痛苦、不服不滿覺、不合己意覺、不滿足覺，或失落、挫折失敗、被傷害、沮喪、鬱悶、煩躁、憂傷、不可意、顧念不止等覺受。

②第二階：觸集是受集

是觸因緣、是覺因緣、是欲因緣生諸受如實知。

❶如六觸受因緣生起愛憎執著之我見，緣愛取有而煩惱起，隨集法覺知受之心行，此現觀受之集諦。

❷覺因緣為觀念心態之改變而生苦受煩惱之因緣。

❸欲因緣為五欲之誘而生起苦受煩惱之因緣。　　(609, 481, 343 經)

③第三階：苦受(樂受)集滅因緣如實知

如實知我見、我所見生起，乃是苦受相續不斷的原因，斷除苦因緣與我見則苦及苦集滅，乃即是觀照到不合己意覺(我見)的褪去，正見生起邪見清除，心境乃一轉恢復如常，苦受漸減欲貪漸除。止息一切心行諸受，隨於滅法因緣現觀受之滅諦。

④第四階：八聖道如實顯現

六明分想及味患離屬思惟修，當愛樂欲貪滅，正見生起邪見消除，正念心相應，正智味患離，正定心患離，正定心平靜，受集滅道跡如實知，八正道道跡聖諦如實顯現，現觀苦滅道跡聖諦亦如是。

隨集滅法現觀受之集滅道跡，受滅道跡諦如實體會。

(3)聖諦心念處

指如實正觀四識陰之起心動念的種種念頭與種種心境，特別是會生起煩惱苦的貪瞋散亂的念頭。漸捨離「心是我」的錯誤認知。

如實知五陰無常苦空無我之本質。想陰亦是因緣集滅法，於此六想身、六思身、六識身，心想之集滅味患離與滅道跡如實知，正念護心，正定一心。(如實知觸起心作意動念則生識攀緣)

①第一階：如實覺知欲貪等的心境覺想生不生起

如實覺知引起惱苦煩燥的種種心念覺想。

如實覺知八風所動搖的貪瞋痴心行、八苦種種念想覺想以及種種心境。

②第二階：觸集是想集，名色集是心識集

　　如實知其因色身情緒或情事之苦集因緣，

　　如實瞭解(大腦本能)恐懼與滿足欲望的反射因緣，以及為八風邪見所動搖生起的苦集因緣。(現觀於念想中生起之愛憎執著的心集，以及緣愛取有的想集因緣。此現觀心集乃如實體會感受，是現見法。)

③第三階：觸滅是想滅，名色滅是心識滅

　　於五陰無常苦空無我如實知，諸受之集滅緣起如實知。正見生起邪見消除，滅除恐懼與欲望反射的因緣，以及八風愛欲執著引起煩惱的想集因緣，心與善法相應，隨滅法現觀此貪患害想等，以及那個注視名色的我見消除，令正見心生起，心識不再攀緣四取陰的想滅聖諦。

④第四階：如實知名色集滅道跡之八正道聖諦

　　離欲覺、無患覺想、不害覺想，正念正智，正見緣起真理，護心正念，起心動念清淨祥和，調伏世間貪欲，破除「從前心是我」的錯誤認知，如是隨觀中完成出世間的正念正定，心識不再易受引誘，心想不再落入邪見。

　　隨集滅法現觀心想之集滅，正見生起，味患離滅道跡聖諦如實顯現。

(4)聖諦法念處

　　1.六入處所執取法、四念處結所繫法以及五蓋惡法之如何集起滅去？

　　　　如實內外觀察中，隨順無常觀、生滅觀、無欲觀、滅觀、捨觀、(集滅觀)；

　　　　　　於一切法行中，只見緣起，不復見我，隨順中道行；

　　　　　　於十二緣起法如實知、法之集、法之滅、法滅道跡如實知；

　　　　　　於四念處法，行事諸法之集滅，味患離滅道跡如實知，

　　　　如是自緣起法中體證四法印，見法入法得法隨法！**1

　　2.五陰六入處身心諸行，五蓋七覺支行，甚至禪觀行，不經意識的直覺行，俱是無常無我要如實知，諸法因緣生滅要如實知。

　　　　如實觀六入處生內法、五蓋、七覺支，觀無常由有而無前後際差別，覺知生滅無常不可預料之逼迫性，生惱苦相，由苦相知諸法非自作非他作，乃因緣關係而有，故知無我相，此正觀五陰之法，蓋一切行即一切法。　　(319, 320, 321 經)

①第一階：如實知內結五蓋惡法之生起

　　於所緣如實感受到無常故苦之煩惱事生起，如是覺知我見欲貪引起之憂悲惱苦，如是體會到苦聖諦。

　　於諸法如實現觀，只見緣起緣滅正法不見有我，此為現見法之目標。

②第二階：集因緣生煩惱

憶念集是法集，無明集是漏集，諸法緣緣相依相生。於所緣事生起不合己意事，落入我見生起種種欲惡不善法，如是體會苦集聖諦。

又觀諸法緣起，法之集是十二緣支法集。如生集是老死集。　(352 經)

隨集法現觀於諸法(行事)生起煩惱源頭之集因緣。

③第三階：隨滅法現觀諸法之苦滅聖諦

憶念滅是法滅，無明滅是漏滅，如實知五陰非我之本質。

如實知觸受之味患離，覺知善法令生長，惡法令斷，一切我見心行不再生起，滅除源頭之集因緣，遠離惡不善法之傷害，如是隨滅法現觀於諸法行事之苦滅聖諦。

此為無明滅乃至憂悲惱苦滅之還滅法。

④第四階：法滅道跡聖諦如實顯現

於諸法行事中，如實見法之緣集緣滅道跡，不見有我，平等捨心住，成就出世間正念正智正定正覺的如實法，得四聖諦的解脫智慧。

於五蓋諸欲惡不善法，隨集法滅法現觀諸法，生起善法，法滅道跡聖諦之八聖道如實顯現。

3.生受之因緣

苦受非自作非他作亦非無因而作，苦受是有因有緣而作的，有種種因緣能生起諸受，其中主要有三類，所謂觸因緣、欲因緣、覺因緣等。

(1)觸因緣

根塵識和合觸，觸因緣生苦受樂受不苦不樂受。

六根對六塵生六識，和合生觸，此觸是當下直覺的反應，可能是憎惡感、危險感、威脅感、逼迫感，此即是壓力感。(此感為舊經驗的直覺感知感觸)

面對壓力將激起身心變化，長期不得紓壓，則成障礙。

(2)覺因緣

想法觀念心態感覺之改變，亦生起諸受。　(241 經)

(3)欲因緣

苦受的根本原因是我執我見的欲貪：

求不得苦、愛離別苦、得失成敗落差大苦、健康老病苦、對榮耀的執著、感情之我執、財物之執取、權力渴求的失落等、名利情欲身患等人生六事之強求、執著、愛染的欲求。　(58, 343 經)

4.苦受面面觀　(481 經)

人生八大苦是真實經歷之體驗與離苦經驗的作證。

(1)如實觀受之身心變化

在肢體顏面、語言音調、心情精神之變化三處觀察身心之變化。

(2)如實觀受集因緣

如實觀苦受因緣集成之過程。

①如實觀六入處觸因緣。

②如實觀觀念心態認知改變之覺因緣。

③如實觀我執我見之欲因緣。

(3)決心脫離苦因緣

對於觸受起我及我所之覺想、執取我我所之欲貪、及對情感之堅固執著等，生起決心脫離之<u>出要志</u>，作內外受之如實觀。

(4)如實顯現受滅道跡

止息苦受味患離修無常觀，如實顯現受滅道跡聖諦。

<u>六明分想</u>(無常想、苦想、無我想、觀食想、世間不可樂想、死想)，<u>出要想</u>(出離欲想)，思惟止斷對治，保持世間無可樂想；**2

與善知識對生命苦之對話，四念處修習，正念正知制心一處；

以正念專注內外觀、六明分想，使意志集中；

以正智之如實知見，平復心情之沮喪抑鬱灰心絕望。　　(42, 476, 478 經)

5.略說純大苦受

純大苦受來自人生大起大落的變化、失落或病殆。

人生八大苦，誰都無法躲避，而苦受程度因人而異，身心之反應因情執之輕重深淺而有極大之差別。苦受至心灰意冷沮喪絕望到心死的有之，苦受不痛不癢的亦有之。

(1)苦的種類

生老病死苦、愛別離苦、怨憎會苦、求不得苦、五受陰熾盛苦；苦苦、壞苦、行苦；

於事上感到逼迫性、危險性、威脅性、不滿足性、不可預料性與迷失方向等而生眾苦；身苦、心苦、欲苦、食苦。

(2)苦之集因

大部分之苦來自情感之傷害，主要來自愛欲我執之起落及偏執之無明。

①無明渴愛及執取依戀　　(284, 285, 291, 292, 296, 343 經)

由外界之刺激內心起回應起需求，準備回應時有快樂感，回應完成後起滿足之愉悅感，此中若有不順，則起身心反應上的異常。

人生面對問題和挑戰時，會有執取繫著，生愛憎貪欲。由於無明(不正確觀

念或不瞭解事情本質)生愛欲，在無常變異時，不能滿足自我的需求，引起心的焦慮不安，生種種煩惱。若於所取法隨生味著喜貪，使心追逐於名色，緣六入處，緣觸受，緣愛取有，業有緣生，生緣老病死，憂悲惱苦純大苦聚。

②情感之傷害挫折與情緒之認同

我們的苦大半來自情感的傷害，而內心反應的傾向和環境刺激之影響，會形塑我們的性格和情緒模式。情感的痛苦源自我們對外界刺激所作之反應，人的天性裡有強的平衡力與適應力，它是可以訓練和培養的。有健康正確的回應方式，可減輕我們的痛苦。這正是受念處止息一切心行煩惱中必須思惟學習的課程。

(3)苦受之程度與身心之變化

苦受程度、傷害程度或對壓力反應的程度，與自己對環境回應方式有關，對自己心情緊縮在自我尊嚴的程度有關，執取愈重，情感的痛苦愈嚴重。大苦對身心都會起嚴重之變化。

(4)苦受之處理

苦受程度決定於自己處理情緒之能力，其關鍵則在於對苦的集因是否真實瞭解，不僅在道理上瞭解，更要有離苦之意志。

①自我人格傷害之了解

對於情感傷害之過程、人格成長之影響，要如實瞭解情結或陰影等情緒經驗，要如實瞭解自我本質及傷害挫折所造成之傷害模式。

②內觀當下經驗之本質與內心的反應

內觀受念處，從四聖諦直接認清苦因苦集源頭，認清苦事實的本質，於當下經驗因緣如實覺察，覺知自己對苦受之反應和觀念上的錯誤，生起正見，漸次跳脫苦的漩渦。

6.正思惟與正觀

正思惟是與苦集滅道相應的無漏正思惟，

正觀是正念下平等慧如實觀，即所謂當下的如實知如實見。

如實則必須誠實面對自己的負面心理行為。如是正觀方能斷愛欲喜貪而斷苦，心得解脫，超越生老死苦。**3

(1)平等慧如實觀　(23 經)

心無愛憎親疏，只是如實細心觀察呈現的現象，對其形狀、大小、光色、動態、感覺、二元相對屬性等觀察得清清楚楚。

(2)現觀四聖諦　(218, 344 經)　(現法智)

對一切善惡法、一切行的本質與緣起如實瞭解。對集成與滅去之因緣具直接洞察能力，心無疑惑，於當下日常行中捨心住，正念正智地現觀，心能安住於不苦不樂的寧靜。

思惟與現觀四聖諦之受念處：

①受之如實覺知。(何謂三受之總說)

②受之集滅觸因緣(59 經)，觸集則受集(六觸身→六受身)。

③諸受之如實知集滅因緣相續道跡。

　(三受之個別說：如實觀察其放鬆與接受，我及我所見與正見之生起。)

④正見正定之生起

　修無常觀、(內外受如實觀之)六明分想，生起諸受味患離之正見正定。

　苦的集滅法處理情緒之要點，在使這個歷程能慢下來，才有機會如實觀照到它。它是如此細微快速，不自覺中產生，平時我們意識不到它。內觀禪修能在專注、覺知、靜心中，有意識地捕捉到那些感覺、心的感受及念頭。

　(正念正知)

　❶反認同情緒

　　跳出情緒感受的核心，如實去覺照整個過程，然後自我暗示用語言承認接受自己是容易生氣的人，或以語言方式表達自己情緒的發作，不陷入暴怒火山爆發之中。(改變注意點)

　❷修習坐禪

　　在打坐中抱著放鬆接受的心態，培養平等心正念正知面對那些負面的情緒，單純地讓那些事就在那裡，不評論它不壓抑它，但不認同它。那些與情緒相關的事件被另一種心境取代了，反而生起一種理解的慈悲氛圍。

　❸在苦受存在下轉化自己

　　以六明分想的事實性，去體會這些情緒，不要掙扎不要對抗，使緊縮在其上之心的執著暫時鬆弛。而在情緒的處理中，學會以健康的回應方式，減少苦受的程度，至減除永不再發。(出世間的八正道)

(3)七觀三處(集滅味患離)　(42 經)

　此是具現觀能力之前的如實觀：

　　當知苦諦、苦集、苦滅、苦集滅道跡，味欲貪，患知無常故苦，出離煩惱調伏欲貪、斷除欲貪、超越欲貪。**4

(4)六明分想(1034 經)　六闇分想(104, 291 經)

　一切行無常；一切行無常故苦；苦故無我；離諸食想；一切世間不可樂；

一份有餘即一份欲望罣礙，只是業隨身的死想。

(5)正念正智　(312, 1028 經)

正念：念住於身受心法四念處，其過程、動作、感覺得清清楚楚，是為正念。

正知：一切言行舉止皆在明覺下覺知而行是為正智，內容清清楚楚是為正知。

7.與四聖諦相應之滅苦之道

(1)與四聖諦無漏思惟相應的滅苦之道，就是八正道。在正見、正思惟、正語、正業、正命、正精進、正念、正定八處心行作為的正確反應處理。　(705 經)

(2)同時配合修習七覺支，依於三依一向而解脫於苦。**5

於念覺支身念處之精神集中及正念正知之覺察力；

擇法覺支的適時調整自己的修持；保持正念正智的精進覺支；

捨離諸食想入喜覺支；一切貪憂覺想放下入猗息覺支；

身心覺受安定的喜樂入於定覺支；心定得自在能捨能離入捨覺支，

如是能滅苦解脫。

(3)重大苦受處理的四階段

①墜入痛苦深淵

如失去摯愛的人，長期獨處修行者陷入孤獨抑鬱內在恐懼痛苦中；童年受過重大傷害者，可能會陷入茫然徒然絕望憂鬱，生命流量流失等情感上以及在生理心理精神心情上產生極大的挑戰。

②心神的崩潰

自我人格身份與一向的情感模式，整個崩潰潰散，只剩下了強烈的恐慌，常有不好的預感，自己一向熟悉安全的環境失落了，精神無法集中做好事，落入茫然不知如何是好的疑惑中，或只有哀傷絕望中。

③情緒之反認同

除非內心生起迫切需要擺脫苦的心，自己才會開始調整自己的生活與改變自己想法的復原過程。要從痛苦漩渦中跳脫，就要在自省中面對痛苦真相，接納它的存在，坦然開放地瞭解這個痛苦的因緣過程。我們會發現其源頭來自一種自我情感的觀念執著，造成情感的束縛和傷害。開始面對自己負面的苦情緒，對它產生反認同，去觀照覺知整個因緣集成過程的真相，覺知自我的執著，與欲貪、瞋恚、痴害覺，開始進入轉化自己的階段。

④轉化的開始

由於自我之潰散，在觀照與思惟修，六明分想的親身體會，逐漸瞭解無明因與渴愛緣是罪魁禍首，看到我執的虛幻本質。若此自我開始鬆脫剝落，以正念正智觀照所生起的一切恐懼不安的心情。以完全接納的心情，在正

知下如實觀照，在正念專注下轉移注意焦點，這些情緒漸漸被轉化，在瞭解中逐漸生起慈悲的氛圍，一種平等的覺悟在動盪不安的世間中生起，在八正道的體悟中再生一個完全不一樣的自己。

8.綜論四聖諦四念處的集滅法

內觀四念處亦即內觀五陰。集滅法不同於生滅法，集滅法才能斷煩惱苦，得心清淨安樂住，只觀無常生滅法去除煩惱力道不足，蓋未觀得煩惱的原因故。但生滅無常法仍是集滅法之基礎，由緣起法的因緣生滅有無乃能得知無常生滅法，以及煩惱苦的集起滅去，甚至諸法無我的見法自作證。

(1)四聖諦的集諦與滅諦

集諦說明苦受情緒什麼因緣而引起、聚集、生成；滅諦說明苦因苦緣滅則苦滅；隨順緣起，取集則苦集，取滅則苦滅，愛集則取集，愛滅則取滅，如是乃至無明集則行集，無明滅則行滅。　(292 經)

(2)根塵識和合觸

觸集是受集，觸滅則受滅；觸集是想集，觸滅則想滅；觸集是行集，觸滅是行滅；色集是愛喜集，色滅是愛喜滅；名色集是識集，名色滅是識滅。(59 經)

(3)五陰集滅觀

於五陰苦樂受之受的集滅味患離不如實知，於五陰集取愛樂執著，愛緣增長，故生愛取有，悲憂惱苦，於未來世五受陰復生，憂悲惱苦聚。　(65, 66, 67 經)

(4)集滅現觀與思惟修之差異

現觀是在無間等的如實觀察與覺知，於現觀苦集苦滅，正見心境升起，乃至心定心靜。思惟修則透過六明分想，苦集滅道的正思惟，內外觀而得心開意解味患離。但大苦受則需綜合內外觀與思惟修共同對治，其中確實可知的是集滅法才能滅苦解脫。無常生滅法屬思惟意解修，但滅苦力道仍有輔助集滅法之效。

(5)四聖諦苦集滅道的現觀，尤其是受念處情緒感受的現觀，屬動態的現觀，即要實現於行住坐臥的生活中，也就是在六根開放的日常生活中。

如實知如實見地在正智中現見滅煩惱，此即與四聖諦相應的四念住生活，也是現見法的實修法。

參考資料 12-2-1 之註解：

1 五如實觀 (見第 12 義參考資料 2-3)

(1)無常觀；   (2)生滅觀；   (3)無欲觀(無我觀 → 入無欲觀)

(4)滅觀；   (5)捨觀。

(現觀：需現法智，如實觀：需平等慧。)

2 六明分想

明指智慧分為支(要素)。六種能成就智慧之思惟或觀察。

(1)(一切行)無常想；   (2)無常苦想；   (3)苦無我想；

(4)觀食想(粗摶食、細觸食、意思食、識食)；   (5)一切世間不可樂想；

(6)死想。

3 六種正思惟

(1)四聖諦無漏思惟；   (2)因緣集滅觀的思惟；   (3)六明分想的思惟；

(4)擇法精進菩提的思惟；   (5)平等捨等覺的正思惟；

(6)六見處正慧的正思惟

     ①五受陰處；   ②苦處；   ③五陰非我處；   ④見聞覺識等九處；

     ⑤有我世間常恆處；   ⑥此世、當來世是我我所處。

4 七觀三處

(1)觀七處善

     ①苦：受陰是六受身；   ②集：觸集是受集；   ③滅：觸滅是受滅；

     ④道：八正道；   ⑤味：於受因緣生樂喜是受味；   ⑥患：受無常變異法是受患；

     ⑦離：於受斷欲貪越欲貪是受離。

(2)三處：蘊界處(入三義觀)。

5 三依一向

(1)依遠離(出離)(離四取)；   (2)依無欲(無染)；   (3)依寂滅；   (4)向於捨。

參考資料 12-2-2

《雜阿含經》
有關四念處之四聖諦無漏思惟修

四念處是一切法，四念處是身念處、受念處、心念處、法念處，四念處就是色受想行識等五陰身心的行處，雜阿含276.42經於五陰作七處善隨觀，於四大色觀其法集滅道味患離等七處善如實知，於六受身觀其法集滅道味患離等七處善如實知，於六想身觀其法集滅道味患離等七處善如實知，於六思身觀其法集滅道味患離等七處善如實知，於六識身觀其法集滅道味患離等七處善如實知，並於五受陰、十八界、六入處等觀其如實無我，思惟其實義，故能於此五受陰生厭遠離，離欲無欲，滅盡不起諸漏，內心行捨，得無漏心解脫，慧解脫。

從此七處善隨觀，可知乃就五受陰的七處隨觀，而此七處善就是法集滅道味患離等七處，其中的法集滅道就是四聖諦的法集滅道，是以相對於五受陰的四念處，能與四聖諦的無漏思惟心法相應，作四聖諦的無漏思惟修。 (42經《七處三觀經》五蘊如實知)

佛陀在世證道後，初轉正法法輪，就是四聖諦的聖道法，這是佛陀在世所傳正法的核心，而此核心的核心就是出世間的道聖諦，此出世間八正道是無漏、無取的聖道法，是不起煩惱苦的聖道法，故四聖諦是不起煩惱苦的無漏思惟心法，當有漏煩惱苦集起時，故能入此道諦而滅之，是故若說四聖諦的核心只在滅苦，此說就太簡化了四聖諦的無漏心法。

四聖諦的三轉十二行是在說無上菩提修證三要，從苦集滅道的應知，到知斷證修之所應作，直至已悉知，已斷出，已證出，已修出，於聖道法自知，自覺，終成無上菩提之等正覺。

四聖諦若應用於諸法的現觀，如四食、三漏、五受陰、十二緣起法、四念處等之現觀如實知，就稱為法、集、滅、道之四聖諦；但因一切法中，以苦法最為吾人世間所重視，吾人皆以離苦得樂為生活最重要的目標，故四聖諦常稱為苦、集、滅、道之四聖諦，而以苦法之無間等如實觀，最為世人所重視。若從三轉無上菩提法要來說：

- **苦聖諦**應知一切苦法皆從五受陰出；
- **集聖諦**應斷無明、有愛之一切集法；
- **滅聖諦**應證明解脫寂滅涅槃之滅法；
- **道聖諦**應修四念處如實正觀與止息；

如是知、斷、修、證實踐出世間之八聖道，則此心才能常與佛相應！此心能常與正法相應！

從上述的道聖諦，教導吾人修道應修止觀，也就是應修四念處的如實正觀與止息，並生起明分想的正見、正思惟，如實地實踐出世間八正道。此止觀之修不是一般的先止後觀，或特別將止觀分開修持來說。此處的修止觀是止觀同步並行，說修止終成於觀，說修觀已止亦成，也就是說止成於所觀相，觀於所止三昧相，如是止觀就是如實的正觀與止息同步進行。若未能同步止息當下身心，此乃現觀現證力不足，當先修四聖諦的無漏心法思惟修。先正思惟於苦集滅道的無漏心法，於苦聖諦思惟，於集聖諦思惟，於滅聖諦思惟，於道聖諦思惟；再次進入於苦集滅道聖諦的如實知的修證，無間等現觀力就會增強。參閱305經。
(《六分別六入處經》六入處如實知)

1.何等為四聖諦的無漏思惟？

四聖諦是依於苦集滅道的次序現觀的；四聖諦的無漏思惟亦如是的法次法向，四聖諦的無漏思惟因此有一特性，為由已知果來證起因。這種由果證因如實知見後，以後見果就知因，此時現觀現證的能力由此培養而出，同時很清楚地瞭解何種果出自何種因。四聖諦之無漏思惟即依此特性而思惟於苦集滅道之次序，蓋苦聖諦乃集聖諦之果，集聖諦乃苦聖諦之因；滅聖諦乃道聖諦之果，道聖諦乃滅聖諦之因。如此可見四聖諦無漏思惟的修持可分為兩大階段：一是由苦聖諦至集聖諦如實自覺知的階段；一是由滅聖諦至道聖諦止息，生明，解脫的階段。

四聖諦的這兩大修持階段，又以什麼來連接成一無漏思惟的心法，成為貫穿四聖諦的主軸？這就是十二緣起法，此緣起法以緣緣集道跡及緣緣滅道跡，形成因緣集滅道跡，從苦聖諦，經集聖諦與滅聖諦，至道聖諦的正見生起，成為四聖諦的主軸。這就是四聖諦之所以成為佛陀正法慧學的原因，由此開啟解脫知見的智慧，所謂的自覺智與法住智。當它與七菩提分的等覺結合修習時，後知涅槃所需的等正覺智就會於精進中開啟，這種菩提正覺的大智慧，也是以四聖諦為慧根來培養建立，故知四聖諦乃佛陀正法之菩提種子，是使修習佛陀正法慧力增長的無漏心法。

此一無漏思惟的模式，在法集滅道的思惟中，會培養出善見於法的能力，善見其過患的能力，善見其止息寂滅、生明解脫能力，善見其集滅道跡的能力，善解諸禪的真實義，善入諸法真實義的能力。這種四聖諦無漏思惟的基本模式，就是前面所說四聖諦的七處善隨觀的方式，而以因緣集滅法分成苦集滅道四階段，來闡述其無漏思惟的模式。

四聖諦心法的無漏思惟方式，必須從實修中去如實體會，最佳的切入處，或說下手處，先從五受陰的七處善隨觀去如實體會，去思惟其實義，再從出世間的八正道去作無漏思惟，思惟於無漏的正見、正志、正語、正業、正命、正方便、正念、正定，如此真實善學此一無漏心法的思惟模式，終能熟悉的運用到四聖諦如實知的程度，所謂苦聖諦如實知，集聖諦如實知，滅聖諦如實知，道聖諦如實知的程度。

(1)何謂苦聖諦如實知？

苦聖諦是人生的苦諦，在如實觀中人生確有八苦，所謂生老病死苦，求不得苦，怨憎會苦，愛別離苦，五受陰熾盛苦等，妄想思量的折磨從未停止，情感好惡的欲癮從未歇過，計較爭執的是非何曾遠離，無量的過去生在六道輪迴不休，曾經死歿堆積的屍骨無量，在無常的法流中流過無量苦的血淚，受過多少生老病死苦，人生八苦。而目前吾人仍在重踏覆轍，從現在茫然地走向輪迴之道的未來而不自知，即使已能接受世事無常的事實，即使已能瞭解生老病死不可逃避的宿命，但又有誰能泰然的接受呢？這一切皆因於不能如實知苦聖諦，及種種苦受五陰自心相的緣故。

首先要如實知人生的種種苦煩惱是什麼外，必要知一切煩惱苦皆從名色五受陰出，是以當如實了知名色五受陰為何？如何地運作？如何會生起煩惱苦？內名色是五受陰，外名色是六塵外境相，四識住是如何地攀緣於名色？四食也是涉及名色五陰，四食與識住的關係真相如何？五受陰的識何以居於樞紐的地位，在十二緣起的識應如何作解，何以後面又緣著名色五陰？為何修行者要修得識無所依，才能於世間無所取，無所著？類此皆從五受陰出，這些都要如實知，方能真正了知一切苦法皆從名色五陰出，故有苦陰自心相，五受陰就是苦陰。

所以為如實知苦聖諦真實義，必要先能了知人生八苦是帶有憂鬱、悲哀、憤怒、亡失、牢逼、驚駭等特性之苦，此皆與識住於財色名食睡的名色有關。再者於法聖諦而言，當如實知諸法的本義、本質，於陰、界、處、戒、定、慧、四食、三漏、緣起等，為成就身苦心不苦，身忙心不忙的真實義而精進。

(2)何謂苦集聖諦如實知？

苦集聖諦乃前面如實知苦聖諦，雖知苦皆從五受陰心行運轉而出，卻不能真實了知何因何緣有此心行運轉，所以苦集聖諦的如實知，就是要如實知集起、生成、轉變成煩惱苦的因緣真相為何；或於諸法本義如實知，此心

意識的識住，起心，作意，動念，成識的心行運轉過程，何以會集起煩惱苦或諸欲惡不善法？

要如實知苦集聖諦，首先得了知煩惱苦既然從五受陰出，就從五受陰作如實觀，就會如實知見在五受陰中計有我，見我，生起我見、繫著、使、心結縛而起貪欲苦因。但如何在五受陰中見我呢？原來五受陰識住認知的資料，都從六根對六塵的接觸而來，所謂眼色、耳聲、鼻香、舌味、身觸、意法。此六觸入所觸，自嬰兒時期開始，就對六塵計我，計我所有，隨著日子累積越來越多的我所有，就會開始在五受陰見我，計有我，六觸所觸生諸受，樂受則生貪欲，苦受則生瞋恚，不苦不樂受則生不知不明，貪瞋甚則生害心，不信善有善報，不信惡有惡報，故如是真實作觀能如實知苦集聖諦的道理。

若能如實知此憂悲惱苦的人生，來自六入處集，依於對十二緣起法的進一步瞭解，如實知六入處集是名色貪瞋癡集，名色集是識集，識集是行集，行集是因無明集，如實循著十二緣起法的緣緣集道跡，原來苦集聖諦的源頭，來自無明的覆蓋此心，此無明心於五受陰計有我，對此五欲世間生起喜貪愛欲的識住，起貪瞋癡心，作貪瞋癡害意，動貪瞋癡念受想行，成為另一波增長無明、有愛的營養分。至此，當如實知原來無明與有愛是苦集聖諦的源頭。

若於諸法的法集聖諦而言，諸苦受的主要因緣有三：覺因緣、觸因緣、欲因緣。其中以欲因緣為五受陰引起憂悲惱苦最主要原因，個人私欲為五受陰之根本，故於諸法計我，於此諸法起當來有愛、喜貪、樂著，是為一切法之集法，如是四食之集，於四食起喜貪愛欲，識住增長，攀緣入於名色，入名色故諸行增長，諸行增長故當來有增長，當來有增長故生老病死、憂悲惱苦集，純大苦聚集。此欲因緣集之源頭仍是來自無明、有愛，如是於陰、界、處、十二緣起、三漏等諸法中計有我，此是為法集聖諦如實知。

所以為如實知苦集聖諦的真實義，當知有種種集因緣，次當瞭解此集法乃於諸因緣中計有我，見我，生起貪欲，而這一切皆來自無明與有愛。有愛者，業有、有餘之愛染。有餘者，一切業有之餘留於此心意識中。業有者，一切善、惡身口意行之蓄積儲餘，種下當來有下一期輪迴六道的種子業因。當來有者，眼前現世或未來的業報之有。如是如實知此苦集聖諦，於諸世間產生樂受時無欲貪，苦受時無瞋，不苦不樂受無癡，依無欲向於捨，為精進於無欲樂，當斷無明、有愛。

(3)何謂苦滅聖諦如實知？

若不如實知苦聖諦，就一定不如實知苦集聖諦；不如實知苦集聖諦，就一定不如實知苦滅聖諦。但若已知苦集聖諦者，雖已知應斷此集因緣的源頭：無明與有愛，卻不知何謂無明，若不知何謂無明，就不知如何斷此無明，故要如實知此苦滅聖諦須分兩階段來如實知此滅聖諦，首先已知貪瞋癡集的因緣中計我、見我，故引起生老病死、憂悲惱苦聚集，若能於五陰不計我，不見我，就能於現法中不起貪瞋癡，貪瞋癡滅則憂悲惱苦聚集滅，此時就現法中的集因緣滅，煩惱苦滅，是為現法的苦滅聖諦如實知，此為第一階段。

苦滅聖諦的第二階段，實為第一階段的持續精進而言，也可說是第一階段為近期目標，第二階段為遠期目標，此遠期目標就是永破無明而生明，生明究竟解脫，證得涅槃的寂滅，所以滅聖諦的修持，當得持續第一階段的如實覺知苦聖諦與集聖諦之止息，再於止息集因緣的如實體會中，淨修上道，生起滅除此集因緣的正見、正思惟，於此正思惟中，生起出世間的正見，正見生，當下無明的我見、邪見滅，如是如此善護念此心，以正念護心，念念轉向善趣，念念更轉向涅槃寂滅，離貪瞋癡苦，正向寂滅樂精進。要如實知苦滅聖諦，尚得如實了知十二緣起法的緣緣滅道跡，了知此緣緣滅道跡，當亦如實了知其緣緣集道跡，緣緣集道跡就是憂悲惱苦聚集之流轉門，緣緣滅道跡就是憂悲惱苦聚集滅的還滅門，此二緣緣集滅道跡恰與苦集聖諦、苦滅聖諦的因緣集滅相應，是以十二緣起法即以此二緣緣集滅道跡貫穿整個四聖諦，在苦滅聖諦的滅除現前的集煩惱中，生起滅除我見所衍生煩惱的正思惟、正見，實踐出八正道的滅道跡，如是必如實知此苦滅聖諦。

所以為如實知苦滅聖諦的真實義，除了當知有種種集苦煩惱因緣，以及當知其所以然外，當知如何生起苦滅聖諦的正思惟，於此對無明、有愛此集因緣的正思惟，於此正思惟生起明分的正見，換言之，就是對21項無明法的正思惟，並來到如實知，此如實知就是正見，此正見的生起，就能使集煩惱的我見、邪見消彌無蹤，正見生起就是無明而明的生起，我識就無所依住，世間乃無所執取，於世間無所執取，善得心解脫、慧解脫，現法智證涅槃寂滅。

佛陀為使五濁惡世眾生究竟解脫，成等正覺，為此一大因緣出世說四聖諦，說諸佛淨土的37道品，是以如實知苦滅聖諦的終極目標，乃在究竟解脫，寂滅涅槃。佛陀說法四聖諦三轉法輪，就在闡明此四聖諦之應證寂滅涅槃，並說明三轉十二行無上菩提的三要，經由三要的應知、應斷、應證、應修

的如實已作，實踐出世間的八正道的聖道法，完成如實知滅聖諦生明解脫寂滅涅槃的滅法。

(4)何謂苦滅道跡聖諦如實知？

苦滅道跡就是從如實覺知苦聖諦的煩惱苦現起，為解脫此煩惱苦，乃徹底思惟瞭解集起此煩惱苦的原因，是怎樣的因緣引起此煩惱，瞭解後就思惟應如何去滅除此集因緣，令煩惱苦消失，於是如實地生起明分的滅煩惱的正見，正見一起，因我見或邪見所引起的煩惱苦被滅除了，正念護心現前，心正定一心，現前一法解脫，類此從覺知苦到正念護心，正定一心解脫，此道跡即為苦滅道跡；類此苦滅道跡的思惟，就是四聖諦的無漏思惟模式。此苦滅道跡最後顯現的就是八正道的聖道法。出世間的八正道是無漏無取的聖道法，是不起煩惱苦，不起貪瞋癡的聖道法，它是四聖諦無漏思惟心法的核心，它是佛陀之前的古仙人道跡道徑，八正道是西方極樂世界，一切佛淨土的八功德水，它是佛陀為一大因緣說37道品的核心。四聖諦無漏思惟心法的終極目的，就如是經由知斷修證的應作已作，如實地實踐此出世間的八正道聖道法。

常聽說學佛要超出三界六道輪迴，要了脫生死，究竟解脫，或說要修菩薩六度萬行，或修居士信戒聞施空慧六法，這不是學佛，這是目標與菩薩、居士的修持，學佛當學佛陀的知見，佛陀的心志，佛陀的正語，佛陀的妙行，佛陀的修道生活，佛陀的精進方便，佛陀的正念護心，佛陀的三昧定力等出世間的八正道，這才是真正的學佛，這才叫作怎樣學佛，也就是說學佛的內容就是八正道。

八正道的八項修證要素，就是知見、心志、語言文字、行為、工作、勤奮、意念、專心等，這是所有世間要立功、立德、立言，有所成就的八大必備要件，也是出世間學佛成佛的八大道法要件，其中當以正知見的最先建立最為重要，有正見才有正志、正語、正業、正命、正方便、正念、正定等八正道品，有正定就能離欲向於捨，得究竟解脫。

所以苦滅道跡如實知的真實義，就是如實實踐此八正道聖道法，其應修道法為應修四念處的如實正觀與止息，蓋苦聖諦是苦集聖諦之果，苦集聖諦是苦聖諦之因，此是如實覺知苦及集因緣應斷的階段；道聖諦是滅聖諦之因，滅聖諦是道聖諦之果，此是如實止息煩惱及證得解脫的修證階段，同樣的四念處之修習，也分成如實正觀的階段，與身心止息的階段，如是於四念處的四聖諦無漏思惟修，就是依於苦集滅道的四階次序分別言之，即身念處的苦集滅道思惟，受念處的苦集滅道思惟，心念處的苦集滅道思惟，

法念處的苦集滅道思惟。

2.身念處的四聖諦無漏思惟修：

(1)於色身本義或苦諦的如實觀與思惟—法聖諦：

身念處乃言吾人此色身有關所起的念頭。身念住則是指吾人將此心的注意力集中於此色身上。

身念處四聖諦無漏思惟修的第一觀，就是要如實知此色身是地水火風四大及其因緣所造作而成，不是由誰所製作而成的，以此地水火風的物理特性，以及化合作用性質來說明色身的物質性，這是思惟認知此色身本義的第一步。

色身的苦法，乃指與此色身相關情事所引起的煩惱苦，譬如：色身的病苦、色身的老化、色身的形相、色身的衰弱等，若因此引起煩惱苦，要如實覺知這是身苦，不是心苦，但也如實知心常因而亦連帶起苦受的反應，當作如是觀如是思惟，如實覺知。

(2)於身念處集諦的如實觀與思惟—法集聖諦：

如實觀於此色身的集諦，就是如實知此苦法集起的因緣為何。人生八苦中的生苦、老苦、病苦、死苦，就是此色身的苦法；其中五受陰熾盛苦的色受陰熾盛苦，即言於此色身計我，執取於色身的喜貪愛染，因而引起煩惱苦。故於此色身起愛貪是為色身之集法，其源頭亦就是來自無明覆蓋，愛繫其首所致，當作如是思惟如是觀，這是內觀自因緣之集法。

一切集法即指一切因喜貪愛染而引起相關煩惱苦而言，當相關於色身時，即指色身的集法。

(3)於身念處滅諦的如實觀與思惟—法滅聖諦：

於此色身相關情事所引起的煩惱苦已知，已如實了知此色身的集諦，瞭解了此色身引起的煩惱苦，學者乃從此集法的自他因緣，試圖滅除此煩惱，乃思惟此因緣來自對此色身的喜貪，而此喜貪來自於身見的計我所致，故於此色身不起喜貪的話，則此集法的自因緣自然滅除，此是色身滅諦的思惟，當作如是觀。

故於此色身滅諦思惟，欲破集法無明的我見、身見，當起六明分想的正思惟，生起明分的正見，有此明分的正知見，心境一轉，正念護心，煩惱苦漸失憑附而滅，甚而念念轉趣涅槃，正向生明、解脫，此是色身滅諦之無漏思惟，自他集滅的因緣觀。

(4)於身念處道諦的如實觀與思惟—法滅道跡聖諦：

前面於色身滅諦思惟，欲破集法無明的我見、身見，乃起明分想的正思惟，生起明分的正見，故能暫除無明所生起的我見、身見，滅除集法對色身生起的愛貪煩惱，如是思惟為四聖諦的無漏思惟，如是觀是為如實顯現八正道的正見，正念等之苦滅道跡聖諦。

於四念處作如是觀，是為四念處的如實正觀與止息，即所謂的修道諦要修止觀，而修止息乃須依於遠離是非，依於離欲無欲，依於滅盡寂滅，向於平等捨而修之，止息對此色身貪愛的心動與煩惱。

3.受念處的四聖諦無漏思惟修

(1)於六受身本義或苦諦的如實觀與思惟—法聖諦：

五陰的受陰，就是吾人的情緒感受，受念處就是這些好惡感受的念處，這些情緒感受乃由六觸入處所接觸的色聲香味觸法六境所引發，故它的本義是為六受身，即指眼色觸生受，耳聲觸生受，鼻香觸生受，舌味觸生受，身觸細滑生受，意觸法生受，如是說受陰之來處，於此自心相要能如實自覺知。

而於覺受之覺相，若以分三類而言，是為苦受、樂受、不苦不樂受等。受之苦聖諦思惟，也就是一般苦法覺受的所謂苦聖諦思惟，在六觸身生六受，然後於五陰執取生起苦受，此即受念處法聖諦之實義思惟，也要能如實內觀覺知苦受等心行自心相之生起。

(2)於受念處集諦的如實觀與思惟—法集聖諦：

於六受身生起苦受煩惱如實覺知後，當作思惟於諸受生起的因緣為何，方能進一步滅除改善此諸受，思惟於諸受生起的因緣主要的有三種：一是覺因緣，由於覺想心態認知的改變，而引起的諸受；一是欲因緣，由於欲求順遂與否所引起的諸受；一是上述六觸受的觸因緣，由於六觸身的觸因緣所引起的諸受，若屬苦觸因緣，故生起苦受煩惱，是屬觸集是受集的集法，應斷的源頭就是無明、有愛，此屬內觀之自因緣。

此受之苦聖諦至苦集聖諦，是現見法於煩惱如實覺知應斷的階段，當作如是內外法觀察思惟之修持。

(3)於受念處滅諦的如實觀與思惟—法滅聖諦：

如實知苦受生起之因緣，故就此覺想心意的認知，於正思惟生起六明分想的正知見，捨離引起苦受的認知；或就欲因緣的執取，生起對其過患的厭

離,依離欲無欲而斷其煩惱;或於其苦觸因緣,依遠離而斷其煩惱苦,如鼻嗅氣味而引起苦受,應於一嗅氣味即生苦受的當下,即刻遠離此氣味之環境,先斷其苦受,再從自他的集因緣思惟因應之道。

若屬心意識的苦覺受,當思惟如何起明分的正思惟,生起正見,來滅除引起煩惱苦受的邪知邪見、我知我見,於受受觀念住,念念轉趣涅槃的寂靜。當作如是生明解脫的無漏思惟與如實觀。

(4)於受念處道諦的如實觀與思惟—法滅道跡聖諦:

上述受之苦滅聖諦,滅除了集因緣所引起的煩惱,乃因生起了六明分想的正知見,端正的心志,甚至於生起正定的定力,正念護心的緣故,此就是八正道的如實顯現實踐,安住於六明分想的八正道中。

從此受之滅聖諦至道聖諦的如實顯現,就是現見法身心煩惱止息寂滅修證的階段,此階段與前面煩惱如實覺知應斷的階段,銜接成苦集滅道的苦滅道跡,這就是道諦的苦滅道跡聖諦。

如是苦滅道跡聖諦,吾人可以瞭解為何佛陀教導吾人應修止觀,就是要修持四念處的如實觀,止息身心的煩惱,應知苦處,應斷無明有愛之集法,應證生明解脫之滅法,這樣如實實踐了八正道之道諦。

4.心念處的四聖諦無漏思惟修

(1)於心念處本義或苦諦的如實觀與思惟—法聖諦:

心念處的本義就是心意識本身所發出的種種覺想的心境、心量、心態、心性的念頭,是屬識住於想思的範疇,亦屬六想身與六識身的範疇。

這些覺想思包括貪欲、瞋恚、癡害等覺想、心量大小、心態高下、心境散合、心境的染淨,心性定不定、心性修習不修習等細微心念處的心如實覺知。

心念處的苦諦,指從心地引起煩惱苦,這種苦表現在得失、利損、稱譏、毀譽、順逆等現行中,可說是一種名色五受陰熾盛苦,當如是思惟於心念處,並得如是如實的覺知此心苦、心行的生起。

(2)於心念處集諦的如實觀與思惟—法集聖諦:

於如實覺知心行的生起,就思惟為何會生起如是的心行;若屬惱苦的生起,則思惟到底是何因緣?乃正思惟觀察於此心苦,此類心苦的因緣,主要的有欲因緣或覺因緣,因認知之覺想的不同,以及財色名食睡的私欲,因而集起,乃此心苦的集因緣,如是對五欲之樂的追逐,於五欲生喜貪、愛染、

執取，造成心境、心性、心行等之改變，這就是它集法之諦義。於現法中覺知集起心苦的因緣，當分別思惟自他因緣，而於自因緣思惟它根本的源頭為何？此一源頭就在此心意識，認知的邪見就是來自無明；五欲的私欲就是來自無明的我愛、我見，此無明有愛當斷，應作如是觀，如是思惟於心之集諦。

(3)於心念處滅諦的如實觀與思惟—法滅聖諦：

前面於現法中覺知集起心苦或心行的因緣，當思惟應如何滅之時，首先於現法中滅此因緣情事，或遠離，或離欲，或斷除此因緣，心的苦受煩惱自消除，但若厭離滅捨之力不足，仍未解脫於此心苦，當起正思惟於無明愛結的源頭，來自根深蒂固的我見、我執的習性，如是當起無常觀、生滅觀、無欲觀、滅觀、捨觀等思惟觀察而滅盡捨離，乃生起明分知見，證得現法或究竟解脫，寂滅涅槃。當於滅諦如是思惟觀察，如是應證生明解脫，此就是起明分想的無漏思惟。

(4)於心念處道諦的如實觀與思惟—法滅道跡聖諦：

上述心之苦滅聖諦，經由五觀滅除了集因緣所引起的心惱苦，乃生起了端正的知見、心志，乃至正定、正念的生起，此就是八正道的如實顯現實踐，如是從心苦的如實覺知，到八正道的如實顯現，就是所謂的苦滅道跡，也就是苦集滅道的無漏思惟模式。

能如是顯現此苦滅道跡，如佛陀教導，應如實知此心苦處，應知當斷此心苦的無明與有愛，應知當證生起明分正見的寂滅涅槃解脫，應修此心最重要的四念處的止觀，如實地修持此心法的內外觀，止息身心的煩惱，如實地實踐出世間的八正道。

此即心念處的無漏思惟心法，應作如是觀。

5.法念處的四聖諦無漏思惟修

(1)於法念處本義或苦諦的如實觀與思惟—法聖諦：

四念處是一切法，即涵蓋身念處、受念處、心念處等一切法，或六根對五欲六塵外境相現前的一切法，亦即對當前的一事一法的真實經過與結果，包括身受心法等心行，要如實知，而於此要正觀諸法諸行的無常、無我，此即法念處的本義。法念處在此即相當於識住於行陰，由於識住的認知，而有不同的反應。

認識諸法無常，生滅變異，不可預料預知；諸法無我，不可控制，故生變

異苦、有漏煩惱，法念處之苦諦真實義，即在言明諸法的無常變異苦、生
住異滅的終必壞苦，當如是了知諸法的苦聖諦。

(2)於法念處集諦的如實觀與思惟—法集聖諦：

於諸法計有我，見我，生起喜貪愛染、執取樂著，此是法念處的集諦；此
與諸法是因緣所生的集法相互映照，也就是說諸法中的苦法，也是有因有
緣於法生起苦受煩惱的，此生起苦受煩惱的集因緣，仍是前面所述的覺因
緣、欲因緣、觸因緣。但應就自他因緣分別思惟瞭解，外觀集成此結果的
他因緣為何？內觀自因緣的心行運轉如何，有否不當之處？當如是思惟瞭
解法念處的集諦或集法。

法念處的集諦，除了知集諦的真實義外，當知此諸法生起的煩惱因之總源
頭，就是來自計我的無明，來自眷戀不捨的愛結，欲貪愛染就像是自我的
養分，會在諸法中種下貪瞋癡的種子因，甚至種種欲惡不善法，此法念處
集法，當如是思惟作觀於自因緣部分。

(3)於法念處滅諦的如實觀與思惟—法滅聖諦：

前面已能如實覺知諸法是何因緣所生，能如實覺知到於諸法起喜貪，故四
識住增長，向外攀緣，故生老病死、憂悲惱苦聚集，當如是思惟於法滅聖
諦。

故當於自因緣生起滅苦解脫的六明分想，以正知見滅除集因緣可能引起的
煩惱，乃至生老病死、憂悲惱苦聚集滅，當作如是思惟觀察。

如是生起破無明的明分想，生起破除我見、身見、邪見的正知見，有此正
知見方能法法轉趣涅槃，證得明分解脫，此是滅聖諦的應知，應證，無漏
思惟的如實觀，如實覺知。

(4)於法念處道諦的如實觀與思惟—法滅道跡聖諦：

如是安住在六明分想的正見，以正念護心，令心安定於坦然平靜中，滅除
諸煩惱，令識住不增長，識無所依住，無所執取，心無所著，故能得心慧
解脫。

這樣由苦法的生起，經如實地了知其集苦的因緣，乃思惟如何生起正知見
來滅除此集因緣，滅除此苦法的欲貪，如是透過四念處止觀的修習，生起
明分想的正思惟，正見生起，堅固端正的心意志，以正念護心，滅除當下
現行的煩惱，正定於現法般涅槃的修持，正向貪瞋癡永斷無餘的目標精進，
此一道跡是為諸法的苦滅聖諦道跡，亦即是為四念處的無漏思惟修。

由以上四念處的四聖諦無漏思惟修，於身受心法四個念處的道諦思惟，也就是所謂的法滅道跡聖諦…苦滅道跡聖諦乃諸法之主軸，這個滅道跡的思惟模式，從苦諦自五受陰的生起，瞭解其集起煩惱苦的因緣，到以道法生起正見，來滅除邪見、我見所引起的煩惱，及生起無漏無取的正念，以正念護心，使心定超脫貪欲使、瞋恚使、無明使，如是從如實觀察覺知五受陰自心相的現前，到止息五受陰心行諸自心相，恢復到平靜平和，這整個過程就是苦滅道跡的過程，這正是四聖諦無漏思惟心法的過程。

四聖諦無漏思惟心法的思惟修，應用於日常生活中，修習再修習於現前每一法中，四聖諦的現觀現證能力就會自然不勤而得，只見緣起緣滅，不見有我的隨法行能力自然大增，不僅開法眼，滅一切集法，止息一切集法，成就四不壞淨，斷三結，乃至初禪具足住，得法眼淨大義的智證，自然不得而得，不證而證。

參考資料 12-2-3

五如實觀、七處善隨觀與現見法

[1]四聖諦無間等與五如實觀

若於四聖諦未無間等者，於此四聖諦未如實知如實見，無隨順正覺正受，則長夜驅馳於生死輪迴中；故當隨順如實知，入如實法，斷生死有流，盡生死苦邊，不受後有。

1.無間等

(1)無間等義

①無間：無所間斷，持續不斷不變。

②等：持續不變。

③無間等

自始至終皆為同等持續不變之狀態。佛說於四聖諦當學無間等者，專指於四聖諦的如實知、如實觀。這種如實觀是一種如實無間等的現法觀察，又稱為現觀、現證。

無間等(現觀)乃直接於現法作直接的如察觀察，自始至終無任何疑惑，無任何雜緒思惟，無任何分心間斷，只有直接的現法現證的如實觀察。

(2)二種如實

如實可分二類。一是現象上的如實，一是本質上的如實。

①現象上的如實 (一般的如實觀)

就內外法所呈現的現狀直接觀察認知。

在內法上，特別著重在四無色陰心行自心相的如實觀。

❶受陰：以情緒感受為主，如歡喜、憤怒、恐懼、憂愁等。

❷想陰心行、行陰意行

以覺想為主，如不滿足、不合己意、壓迫感等覺想，期待、貪欲、怨恨、愚痴等覺想。

❸識陰

以四識住於身、受、想、行等覺受想為主。

此中識住於色陰的心行自心相，除對地水火風四界十六觸身行的認知外，亦能如實覺知對此色身之健康、形相、能力等產生之自心相。從粗到細對身心之體會，對其自心相都能如實覺知。

②本質上的如實 (如實現觀)

如實現觀就是本質上的如實觀，也是一種直覺洞見本質的覺知。

以五陰之本質、本義為主，即五陰之無常苦空無我、無我所的本質。

除了如實觀無常無我的事實，更因此生起斷除宿業，不造新業的作用，不經思考直接淨化心識，直覺洞見梵行深義的覺力，完成現觀現證的現法智證效果，得現正法，得如實法，得真如法。

於四聖諦如實知，因無間等現觀而生起四聖諦的自覺智，此自覺智於義饒益，於法饒益，於梵行饒益，正智正覺，向於涅槃。

若於四聖諦的無間等現觀，如實知見，現證四聖諦的平等正覺，是名為如來、應、等正覺。

2.四聖諦現觀的法次法向

四聖諦無間等現觀有其法次法向。

* 法次：依照苦聖諦 → 苦集聖諦 → 苦滅聖諦 → 苦滅道跡聖諦次序，逐次而如實現觀。
* 法向：正向於寂滅涅槃。

現觀力來自佛陀法住法向之教導，成就現觀力，見果即知因。

苦聖諦是苦集聖諦之果，苦集聖諦是苦聖諦之集因緣。如是從果見因，再從集因緣見集滅法，從滅諦的果再見苦滅道跡聖諦之因，見果知因。

若能如實漸次無間等四聖諦，於四聖諦平等正覺者，是名如來、應、等正覺。

3.四聖諦無間等現觀的淵源

佛陀就生老病死及輪迴受生之法作正思惟，生起無間等觀而如實知其相依緣的法住關係，如是起十二緣起法法住法位的無間等知。

(1)十二緣起法住之無間等如實觀

①依「緣起自然法則」思惟

「此有故彼有，此起故彼起；此滅故彼滅，此無故彼無」，此即是緣起自然的思惟模式。

佛陀依此緣起法則，於生老病死思惟「何法有故老死有？何法緣故老死有？何法無故老死無？何法滅故老死滅？」

②起如實無間等觀

依此思惟起如實無間等觀，得無間等如實知：「生有故老死有，生緣故老死有；生無故老死無，生滅故老死滅。」

由此發現「此起故彼起」的緣緣集道跡；

以及「此滅故彼滅」的緣緣滅道跡。

此二道跡即是成等正覺時，緣起自然因果法則及十二緣起因果緣起法則。

❶由緣緣集道跡

　　1.純大苦聚集，知苦聖諦，　　2.緣緣集道跡知有苦集聖諦；

❷由緣緣滅道跡

　　1.純大苦聚集滅，知苦滅聖諦，2.緣緣滅道跡知有苦滅道聖諦。

(2)如實知八正道、十二緣起成等正覺

從四聖諦諦理，可知四聖諦涵蓋了八正道，以及十二緣起法的集滅道跡，故說十二緣起法是四聖諦之主軸，貫穿整個四聖諦的諦理，並在苦滅道跡聖諦生起八正道之正見，而得四聖諦之精華，所謂八聖道。

佛陀從此聖道法，如實見老病死及其集、滅、道跡；如是乃至如實見行及其集、滅、行滅道跡。也就是如實見十二緣起法的法、集、滅、道，乃至於此法自知、自覺、成等正覺。

佛陀成等正覺後，依此法初轉法輪，為眾開示法次法向，饒益一切人天。

此即是諸佛在世初轉法輪必說四聖諦法要之淵源。

4.四聖諦的現觀、五如實觀與無漏思惟之關係

四聖諦現觀是明智正覺，於法義梵行饒益，現法智證苦集滅道，要能培養出此種直覺本質與深義的洞見力，要有修行的正向次第。

(1)先修習四聖諦如實知

在有漏現前的一法修習到心行止息的無漏，依苦集滅道次第，思惟觀察修正，是為四諦之無漏思惟修。

熟悉無漏思惟修，如實觀知四諦行法，尤其是根塵識六觸受的受念處，就苦集滅道階次作正思惟修。

如是修，熟悉因緣集滅法，也了解正見正思惟如何生起，在此進入如實知階段，將生起四聖諦之自覺智，加強如實現觀力，直到見果就知因，以後見因就知果，正念正智，現法即時現證，即是現觀之直覺洞見力。

此現觀力具備現象如實知的能力，更具足了本質深義如實知的直覺力。此種由四聖諦無漏思惟修，於受念處、心念處、法念處如實觀知苦集滅道的次第，日漸培養出現觀力的修持，即是四聖諦無間等之修學方式。

(2)五如實觀

行者由於所執取法或結所繫法，心縛繫著，或起愛憎顧念，或識住攀緣名色，

佛陀教導以五如實觀，作明分想，循因緣集滅法之滅法，令純大苦聚集滅。

①無常觀、生滅觀

此等屬現象之如實觀，由現象之變遷而如實觀入心智面之理解，開啟現法智(現觀所需)及平等慧(如實觀所需)。

❶現法智：能見法之緣起緣滅。

能了知無常是有為行、是滅法、患法；是離欲法、斷知法。由此了解變易生滅法、因緣集滅法。

❷平等慧：能如實正觀五受陰之本質。

於此五陰心行作無常觀、生滅觀，而如實知五陰皆空、無常、苦、非我、非我所的本質。

②無欲觀、無我觀

此等屬本質面之如實觀。

❶無我觀

1.獨處，保持正念正知，如實正觀此正念正知是如實的，是無我的情境，沒有自我隨量之評價，如專心於經行，全心放在雙腳之提起、前移、放下之動作上。

2.將事全然交付他人，自己則隨緣相應。於此過程中體會有我、無我情境之差異，了知當下無我(無事)狀態之心境心行，如是修習無我觀。

如實修習無我觀，一再印證此情此境之無我，不但如實了知因緣集滅現象，並自此因緣集滅法，開啟法住智。

❷無欲觀

由無我觀直接進入無欲觀。

了知無我則無欲，無欲故心得清淨。此為本質上的如實觀。

1.如實觀欲界愛無欲、色界愛無欲、無色界愛無欲

(1)斷除欲界五欲世間之愛欲執著而生明，在禪觀修持令身心止息安適。

(2)斷除色界美好喜樂形色世界之愛欲執著，在禪觀修持淨念定靜喜樂。

(3)斷除無色界寧靜、清淨、自在意識境界的愛欲執著，在禪觀修持清淨自在一心。

2.修無欲觀必從修無我觀起

於結所繫法就是以貪欲為結為取，於六根對六塵要不起貪欲。

主要來自四聖諦的無漏思惟修，以及無我觀的修持。

　　　　　貪欲來自我所的有我，真實體會無我則無欲，無欲心不散亂，清淨寧
　　　　　靜而自在。無我觀的修持是修無欲觀的前行。

③滅觀

　　《雜阿含》283 經，五如實觀並沒有無我觀，而有滅觀，此乃三依一向的
　　修證法，此處之滅為寂滅。若一切行無自我私欲因緣的相續，在無常生滅
　　法的事實下，一切行一切法終歸於寂滅，此為繼無我、無欲後的必然結果。
　　故在實修上以無我觀取代此滅觀，並排序在無欲觀前。

④捨觀

　　此是屬本質上的如實觀，也是現象上的如實觀。

　　前四種如實觀，終歸於此捨觀，皆內含有此捨觀之屬性，如三依一向。

　　所謂捨觀者，捨不善法，也捨善法，能隨機隨緣或取或捨，取捨自在，心
　　自在無所結繫。

　　何以能作此捨觀？

　　　　必須無我無欲方能捨。必須了知從緣起的無常是離欲法，方得成辦無我
　　　　無欲觀，也就是必須具備現法智與平等慧，於法才能取捨自在。

　　　　　有現法智方能如實作無常觀、生滅觀，了知因緣集滅法；

　　　　　有平等慧方能從五受陰本質，如實作無我觀、無欲觀。

　　　　有此現法智與平等慧方能於內心行平等捨，開啟取捨自在的行捨智。依
　　　　此行捨智如實作捨觀，隨修習的法要，

　　　　　於不善法捨，即於結所繫法捨離貪欲不善法，修習圓滿；

　　　　　進昇上道的善法捨，法法正向於涅槃而修持。

　　　　這就是所謂捨觀。

(3)五如實觀與四聖諦無間等現觀

　　四諦現觀不僅須具備現象如實知能力，也須具足本質深義如實知的直覺力。
　　由四聖諦無漏思惟修，於受念處、心念處、法念處如實觀知苦集滅道次第，

①於苦聖諦有五受陰苦的自心相如實現觀，其中有無常觀、生滅觀的相續不
　止；

②於苦集聖諦有集因緣現觀，也不離從緣起的無常觀，以及因緣集滅現象的
　生滅觀，即所謂諸法因緣生之集諦；

③於苦滅聖諦有集因緣滅現觀，亦是不離有無常的從緣起，及因緣集滅現象
　生滅的相續，即所謂的諸法因緣滅之滅觀，而此滅觀實行於無我觀、無欲
　觀、捨觀而終歸得證一切行寂滅，這是苦滅聖諦的現觀；

④苦滅道跡聖諦現觀，也是八正道現觀，如生起正見的現觀必不離無常觀、

生滅觀的正見，也不離無欲觀、無我觀、滅觀、捨觀的正見。

故此五大觀可作為無間等現觀的基礎，如是日漸培養出現觀力的修持，此即為四聖諦無間等現觀的修學。

(4)四聖諦的無間等現觀

任何行者欲開啟佛陀正法正向涅槃的正智正覺，必須先有堅強不退之增上欲，必須真實受持於四聖諦無間等現觀的修學。

欲修學四聖諦無間等，必須以正智正念精進修學。

①如實知四聖諦

先修學如實知何為苦聖諦、苦集聖諦、苦滅聖諦、苦滅道跡聖諦，四聖諦。此為必要條件。(如實知五陰等自心相等)

②修四聖諦無漏思惟修 (平等慧)

就所知四聖諦內容作正思惟，同時修習四聖諦的無漏思惟修。

③如實正觀 (現法智)

再進入如實的正觀，直接體證所思惟的主題，並深入其法界的奧義。

❶苦聖諦無間等：現觀五受陰苦的自心相。

❷苦集聖諦無間等：現觀無明、有愛的集因緣。

❸苦滅聖諦無間等：無明、有愛集因緣滅之現觀。

❹苦滅道跡聖諦無間等：生起八正道之現觀。

(5)結說

初學者須從無漏思惟的修習起修。若不懂四聖諦與緣起法義者，無法作無漏思惟修，而即使了解法理，但因邪見、我見之現起，存在不合己意的覺受情緒持續存在，還是不能現起正念正知。

此時當以現起之情緒現象之諸感覺為所緣，作如實觀照情緒本身，令自己轉為看戲者，如是令心回復平靜。若持續不斷修持，仍未得平靜，應進一步以七處三觀之味患離，作法義之思惟修，令正見生起，來平復心境。無漏思惟修能培養善見其本、善見其滅的直覺本能，一直到至爐火純青，心如法鏡直覺觀照，令正見不必再思惟而能如實立即現起。

在四聖諦現觀最後階段，當正見現起時，在正念正知的現見，如實顯現八正道的實踐。在滅諦現觀，要能起自覺智的明分想，此時現觀現證功夫必已成熟。

[2]七處善隨觀與其他法集滅道之隨觀

四聖諦涵蓋苦、集、滅、道四大主題，而於道諦又涵蓋正見乃至正定八正道以及淨戒、定、慧。

1. 法：指一切法之本義、本事、本質。一切法含根塵相對現前之法，或五陰心行之法，或一切有為法、一切聖道法。
2. 集：諸法因緣生，由此說明法之生因、集起、形成、轉變之原因，以及生無來處之空義。
3. 滅：諸法因緣滅而滅之道理，以及滅無去處之空義。由此說明法之滅去、消失、沒亡、變易等緣由。
4. 道：除了菩提正智正覺外，涵蓋一切戒定慧道法、世間轉向善趣及出世間無漏無取之道法。

1.八苦法集滅道如實知

(1)法諦：於苦法如實知。

於生、老、病、死、求不可苦、怨憎會苦、愛別離苦、五受因熾盛苦本義本事如實知。

(2)集諦：苦集如實知。

於法當來有愛喜貪俱，種種樂著愛染而苦集，是為苦集如實知。

(3)滅諦：苦滅如實知。

於當來有愛喜貪俱，種種樂著愛染無餘斷盡，乃至於止息沒滅，是為苦滅如實知。

(4)道諦：苦滅道跡如實知。

是為起(六)明分想正見的八正道如實知。

2.三漏法集滅道如實知

(1)法諦：於漏如實知。

①欲漏，自我私欲所起之煩惱；

②有漏，一切有餘業行所起之煩惱；

③無明漏，於人、事、物、時空、解脫等法，不知不明所起之煩惱。

(2)集諦：漏集如實知。

無明集是漏集，由無明因緣而造成煩惱的生起集成。

(3)滅諦：漏滅如實知。

無明滅是漏滅，無明形成的因緣消滅，煩惱亦不得生。

(4)道諦：漏滅道跡如實知。

漏滅道跡即是八正道之道跡，是為煩惱滅除之道法。

3.五蘊之七處善隨觀 (以識為例)

(1)法諦：識如實知。(前五識與意識之認知機制連結而能知)

(五蘊中識指六識身，色指四大及四大所造，受指六受身，想指六想身，行指六思身。)

(2)集諦：名色集是識集如實知。(心有所緣即識集，其所緣對象的集起為名色集。)

(愛喜是色集，觸集是受集、想集、行集，名色集是識集。)

(3)滅諦：名色滅是識滅如實知。離開所緣，心行亦滅。(識滅指心行滅，對所緣之注意消失。)

(愛喜滅景色滅，觸滅是受滅、想滅、行滅，名色滅是識滅。)

(4)道諦：識滅道跡是八正道如實知。以正見等滅除原名色心行之認知。

(識滅指由八正道之正見正知，去除原來名色心行之認知。)

(5)味：於識因緣生喜貪樂著，是為識味如實知。

(6)患：識無常、苦、變易法，是為識患如實知。

(7)離：調伏、斷除、超越欲貪，是為識離如實知。

4.四念處集滅法之隨觀

集滅法指身、受、心、法念處如實知，其四念處集如實知、四念處沒如實知。

(1)身集

食集是身集、食滅是身滅。

此中食集是四食(粗搏食、細觸食、意思食、識食)喜貪的生起。此食集來自六入處集。

六入處集則受集，受集則愛集，愛集則食集。

由於有識食集，能招未來有，故有色身六入處集，故說食集是身集。若能招未來有之因已滅，則說食滅是身滅。

(2)受集

觸集是受集，觸滅是受滅。

根塵識和合為六入處觸，此六觸則生起五蘊心行的受、想、行。

觸集是受集、是想集、是行集。無觸集則無受集。

(3)心集

名色集是心集，名色滅是心滅。

此心集就是心意識之集成生起。名色與識之依緣關係，如十二緣起法所說。

(4)法集

憶念集是法集，憶念滅是法滅。

憶念的是法塵，是法塵之集成生起再現。

5.四食法集滅道的如實觀

(1)法諦

於四食法本義、本事如實知。

①粗摶食：五欲世間飲食。　　　　②細觸食：六觸身。

③意思食：想蘊、行蘊。　　　　④識　食：識蘊。

(2)集諦

食集如實知，愛集如實知。

十二緣起法中，六入處集 → 觸集 → 受集 → 愛集 → 取集。

取集是取食之意，故說愛集即是食集。此食集所取食的就是四食，故說愛集是食集應如實知。若於四食生喜貪，即是食集，能生苦集果。

(3)滅諦

食滅如實知，愛滅是食滅如實知。

食滅是對四食不生喜貪。愛滅是取滅，若所取的或所擁有的四食也跟著愛滅而消失，故說愛滅即食滅。

(4)道諦

食滅道跡如實知。

當六觸入處之觸滅，則生起觸滅 → 受滅 → 愛滅 → 食滅。

食滅故於未來世有生老死亦滅之明分想，入八正道的如實顯現，此即食滅道跡如實知。

6.和合生觸受七處善觀

(1)法諦

根塵識三事和合生觸，緣觸生受，於此受集、受滅、受味、受患、受離能如實知者，

不種貪身、瞋身、戒取身、我見身等觸，亦不種諸惡不善法，如是純大苦聚滅。

(2)集諦

由此觸集於受集不如實知，於此受生愛樂染著，是為受集道跡。

於此受將種下貪身、瞋身、戒取身、我見身等觸，

亦種諸惡不善法，

如是純大苦聚集。此為受之集諦。

(3)滅諦

由此觸集於受集如實知，於此受不生愛樂染著，是為受滅道跡。

於此受將不會種下貪身、瞋身、戒取身、我見身等觸，

亦不會種諸惡不善法，

如是純大苦聚集滅，此為受之滅諦。

(4)道諦：受滅道跡聖諦就是八正道，於此受不起愛樂染著。

(5)受味：於此受因緣生喜樂者，名為受味，於此受味生起欲貪。

(6)受患：若知受是無常變易法，名為受患，於此受因變易生種種禍患。

(7)受離：若於受斷欲貪，越欲貪，是名受離，於此受遠離欲貪所引之禍患。

7.十二因緣法集滅道如實觀

佛陀依於八正道之聖道法，於十二因緣的集滅，作法集滅道的如實觀，故於此法自知自覺，得證無上菩提。

(1)法諦

於十二因緣法各支本義如實知。

無明(不知三際、內外、業報、三寶、四諦、因果、善惡、染淨等)、行(身、口、意、行)、識(六識身)、名色(色及四無色蘊)、六入(內六入)、六觸(六觸身)、受(三受)、愛(欲、色、無色愛)、取(欲、見戒、我四取)、有(欲、色、無色有)、生(出生，得蘊、得界、得處、得命根)、老死。

(2)集諦

「此集故彼集，此生故彼生」的流轉門，是為緣緣苦集道跡。

無明集 → 行集 → 識集 → 名色集 → 六入處集 → 觸集 → 受集 → 愛集 → 取集 → 有集 → 生集 → 老死集 → 憂悲惱苦集如實知。

此等相依緣的法住關係，於三世皆是如此。此十二緣起法則，當如實知，應作如是如實觀。

(3)滅諦

「此滅故彼滅，此無故彼無」的還滅門，是為緣緣滅道跡。

無明滅 → 行滅 → 識滅 → 名色滅 → 六入處滅 → 觸滅 → 受滅 → 愛滅 → 取滅 → 有滅 → 生滅 → 老死滅 → 憂悲惱苦滅如實知。

此等相依緣的法住關係，於三世皆是如此。此十二緣起法則，當如實知，應

作如是如實觀。

(4)道諦

此是<u>滅道跡</u>如實知：

如實知老死滅、生滅、有滅、取滅、愛滅、受滅、觸滅、六入處滅、名色滅、識滅、<u>行滅</u>等滅道跡，皆是八正道。

若以行滅道跡為例，

①如實知善行、不善行，　　　　　　②如實知「無明集是行集」，

③如實知「無明滅是行滅」，　　　　④如實知<u>行滅道跡</u>。

此為<u>行</u>的<u>滅道跡</u>，也是八正道的實踐道跡。

8.六塵世間法集滅道的如實觀

(1)法諦：云何為世間？謂內六入。

(2)集諦：世間集如實知。內六入世間當來有愛、喜貪、種種樂著執取，是為世間集。

(3)滅諦：世間滅如實知。內六入世間當來之樂著愛染盡斷，是為世間滅。

(4)道諦：世間滅道跡如實知，是為八正道道跡。

9.有身的法集滅道如實觀

(1)法諦：於五受蘊是為有身如實知。

(2)集諦：於五受蘊當來有愛、喜貪、樂著、愛染，是名有身集。

(3)滅諦：於五受蘊當來有愛、喜貪、樂著、愛染，皆斷無餘，是名有身滅。

(4)道諦：有身滅道跡是八正道如實知。

[3]四聖諦與現見法之實修

佛陀宣說的正法律是現見法。十二因緣法是佛陀教說的總根源，四聖諦是修行的核心。透過<u>現見法</u>的即此見與緣自覺的實修方式，如實知四聖諦及四淨信不疑，從而進入苦、集、滅、道的實修，乃至四諦的無漏思惟修皆是循此學道跡而修習。在現法現修中，<u>正思惟</u>、<u>正念觀察</u>、如實<u>正智覺知</u>，是三大必須之實修，將此等運用在應知、應斷、應證、應修的相關佛法上。

四聖諦透過現見法的實修，於現前一法中，不斷以正念觀察，如實正智覺知，與無漏思惟，將培養出：

1.善見於法之本義、本事、本質之能力 (如實知受念住自心相，其生滅及集起因緣等)；

2.善見其可能引起之過患 (貪、瞋、五蓋等煩惱)；

3.善見滅除煩惱之能力 (了解因緣集滅法，乃至無我無欲之寂滅法)；

4.善見滅道跡之能力 (斷除欲貪、正念正知、生起出世間八正道之行持)。

1.四聖諦的無漏思惟

(1)無漏思惟修緣起

苦集滅道四聖諦四階次的無漏思惟，是滅煩惱的思惟模式。由於吾人在我及我所之人格下，六根對六塵生起種種煩惱。若能在有漏煩惱中，以滅煩惱之思惟模式修習多修習，做到眼見形相好色不起欲貪，能起厭離，甚至超越厭離、不厭離之分別。在苦集滅道四階次思惟、觀察、覺知，直到道聖諦的如實顯現，就是生起出世間解脫知見之時，也是開啟無漏無取菩提智之時。

(2)如是無漏思惟修，培養真正的無漏正思惟，生起解脫智慧，如實知四聖諦，起如實四聖諦無間等現觀現證，如實完成四聖諦之三轉十二行。

此時，當斷之無明、有愛，悉斷，

當修之四念處的止觀，悉已修，

當證之解脫煩惱、寂滅涅槃，悉已證。

2.三轉十二行之知斷證修

(1)苦聖諦

①應知五蘊名色是無常故苦的本質，煩惱苦乃從五受蘊出。

②於現見法中如實知此五受蘊起煩惱苦之自心相，培養平等慧如實觀察此五受蘊，了知其無常苦空非我非我所之本質。

③進一步了知無常緣起之道理，了知因緣集滅法，由此入苦集聖諦。

(2)苦集聖諦

①應知集諦源頭是無明、有愛，故應斷。

了知無明故生身口意行，於六觸入處，無明觸起我知、我見、我愛、我欲、我慢種種欲惡不善法。

②如是了知十二緣起的因緣集苦道跡，了知煩惱苦的因緣集滅法，方能斷出無明有愛，現證三轉菩提法要。

(3)苦滅聖諦

①應知應證生明解脫、寂滅涅槃。

②在了知因緣集滅法後，可於集諦現前一法滅除煩惱。在為滅除無明、有愛，乃生起明慧正知見，實踐八聖道，生明解脫，乃至於現法般涅槃，證得寂

滅涅槃。

(4)道聖諦

　①應修止觀，即四念處的如實正觀，令身心得以止息，修習七覺分，行八聖道，完成苦滅道跡聖諦。(修四念處前要淨其戒(正律)、直其見(正法)，具足身口意三妙行。)

　②苦滅道跡聖諦生起正見乃至正定之八正道，完成四念處有覺有觀，令身心止息寂滅，修出明分想，此即修道以修觀的道聖諦。

如是苦集滅道的三轉知、斷、證、修，可說一切滅苦解脫之法，皆出自此處。成就無上菩提的三轉十二行，也是透過四聖諦的現見法，經由四聖諦無漏思惟，如實的正念觀察，正智正覺知的現法實修來完成。

3.現見法

佛說正法律是現見法、離熾然、不待時、正向涅槃、即此見、緣自覺，這是佛法的特色。

《雜阿含》入處相應215經　(《相應部》35，相應70經)

尊者富留那…白佛言：

「世尊說現法，說滅熾然，說不待時，說正向，說即此見，說緣自覺。云何為現法，…乃至緣自覺？」

佛告富留那：

1.「比丘眼見色已，覺知色，覺知色貪，我此內有眼識色貪，我此內有眼識色貪如實知。

「若眼見色已，覺知色，覺知色貪，我此內有眼識色貪如實知者，是名現見法。

2.「云何滅熾然？云何不待時？云何正向？云何即此見？云何緣自覺？

「比丘眼見色已，覺知色，不起色貪覺，我有內眼識色貪，不起色貪覺如實知。

「若眼見色已，覺知色，不起色貪覺；如實知色，不起色貪覺如實知，是名滅熾然、不待時、正向、即此見、緣自覺。

3.「耳、鼻、舌、身、意亦復如是。」

(1)佛所說正法律之特性

佛說正法律是現見法，有六大特性：

　①現　法：於日常生活中可直接覺察，此生當下即可證得。(當下見法、

見緣起)

(眼見物，覺知其形色，心中起覺生愛惡，生樂苦等受。覺知內在有貪瞋等心所法生起，即是現見法。若當前現見心所法之生滅，就是現見因緣法。此法是此時此地可直接觀察，在眼見色當下可證，非因無始時無明，亦非經無量劫而證。)

②離熾然：人生八苦都源自五蘊身心煩惱之逼迫。煩惱如火之燃燒，佛法正覺可滅火，減少煩惱，達到無苦之境地。

③不待時：即時覺知，不需深定及多劫長時修。

④正　向：正向滅盡煩惱，正確地通達涅槃。

⑤即此見：就在此時此地此人，以當前六觸入處實際身心體驗為證。

⑥緣自覺：由自己的覺知而得。

此等特質之修法，即是佛陀所教之解脫之法。

(2)如實知色覺、色貪覺

①比丘眼見色已，覺知有色、有色貪。於色及色貪上覺知它、接納它，而不隨轉。覺知色，覺知「此有」，覺知色貪，覺知「彼有」。此中於好色有貪，於壞色有瞋等。

眼色為緣眼識生，三事和合觸生受(想思)，緣受而生愛。我此內有眼識色貪、瞋等於色上起，於此如實知。

此即十二因緣法之集起，於此如實知者(如實見緣起)，是名現見法。

②比丘眼見色已，覺知有色、不起色貪(瞋等)覺。我此內有眼識色貪，而於色上不起色貪覺，即是明觸所起見滅。

眼見色，雖起色覺，而不起色貪覺；能如實知色，於色上不起色貪覺，能如實知者，是名滅熾然、不待時、正向、即此見、緣自覺。

③耳、鼻、舌、身、意亦復如是。

4.苦諦至集諦之即此見

從煩惱內結至貪瞋因緣的生起如實知，乃至不知不明的苦惱集起因緣亦如實知。如實知煩惱苦乃由無明、愛染、欲貪、情執等因而起，如是於修行中如實知其生起或不生起，即是現見法的即此見。

現見法的即此見，乃即此現前的一法如實現見觀察，通達正念觀察的現法現修。此為當下之實修法，而非是理論之論述。

5.集諦至滅諦集滅法

十二因緣之苦集道跡與苦滅道跡，即是苦集聖諦與苦滅聖諦所成之集滅法，也就是現見法所要如實觀察、覺知之集滅因緣。

由於不明五蘊無常故苦之理，而陷於欲貪、愛染的執取苦惱中，為苦集聖諦煩惱集起之主要因緣。故滅諦首要從不知不明中生明，從解脫知見義理作明分想的正思惟。

從現見法實修中，眼見色起欲貪，如實覺知其因緣，眼見色不起欲貪，也如實知其因緣，要如實知此集滅法，必須從十二緣起法之<u>緣緣集滅道跡</u>下手修習，<u>緣緣集道跡</u>就是無明集是行集，乃至生集是老死集、憂悲惱苦集；<u>緣緣滅道跡</u>是無明滅則行滅，乃至憂悲惱苦滅。此二集滅道跡貫穿整個四聖諦，為四聖諦之主軸，尤其是集諦到滅諦。

6.滅諦至道諦明分想

要進入苦滅聖諦的修持，首先當進入明分想。

先除五蓋、不明不正思惟、我見邪見等煩惱苦集之因緣，生起正思惟之正見，以因緣集滅法了知諸法因緣生滅，生起無我的正觀正知見，此即無我觀之明分想，自然顯現出世間的無漏無取的正見正思惟，此即是滅諦到道諦之如實顯現。

若從六明分想之道理正思惟，如實知苦從五受蘊出，如實知五受蘊無常的本質，無常故苦，苦故無我，而了知世間無可樂著事，在四食離諸食想，乃至死想的生死認知，由此生起解脫煩惱的正知見。此即是從集諦到滅諦的實踐，也同時具足生起道諦之正見，接著生起八正道之實踐。

若從六觸入處起明分想，根塵識和合觸，觸集是受集，觸滅是受滅。於此觸受如實知，受集如實知，受滅如實知，受味如實知，受患如實知，受離如實知。從六觸的無明觸所觸起明分想，不生起我知、我見、我欲、我愛、我慢等我所有的無明觸，如是生起正思惟的正見，如實顯現八正道。

7.道諦至滅諦離熾然

若八正道之正見乃至正念正定成熟，就能以八正道離苦安樂，<u>正向寂滅涅槃解脫之門</u>。如是由苦聖諦至道聖諦的苦滅道跡，緣於此四聖諦之智慧，全部過程皆能如實<u>自覺知</u>，<u>不待時 現法成就</u>，離熾然心常安樂住。

此道聖諦是滅煩惱苦，得究竟解脫之道，是古仙人道跡，是四聖諦道法之精華，是現見法之離熾然，是出世間八正道，是佛極樂淨土世界之八功德水。

8.善見善入於法的智慧自覺

於七處善三觀，培養善見其本、善見其患、善見其滅、善見其滅道跡。如實知苦諦、集諦、滅諦、道諦，生起無漏思惟的自覺智，於現前一法中，現觀現證

其無我無常的本義，進入無我觀的修習，只見諸法緣起緣滅的變化，不見有我，不起分別。

四諦的無漏思惟慧，乃根植於出世間八正道的正見，正思惟於二十一項無明法而開啟，而進一步了知十二緣起法是出世間八正道之第一正見，了知緣起自然法則，法住法位，法爾如是的緣起關係。故四聖諦的無漏智慧是無分別而分別的無我智慧與現見法的自覺智。

9.五根五力三增上學的慧門

四聖諦之智慧，是1.佛法解脫智；2.三增上學；3.五根五力之慧門。

(1)作為戒定慧學及五門修行之導引

依於四聖諦之無漏思惟，於四不壞淨、四正斷法、四念處、四禪定、四聖諦等之修持，作為其導引，通達其知見增上於戒定慧。

(2)為五根五力之慧門

四聖諦以十二因緣法之因緣集滅法，貫穿整個四聖諦，苦諦是憂悲惱苦，集諦滅諦是集因緣道跡、集因緣滅道跡，道諦是苦集滅道跡之正智正覺道法。

(3)緣起自然法則即是正見

十二緣起法之緣起自然法則，即是道諦八正道中之正見，又是十二緣起的法住法位，生起能斷知離欲之法住智。此法住智與四諦無漏思惟，於現前一法之現見法，能斷除貪瞋痴，體證其本義本質。如此之如實知、如實見，是究竟解脫慧力，於貪瞋痴產生明了的菩提智。

10.四聖諦法的現觀現證

現觀現證是無間等的如實現觀，初學者先經苦集滅道的正思惟，或十二緣起之逆觀，以果無間等觀其因(以果見因)，再體證於因緣集滅的「有此因故見彼果」，如是順逆觀相互印證的如實法，可進入直覺的現觀現證的行持。於此現觀現證如實知後，熟練任運自在，可不勤而得其任一聖諦，並於正念正智下直入出世間的八正道，遠離塵垢，得法眼淨的行持法要。

如是四聖諦的四階段如實現觀，可自證緣起法則而見法知法，且入於法，由其集滅二諦之因緣集滅法如實現觀，乃知事出必有因有緣，而由無明執著有我我所。體會諸法如何因緣生滅，見證十二支緣起法，於生起道諦正見滅除苦惱，現證八正道乃至滅苦解脫之道法及道跡。於此四聖諦之無間等修習，若於苦諦、集諦、滅諦、道諦，能以因知果而順知於正行，以果知因而順入於修持，就能盡生死苦邊際。

11.四聖諦完成覺知修證

以現見法修持法念住為例，如實覺知五蓋之生起，若滅不再生，亦如實覺知其滅除之道法，能離熾然斷煩惱。再真實平等正觀諸法無常無我，一切行空寂不可得，得如實觀之平等慧，平等捨住正念正智，生行捨智，能入三解脫界如實知，得心、慧解脫。

(1)現見法四階段

①凡夫如實覺知階段

眼見可愛色，生攀緣心不厭離，如實知；眼見不可愛色，生厭離排斥心，如實知。如是修厭不厭離，正念正智，如實覺觀。(精進階段)

②守護根門階段

以六根律儀守護根門。眼見可愛色不生攀緣心，而知厭離，如實知；眼見不可愛色，不生厭離排斥心，如實知。如是修厭不厭離，正念正智，如實覺觀。(四正斷階段)

③賢聖無上修根階段

賢聖無上修根。眼見可愛不可愛色，厭離不厭離俱捨，如實知。甚至於眼觸時不生可愛不可愛，生則慚愧羞恥厭離，如是培養正念正智，正念觀察，正智正知善法斷除煩惱，正知惡法則生煩惱。

④出世間八正道階段

正行於八正道。於六常行中，保持正念正智，心祥和平靜，不苦不樂。

(六常行即是於眼識色、耳識聲、鼻識香、舌識味、身識觸、意識法中，捨心住正念正智。

《雜阿含》342、339)

(2)四聖諦之覺知修證

①前半輪

以四聖諦之自覺智，如實自覺知苦諦的生起，也如實知集諦的集起因緣，此為如實觀察、如實覺知階段。

②後半輪

此為進入解決問題的階段。於滅諦至道諦起明分想正思惟，生起諸善法之正見，斷諸煩惱的八正道如實顯現，身心止息，常得安樂，此為如實修證完成之階段。

如是完成完整的四諦修，如實覺知因緣之集成、正念觀察此因緣之集滅，正念一心，守護根門，調伏欲貪，止息貪瞋痴心行，超越欲貪得法眼淨，解脫智慧生，心明解脫，得四聖諦之平等正覺。

順決擇分念住之四諦觀修

《順正理論》卷 61
《大毗婆沙論》卷 7, 188

印度佛教約從公元前300年分化成上座、大眾二部，逐漸成立十八部，直到公元50年大乘佛教般若法門普及，這其間就是佛法的部派時期，廣傳的是聲聞教法。諸多論書將凡夫之修行分為順福分、順解脫分和順決擇分三善根；將聖者分為見道、修道和無學道。

- 順福分：以布施、持戒、修四無量心等福業感人天之可愛果。
- 順解脫分：欣求涅槃、厭背生死之增生意樂，種決定解脫種子，決定得般涅槃。
- 順決擇分：指見道之前，觀四諦及修十六行相，以達無漏聖位。有煖、頂、忍、世第一法四修行階位。

1.聞思修所成念住之生起次第

如是熟修不淨觀、持息念二加行已，能次第引所緣不雜身受心法念住現前。復於不雜緣法念住無間引所緣雜法念住生，次應修總緣共相法念住。

此法念住其相云何？頌曰：

[彼居法念住，總觀四所緣，修無常及苦，空無我行相。]

從順決擇勝思所成總緣共相法念住後，有修所成順決擇分初善根起名為煖法，是總緣共相法念住差別如是所起。

(1)念住加行

不淨觀、持息念、界作意等，是謂念住加行。

(2)不雜緣念住

由熟修念住加行，入自相種性(不雜緣)身念住→自相種性受念住
→自相種性心念住→自相種性法念住。　　(次第引不雜身受心法念住)

(3)雜緣法念住、三義觀

①雜緣法念住

由自相種性(不雜緣)法念住，無間引雜緣法念住。此念住居此中修四行相，總觀一切身受心法之無常苦空無我。

(雜緣法念住以緣二三四五蘊為境而分為四種，此中所修指的是總緣五蘊。)

②因果相屬觀、三義觀

然於熟修習此雜緣法念住時，有餘善根能為方便，彼應次第修令現前。

❶因果相屬觀

先總緣修無我行，次觀生滅，次觀緣起，以先觀諸行從因生滅，便於趣入因果相屬觀門故。

❷三義觀

或令先觀緣起，後引緣三義觀。

此觀無間修七處善，於七處善(苦集滅道味患離)得善巧故，能於先所見境立因果諦次第觀察。

緣十八界觀為聞思修三慧之入門，觀十八界之名、自相、共相(四諦十六行相)。次將十八界略入十二處，觀其名、自相、共相。次將十二處略入五蘊，觀其名、自相、共相。

(4)聞思修慧所成念住

若能如是熟修前述之定(止)及智(觀)已，便能安立順現觀諦。

①聞所成四念住

由聞慧於八諦中初起十六行觀，如隔薄絹覩見眾色，齊此名為聞慧圓滿。

❶聞所成身念住

從雜緣法念住起三義觀，從三義觀有聞所成身念住。

先緣苦諦觀蘊處界之無常、苦、空、無我；次緣集諦觀因、集、生、緣；次緣道諦觀道、如、行、出。

❷聞所成受念住、聞所成心念住

如聞所成身念住，緣三諦觀十二行相。

❸聞所成法念住

緣四諦觀十六行相。

②思所成四念住

次於生死深生厭患，欣樂涅槃寂靜功德，此後多引厭觀現前，方便勤修漸增漸勝，引起如是能順決擇思所成攝最勝善根。

❶思所成身念住、受念住、心念住，緣三諦觀十二行相。

❷思所成法念住緣四諦十六行相。

③修所成法念住

從思所成總緣共相法念住後，有修所成順決擇分初善根起，名為煖法，是總緣共相法念住差別如是所起。

④念住之修習次第　《大毗婆沙》188　《順正理論》61

❶加行：

[不淨觀，持息念、界作意(界分別觀)]是謂念住加行。(未得三乘種性)

(通過加行階段之修習，心念清淨，並對念住之自性、所緣境界及調心方法，
有深入之了解與實踐後，即自然進入念住之正行。)

❷正行：

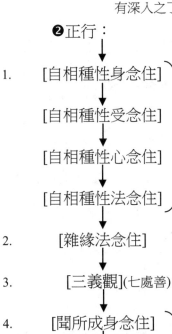

1.　[自相種性身念住]

　　[自相種性受念住]
　　　　　　　　　　　　　[心漸安定，能由粗至細觀察身受心法念住各自所緣(不雜緣)之行相]
　　[自相種性心念住]　　　　(具備修解脫道之資格)

　　[自相種性法念住]

2.　　[雜緣法念住]　　　引發相雜念住及所緣念住之法念住。(總緣五蘊為境)

3.　　[三義觀](七處善)　深觀五蘊、十二入、十八界之體性
　　　　　　　　　　　　[通達蘊處界體性後，始入聞思念住]

4.　[聞所成身念住]　　各緣三諦起，作十二行相觀。
　　　　無間　　　　　　先緣苦諦：觀蘊處界之無常、苦、空、無我。
　　[聞所成受念住]　　　後緣集諦：觀苦生起之因、集、生、緣行相。
　　　　無間　　　　　　續觀道諦：觀離苦之道、如法之道、正行之道、出三界之道。
　　[聞所成心念住]　　　　　　(聞思所成念住，未曾得種性故，先觀粗蘊後細蘊，漸次
　　　　無間　　　　　　　　　　得行相。五蘊中色蘊最粗，先觀彼故初起身念住。)
　　[聞所成法念住]　　緣四諦起，作十六行相觀。
　　　　　　　　　　　　苦諦：無常、苦、空、無我。
　　　　　　　　　　　　集諦：因、集、生、緣、
　　　　無間　　　　　　滅諦：滅、靜、妙、離(涅槃)
　　　　　　　　　　　　道諦：道、如、行、出

5.　[思所成身念住]
　　　　無間　　　　　　各緣苦集道三諦，緣十二行相
　　[思所成受念住]　　次第作觀。
　　　　無間
　　[思所成心念住]
　　　　無間
　　[思所成法念住]　　緣四諦起，作十六行相觀。
　　　　無間
6.　[修所成法念住]　　緣四諦起，作十六行相觀。
　　(名初煖)　　　　　　(修所成法念住，此曾得種性故，於一切蘊行相堅住，故初則

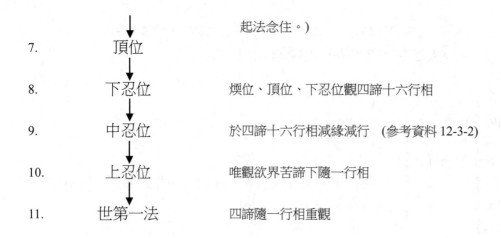

（　起法念住。）

7.　　　頂位

8.　　　下忍位　　　　煖位、頂位、下忍位觀四諦十六行相

9.　　　中忍位　　　　於四諦十六行相減緣減行　（參考資料 12-3-2）

10.　　　上忍位　　　　唯觀欲界苦諦下隨一行相

11.　　　世第一法　　　四諦隨一行相重觀

2.修所成順決擇分善根

[從此生煖法，具觀四聖諦，修十六行相，次生頂亦然。]

[如是二善根，皆初法後四，次忍唯法念，下中品同頂。]

[上唯觀欲苦，一行一剎那，世第一亦然，皆慧五除得。]

(1)煖法

總緣共相法念住所起有修所成順決擇分初善根起，名為煖法。是當所修能燒煩惱薪聖道火前相，如鑽火位初煖相生。

①不能起煖者

執煖法前，已起修所成共相法念住者，雖亦有此相，而不皆然。

❶先離欲界染，依色界攝修所成慧，厭患生死欣樂涅槃，多厭行具作意次第，能引異類煖善根生。

❷先未離欲染，依思所成慧引煖善根生，故彼不應作一向執。

❸雖資糧已備，違越法毘奈耶，有障法故退所應得，故不起煖，然非諸無煖皆名違越。

②善根分位

此善根起分位長故，能觀四聖諦境，由此具修十六行相。

觀苦聖諦修無常、苦、空、無我四行相；觀集聖諦修因、集、生、緣四行相；

觀滅聖諦修滅、靜、妙、離四行相；觀道聖諦修道、如、行、出四行相。

③諸煖法雖緣四諦，而從多分說厭行相，以起彼時蘊相多故。

行者修習此煖善根，下中上品漸次增進，於佛所說苦集滅道生隨順信，觀察諸有恆為猛盛焰所焚燒。

(2)頂法

於三寶中信為上首，有修所成順決擇分次善根起，名為頂法，是總緣共相法念住差別。頂聲顯此是最勝處。

(色界攝四善根中，二是可動，下為煖、動中之上為頂；二是不可動，其下為忍，於四諦境極堪忍；上為世第一法，世中勝故，猶如醍醐。)

①此境行相與煖法同，觀四諦境修十六行相。

②煖頂二種善根，初安足時唯法念住，後增進位四皆現前。

此頂法雖緣四諦，緣三寶信多分現前。(說信佛僧顯緣道諦，信法言顯緣滅諦，而信法者又已具顯緣三諦信。)

(3)忍法

頂善根下中上品漸次增長至成滿時，有修所成順決擇分勝善根起，名為忍法，是總緣共相法念住差別，於四諦理能忍可中此最勝故，又此位忍無退墮故名為忍法。

①具觀四聖諦理

世第一法雖於聖諦亦能忍可，無間能入見道必無退墮，但不具觀四聖諦理。忍法具觀諦理，偏得順諦忍名。

②善根皆以法念住安住

與前有別，此忍善根安足增進皆法念住，此與見道漸相似故，以見道位中唯法念住故。

③上中下三品

下中二品與頂法同，具觀四聖諦境，及具修十六行相；上品唯觀欲苦，

❶下品忍

具八類心，以四行相觀欲界苦為一類，次觀上界苦，集滅道諦亦如是觀。

❷中忍

減略行相所緣。

以四行相觀欲界苦乃至觀欲界道，於上界道減一行相，從此名中品忍初。如是次第漸減漸略行相所緣，乃至極少唯以二心觀欲界苦，如苦法忍、苦法智位，齊此名為中品忍滿。

❸上忍

唯觀欲界苦諦，修一行相唯一剎那，此善根起不相續故。

(4)世第一法

上忍無間有修所成，初開聖道門，世功德中勝，是總緣共相法念住差別，順決擇分攝最上善根生，此即說名世第一法。

此有漏故名為世間，是最勝故名為第一，有士用力離同類因引聖道起故為最

勝，是故名為世第一法。

3.廣分別順決擇分

(1)十七門分別　《大毗婆沙論》7

偈頌：意趣、依、因、所緣、果、等流、異熟及勝利、

行相、二緣、慧、界、定、尋等、根、心、退為後（卷7，30c25~31b2）

	煖	頂	忍	世第一法
1・有何意趣	先所修集一切善根，謂從布施乃至七處善，皆迴向解脫	從布施，乃至煖	從布施，乃至頂	從布施，乃至忍
2・依何而起	自地定	″	″	″
3・以何為因	前生自地同類善根	″	″	″
4・誰為所緣	四聖諦	″	″	唯苦諦
5・以何為果	以頂為近士用果	以忍為近士用果	以世第一法為近士用果	以苦法智忍為近士用果
6・誰為等流	後生自地同類善根	″	″	″
7・誰為異熟	色界五蘊	″	″	″
8・有何勝利	能與涅槃作決定因	a 不斷善根 b 有說：亦不作無間業	a 不退、不作無間業；不墮惡趣。 b 有說：亦不執我。	等無間入正性離生
9・有幾行相	十六行相	十六行相	十六行相	苦諦四行相
10・為緣名、義	名義俱緣	″	″	″
11・聞思修所成	唯修所成	″	″	″
12・何界所繫	唯色界繫	″	″	″
13・定、不定	唯在定	″	″	″
14・有尋有伺 無尋有伺 無尋無伺	具三種	″	″	″
15・何根相應	三根（樂、喜、捨）	″	″	″
16・一心、多心	多心	多心	多心	一心
17・退、不退	可退	可退	不退	不退

(2)諸位中念住得修(未來修)、習修(現在修)分別　《大毗婆沙論》7, 188、《順正理論》61

四善根		四諦	四念住				十六行相			同、不同類修
			身	受	心	法	一行相	四行相	十六行相	
煖	初煖	緣三諦				現在修	現在修	未來修		同類修。 (於色界善根未得種性故。非初觀蘊滅，能修緣蘊道。)
			未來修	未來修	未來修	未來修				
		緣滅諦				現在修	現在修	未來修		
						未來修				
	增長煖	緣三諦	現在修隨一				現在修		未來修	同、不同類修。已曾得種性故。 (已串習觀諦起行相。)
			未來修	未來修	未來修	未來修				
		緣滅諦				現在修	現在修		未來修	
			未來修	未來修	未來修	未來修				
頂	初頂	緣四諦				現在修	現在修		未來修	同、不同類修。
			未來修	未來修	未來修	未來修				
	增長頂	緣三諦	現在修隨一				現在修		未來修	
			未來修	未來修	未來修	未來修				
		緣滅諦				現在修	現在修		未來修	
			未來修	未來修	未來修	未來修				
忍	初忍	緣四諦				現在修	現在修		未來修	同、不同類修。
			未來修	未來修	未來修	未來修				
	增長忍	緣四諦				現在修	現在修		未來修 註1	
			未來修	未來修	未來修	未來修				
世第一法						現在修	現在修	未來修		唯同類修。
			未來修	未來修	未來修	未來修				

註1：增長忍：或時十六、或時十二、或時八、或時四。(大正27，31c1~5)

(3)何處能起順決擇分？　《大毗婆沙論》7

　①色無色界不能起

　　以色無色界不能入正性離生，故不能起。

　　何故不能入正性離生？

　　❶非田、非器故；

　　❷雖能起智，而不能忍故；

　　❸雖起類智，而不起法智故；

❹雖有勝依身，而無苦受故。

②欲界能起

欲界天人能起，三惡趣不能起。

❶人中先起，以有勝依身及勝厭離等作意故；
　欲界天後起，以有勝依身，但無勝厭離等作意故。

❷人中三洲能起，北俱盧洲不能起。

❸三惡趣不能起，雖有勝厭離等作意，但無勝依身故。

說一切有部
四諦十六行相減行減緣修

取材自釋長慈
[說一切有部觀四諦十六行相
減行減緣入見道之修道次第初探]

順決擇分是從凡入聖之關鍵階段，其觀行主要是觀四諦之十六行相。

此四諦十六行相觀行在下忍位成滿時達到最純熟，即一剎那觀一行相，三十二剎那觀三十二行相。在中忍位開始減行減緣，最後以一行相作二剎那觀察。之後，以一剎那觀一行相為上忍位。接著再以一行相作一剎那觀察，名世第一法。世第一法無間生起見道第一心(苦法智忍)而入見道位。

四諦十六行相減行減緣之觀行，在漢地依《順正理論》及普光等之《俱舍論》註釋書，以一周減一行相作為修法。印度稱友《明瞭義疏》另有二類修法，其次第與漢地所傳不同。

[1]減行減緣之修道次第

1.唐譯《大毘婆沙論》

在忍位中，對於四諦十六行相之觀行，其所緣和行相為先廣後略，而後入正性離生。

(1)下忍位 (卷5)

①先以四行相(非常、苦、空、非我)觀欲界苦→次觀色無色界苦。

②次以四行相(因、集、生、緣)觀欲界行因→次觀色無色界行因。

③次以四行相(滅、靜、妙、離)觀欲界行滅→次觀色無色界行滅。

④次以四行相(道、如、行、出)觀欲界行道→次觀色無色界行道。

齊此名下忍(八諦三十二行相)。

於下忍成滿時，觀八諦三十二行相必須一剎那觀一行相，共計三十二剎那。

(西藏 mChims 《俱舍論》註。)

(2)中忍位 (卷5)

於下忍位修習成滿後，開始對八諦三十二行相減行減緣觀察，而進入中忍位。

減上界道→減欲界道→

減上界滅→減欲界滅→

減上界集→減欲界集→

減上界苦。

①減緣行道

❶(以四行相)先觀欲界苦、色無色界苦，…乃至最後觀欲界諸行道，
漸次略去<u>色無色界諸行道</u>。

❷先觀欲界苦、色無色界苦，…乃至最後觀色無色界諸行滅，
漸次略去<u>一切諸行道</u>。

②減緣行滅

❶先觀欲界苦、色無色界苦，…乃至最後觀欲界諸行滅，
漸次略去<u>色無色界諸行滅</u>。

❷先觀欲界苦、色無色界苦，…乃至最後觀色無色界諸行因，
漸次略去<u>一切諸行滅</u>。

③減緣行因

❶先觀欲界苦、色無色界苦，…乃至最後觀欲界諸行因，
漸次略去<u>色無色界諸行因</u>。

❷先觀欲界苦、色無色界苦，
漸次略去<u>一切諸行因</u>。

④減緣苦

❶觀欲界苦，
漸次略去<u>色無色界苦</u>。

❷以四行相相續觀察欲界苦，
復漸略之，至一行相二刹那觀察，如苦法智忍及苦法智。(以二念作
意思惟欲界苦諦境)

齊此名中忍。

見表一。

(3)上忍位

彼復於欲界苦一刹那觀察，如苦法智忍，此名上忍。

2.印度稱友(yaśomitra)《明瞭義疏》sphuṭārthā Abhidharmakośavyākhyā

《明瞭義疏》上有二類減緣減行修法。

(1)第一類：一周減一行相。(497 心刹那)

①減緣

減<u>上界道</u>→減<u>上界滅</u>→減<u>上界集</u>→減<u>上界苦</u>→
減<u>欲界道</u>→減<u>欲界滅</u>→減<u>欲界集</u>。

②減行

諸諦從四行相觀，然後減一行相後以三行相等觀。從開始減行之諸

剎那名為「中忍」。稱友於減行相部份並無說明其減行之先後順序。
但西藏《俱舍論》註釋家 mChims，在記載此同一修法時，說明減行
順序如下：

減上界道(31)→減上界如(30)→減上界行(29)→減上界出(28)

→減上界滅(27)→減上界靜(26)→減上界妙(25)→減上界離(24)

→減上界因(23)→減上界集(22)→減上界生(21)→減上界緣(20)

→減上界無常(19)→減上界苦(18)→減上界空(17)→減上界無我(16)

……

→減欲界道(15)→減欲界如(14)→減欲界行(13)→減欲界無出(12)

→減欲界滅(11)→減欲界靜(10)→減欲界妙(9)→減欲界無離(8)

→減欲界因(7)→減欲界集(6)→減欲界生(5)→減欲界無緣(4)

→減欲界無常(3)→減欲界苦(2)→減欲界空(1)

乃至二度作意思惟無我行相。齊此以前名中忍位。

(此中忍有 497 心剎那) 見表二

(2)第二類：一周減一諦。(119 心剎那)

減上界道(28)→減欲界道(24)→減上界滅(20)→減欲界滅(16)

→減上界集(12)→減欲界集(8)→減上界苦(4)

→減欲界苦之無常(3)→減欲界苦之空(2)→減欲界苦之苦(1)

最後二度以一非我行相觀欲界苦，如於苦法智忍和苦法智。(此以我見行
者為例)

(此中忍，如是有 119 心剎那) 表三

《大毘婆沙論》減緣部份如第二類(先道(含上界欲界)，次滅、集，後苦)，但
減行並不是如第二類之一周減四行。《順正理倫》及漢地所傳《俱舍論》
之註解書未有一周減四行之說。

3.普光《俱舍論記》所傳之法

普光依《順正理論》所傳之減行減緣之觀行為一周減一行相之方式，共
497 剎那之修法。

第一周先以四行相觀欲界苦、上界苦、欲界集、上界集、欲界滅、上界滅、
欲界道，之後以三行觀上界道減上界道下一行相。此中先減道(含上界與欲
界)，次減滅、減集，後減苦。(與稱友之第二類減緣同，但為一周減一行相方式)

減上界出→減欲界出→減上界行→減欲界行→減上界如→減欲界如

→減上界道→減欲界道　(減道諦)

→減上界離→減欲界離→減上界妙→減欲界妙→減上界靜→減欲界靜

→減上界滅→減欲界滅　　(減滅諦)

→減上界緣→減欲界緣→減上界生→減欲界生→減上界集→減欲界集

→減上界因→減欲界因　　(減集諦)

→減上界無我→減欲界無我→減上界空→減欲界空→減上界苦→減欲界

　　苦→減上界無常　　　(減苦諦)

　　見表四

4.涼譯《阿毘曇毘婆沙論》

此論代表說一切有部之舊譯，唐譯《大毘婆沙論》則是依後代論師之演變修正而成。(印順)

此論所傳之減緣為先除道諦，次滅諦、集諦，後除苦諦，但減行則是一周減一諦(四行相)之修法，與稱友《明瞭義疏》中之 119 剎那之修法相同。但後來之《順正理論》與普光《俱舍論記》，則改為一周減一行相之 497 剎那修法。唐譯之《大毘婆沙論》也是既像 119 剎那又像 497 剎那之修法。

[2]觀欲界苦入正性離生

中忍位末是以欲界苦諦中之一行相，作二心剎那觀欲界苦諦而成滿，接著入上忍、世第一法及入見道之觀行。

《大毘婆沙論》5

彼復於欲界苦一剎那觀察，如苦法智忍，此名上忍。

從此無間復一剎那觀欲界苦，名世第一法。

從此無間生苦法智忍，展轉乃至生道類智。

此中，云何以一剎那觀欲界苦？又依何行相得入正性離生？

1.德光減行修之一　　　(繫屬關係)

(1)觀欲界苦諦

《俱舍論記》記述有關玄奘在印度所聽，有關如何減行至最後一行相，觀欲界苦之次第：

「…依西方德光論師解減行云：

『上下八諦，諦各四行，如名次第，擬儀相當，皆相繫屬。

如於後時，應以欲界苦諦下，

以無常行相入見道者，於自諦下從後向前先除非我，次空，後苦。

若以苦行擬入見道，先除非我，次空，後無常；

若以空行擬入見道，先除非我，次苦，後無常；

若以非我擬入見道，先除空，次苦，後無常。』」《俱舍論記》23

(著我所見之見行者以空行相入見道，著我見之見行者以非我行相入見道，我

慢增之愛行者以無常行相入見道，懈怠增之愛行者以苦行相入見道。）《大
　毗婆沙論》109

(2)觀餘諦

餘七諦之減行次第亦如欲界苦諦之次第,此因各諦間四行相有相同之繫
　屬關係。

「除欲苦諦四行既爾，除上道諦四行亦然。

如以欲界無常入見道，先除上界道下出，次行，次如，後道，以道屬
無常，故後除也。

若以苦入見道者，先除出，次行，次道，後如，以如屬苦，故後除之。

若以空行入見道，先除出，次如，次道，後行，以行屬空，故後除之。

若以非我行入見道，先除行，次如，次道，後出，以出屬非我，故後
除之。

如欲苦下行相從後漸除，上界道下行相應繫屬彼欲界行相，如欲界說
先後除之。

如除上界道下四行，除餘六諦各四行相，隨應皆爾，准此應知。」《俱
舍論記》23

四諦	四行相之繫屬關係			
苦	非常(1)	苦(2)	空(3)	無我(4)
集	因　(1)	集(2)	生(3)	緣　(4)
滅	滅　(1)	靜(2)	妙(3)	離　(4)
道	道　(1)	如(2)	行(3)	出　(4)

各諦之「如名次第」以(1)(2)(3)(4)表示。相同號碼者表各諦間之繫屬
行相。

見表五

(3)法寶《俱舍論疏》　(漢地《俱舍論》註釋家)

漢地之法寶以為德光論師之修行太過繁雜，而且行相間之繫屬關係又無
論之根據。據法寶的主張，四種不同根性者只在觀苦諦時的減行次第有
所不同，其餘的都應該相同。起觀時順序是「如名次第」，而減行時，
除了觀苦諦時會隨根性不同有所差別外，餘諦之減行為「後起者先減，
先起者後減。」

見表六

2.德光減行修之二　(愛見差別)

(1)第二種減行修法

據《俱舍論記》23，德光論師所傳另有一修法。

「又德光解云：『無常、苦是愛行，空、非我是見行。如於後時減，苦諦四種行相先後次第，減餘七諦行相前後，應知亦爾。

『減欲苦下四行相者，

1.如以無常擬入見道，

先除空，以空除我所故先除；

次除非我，以除我故後除，此二是見行，故先除也。

後除苦行，以此苦行與無常行同愛行故。

2.若以苦行擬入見道，

除空，非我如前說。

後除無常，以無常行與此苦行同愛行故。

3.若以空行擬入見道，

先除苦，以懈怠增故。

次除無常，以我慢增故，帶於我故，見行相涉，在苦後除。此二並是愛行者起故先除也。

後除非我，以非我行與此空行同見行故，所以後除。

4.若以非我行相擬入見道，

先除苦，無常如先說。

後除空行，以空行相與非我行同見行故，所以後除。』」

見表七。

(2)二種修法比較

①第一種減行，

是依「如名次第」而「從後向前」減，除了配合不同根性者而留一對應之行相入見道外，其餘行相之減行依編號在後者先減。

②第二種減行，

入見道的行相以及減行之前後都與根性有關。

愛行者先減見行類之行相(先減對治我所見之空，次減對治我見之非我)，後減愛行類行相。

見行者先減愛行類之行相(先減苦，次減非常，以非常對治我慢，與「我」有關故)，後減見行類行相。

見表八

(3)第二種減行法之減緣次第　　(考慮繫屬關係與愛見差別)

關於餘七諦之滅行次第,同樣是依繫屬關係而對應於苦諦之滅行次第。

「如欲苦下四種行相不定先後,隨應而除;除餘七諦四種行相,應知亦爾。

　除上界道四行相者,

　如以欲界無常(1)入見道,

　　先除道下行(3),以行屬空(3)故。

　　次除出(4),以出屬非我(4)故。

　　次除如(2),以如屬苦(2)故。

　　後除道(1),以道屬無常(1)故。

　若以苦(2)入見道,先除行(3),次除出(4),次除道(1),後除如(2)。

　若以空(3)入見道,先除如(2),次除道(1),次除出(4),後除行(3)。

　若以非我(4)入見道,先除如(2),次除道(1),次除行(3),後除出(4)。

　皆准前釋。

　如除上道四種行相准欲苦下四種行相,除餘六諦各四行相應知亦爾,

　准此應知。」　　　(《俱舍論記》23)

　如表九。

[3]結語

在中忍的減行減緣方面,若不配合修行者之根性,其修行方式有二類三種方式。

二類為:

　1.119 剎那修行　(一周減一諦(四行))

　2.497 剎那修行　(一周減一行)

　(1)印度《俱舍論》註釋書:稱友《明瞭義疏》所傳。

　(2)漢地《俱舍論》註釋書:普光《俱舍論記》、法寶《俱舍論疏》等所傳。

1.唐譯《大毗婆沙論》

中忍減行減緣次第為 119 剎那修法(與涼譯《阿毘曇毘婆沙論》同)。

但可能受到後期 497 剎那修法之影響,變得又像 119 剎那法又像 497 剎那法。

2.漢地之傳承

向來依《順正理論》及普光等《俱舍論》註釋書,中忍的修行次第只有 497 剎那修法一種。(一周減一行)

(1)減緣次第

減上界道→減欲界道→減上界滅→減欲界滅→減上界集→減欲界集
→減上界苦

(2)減行次第

減上界出→減欲界出→減上界行→減欲界行→減上界如→減欲界如
→減上界道→減欲界道
→減上界離→減欲界離→減上界妙→減欲界妙→減上界靜→減欲界靜
→減上界滅→減欲界滅
→減上界緣→減欲界緣→減上界生→減欲界生→減上界集→減欲界集
→減上界因→減欲界因
→減上界無我→減欲界無我→減上界空→減欲界空→減上界苦→減欲界
苦
→減上界無常

(3)《順正理論》

減緣次第及其不同根性之修法與稱友 119 剎那法一樣,但其減行法
可能是從原來 119 剎那法逐漸演變成 497 剎那法。

普光《俱舍論記》為西方德光論師所傳二組四種不同根性之修法。

法寶《俱舍論疏》為 497 剎那修法。

3.稱友《明瞭義疏》

稱友《明瞭義疏》所傳之 497 剎那法,其減緣次第與其他修法不同,也與
見道後十六心之觀行次第不同。

4.依苦諦行相入見道

依修行者根性可分為二類,著我見及著我所見為見行者,懈怠增及我慢增
為愛行者。

著我所見者依空行相,著我見者依非我行相入見道;

懈怠增者依苦行相,我慢增者依非常行相入見道。

入見道前觀欲界苦之減行次第因不同根性者而不同,觀餘諦時之減行次第
也跟著不同。

表一 中忍位減行減緣修法《大毗婆沙論》

	苦								集								滅								道							
	欲界				色、無色界				欲界				色、無色界				欲界				色、無色界				欲界				色、無色界			
	非常	苦	空	非我	非常	苦	空	非我	因	集	生	緣	因	集	生	緣	滅	靜	妙	離	滅	靜	妙	離	道	如	行	出	道	如	行	出
1																													漸次略去色無色界諸行道			
2																									漸次略去一切諸行道							
3																					漸次略去色無色界諸行滅											
4																	漸次略去一切諸行滅															
5													漸次略去色無色界諸行因																			
6									漸次略去一切諸行因																							
7					漸次略去色無色界苦																											
8	以四行相相續觀察，復漸略之，至一行相二剎那觀察																															

表二　稱友疏與 mChims 所傳一周減一行相之修法 (497 刹那)

界	諦	行相	1	2	3	4	5	6	7	8	9	10	11	12	13	14	15	16	17	18	19	20	21	22	23	24	25	26	27	28	29	30	31	32
色無色界	道諦	道	31																															
		如	v	30																														
		行	v	V	29																												
		出	v	V	v	28																											
	滅諦	滅	v	V	v	v	27																										
		靜	v	V	v	v	v	26																									
		妙	v	V	v	v	v	v	25																								
		離	v	V	v	v	v	v	v	24																							
	集諦	因	v	V	v	v	v	v	v	v	23																						
		集	v	V	v	v	v	v	v	v	v	22																					
		生	v	V	v	v	v	v	v	v	v	v	21																				
		緣	v	V	v	v	v	v	v	v	v	v	v	20																			
	苦諦	無常	v	V	v	v	v	v	v	v	v	v	v	v	19																		
		苦	v	V	v	v	v	v	v	v	v	v	v	v	v	18																	
		空	v	V	v	v	v	v	v	v	v	v	v	v	v	v	17																
		無我	v	V	v	v	v	v	v	v	v	v	v	v	v	v	v	16															
欲界	道諦	道	v	V	v	v	v	v	v	v	v	v	v	v	v	v	v	v	15														
		如	v	V	v	v	v	v	v	v	v	v	v	v	v	v	v	v	v	14													
		行	v	V	v	v	v	v	v	v	v	v	v	v	v	v	v	v	v	v	13												
		出	v	V	v	v	v	v	v	v	v	v	v	v	v	v	v	v	v	v	v	12											
	滅諦	滅	v	V	v	v	v	v	v	v	v	v	v	v	v	v	v	v	v	v	v	v	11										
		靜	v	V	v	v	v	v	v	v	v	v	v	v	v	v	v	v	v	v	v	v	v	19									
		妙	v	V	v	v	v	v	v	v	v	v	v	v	v	v	v	v	v	v	v	v	v	v	9								
		離	v	V	v	v	v	v	v	v	v	v	v	v	v	v	v	v	v	v	v	v	v	v	v	8							
	集諦	因	v	V	v	v	v	v	v	v	v	v	v	v	v	v	v	v	v	v	v	v	v	v	v	v	7						
		集	v	V	v	v	v	v	v	v	v	v	v	v	v	v	v	v	v	v	v	v	v	v	v	v	v	6					
		生	v	V	v	v	v	v	v	v	v	v	v	v	v	v	v	v	v	v	v	v	v	v	v	v	v	v	5				
		緣	v	V	v	v	v	v	v	v	v	v	v	v	v	v	v	v	v	v	v	v	v	v	v	v	v	v	v	4			
	苦諦	無常	v	V	v	v	v	v	v	v	v	v	v	v	v	v	v	v	v	v	v	v	v	v	v	v	v	v	v	v	3		
		苦	v	V	v	v	v	v	v	v	v	v	v	v	v	v	v	v	v	v	v	v	v	v	v	v	v	v	v	v	v	2	
		空	v	V	v	v	v	v	v	v	v	v	v	v	v	v	v	v	v	v	v	v	v	v	v	v	v	v	v	v	v	v	1	1
		無我	v	V	v	v	v	v	v	v	v	v	v	v	v	v	v	v	v	v	v	v	v	v	v	v	v	v	v	v	v	v	v	v
	行相周次		1	2	3	4	5	6	7	8	9	10	11	12	13	14	15	16	17	18	19	20	21	22	23	24	25	26	27	28	29	30	31	32

表三 稱友疏所傳一周減一諦修法 (119 剎那)

諦	界	行相	1	2	3	4	5	6	7	8	9	10	11
道諦	色無色界	出											
道諦	色無色界	行											
道諦	色無色界	如											
道諦	色無色界	道	28										
道諦	欲界	出	v										
道諦	欲界	行	v										
道諦	欲界	如	v										
道諦	欲界	道	v	24									
滅諦	色無色界	離	v	v									
滅諦	色無色界	妙	v	v									
滅諦	色無色界	靜	v	v									
滅諦	色無色界	滅	v	v	20								
滅諦	欲界	離	v	v	v								
滅諦	欲界	妙	v	v	v								
滅諦	欲界	靜	v	v	v								
滅諦	欲界	滅	v	v	v	16							
集諦	色無色界	緣	v	v	v	v							
集諦	色無色界	生	v	v	v	v							
集諦	色無色界	集	v	v	v	v							
集諦	色無色界	因	v	v	v	v	12						
集諦	欲界	緣	v	v	v	v	v						
集諦	欲界	生	v	v	v	v	v						
集諦	欲界	集	v	v	v	v	v						
集諦	欲界	因	v	v	v	v	v	8					
苦諦	色無色界	無我	v	v	v	v	v	v					
苦諦	色無色界	空	v	v	v	v	v	v					
苦諦	色無色界	苦	v	v	v	v	v	v					
苦諦	色無色界	無常	v	v	v	v	v	v	4				
苦諦	欲界	無常	v	v	v	v	v	v	v	3			
苦諦	欲界	空	v	v	v	v	v	v	v	v	2		
苦諦	欲界	苦	v	v	v	v	v	v	v	v	v	1	1
苦諦	欲界	無我	v	v	v	v	v	v	v	v	v	v	v
行相周次			1	2	3	4	5	6	7	8	9	10	11

表四　普光《俱舍論記》所傳減行減緣修法

諦	行相	1	2	3	4	5	6	7	8	9	10	11	12	13	14	15	16	17	18	19	20	21	22	23	24	25	26	27	28	29	30	31	32
道諦	上界出	31																															
	欲界出	v	30																														
	上界行	v	V	29																													
	欲界行	v	V	v	28																												
	上界如	v	V	v	v	27																											
	欲界如	v	V	v	v	v	26																										
	上界道	v	V	v	v	v	v	25																									
	欲界道	v	V	v	v	v	v	v	24																									
滅諦	上界離	v	V	v	v	v	v	v	v	23																							
	欲界離	v	V	v	v	v	v	v	v	v	22																						
	上界妙	v	V	v	v	v	v	v	v	v	v	21																					
	欲界妙	v	V	v	v	v	v	v	v	v	v	v	20																				
	上界靜	v	V	v	v	v	v	v	v	v	v	v	v	19																			
	欲界靜	v	V	v	v	v	v	v	v	v	v	v	v	v	18																		
	上界滅	v	V	v	v	v	v	v	v	v	v	v	v	v	v	17																	
	欲界滅	v	V	v	v	v	v	v	v	v	v	v	v	v	v	v	16																
集諦	上界緣	v	V	v	v	v	v	v	v	v	v	v	v	v	v	v	v	15															
	欲界緣	v	V	v	v	v	v	v	v	v	v	v	v	v	v	v	v	v	14														
	上界生	v	V	v	v	v	v	v	v	v	v	v	v	v	v	v	v	v	v	13													
	欲界生	v	V	v	v	v	v	v	v	v	v	v	v	v	v	v	v	v	v	v	12												
	上界集	v	V	v	v	v	v	v	v	v	v	v	v	v	v	v	v	v	v	v	v	11										
	欲界集	v	V	v	v	v	v	v	v	v	v	v	v	v	v	v	v	v	v	v	v	v	10										
	上界因	v	V	v	v	v	v	v	v	v	v	v	v	v	v	v	v	v	v	v	v	v	v	9									
	欲界因	v	V	v	v	v	v	v	v	v	v	v	v	v	v	v	v	v	v	v	v	v	v	v	8								
苦諦	上界無我	v	V	v	v	v	v	v	v	v	v	v	v	v	v	v	v	v	v	v	v	v	v	v	v	7							
	欲界無我	v	V	v	v	v	v	v	v	v	v	v	v	v	v	v	v	v	v	v	v	v	v	v	v	v	6						
	上界空	v	V	v	v	v	v	v	v	v	v	v	v	v	v	v	v	v	v	v	v	v	v	v	v	v	v	5					
	欲界空	v	V	v	v	v	v	v	v	v	v	v	v	v	v	v	v	v	v	v	v	v	v	v	v	v	v	v	4				
	上界苦	v	V	v	v	v	v	v	v	v	v	v	v	v	v	v	v	v	v	v	v	v	v	v	v	v	v	v	v	3			
	欲界苦	v	V	v	v	v	v	v	v	v	v	v	v	v	v	v	v	v	v	v	v	v	v	v	v	v	v	v	v	v	2		
	上界無常	v	V	v	v	v	v	v	v	v	v	v	v	v	v	v	v	v	v	v	v	v	v	v	v	v	v	v	v	v	v	1	1
	欲界無常	v	V	v	v	v	v	v	v	v	v	v	v	v	v	v	v	v	v	v	v	v	v	v	v	v	v	v	v	v	v	v	v
	行相周次	1	2	3	4	5	6	7	8	9	10	11	12	13	14	15	16	17	18	19	20	21	22	23	24	25	26	27	28	29	30	31	32

表五 四種修行者入見道前之減緣次第 (德光解減行之一)

諦	界	順序	以無常入見道者	以苦入見道者	以空入見道者	以無我入見道者
道諦	色無色界	1	出(4)	出(4)	出(4)	行(3)
		2	行(3)	行(3)	如(2)	如(2)
		3	如(2)	道(1)	道(1)	道(1)
		4	道(1)・	如(2)・	行(3)・	出(4)・
	欲界	5	出(4)	出(4)	出(4)	行(3)
		6	行(3)	行(3)	如(2)	如(2)
		7	如(2)	道(1)	道(1)	道(1)
		8	道(1)・	如(2)・	行(3)・	出(4)・
滅諦	色無色界	9	離(4)	離(4)	離(4)	妙(3)
		10	妙(3)	妙(3)	靜(2)	靜(2)
		11	靜(2)	滅(1)	滅(1)	滅(1)
		12	滅(1)・	靜(2)・	妙(3)・	離(4)・
	欲界	13	離(4)	離(4)	離(4)	妙(3)
		14	妙(3)	妙(3)	靜(2)	靜(2)
		15	靜(2)	滅(1)	滅(1)	滅(1)
		16	滅(1)・	靜(2)・	妙(3)・	離(4)・
集諦	色無色界	17	緣(4)	緣(4)	緣(4)	生(3)
		18	生(3)	生(3)	集(2)	集(2)
		19	集(2)	因(1)	因(1)	因(1)
		20	因(1)・	集(2)・	生(3)・	緣(4)・
	欲界	21	緣(4)	緣(4)	緣(4)	生(3)
		22	生(3)	生(3)	集(2)	集(2)
		23	集(2)	因(1)	因(1)	因(1)
		24	因(1)・	集(2)・	生(3)・	緣(4)・
苦諦	色無色界	25	非我(4)	非我(4)	非我(4)	空(3)
		26	空(3)	空(3)	苦(2)	苦(2)
		27	苦(2)	無常(1)	無常(1)	無常(1)
		28	無常(1)・	苦(2)・	空(3)・	非我(4)・
	欲界	29	非我(4)	非我(4)	非我(4)	空(3)
		30	空(3)	空(3)	苦(2)	苦(2)

	31	苦(2)	無常(1)	無常(1)	無常(1)
		以無常(1)	以苦(2)	以空(3)	以非我(4)
		入見道	入見道	入見道	入見道

表六 四種修行者入見道前之減緣次第 (法寶之主張)

諦	界	順序	以無常入見道者	以苦入見道者	以空入見道者	以無我入見道者
道諦	色無色界	1	出(4)	出(4)	出(4)	出(4)
		2	行(3)	行(3)	行(3)	行(3)
		3	如(2)	如(2)	如(2)	如(2)
		4	道(1)	道(1)	道(1)	道(1)
	欲界	5	出(4)	出(4)	出(4)	出(4)
		6	行(3)	行(3)	行(3)	行(3)
		7	如(2)	如(2)	如(2)	如(2)
		8	道(1)	道(1)	道(1)	道(1)
滅諦	色無色界	9	離(4)	離(4)	離(4)	離(4)
		10	妙(3)	妙(3)	妙(3)	妙(3)
		11	靜(2)	靜(2)	靜(2)	靜(2)
		12	滅(1)	滅(1)	滅(1)	滅(1)
	欲界	13	離(4)	離(4)	離(4)	離(4)
		14	妙(3)	妙(3)	妙(3)	妙(3)
		15	靜(2)	靜(2)	靜(2)	靜(2)
		16	滅(1)	滅(1)	滅(1)	滅(1)
集諦	色無色界	17	緣(4)	緣(4)	緣(4)	緣(4)
		18	生(3)	生(3)	生(3)	生(3)
		19	集(2)	集(2)	集(2)	集(2)
		20	因(1)	因(1)	因(1)	因(1)
	欲界	21	緣(4)	緣(4)	緣(4)	緣(4)
		22	生(3)	生(3)	生(3)	生(3)
		23	集(2)	集(2)	集(2)	集(2)
		24	因(1)	因(1)	因(1)	因(1)
	色	25	非我(4)	非我(4)	非我(4)	空(3)

苦諦	無色界	26	空(3)	空(3)	苦(2)	苦(2)
		27	苦(2)	無常(1)	無常(1)	無常(1)
		28	無常(1)	苦(2)	空(3)	非我(4)
	欲界	29	非我(4)	非我(4)	非我(4)	空(3)
		30	空(3)	空(3)	苦(2)	苦(2)
		31	苦(2)	無常(1)	無常(1)	無常(1)
			以無常(1) 入見道	以苦(2) 入見道	以空(3) 入見道	以非我(4) 入見道

*不同根性者在道諦、滅諦及集諦上之減緣次第相同。

表七 四種修行者入見道之減緣次第 (德光解減行之二)

四種人見道者			減行之次第			
			1	2	3	
愛行者	我慢增	以無常行相入見道者	除空(3)	除非我(4)	除苦(2)	依無常入見道(1)
	懈怠增	以苦行相入見道者	除空(3)	除非我(4)	除無常(1)	依苦入見道(2)
見行者	著我所見	以空行相入見道者	除苦(2)	除無常(1)	除非我(4)	依空入見道(3)
	著我見	以非我行相入見道者	除苦(2)	除無常(1)	除空(3)	依非我入見道(4)

表八 德光論師所傳之二種減行次第

四種人見道者				減行之次第			
				1	2	3	
德光解減行之	愛行者	我慢增	以無常行相入見道者	除非我(4)	除空(3)	除苦(2)	依無常入見道(1)
		懈怠增	以苦行相入見道者	除非我(4)	除空(3)	除無常(1)	依苦入見道(2)
	見行	著我所見	以空行相入見道者	除非我(4)	除苦(2)	除無常(1)	依空入見道(3)
		著我見	以非我行相入	除空(3)	除苦(2)	除無常(1)	依非我

一 德光解減行之二	者		見道者				入見道(4)
	愛行者	我慢增	以無常行相入見道者	除空(3)	除非我(4)	除苦(2)	依無常入見道(1)
		懈怠增	以苦行相入見道者	除空(3)	除非我(4)	除無常(1)	依苦入見道(2)
	見行者	著我所見	以空行相入見道者	除苦(2)	除無常(1)	除非我(4)	依空入見道(3)
		著我見	以非我行相入見道者	除苦(2)	除無常(1)	除空(3)	依非我入見道(4)

表九　四種修行者入見道之減緣次第 (德光解減行之二)

諦	界	順序	以無常入見道者	以苦入見道者	以空入見道者	以無我入見道者
道諦	色無色界	1	行(3)	行(3)	如(2)	如(2)
		2	出(4)	出(4)	道(1)	道(1)
		3	如(2)	道(1)	出(4)	行(3)
		4	道(1)	如(2)	行(3)	出(4)
	欲界	5	行(3)	行(3)	如(2)	如(2)
		6	出(4)	出(4)	道(1)	道(1)
		7	如(2)	道(1)	出(4)	行(3)
		8	道(1)	如(2)	行(3)	出(4)
滅諦	色無色界	9	妙(3)	妙(3)	靜(2)	靜(2)
		10	離(4)	離(4)	滅(1)	滅(1)
		11	靜(2)	滅(1)	離(4)	妙(3)
		12	滅(1)	靜(2)	妙(3)	離(4)
	欲界	13	妙(3)	妙(3)	靜(2)	靜(2)
		14	離(4)	離(4)	滅(1)	滅(1)
		15	靜(2)	滅(1)	離(4)	妙(3)
		16	滅(1)	靜(2)	妙(3)	離(4)
集諦	色無色	17	生(3)	生(3)	集(2)	集(2)
		18	緣(4)	緣(4)	因(1)	因(1)
		19	集(2)	因(1)	緣(4)	生(3)

	界	20	因(1)	集(2)	生(3)	緣(4)
	欲界	21	生(3)	生(3)	集(2)	集(2)
		22	緣(4)	緣(4)	因(1)	因(1)
		23	集(2)	因(1)	緣(4)	生(3)
		24	因(1)	集(2)	生(3)	緣(4)
苦諦	色無色界	25	空(3)	空(3)	苦(2)	苦(2)
		26	無我(4)	無我(4)	無常(1)	無常(1)
		27	苦(2)	無常(1)	無我(4)	空(3)
		28	無常(1)	苦(2)	空(3)	無我(4)
	欲界	29	空(3)	空(3)	苦(2)	苦(2)
		30	無我(4)	無我(4)	無常(1)	無常(1)
		31	苦(2)	無常(1)	無我(4)	空(3)
			以無常(1) 入見道	以苦(2) 入見道	以空(3) 入見道	以無我(4) 入見道

參考資料 12-4
瑜伽行派之四諦現觀

[1]瑜伽行派與說一切有部之修行

取材自釋惠敏
「佛教修行體系之身心觀」

1.十三種補特伽羅之修行　　　《瑜伽師地論》64，《顯揚聖教論》3

即此諸諦為據、為依、為建立處，立十三種補特伽羅。

(1)前九種

	異　生	有　　　學	無　　學
生欲界	①未見諦	②已見聖諦 預流果、一來向、一來果、 不還向、不還果、阿羅漢向	③阿羅漢果
生色界	④未見諦	⑤已見聖諦 不還果、阿羅漢向	⑥阿羅漢果
生無色界	⑦未見諦	⑧已見聖諦 不還果、阿羅漢向	⑨阿羅漢果

此前九種，有如下不同之修行路線：

❶只重色、無色界之禪定者：1→4→7

❷只重有學、無學之智慧者：1→2→3

❸先重有學、無學之智慧者：1→2→3→6→9

❹先重色界禪定，後修有學、無學之智慧者：

　　1→4→5→6→9 或 1→4→5→8→9

❺先重有學智慧，後修色、無色之禪定者：

　　1→2→5→6→9 或 1→2→5→8→9

(2)後四種

　⑩欲界獨覺

　　住獨覺法性，前生中或未見諦、或已見諦；今生欲界，不由師教，依先因
　　力，修覺分法證得，諸結永盡。

　⑪欲界菩薩

　　生欲界住菩薩法性，為令自他證寂滅故，已發正願，修習無上菩提方便行。

　⑫色界菩薩

　　生色界中住菩薩法性，遠離無色，修諸靜慮，為令自他證寂滅故，已發正
　　願，修習無上菩提方便行。

⑬不可思議諸佛如來

依修習不住流轉，及與寂滅無分別道，證得解脫法身所攝無上轉依遍行，作有情利益事無斷盡。

2.七種作意　　《瑜伽師地論》34

若樂往趣出世間道，應當依止四聖諦境(十六行相)，漸次生起七種作意。最初了相作意，最後加行究竟果作意，乃至證得阿羅漢果。(以七種作意說明觀修方法及階位)

「說一切有部」之聲聞乘的修行體系與瑜伽行派之「七種作意」的關係

凡夫位之三善根							聖者位			
順福分 順解脫分	順決擇分(四諦、十六行相)						預流向(八忍、八智)	預流果	一來向、一來果、不還向、不還果、阿羅漢向	阿羅漢果
	煖	頂	忍			世第一法				
			下	中	上					
							見道	修道		無學道
	必不久住		119剎那減緣減行	1剎那觀欲界苦諦一行相	1剎那觀欲界苦諦一行相		15剎那	第16剎那住「預流果」		
了相作意	勝解作意						遠離作意	觀察作意	攝樂作意	加行究竟作意 〔加行究竟果作意〕
十種行觀察苦諦,悟入苦諦四行	下忍平等智=煖	中忍平等智=頂	上忍平等智=諦順忍			世第一法	預流果、一來果、不還果	一來果、不還果	金剛喻三摩地	阿羅漢

(1)了相作意

以十種行(變異行、滅壞行、別離行、法性行、合會行、結縛行、不可愛行、不安隱行、無所得行、不自在行)觀察苦諦，悟入苦諦之無常、苦、空、無我。

(2)勝解作意

於諸諦盡所有性(事)(緣諦盡所有性，修作意)、如所有性(理)(緣如所有性，作四諦現觀)，超過聞思間雜作意，一向發起修行勝解時，相當於《大毗婆沙論》順決擇分之煖、頂、忍、世第一法。

①煖：下忍所攝，能緣所緣平等平等智生。　(四善根安受諦理皆名為忍。)

②頂：中忍所攝，能緣所緣平等平等智生。

③諦順忍：上忍所攝，能緣所緣平等平等智生。

④世第一法

斷能障礙粗品我慢，及於涅槃攝受增上意樂適悅，便能捨離後後觀心所有加行，住無加行無分別心。

即於如是寂靜心位最後一念無分別心，從此無間，於前所觀諸聖諦理，起內作意，名為世第一法。

(3)遠離作意

從此無間於前所觀諸聖諦理，起內作意，隨前次第所觀諸諦，有無分別決定智現見智生。由此生故，三界所繫、見道所斷、附屬所依諸煩惱品一切粗重，皆悉永斷。

此永斷故，若先已離欲界貪者，得不還果；若先倍離欲界貪者，得一來果。先未離欲界貪者，得預流果。

為欲進一步斷修所斷惑數數修習，若能永斷欲界上品中品諸煩惱已，得一來果；得不還果及不還相如前已說。

(4)觀察作意 (勝進道)

由觀察作意於一切修道，數數觀察(三界修惑)已斷、未斷，如所得道而正修習。

(5)攝樂作意 (無間道)

於修道正斷，於可厭法深心厭離，於可欣法深心欣慕。(由斷欲界九品修惑乃至非想八無間道。)

(6)加行究竟作意

加行者即於此攝樂作意，親近修習多修習故，有能無餘永斷修道所斷煩惱，最後學位喻如金剛三摩地生。由此生故，便能永斷修道所斷一切煩惱。

(由斷非想八品修惑方得金剛喻定，得此定時斷修惑盡。)

(7)加行究竟果作意

從此金剛喻三摩地，無間永害一切煩惱品麁重種子，其心於彼究竟解脫，證得畢竟種性清淨，成阿羅漢。

3.悟入唯識性及四種三摩地

(1)《攝大乘論》6

《攝大乘論》認為相當於《大毗婆沙論》之煖、頂、忍、世第一之順決擇分，是於此悟入唯識性時，並且以四種三摩地說明。

①由四尋思　　　　(義無實)

❶由下品無義忍中，有明得三摩地，是煖之依止。

❷由上品無義忍中，有明增三摩地，是頂之依止。

②由四如實遍智　　(識非有)

已入唯識(悟入唯識性)。

❸由無義中已得決定，有入真義一分三摩地，是諦順忍依止。

❹從此無間伏唯識想，有無間三摩地，是世第一法依止。

(2)《成唯識論》9

菩薩先於初無數劫善備福德、智慧資糧順解脫分已圓滿，為入見道住唯識性，復修加行伏除二取，謂煖、頂、忍、世第一法，總名順決擇分。此四法依四尋思、四如實智立。

四尋思者，尋思名、義、自性、差別假有實無。

如實智者，如實遍知此四離識及識非有。

①煖位：依明得定，發下尋思，觀無所取。

②頂位：依明增定，發上尋思，觀無所取。

③忍位：依印順定，發下如實智，於無所取決定印持，無能取中亦順樂忍。

④世第一法：依無間定，發上如實智，印二取空。

如是煖、頂依能取識，觀所取空。

下忍起時印境空相；中忍轉位於能取識如境空順樂忍可；上忍起位印能取空。

世第一法雙印空相。

❶說一切有部　順決擇分：四諦、十六行相

說一切有部	煖	頂	忍			世第一法
			下	中	上	
		必不久住	119 剎那減緣減行	1 剎那觀欲界苦諦一行相	1 剎那觀欲界苦諦一行相	

❷《瑜伽師地論》　順決擇分：勝解作意

《瑜伽師地論》	下忍平等智	中忍平等智	上忍平等智	世第一法

❸《攝大乘論釋》《成唯識論》　順決擇分：悟入唯識性，四種三摩地(定)

《攝大乘論釋》	下品無義忍中，有「明得三摩地」	上品無義忍中，有「明增三摩地」	無義中已得決定，有「入真義一分三摩地」	從此無間伏唯識想，有「無間三摩地」
《成唯識論》	依「明得定」，發下尋思觀無所取	依「明增定」，發上尋思觀無所取	依「印順定」，發下如實智於無所取決定印持，無能取中亦順樂忍。	依「無間定」，發上如實智印二取空
	依能取識，觀所取空		下忍起時，印境空相。中忍轉位，於能取識如境是空順樂忍可。上忍起位，印能取空	雙印空相

《攝大乘論釋》6、《成唯識論》9、《大乘莊嚴經論》7 等瑜伽行派論書，都以「悟入唯識性」，四種三摩地說明煖、頂、忍、世第一法四階位。此中四尋思中，尋思名、義、自性、差別是假有實無，是為煖、頂位，相當於三十七道品之五根。四尋思若已得決定，名四如實智，是為忍、世第一法位，相當於三十七道品之五力。

(3)別說「悟入唯識性」　　《攝大乘論世親釋》

「若菩薩已入已解如此等義，則修加行為入唯識觀。

　①觀四境遣外塵

　　於此觀中意言分別似字言及義顯現。

　　❶此中是字言相(名)，但(唯)意言分別，得如此通達。　　(遣名)

　　❷此義依於名言，(但)唯意言分別，亦如此通達。　　(遣義)

　　❸此名義自性差別，(但)唯假說為量，亦如此通達。　　(遣名義自性差別)

　②證意言分別遣分別

❶唯意言分別　(無四境)

　　次於此位中，但證得唯意言分別。

❷境無故分別無實體

　　是觀行人不見名及義，不見自性差別假說。

③由二方便觀意言境入真唯識

　❶入方便

　　(由實相不得有自性差別義已)

　　由四種尋思及四種如實智，

　❷所緣境

　　於意言分別，顯現似名及義，得入唯識觀。

要體會<u>唯識</u>道理，可藉由<u>唯是意言</u>的方法。我們所認識的世界不外乎是由意言(內心的語言)所建構。因此也可體悟此世界不外乎是由心識所建構(唯識所現)。意言(內心的語言)是與似文似義(內心中顯現之文字與意義)有關。世間語言文字的名稱不外乎是由意言(內心語言)所建構(唯是意言)。文字名稱的意義也不外乎是意言所建構。世間語言的名稱與意義，世間萬物的自性與差別沒有實體，不外乎是假立。

[2]廣辨四諦　　　　　《瑜伽師地論》卷55 蘊善巧(諦蘊相攝)

1.十六行觀

(1)十六行觀

①於苦諦

為對治四顛倒**1，於苦諦為四行觀：

❶無常行	對治常倒	(心常倒)**2

❷苦行	對治樂倒	(受樂倒)(貪)
	對治淨倒	(身淨倒)

(1.既知是苦，即知不淨；2.執見取戒禁取為勝淨
　　因而於上起貪故)

❸空行		
❹無我行	同治我倒	

②於集諦

四愛為集諦體，依此四愛立集諦四行觀(因、集、生、緣)

(此依總相立，彼四愛一一皆有因集生緣四種理。)

由常、樂、淨、我愛差別故建立四愛差別：

❶後有愛：	常愛為緣，愛於未來報而立。	(求當來自體)
❷喜貪俱行愛：	樂愛為緣，於現得境耽著不捨而建立。	(愛現五塵)
❸彼彼希樂愛：	淨愛為緣，於未得境見淨追求故立。	(愛未五塵)
❹獨愛：	我愛為緣建立，此愛隨逐自體。於自體	
	親暱(愛現自身而起)藏護(現身而起)。	

③於滅諦

由四種愛滅所顯，於滅諦為四行觀(滅、靜、妙、離)

④於道諦

由能證彼四愛滅故，於道諦為四行觀(道、如、行、出)

(2)十種行趣入苦諦四行　《瑜伽師地論》34

由十種行(依證成道理)正觀察苦諦相，能隨悟入苦諦四行。　　(趣入苦諦四行)

復以四行正覺了苦諦相。　　　　　　　　　　　　(正覺了苦諦相)

	無常行	苦行			空行	無我行
		壞苦	苦苦	行苦		
1.變異行	V					
2.滅壞行	V					
3.別離行	V					
4.法性行	V					
5.合會行	V					
6.結縛行		V				
7.不可愛行			V			
8.不安隱行				V		
9.無所得行					無實我相可得 唯有①根；②境；③彼所生受； 　　④彼所生心， 唯有計我之⑤我想；⑥我見(行) 唯有我我所之言說戲論	
10.不自在行						離我相 眾緣生，無常苦相所攝諸行。(不自在，皆非是我。)

(釋)

1.無常行攝

　(1)變異行：

　　①依教量由淨信增上作意力故，於一切行(有情世間，器世間)無常性決定。

　　②由現見增上作意力故，於內外事(內六處，外所攝受事，身資具事)以變異行觀察一切是無常性(現見不背，不由他緣，非他所引，隨念觀察，審諦決定)。

　(2)滅壞行：由比度增上作意力故，以滅壞行於彼諸行剎那生滅滅壞無常，於有其他世間諸行生起獲得決定。(顯正：剎那生滅(無住因令諸行住)；自然滅壞(生有因緣，滅法無因緣。)；簡非：變異因緣令諸行轉變；此為後變異因，非滅壞因。)

　(3)別離行：依內別離(退失主性，轉得他奴及所使性)，外別離(資生財寶變異滅壞)應知諸行是無常性。

　(4)法性行：通達未來世諸行變異無常，滅壞無常，別離無常定當得有，終不超越如是法性。

　(5)合會行：通達於現在世諸行變異無常，滅壞無常，別離無常合會現前。

由 1.證成道理(教量、現量、比量)三作意力及 2.修增上(一一別觀此三作意)，尋思觀察內外諸行是無常性。

2.苦行攝

(1)結縛行**3：

於有漏有取能順樂受一切蘊中，由結縛行趣入苦行。

於貪愛等結縛處，更生貪愛等，招生老病死等純大苦蘊。

由 1.結(縛)行相及 2.變壞增上所起憂煩，當知是壞苦性。

緣壞生苦必由縛。由有縛(煩惱)緣壞生憂名為壞苦，非唯變壞名為壞苦。若離欲者憂惱即除，如不還果人離欲捨憂，雖遇樂壞不生憂惱。

(壞苦有二種：一樂受自性，二樂變壞時。若色界諸行即壞是苦名為壞苦，以彼無有緣壞憂惱名壞苦義。)

(2)不可愛行

攝苦苦。(苦受用苦體為自相，通取苦受相應助伴)

由不可愛行趣入苦行，不可愛行攝前七苦，皆是苦苦。

①此約三苦攝三行說。以苦苦攝之不可愛行為苦苦，非以不可愛行攝之七苦為苦苦。

(若以三苦攝八苦說，則前五是苦苦。)

②不可愛行中雖有少壞苦，皆以苦苦門攝說(少從多故)。

諸行無常→有生法性→有生苦→有老病死苦、怨憎會苦、愛別離苦、求不得苦。

(3)不安隱行

攝行苦。(阿賴耶識捨受及順此受法為其行體)

於有漏有取順非苦樂一切蘊中，由不安穩行趣入苦行。

順非苦樂一切諸蘊，麁重俱行苦樂種子之所隨逐，苦苦(苦種)壞苦(樂種)不解脫故，觀不苦不樂受性，一切皆是無常有壞滅法。

由結縛行，不可愛行，不安穩行增上力故，於三受中知諸行所受，皆悉是苦，而趣入苦行。

3.空行攝　　《瑜伽師地論》34，《略纂》

諸行皆悉是空，以無有我故。(遣計有體名有，**空於體**。)

(1)唯有諸蘊

①唯有根、境(色蘊)；從彼(根境)所生受(受蘊)；從彼所生心(識蘊)。

②唯有計我(假名我)之我想(想蘊)、我見(行蘊所計)。

③唯有我我所(假立)之言說戲論。(妄計)

(2)無作、受者

諸蘊中無常恆堅住主宰之我、有情、生者、老者、病者、死者。此等非能造業，非能受果及異熟。

如是名為由無所得行趣入空行。

4.無我行攝

　諸行皆非是我。(遣執有用名我，**無於用**。)

　(1)諸行與其自相、無常相、苦相相應。

　(2)諸行從緣生，不得自在。不自在故皆非是我。

　如是名為由不自在行入無我行。

(3)諸苦相攝

	三　苦(一)			三　苦(二)**4			四　苦**5			
	苦苦	壞苦	行苦	苦苦	壞苦	行苦	生苦	緣內苦	緣外苦	粗重苦
生苦	V			V	前七苦所對治淨妙煩惱		V			
老苦	V			V				V		
病苦	V			V				V		
死苦	V			V				V		
怨憎會苦	V			V					V	
愛別離苦		V		V					V	
求不得苦		V		V					V	
五取蘊苦			V			V				V

(4)十六行攝三解脫門

	苦　諦	集　諦	滅　諦	道　諦
空　行	空行 無我行			
無願行	無常行**6 苦行	因行、集行、 起行、緣行。		
無相行			滅行、靜行、 妙行、離行。	
清淨因所顯行				道行、如行、 行行、出行。

2.明諦次第

四諦次第	苦　　　→	集　　　→	滅　　　→	道
(1)辨法	由此(<u>逼迫</u>)故苦	如此(<u>因、集諦</u>)故苦	由此(<u>證滅</u>)故樂	如此(<u>滅樂</u>)故樂
(2)引喻	重病(黑品)	病因(黑品)	病愈(白品)	良藥(白品)
(3)修行次第	於世間曾<u>所遭</u>苦處發起作意→	於<u>遭苦因</u>發起作意→	於<u>苦解脫</u>發起作意→	於<u>解脫方便</u>發起作意

3.明諦義

(1)諦　義： 如所說相不捨離義，由觀此故到清淨究竟義。**7

(2)苦諦義： 煩惱所生義(有情生)，煩惱所行義(生所依處)。

(3)集諦義： 能生苦諦義。

(4)滅諦義： 彼俱寂靜義。

(5)道諦義： 能成三諦義。(由道諦遍知苦諦，永斷集諦，觸證滅諦。)

4.明勝義

四聖諦為勝義諦攝。

於順苦、樂、不苦不樂諸行由自相差別故，建立世俗諦。由彼共相(皆是行苦)一味苦故，建立勝義諦。

5.辨知斷證修

(1)遍知苦諦： 苦諦是四顛倒所依處，為除顛倒故遍知苦，既遍知苦即遍知集。(集諦由苦諦攝故)**8

(2)永斷集諦： 雖遍知苦，仍為集諦之所隨逐，故須永斷。

(3)觸證滅諦： 滅諦現前見故，不生怖畏，愛樂攝受。(觸證者，是現見義。)

(4)修習道諦： 若勤修道，乃能成辦所說三義。

6.辨諦現觀**9　　　(《顯揚聖教論》17，《成唯識論》9)

決定義，是現觀義。於諸諦中決定智慧，及彼因，彼相應，彼共有法為體，是名現觀相。

　　　釋 1.《瑜伽師地論》71

　　　　現觀為現見安立非安立諦。

2.《略纂》

　①於諸諦中決定智慧：此謂智諦、邊、究竟，皆緣諦生故。此三為正現觀。

　②彼因：即思現觀，為智諦之因故。

　③彼相應：謂無漏信觀，以皆是心心所故，依等等故，名自相應。

　④彼共有法：即戒現觀，此但名彼共有因故。

(1)思現觀：於諸諦決定思惟。

　　　(雖住異生位，能正了知諸行無常，諸行皆苦，諸法無我，涅槃寂靜)

　　　(最上品喜受相應思所成慧能觀諸法共相，引生煖等加行道中觀察諸法，功用猛
　　　利，故立為現觀。煖等不能廣分別法又未證理，非現觀)

(2)信現觀：三寶所三種淨信，由於寶義已決定故，及聞所成決定智慧。

　　　(或是異生或非異生，或於現法及後法中，不妄稱餘是大師，餘法善說，餘僧正行。)

　　　(緣三寶，世出世間決定淨信,此助現觀令不退轉，立現觀名。)

(3)戒現觀：聖所愛戒，於惡趣業已得決定不作(之)律儀故。

　　　(不故心斷傍生命，不與而取，習欲邪行，知而妄語，飲米等酒諸放逸處)

　　　(無漏戒，除破戒垢，令觀增明，亦名現觀。)

(4)現觀智諦現觀：

　①初現觀位：於加行道中，先集資糧極圓滿故(遠方便，順解脫分位)，又善方便
　　　　　　磨瑩心故(近方便，順決擇分位，觀四諦漸已明利。)。(有三心)

　❶三心差別：觀我法空及所斷障有三品心。**10**11

　　　1.內遣有情假法緣心生：

　　　　此心從世間順抉擇分邊際善根無間生(初品心)。

　　　　初入見道緣人空(遣有情假)，　　　　　　　　　(方便道中行)

　　　　如法起下品無分別智名法緣生心，　　　　　　(無間道心生)

　　　　能除軟品(見所斷)煩惱粗重。　　　　　　　　(除人執上品粗重)

　　　2.內遣諸法假法緣心生：

　　　　此從前心無間生(第二品心)。

　　　　次觀法空(遣諸法假)，如法起中品無分別智，

　　　　能除中品(見所斷)煩惱粗重。　　　　　　　　(斷法執上品粗重)

　　　3.遍遣一切有情諸法假法緣心生：

　　　　從前心無間生(第三品心)。

　　　　雙觀二空(遍遣有情假法假)，如法起上品無分別智，

　　　　能除一切見所斷煩惱粗重。　　　　　　　　　(雙斷二執下品粗重)

　❷止觀雙運：由雙運合立毗鉢舍那品三心、奢摩他品三心為三心，以於一

剎那中止觀俱可得，此現觀即是見道。

❸緣境、相應：此三心唯緣非安立諦境。**12 (真如本性。二空真如、離言真
如。)

(此雖約詮言緣有情假及法假，理實唯緣真如。)

初品二品心法智相應(各別緣故)，第三品心類智相應(總和緣
故)。**13

②第二現觀位 (有十六心)

由此心勢力故，於苦等四諦安立諦**12中，有第二現觀位，清淨無礙苦等
智生，依此，苦集滅道智得成立。(真如相狀。四諦差別、依言真如。)

⇨由前三心并止觀品，

．能証見斷煩惱寂滅。

(1.五見；2.依見貪瞋慢；3.相應不共無明；4.疑。欲界四諦40上二界除瞋各36共112種)

．能得永滅一切煩惱及所依事出世間道。(此據見道一切盡，非無學一切盡。所依事
者為五蘊。)

是名現觀智諦現觀。

(5)現觀邊智諦現觀：

緣安立諦境。(謂現觀智諦現觀後，諸緣安立(諦境)，世出世智。)

①此現觀得現觀邊智，此智為第三心無間從見道起方現在前。

②此為緣安立諦境之似法智，似類智，為世俗智攝，通世出世(緣世事起故，
體無漏故。)，為出世間智後所得。

(安立諦境：於先加行位時世智所曾觀之下上二地及二地中所有增上安立四諦之境。)

③約所取能取立十六心

觀四諦得法類八忍(忍可欲樂智)八智(現觀決定智) (十六心觀)**14

於苦諦：

❶法智忍：觀三界苦諦真如，正斷三界見苦所斷28種　　(觀真如斷隨眠)
　　　　　分別隨眠。

❷法　智：忍無間，觀前真如，證前所斷煩惱解脫。　　(觀真如證所斷)

❸類智忍：智無間，無漏慧生，於法忍智各別內證。　　(觀正智證法忍智)

❹類　智：此無間，無漏智生，審定印可類智忍。　　(觀正智印類忍)

⇨於集滅道諦亦爾，八心觀真如，八心觀正智，是名現觀邊智諦現觀。

④約下上諦境立十六心

前一心別觀欲界人法二空，後一心觀上界人法二空，第三心遣人法遍故。
約遍遣立十六諦觀。

於苦諦：

❶下地現前界(欲界)忍；　　　　　❷下地現前界智；

❸上地不現前界忍；　　　　　　　❹上地不現前界智。

⇨於集滅道諦亦爾，上下界十六別觀。

(釋)	現觀智	現觀邊智
1.	無分別，遣假法緣故	有分別，隨逐假法緣故
2.	於依止中，能斷見斷煩惱隨眠	令彼所斷更不復起 (思惟安立諦為所緣故)
3.	能進趣修道中出世斷道	能進趣世出世斷道**15

(6)究竟現觀 　(謂盡智，無生智，究竟位智。)

①由永斷修所斷煩惱故，所有盡智，無生智生。

②或一向出世(無分別智)，或通世出世(後得智)。

③於現法中，一切煩惱永斷決定故(盡智義)，於當來世，一切依事永滅決定故

(當起之惑業果)，名究竟現觀。

❶出世盡智：若智，於盡無分別。

❷世出世盡智：若智，於盡有分別。

❸出世無生智：即此依事滅因義故，於當來世依事不生中所有無分別智。

❹世出世無生智：於當來世依事不生中所有有分別智。

參考資料 12-4[2]之註解：

**1 (1)《順正理論》47

　　想倒攝想，心倒攝識，見倒攝行。不可說受亦倒所攝，觸為因生如應領故。

　　(2)《瑜伽師地論》8

　　煩惱顛倒攝者，謂七顛倒：

　　①想倒：謂於無常苦不淨無我中起常樂淨我妄想分別。

　　②見倒：謂即於彼妄想所分別中，忍可欲樂，建立執著。

　　③心倒：謂即於彼所執中貪等煩惱。

　　④於無常常倒；　　　⑤於苦樂倒；　　　　⑥於不淨淨倒；　　　⑦於無我我倒。

**2 別釋：無常行對治心常倒，身淨倒。苦行對治受樂倒。

**3《瑜伽師地論》34

　　結縛行：於愛等結處生愛等結，於貪等縛處生貪等縛，便能招集生老病死愁悲憂苦，一切擾惱純大苦蘊。

**4 (1)苦苦：愛別離，求不得時亦生苦苦。

　　(2)壞苦

　　　　①眾生於淨妙境起貪時，即成淨妙煩惱，壞苦所攝，變壞即苦。

　　　　　如世尊言：入變壞心。

　　　　②未離欲者，遇變壞事即生憂惱，故知煩惱成苦事。

　　　　　如世尊言：由蓋纏故，領彼所生心諸煩惱。

　　(3)行苦：取蘊是行，行帶粗重不安隱故。

**5 以四愛差別建立之集諦四種行相，而為生今果差別之四種苦故。(求後有愛生生苦，獨愛生緣內苦，喜貪俱行愛、彼彼希求愛生緣外苦，總別四愛生粗重苦。)

**6 見道前先觀無常(無願門)後入見道住無我相(空門)。

　　見道前初修方便，先起無常及苦無願三昧，後修無我空三昧，體即依無願而修彼空。

　　復從無我起無常行，即依彼空而修無願。無願與空前後展轉更互相修。

　　(此先說空者，乃據已修得空無我行，次起苦無常等故。)

**7 諦義

　　各有三釋：

　　(1)如所說相不捨離義：

　　　　①諸法不捨自性義；

　　　　②據實義名諦(實苦不可令樂，乃至滅苦之道實是真道。)；

　　　　③約世俗諦，凡夫由法爾故，於彼諸法覺無乖諍。

　　(2)由觀此故到清淨究竟義：

　　　　①能生清淨智義；　　　　　　　　　　②能生不顛倒覺者；

　　　　③約勝義諦，已見諦者，如其法性證無乖諍。

**8《瑜伽論記》2

　　景云：煩惱業種更無別體，即是阿賴耶識苦諦所攝。

測云：集必是苦，苦未必是集。

**9 此三種雜染：謂煩惱雜染，業雜染，生雜染，為欲斷故，修六種現觀應知。

何等為六？ 謂思現觀，信現觀，戒現觀，現觀智諦現觀，現觀邊智諦現觀，究竟現觀。

此六現觀能對治三種雜染。《瑜伽師地論》10

**10 那爛陀寺海慧論師：此三心非唯菩薩見道亦是二乘：

(1)遣有情假：別觀法上無我故，作無我行觀；

(2)遣法假：次作空行，遣屬我法假，除我所執；

(3)遍遣二假：假我及屬我法。重觀我我所，下品空故。

**11 三心有二釋：

(1)為真見道。以前之數習方便先觀人空，次觀法空，後雙二空(為分別除人執上品，法執上品及二執下品)，後入見道無分別由數習力任運解。

(2)非真見道。為欲入見道前方便觀，後入真見道。(唯一念心頓斷一切二執煩惱名真見道。)(後智心中，及觀所證二空所顯真如及所斷二執，起彼三心，復名相見道。)

**12 (1)非安立諦：真如之本性，離名字相、離心緣相，寂滅無為(二空真如，離言真如)。

(2)安立諦：真如之相狀，則有種種義理差別之施設(四諦差別，依言真如)。

**13 十種智　《顯揚聖教論》2

(1)現觀智諦現觀(初現觀位)

①法智：於共了、現見，所知諸義境界無漏之智。(各別緣)　　　　　(《成唯識論》9)

②類智：於不共了、不現見，所知諸義境無漏之智　(總合緣)

(2)現觀邊智諦現觀

③他心智：修所生修果，能知他心及心法智；及諸如來知諸眾生，隨其意解隨其隨眠，教授教誡轉起妙智。

④世俗智：世間慧。如來依此為眾生隨其意解、隨眠宣說妙法。

(3)現觀智諦現觀(第二現觀位)

⑤苦智：於有漏諸行中，無常苦空離我思惟，若知若見，明了覺悟，慧觀察性。

⑥集智：於有漏諸行因中，因集生緣思惟，若知若見，餘如前說。

⑦滅智：於有漏諸行滅中，滅靜妙離思惟，若知若見，餘如前說。

⑧道智：於能斷有漏諸行無漏道中，道如行出思惟，若知若見，餘如前說。

(4)究竟現觀

⑨盡智：苦已知，集已斷，滅已証，道已修，或緣盡境或復為盡，若知若見，餘如前說。

⑩無生智：苦已知不復當知，集已斷不復當斷，滅已証不復當証，道已修不復當修，或緣無生境或為無生，若知若見，餘如前說。

**14 通達位　《成唯識論》9

《唯識三十頌》 若時於所緣，智都無所得，爾時住唯識，離二取相故。

(1)當世第一法無間生無分別智(能證悟所緣真如)時，菩薩於所緣境(及)無分別智都無所得(不取種種戲論相故)，爾時乃名實住唯識真勝義性，即證真如。智與真如平等平等，俱離能取所取相故(能所取相俱是分別，有所得心戲論現故)。

加行無間此智生時，體會真如，名通達位，初照理故，亦名見道。

(無分別智有三異解 1.無見相二分，無二取相故 2.相見二分俱有 3.見有相無(護法))

(2)見道略說有二：

　①真見道：證唯識理。引生根本無分別智、證悟真如，實證二空所顯真理，實斷二障分別隨眠之位。

　　　　　二異解：二空二障 1.漸證漸斷(三心真見道)，2.頓證頓斷(一心真見道)。

　②相見道：證唯識相。為真見道後生後得智，再觀真如理之位。

　　❶觀非安立諦 (三心相見道)

　　　1.三品心

　　　　(1)內遣有情假緣智：能除軟品分別隨眠。

　　　　(2)內遣諸法假緣智：能除中品分別隨眠。

　　　　　此二名法智相應。(各別緣故)

　　　　(3)通遣一切有情假、法假緣智：能除一切分別隨眠，名類智相應。(總合緣故)

　　　　(4)如同真見道，

　　　　　就無間道中，我空見分及自所斷障，別立初品心；

　　　　　就無間道中，法空見分及自所斷障，別立第二品心；

　　　　　就解脫道中，我法二空見分及自所斷障，總立第三品心，

　　　　　此三名相見道。

　　　2.有二異解：

　　　　(1)此三是真見道：以相見道遣緣四諦，不緣我法空，此緣我法空，故為真見道。

　　　　(2)此三是相見道：以真見道不別緣故。

　❷緣安立諦：作十六心觀安立諦(觀四諦之別相)之境。

　　　1.依觀所取能取別立法類十六種心

　　　　於苦諦，有四種心：

　　　　(1)苦法智忍：觀三界苦諦真如，正斷三界見苦所斷，二十八種分別隨眠。

　　　　(2)苦法智：忍無間，觀前真如，証前所斷煩惱解脫。

　　　　(3)苦類智忍：智無間，無漏慧生，於法忍智各別內証。

　　　　(4)苦類智：此無間無漏智生，審定印可苦類智忍。

　　　　集滅道諦應知亦爾，—(1)(2) (八心)觀真如　(3)(4) (八心)觀正智。

　　　　如同真見道，無間道見分建立法忍，解脫道見分建立法智；無間道自証分建立類忍，解脫道自証分建立類智，由此差別建立名相見道。

　　　2.依觀下上諦境別立法類十六種心

　　　　觀現前(欲界)，不現前界(色無色界)苦等四諦各有二心：(1)現觀忍，(2)現觀智。

　　　　如同真見道，如其所應無間道、解脫道見分觀四諦法，斷除(見道所斷)112 種分別隨眠(欲界四諦 40，上二界除瞋各 36)，名相見道。

　　　3.依菩薩廣布聖教道理，有九種心。

　　　　此即依前緣安立諦，二種十六心止觀別立。

法類品忍智合說，各有四觀，即為八心，八相應止總說為一(苦法忍智，苦類忍智、集、滅、道) 八觀一止的九心名相見道。

前三說相見道皆依真假說，所謂由世第一法無間而生及斷諸分別隨眠皆非實如是。此有三因(1)真見道後相見道方得生故(2)非安立後起安立故(3)分別隨眠真已斷故。

前真見道證唯識性，後相見道証唯識相，前勝故頌中偏(唯)說真見道。

(3)真見道根本智攝，相見道後得智攝。

後得智有三解(1)見相二分俱無(安慧) (2)見有相無 (3)見相俱有(護法)。

(4)真見道攝現觀智諦現觀少分(根本智)；

相見道攝現觀智諦現觀少分(後得智)及現觀邊智諦現觀少分(見道智)，信現觀，戒現觀雖與見道俱起，而非自性，故不相攝。

(5)得此二見道時生如來家(為法王子)，住極喜地，善達法界，得諸平等。

一切有情，一切菩薩，一切如來的三種平等心性，常生諸佛大集會(受用土)中於多百門已得自在，自知不久証大菩提，能盡未來利樂一切。

**15 此簡後得智一向有漏，是純世間不能斷煩惱。

由世間道是曾習故，相執所引故(非自內証，唯從他聞，不離名言戲論相執)。

如相執所引，如是不能泯伏諸相；如不能泯伏諸相，亦不能永害粗重。故純世間道無有永害隨眠義。

(1)純世間：以緣事故名，不約無漏義名。

(2)曾習故：

無分別智後得名曾習。純世間道所緣事相，雖是有漏然無分別智曾習，種類同故名。

(3)相執所引故：

見道時相執不起，見道後相執還起，引彼後智不能泯伏三界法相，如是亦不能永害粗重。

[3]四諦及其果因義　　　《中邊分別論》真實品3　(真諦譯、安慧釋疏)

1.無顛倒真實

無顛倒真實者，為對治常等顛倒故有四種。

1.無常，2.苦，3.空，4.無我。

此四云何根本真實所立？

(1)無常義

此中無常云何應知？

[無常義有三　無義生滅義]　　(3-5cd)

[有垢無垢義]　(3-6a)

[本實中次第]　(3-6b)

根本真實中有三種性，此性中次第應知三種無常義。

①無有物為義故說無常。

②生滅為義。

③有垢無垢為義。

[釋]

無常、苦、空、無我是常、樂、淨、我等顛倒之對治，故稱無顛倒真實。無常苦空無我之相是無常等，其體是無常等性，此四依根本真實而立，以根本真實攝其餘之真實故。

　無常義有三：

　1.無義　(無性無常)

　　　一切時爾然而有即是常，相反即是無常，故分別性自性永遠是無常，以是常無故。

　2.生滅義　(因緣無常)

　　　依他性是剎那剎那生滅之無常，以依緣而起，壞時無因故。

　3.有垢無垢義　(垢淨無常)

　　　真實性雖是不變異法，然依有垢無垢相之客塵無常義，說是無常。

(2)苦義

[苦三一取苦　二相三相應]　　(3-6cd)

①取　苦：人法執著所取故。

②相　苦：三受三苦為相故。

③相應苦：與有為相應故，為有為法通相故。

此三苦於次第性中應立

[釋]

苦亦有三種：

1.取苦　(所取苦)

分別性自性是取苦。由於未遍知，由此界中或他界中取苦，故稱為苦。由執著人與法之取故苦。(本自不苦，執取故苦。)

由執彼未遍知之物而執著人與法故，是對人與法之執著。又彼之執著是人與法二者，為分別性之自性。由分別性自性之執著，而有苦之相續，雖是取苦，然非分別性即是苦。

分別性自性由於人法之執著，作為法之自性而取故，如是之分別性是取苦。

2.相苦　(事相苦)

依他性是相苦，與相之苦連屬。(無常為緣，事相苦。)

相苦有三種：苦苦、壞苦、行苦。此三皆依他性之苦性，是相之苦。

3.相應苦

真實性是相應苦。(自雖非苦，與苦事相依。)

云何相應？與苦相應故。依他性是苦，彼依他性之法性的真實性也與苦相應，故稱為苦。

於根本真實中，如次取苦是分別性，相苦是依他性，相應苦是真實性。

(3)空義

[無空不如空　性空合三種]　　　(3-7ab)

分別性者，無別道理令有，無有物是其空。

依他性相者，無有如所分別，不一向無此法，不如有是空。

真實性相者，二空自性，是故說名自性空。

[釋]

空性有三種：

1.無法之空性　(無性空)

分別性中有無法之空性。

分別性相是如兔角等之自性(常無性)，其現量與比量之相，亦無可取為有 sattva，以無法故為空性。

2.異法之空性　(異性空)

異法之空性在依他性。

依他性相如諸愚者分別所取能取二者之自性，此雖是無然非全無，與分別性常無體異，而如同清淨之世間智是有，故由異法(體異)而說有其空性。

　　(於此性上無彼異法，非其體性故。)

　3.本性空性　(本性空)

　　本性空性為真實性。

　　真實性相是所取能取二無之體的自性，故即是空之自性，故本性(自性)即是其空性。(空之當體，二空所顯為自性。)

(4)無我義

[無相及異相　自相二無我]　　(3-7cd)

　分別性者相體無有，是故此無相是其無我。
　依他性者有相不如所分別，不如相者是其無我。

　真實性者是二無我，是故自體是其無我。

如是三種根本真實中，
顯說有三種無常：無物無常、生滅無常、有垢無垢無常。
　　　三　種　苦：取苦、相苦、相應苦。
　　　三　種　空：無有空、不如空、自性空。
　　　三種無我：無相無我、異相無我、自性無我。

[釋]

　無我有三種：

　1.無相故無我　(無相無我)

　　分別性自性無相，無相即是無我。然依餘相則不爾。(根本無，說為無我)

　2.異相之無我　(不如相無我)

　　依他性是異相之無我。(依他相雖有，不如分別相，故名異相)
　　於依他性中，物體之相雖有，然如諸愚者之分別為所取能取，則不爾。與彼相違(不如)之相，是指異於分別性相。依他性相是彼分別性相之異相無我，故顯示作為分別性之體，彼依他性是無我。

　3.自相之無我　(自相無我)

　　自相之無我是真實性。
　　真實性由無所取能取之自性而無我故，故所說的彼真實性中之自相為

　　無我，是顯示真實性之法以無我為自性。

[問]空性與無我有何差別？

[答]有說：此處無彼，故彼為空。

　　　　然此非彼之我，亦即非自性時，故彼為無我，是此二之差別。

　　或曰：作為義雖無差別，然依安立之差別有異。

　　　　此處無彼時，彼無自性故為無我。然於他處，由於無真實性自性，故為空性。(泛說為空，有體可指為無我。)

2.果因真實

　　果因真實此根本真實中應立。

　　何者果因？

　　　　苦諦、集諦、滅諦、道諦。

　　云何根本真實得立？

(1)苦諦

　　苦相等已說。

[苦諦如前說]　　(3-8a)

　　無倒真實中如三苦、三無常等，因此四無倒應知苦諦。

(2)集諦

　　三種集諦應知。何者為三？

[集諦復有三　熏習與發起　及不相離等]　　(3-8bcd)

　　①熏習集諦：執著分別性熏習。

　　②發起集諦：煩惱及業。

　　③不相離集諦：如如與惑障不相離。

(3)滅諦

　　三種滅義故應知滅諦。何者為三？

[體滅二種滅　垢淨前後滅]　　(3-9ab)

　　①無體滅：自體無生。

　　②二　　滅：能執所執二法不生。

　　③自性滅：謂垢寂滅二種：❶數緣滅，❷法如如。

(4)道諦

　　道諦有三。於三根本真實中，云何得安立？

[觀智及除滅　證至道有三]　　　(3-9cd)

①觀察分別性。　（遍知）

②為觀察除滅依他性。　（斷除）

③為觀察證至真實性。　（作證）

如是此中為觀察為除滅為證至故，安立道諦應知。

[釋]

四諦是果與因之真實。

於染汙分：苦諦是果之真實，集諦是因之真實。

於清淨分：滅諦是果之真實，道諦是因之真實。

1.苦諦

依於無常等相，根本真實如其次第是苦諦。**1

無常、苦、空、無我是苦諦之相，其各各之分別已如前說。

2.集諦

依於三種集義，根本真實如其次第是集諦。**2

集之三種義是熏習、發起及不相離。

①熏習集

此為分別性之自性。

當現無而執為有時，有能所之世間法，由於分別性法熏習依他性攝之煩惱種子，此熏習所置之習氣即是集。而遠離分別之出世間法不置分別煩惱之熏習。

②發起集

此為依他性之自性。

發起者得自體也。由彼而起，故為發起之集。此中以業與煩惱為自性，即是依他性之自性。

③不相離集

不相離集是真如。

何以故？

若真如與諸障不相離，則苦就會集起，或說與諸障不相離之真如是集法性。

3.滅諦

依於三種滅，故根本真實是滅諦。**3

三種滅是無體滅、二滅及垢寂滅。

①無體滅　（自體不生）

此自體不生乃就分別性而說。以分別性無自性，如石女子畢竟不生。

②二滅　(二取不生)

所取能取不生是就依他性而說。依他性與所取能取之自性畢竟離，故二迷之體不生。

③垢寂滅

此為真實性之自性。

垢有二種：❶貪等之障，❷分別性。

寂滅有二種：

❶以貪等諸垢畢竟不生為體之寂滅，為擇滅。

(以無漏智，將染汙種子從所依(阿黎耶識)拔除時，貪等諸垢已竟。)

❷以分別性垢不生為體之寂滅，為真如。

(所取能取二無之智以真如為行境。)

此二寂滅即是真實性自性。

此三種滅於分別性等根本真實中，如其所應應知。

另有別說：

①由通達真如而有煩惱與分別性垢之寂滅，稱為真如。

②以心自性明淨，此自性即是真如。以真如為所緣之滅稱自性滅。而只有滅的稱為擇滅。

③或曰：於此滅故滅為真如。又，滅是不生之體，故作為自體，攝不生等之一切而稱為滅諦。。

4.道諦

道諦於三種根本真實中云何安立？**4

①分別性

於分別性有遍知而無斷，以分別性畢竟無，無者不得有斷故。

②依他性

於依他性有遍知與斷，實則應知依他性如顯現是無，但非如分別性一切體無。又，業與煩惱以有為體，故依他性應斷。

③真實性

於真實性有遍知與作證。真實性作為離有無之相，又作為所依之轉變性(轉依 āśrayaparāvṛttitā)應遍知，轉依作為解脫法身應作證，空性應遍知，滅由應得作證之作而應作證。

別說：

遍知有二種：知遍知與斷遍知。

分別性真實性由知遍知而應遍知，依他性由二者而應遍知。

作證有二種：知之作證與得之作證。

由知之作證三者皆應作證，而真實性由得之作證而應作證。

此中，應知由如是根本真實之遍知、斷與作證而建立道諦，然非由彼根本真實之攝屬而有道諦之建立。又，此處揭示由四諦顯染汙(苦)、和此染汙之由來(集)，以及此二者之清淨(滅)、其滅之由來(道)。

參考資料 12-4[3]之註解：

**1《三無性論》上

依止如如者所謂苦諦。苦諦者所謂行苦，以無常故。

無常有三義：

(1)無有無常

謂苦分別性，永無所有，此無所有是無常義。真實有此無所有名真如如，若以前無後無為無常者，此乃俗諦。不顛倒名為如如，非真如如也。

(2)生滅無常

謂苦依他性，此依他性既非實有亦非實無。異真實性故非實有，異分別性故非實無。非實有故是滅，非實無故是生。如此生滅是無常義。而生非實生滅非實滅，是真如如。

(3)離不離無常

謂苦真實性，此性道前未離垢，道後則離垢，約位不定故說無常，體不變異名為如如。

**2《三無性論》上

邪行如如者所謂集諦。…

集有三種：

(1)熏習集：謂分別性類惑能熏起集。何以故？由分別類惑能作集家因。

(2)發起集：謂煩惱及業。何以故？由此生起成故。

(3)不相離集：謂集如如。此如如體未離障說名集。何以故？此如如是集家性故。集所障故，說集如如。

此三即三無性故名如如。

**3《三無性論》上

清淨如如者所謂滅諦。

亦有三義：

(1)體相無生滅：謂分別類惑本無體相，故名為滅。

(2)能執無生滅：謂但亂識類惑由因由緣本無有生，故名為滅。

(3)垢淨二滅：

　　謂本來清淨無垢清淨。約分別性說本來無垢，約依他性說無垢清淨。何以故？此性有體則能染汙，由道除垢故得清淨。本來清淨即是道前道中，無垢清淨即是道後。此二清淨亦名二種涅槃，前即非擇滅自性本有非智慧所得，後即擇滅修道所得。約前故說本有，約後故說始有，始顯名始有。故名清淨如如。

**4《三無性論》上

　　正行如如者所謂道諦。

　　亦有三義：

　　(1)知道：謂約分別性，此性無體但應須知，無有可滅故名知道。

　　(2)除道：約依他性，此性有體是故應知，是煩惱類所以須滅，故名除道。

　　(3)證得道：約真實性，此性是二空故應知，除滅故應得，故名正行如如。

[4]往趣出世間道：廣說七種作意　　　　　　　　《瑜伽師地論》卷34

若樂往趣出世間道應為依止四聖諦境，漸次生起七種作意**1，乃至證得阿羅漢果。

(一)前三方便位　　(了相作意攝**2，在五停總別念處**3)

1.觀現見諸蘊

以四諦理觀現此界(欲界)所見諸蘊。

(1)覺了苦諦相

以四行正覺了苦諦相。

①無常行相：由變異行、滅壞行、別離行、法性行、合會行悟入。

②苦 行 相：由結縛行、不可愛行、不安隱行悟入。

③空 行 相：由無所得行悟入。

④無我行相：由不自在行悟入。

(2)覺了集諦相

於苦諦相正覺了已，復觀如是苦諦何因？何集？何起？何緣？

(由斷彼故，苦亦隨斷。)

	苦何因？	苦何集？	苦何起？	苦何緣？
第一義	愛能引苦。 (植種)	愛能招集(生苦)之業。 (潤種)	愛能令苦現在前。 (種現行)	愛能攝受當來苦種。 (引後種)
第二義	愛是取因。 (愛→取)	愛能招集以取為因之有。 (取→有)	愛能起有為上首之當來生。 (有→生)	愛能引發以生為緣之老病死諸苦法。 (生→老死)
第三義	愛隨眠為後有生因。 (種，貪現在自體)	愛種現行之後有愛能招集後有。 (纏，希後有自體)	後有愛為緣，於現在境發起喜貪俱行愛。 (纏，味著已得現前境)	此俱行愛為緣，於未來境起彼彼喜樂愛。 (纏，追求未得非現前境)

(3)覺了滅諦相

以集諦相正覺了已，復以四行正覺了滅諦相。

①滅行相：如是集諦無餘息滅。(見修所斷煩惱斷故，下分上分諸結斷故，
　　　　　　畢竟斷故。)

②靜行相：一切苦諦無餘寂靜。(未來苦果不生，現在苦果任運滅。)

③妙行相：於滅靜中正觀第一、最勝、無上行相。(無罪清淨安樂性。)

④離行相：於滅靜中正觀常住性、永出離性行相。

(4)覺了道諦相

以滅諦相正覺了已，復以四行正覺了真對治道。

①道行相：於所知滅境能為作道路通所尋求法。

②如行相：於所尋求是真實非虛妄。(於滅諦真實尋求。)

③行行相：於四諦門能如實知，皆能隨轉。

(四門隨轉：

❶曾見老死、生、有…識、行。❷曾見老死集、生集…行集。

❸曾見老死滅…行滅。❹曾見於老死趣滅行跡…於行趣滅行跡。)

④出行相：行四諦，能出生死，一向能趣涅槃，出諸塵勞。

2.觀不現見諸蘊

於自內現見諸蘊依四諦理無倒尋思正觀察已，後以比度觀察所餘不同分界(上二界)不現見蘊。(依欲界身趣入現觀，於色無色上地諸法能比度正觀察。)

(1)苦集

以現見比度不現見，了知諸有為有漏法，遍一切(生)處，遍一切(蘊)種，於一切時成就苦集同一行相。皆有如是法(集能生果法)，皆有如是理(墮無常苦空無我理)，皆有如是性(有因集起緣性)。

(2)滅：彼所有(不現見蘊)滅，皆永寂靜，常住安樂。

(3)道：彼所有(不現見蘊)道，皆能永斷(煩惱)，究竟出離(生死)。

3.能生法智，類智

於現見諸蘊諦智為種子依處**4，能生證諦現觀法智**5，於所餘不同分界不現見境，比度諦智為種子依處**4，能生證諦現觀類智**5。

(二)四善根位 (勝解作意攝，觀四諦)

若由十六行於四諦理已得決定，復於煖等四善根位起勝解作意。

1.於四諦差別事法，盡所有性發起勝解作意，

2.於四諦平等一真如性，如所有性發起勝解作意。

此作意一向是善，緣一一諦境時不為聞思間雜，一向在定，長時在觀。

1.緣諦盡所有性 (修作意)

(1)於苦集諦

於苦集二諦境中多修習故，得<u>無邊際智</u>。

由此智故了知無常、苦、空、無我，發起無常無邊際勝解，苦空無我無邊際勝解，惡行、往惡趣、興衰及老病死愁悲憂苦一切擾惱無邊際勝解。

(此中無邊際謂生死流轉。)

(2)於滅諦

①滅勝解：唯有生死無餘息滅，無邊無際諸法乃可息滅。(更無餘息滅方便。)

②靜勝解：於諸有諸趣死生法中，以無願行(思惟空)、無所依行(思惟無我)、深厭逆行(思惟無常苦)，發起修習勝解作意。

③妙勝解：於諸有諸生增上意樂深心厭怖，於涅槃隨起一行深心願樂。

❶由久愛樂世間色聲等滋長積集故，雖於涅槃深心願樂，然不能趣入證淨安住勝解，其心退轉。

❷於寂靜界未能深心生希仰故，有疑慮故，其心數數厭離、驚怖。

④離勝解：雖深心厭離驚怖苦集二諦，深心願樂涅槃，然以猶有粗品我慢**6 隨入勝解作意，間無間轉。能障現觀故未能深心趣入涅槃。

(3)於道諦

①道勝解： 了知我慢為不能趣入涅槃之障礙，便能速疾以慧通達。

②如勝解： ❶棄捨我慢隨轉作意。

❷制伏一切外所知境。(為免更起我慢為障。)

❸趣入(涅槃)作意。

③行勝解： 隨勝解作意行，專精無間觀察聖諦，隨所生起前心謝滅時，無間後心生，作意觀察聖諦，方便流注，無有間斷。

④出勝解： 如是以(後觀)心緣(前觀)心，專精無替，便能令隨入作意，而障現觀之粗品我慢不生。

2.緣如所有性 (作四諦現觀)

(1)悟入四諦

①悟入苦諦：❶無常性：觀心相續，展轉別異新新而生，率爾現前前後變易。

❷苦 性：觀心相續，入取蘊攝。

❸空　　性：觀心相續，(唯是諸行)，無別第二法。
　　　　　　(無別常恆堅住主宰之我及有情。)
❹無我性：觀心相續，從眾緣生，不得自在。
②悟入集諦：次復觀察此心相續，以愛為因，為集，為起，為緣。
③悟入滅諦：次後觀察此心相續，所有擇滅是永滅性，永靜性，永妙
　　　　　　性，永離性。
④悟入道諦：次後觀察此心相續，究竟對治趣滅之道，是真道性，真
　　　　　　如性，真行性，真出性。
由善作意方便觀察，以微妙慧於四諦能正悟入。
(觀行漸增明，轉近見道名悟入，非現觀名悟入。)

(2)起四善根
　於此慧親近、修習、多修習故，
　①能緣所緣平等平等正智得生；　　②能斷障愛樂涅槃之粗品我慢；
　③於涅槃深心願樂速能趣入，心無退轉，離諸怖畏，攝受增上意樂適
　　悅。
　如是行者能起四善根：
　①煖：於諸聖諦下忍所攝能緣所緣平等平等智生。
　②頂：於諸聖諦中忍所攝能緣所緣平等平等智生。
　③諦順忍：於諸聖諦上忍所攝能緣所緣平等平等智生。
　④世第一法：
　　❶住無加行無分別心：能捨離後後觀心所有加行，住無加行無分別
　　　心。

	無分別智	無加行無分別心
滅	(1)寂靜微細 (2)滅觀分別心 (3)滅定	似滅非實滅。 似滅非實滅。 似滅非實滅。(令心細故)
所緣	無影像為所緣	(1)此無相狀，狀於彼而有影像。 (2)有境現前，非無所緣。似無緣非無緣。 　(心細故)
遠離	離有分別。 遠離諸相，遠 離諸惑	煖等善根隨分寂靜，似真無漏遠離之 心，體是有漏而非遠離。

　　爾時，非美睡眠之所覆蓋，唯有分明(所緣相明淨顯現)無高無下(於
　相不著不厭)奢摩他行。(復有一類闇昧愚痴，於美睡眠之所覆蓋，其心似

滅非實滅中起增上慢謂為現觀。)

❷入正性離生

既得如是趣現觀心，不久當入正性離生。

於(四善根)寂靜心位，最後一念無分別心，從此無間，於前所觀諦理起內作意(非從他緣)，出世心(出世無漏聖法)生。

(此是世間諸行最後界畔邊際，最後一念無分別心，故名為世第一法。)

(三)通達位　(遠離作意攝)

在見道修遠離作意，於諸聖諦現觀已後，乃至永斷見道所斷一切煩惱。

入見道時，由能知智(無相)與所知境(無相)，二無相和合無乖，現前觀察，名現觀。

1.無分別智生

從世第一法無間，於前所觀諸諦理起內作意。作意無間，隨前所觀諸諦(若現見，若非現見)中，如其次第，有無分別決定智、現見智生**7。

(有漏無漏無分別決定，以現量證，非如見道前有分別比度而生)

2.離障

由此生故(1)三界所繫；(2)見道所斷；(3)附屬所依(阿賴耶)諸煩惱品一切粗重，皆悉永斷。

3.得果**8

(1)不還果：先已全離欲界貪者，今入諦現觀已，得不還果。

(不復來生此欲界世間，當受化生上二界，於彼處般涅槃。)

(2)一來果：先倍離欲界貪者(捨離欲貪倍於次第證者)，今入諦現觀已，得一來果。

(3)預流果：先未離欲界貪者，今入諦現觀已，粗重永息，得預流果。

4.相狀　(入見道證諦現觀，成就十二相狀。)

(1)得四智：①唯法智(唯蘊處界無實我，斷身見)；　②非斷智(斷邊見)；

③非常智(斷邊見)；

④緣生如幻智(斷邪見，見取，戒禁取)。

(2)速遣猛利纏：於境界失念之猛利纏，作意即遣。

(3)不墮惡趣；　　　　　　　　　　　　　(4)不故思犯戒；

(5)不退轉棄捨所學(得決定智)；　　　　(6)不造五無間業；

(7)定知苦樂非自作、他作、俱作、無因作(從緣生法故)；

(8)不請外道為師起福田想；

(9)不信他道，出家受學(唯自證，於大師教生決定信，於諸法無所畏)；

(10)不妄計世瑞吉祥為清淨：

(11)不受第八有生(極七返有)；　　　　(12)成就四證淨。

(四)修習位　(觀察作意、攝樂作意)

由觀察作意，觀察三界修惑已斷未斷，是勝進道。

復起攝樂作意**9，是修道正斷無間道。

1.得果

(1)一來果

見道後，為欲進斷修所斷惑，如所得道更數修習，永斷欲界上品、中品諸煩惱已，得一來果。

有十二相同於預流果，其差別者為：

①由失念故，於上品(猛利煩惱)纏處，暫起微劣煩惱纏，尋能作意速疾除遣。

②唯一度來生此世間，便能究竟作苦邊際。

(2)不還果：得不還果及不還相，如前已說。

2.觀察作意攝

由觀察作意，於一切修道，數數觀察三界修惑已斷未斷，如所得道而正修習。

(1)修自性

由定地作意，於世出世善有為法修習增長，無間所作，殷重所作，令心相續會彼體性。

(2)修業種類

①由修故得：　種子成就。(修習令得先未得善法。)

②由修故習：　現行成就。(若先已得，令轉現前。)

③由修故淨：　自在成就。

　　　　❶法智時，其類智種子亦成就(名先已得)。

　　　　(由得修修法智種時，亦資類智種令清淨。)

　　　　❷至類智時，此種能生類智，令轉清淨鮮白生起。

④由修故遣：　　若已生惑能滅斷。(令不忍受，斷除、變吐。)

⑤由修故知：　　未生諸惑能令不生。(了知如病如癰如箭，深心厭壞。)

⑥由修故斷：　　無間道正斷煩惱。

⑦由修故證：　　惑斷，證得解脫。

⑧由修故遠：　　進趣上地令下地法轉成遠分乃至究竟。

(3)修業品類差別

①奢摩他修：　　九種心住。

②毗缽舍那修：　六事差別所緣。

③世間道修：　　見下地粗相，上地靜相，乃至能趣無所有處一切離欲。

④出世道修：　　由正思惟(苦真是苦，集真是集，滅真是滅，道真是道)，正見等無漏聖道乃至能趣非想非非想處一切離欲。

⑤下品道修：　　能斷最粗上品煩惱。

⑥中品道修：　　能斷所有中品煩惱。

⑦上品道修：　　能斷所有最後所斷下品煩惱。

⑧加行道修：　　為斷煩惱，發起加行。(能伏種，未斷種。)

⑨無間道修：　　正斷煩惱。

⑩解脫道修：　　惑斷無間證得解脫。

⑪勝進道修**10：從是以後修勝善法，乃至：
　　　　　　　　❶未起餘地對治加行道；　❷未起趣究竟位

3.攝樂作意攝

於時時間，於可厭法深心厭離，於可欣法深心欣慕，名攝樂作意。能正斷欲界九品修惑乃至非想八無間道。

(五)究竟位　(加行究竟作意、加行究竟果作意)

於攝樂作意親近、修習、多修習故，有三摩地(喻如金剛)**11 無餘永斷修道所斷煩惱，於最後邊有學位生。

1.加行究竟作意攝

由斷非想八品修惑，方得金剛喻定。得此定時斷修惑盡，此為加行究竟作意攝。

2.加行究竟果作意攝

最上阿羅漢果所攝為加行究竟果作意。

(1)證極究竟

從此金剛喻三摩地，無間永害一切煩惱品粗重種子，其心於彼究竟解脫，證得畢竟種性清淨，成就阿羅漢果。

①起盡智無生智：盡漏中起盡智，因盡不生當果中起無生智。

②成阿羅漢：❶諸漏已盡，所作已辦無復所作，證得自義(梵行已立)、盡諸有結(不受後有)。

❷已行聖教，心善解脫。

❸具成就十無學法(無學正見、正思惟、正語、正業、正命、正精進、正念、正定、正解脫、正智。)

③安住聖住：於諸住**12 中及作意中，隨所樂住及思惟正法，自在而轉。

(2)有諸功德

①至極究竟(無學果)；　　　　　②畢竟無垢(惑盡)；

③畢竟證得梵行邊際(無學)；　　④離諸關鍵(三界惑)；

⑤已出深坑(離四暴流)；　　　　⑥已出深塹(離四軛)；

⑦已能摧伏有頂惑；　　　　　　⑧摧滅高幢(我慢)；

⑨已斷五支(五上分結)；　　　　⑩成就六支(六念)；

⑪守護四依止(四護)；

⑫最極遠離(惡趣、邪行等)；　　⑬獨一諦實(不妄語)；

⑭棄捨希求(無不與取)；　　　　⑮無濁思惟(惡染、邪行、殺生濁等)；

⑯身行猗息(輕安)；

⑰心，慧善解脫(俱解脫)；　　　⑱獨一無侶(非餘有學為侶)；

⑲正行已立(入涅槃行)；　　　　⑳已親近無上丈夫(與佛同證)；

㉑成就六恆住(眼見色已乃至意了法已，無喜無憂，安住上捨，正念正知)；

㉒領受貪瞋痴無餘永盡；　　　　㉓不造諸惡，習近諸善；

㉔心無染無礙(如虛空淨水)；　　㉕如妙香檀，為諸天敬養；

㉖住有餘依般涅槃界；　　　　　㉗住持最後有身；

㉘依無餘依般涅槃界般涅槃**13；

㉙諸漏永盡，不習近五處所(永斷五支：殺，盜、婬、妄，貯受資具)　(十九) 22

㉚不妄計苦樂自作，他作，俱作，非自他作，無因生。(斷五支之因)

㉛不怖畏(十四)不應記事；

㉜不怖畏雷電、災雹及種種怖畏事。(以無我故)。

參考資料 12-4[4]之註解：

**1 七種作意

(1)七作意與四十作意相攝　　《瑜伽師地論》11

七作意可細分為四十作意，此二說有相攝關係。

①緣法作意、緣義作意

了相作意聞思間雜，攝緣法(聞所成慧相應)、緣義(思、修所成慧相應)。

餘六作意超過聞、思，唯修攝，故唯攝緣義。

②緣身作意、緣受作意、緣心作意、緣法作意

緣身、受、心、法作意，遍攝於七作意中。

③勝解作意(名言比量)、真實作意(離言現量)

❶了相作意：若了增益事相，攝勝解作意；若了自相、共相及真如相，攝真實作意。

❷勝解作意：或於增益事相，或於自相、共相、真如相數起勝解，攝勝解、真實二作意。

❸加行究竟果作意：或隨所欲，於諸事相增益作意思惟，或以自相、共相、真如相，於
彼諸法如理作意思惟，故攝勝解、真實二作意。

❹觀察作意：為欲觀察煩惱斷未斷，隨於一可愛淨相作意思惟，故此說唯勝解攝。

❺遠離、攝樂、加行究竟作意：約彼正斷煩惱為論，故唯攝真實。

④有學、無學作意：七作意皆攝有學及非學非無學，清淨地了相及加行究竟果作意攝無學
作意。

⑤遍知、正斷、已斷作意：了相、勝解、觀察作意攝遍知；遠離、攝樂、加行究竟作意攝
正斷；加行究竟果作意攝已斷。

⑥有分別、無分別影像所緣作意等

❶有分別、無分別影像所緣作意

觀察作意，唯攝有分別影像所緣作意，餘六作意通攝有分別、無分別二種。

❷事邊際所緣作意：遍一切(七作意)攝。

❸所作成辦所緣作意：遍一切攝。(若緣清淨所緣作意，唯加行究竟果作意攝。)

七作意與餘作意之相攝關係可另參考《瑜伽師地論》卷 11。

(2)四禪八定　　《顯揚聖教論》7、《瑜伽師地論》33

初靜慮乃至四禪八定皆有七種作意。

(3)見道前、見道後　　《瑜伽論記》8

①見道前

❶了相作意：在五停心觀、總別念處。

❷勝解作意：在四善根位觀四諦。

②見道

❶遠離作意：修遠離作意，通達四諦真如，永斷見惑。

❷觀察作意：觀察見惑、修惑，已斷、未斷。

③見道後

  ❶攝樂作意：起攝樂作意斷修惑。

  ❷加行究竟作意：已斷二果、三果修惑乃至非想八品修惑後，更起加行究竟作意，即是非想第九無間道金剛喻定。

  ❸加行究竟果作意：是二乘無學位，大乘盡智無生智位。

(4)九品修惑　　　《大乘法苑義林章決擇記》1

七種作意伏九品惑。初三作意伏初三品，第四作意伏中三品。後三作意伏後三品。

(5)四種所緣　　　《解深密經》3

①由止觀

菩薩先由止觀，得有分別影像所緣、無分別影像所緣。

②由見道

由見道證得事邊際所緣。

③由修道

在後面的一切地中修道，於此三種所緣作意思惟，「以楔出楔」方便遣內相，如以細楔挑出粗楔，更以更細之楔挑出細楔。

如是修，直到證得無上菩提，得所作成滿所緣。

**2 了相作意：一善心緣一境猶為聞思間雜，不能長時入觀。

**3 七加行(七賢)

(1)外凡位

　①五停心觀；　　②別相念住；　　③總相念住；

(2)內凡位

　④煖法；　　　⑤頂法；　　　　⑥忍法；　　　　⑦世第一法。

見道前修七方便(加行)名方便道。

**4 由五停總別念處作此四諦十六行，即是後無漏法類智種依處：

(1)有漏為緣能引無漏(新熏)，名種子依處。

(2)五停時亦能熏增無始無漏種(此種居五停位中)，能辨體生初見道法類智，名種子依處。

**5《顯揚聖教論》2

(1)法智：於內共了現見所知諸義境無漏之智。

(2)類智：於不共了不現見所知義境無漏之智。

**6 粗品我慢

作是思惟：

(1)我於生死曾久流轉，我當復流轉；　　　　　　　(2)我於涅槃當能趣入，我為涅槃修善法；

(3)我能觀苦真實是苦，觀集真實是集，觀滅真實是滅，觀道真實是道。

(4)我能觀空真實是空，觀無願真是無願，觀無相真是無相。

如是諸法是我所有。由是因緣心不能趣入涅槃。

**7(1)現見：欲界四諦；　　非現見：上二界四諦。

(2)現見蘊諦智為能生法智種子依處。不現見蘊諦智為比度得，能生類智種子依處。

(3)此法智、類智總略名無分別決定智，現見智。

**8《俱舍論》23, 24

見道前之凡夫位，於修有漏六行觀，由斷欲界九品修惑之不同，而有：

(1)次證第：經四向四果階位。

(2)超越證：未經四向階位超越初果乃至三果而證阿羅漢。

①超越一來：倍離欲；②超越不還：全離欲。

**9 (1)《瑜伽師地論》33

約世間離欲界欲，入初靜慮，先攝樂後明觀察。

(2)此中離修惑證中二果，先明觀察惑斷未斷，後略辨攝樂通於四道。

**10 勝進道有二：

(1)未起後地煩惱對治加行以前，諸所有念、觀、修習、發心等是前對治道之勝進道。

(2)得初果，心未趣求二三果，未趣入無學究竟位以前，所有發心修行等是前勝進道。(非想第九無間道亦是勝進道，第九解脫道名解脫道，非勝進道。)

**11 此三摩地於諸有學三摩地中，最上最勝最為堅固譬如金剛，能壞一切所有煩惱，非上煩惱所能蔽伏，故名金剛喻定。

**12 (1)聖住：空住，無願住，無相住，滅盡定住(以無相、能證正法故聖多住。)

(2)天住：諸靜慮，諸無色住。(若以定慧均、有無漏、有定光淨等義言天，此等皆通無色。)

(3)梵住：慈住，悲住，喜住，捨住。

**13 無餘依般涅槃界：先業惑引諸蘊滅，無餘取不相續，於生死無流轉。唯有眾苦永滅、寂靜、清涼、滅沒。唯有此處最為寂靜。棄捨一切所依，愛盡、離欲、永滅、涅槃。

[5]四諦現觀

1.現觀差別**1　　　　　《瑜伽師地論》卷71

現見安立、非安立諦是現觀。

(1)成就現觀者相

①思現觀：於諸行無常、一切行苦、諸法無我、涅槃寂靜能決定了，不被引奪。

②信現觀：不妄稱餘大師，餘法善說，餘僧正行。

③戒現觀：不能乃至故心殺、盜、婬、妄、酒諸放逸處。

④現觀智諦現觀：不依妄見作，不疑自所證，不貪染生處，不計現世相清淨，不謗三乘，不造無間業，不生第八有。

⑤現觀邊智諦現觀：於自所證不怖畏他所詰問。

⑥究竟現觀：不犯於五處，不能乃至故殺‧盜‧婬‧妄‧貯受資具，不怖畏不可記事，不妄計苦樂自作、他作、俱作、非自他、無因生。

(2)辨自性(體)

①思現觀：上品思所成慧或其俱行菩提分法為自性。

②信現觀：緣三寶境，上品世間、出世間清淨信或其俱行菩提分法為自性。

③戒現觀：聖所愛身語業或其俱行菩提分法為自性。

④現觀智諦現觀：緣非安立諦境慧或其俱行菩提分法為自性。

⑤現觀邊智諦現觀：緣安立諦境慧或其俱行菩提分法為自性。

⑥究竟現觀：盡智、無生智等或其俱行菩提分法為自性。

(3)繫、依、緣

	欲界繫	色界繫	無色界繫	不繫	依未至定得	依四靜慮得	依前三無色定得	緣世俗諦	緣安立勝義諦	緣非安立勝義諦
思現觀	V				X	X	X	X	V	
信現觀	異生一分			非異生（一分）	V（一分）	V（一分）	（一分）	V（一分）		
戒現觀				V	V	V	無所緣			
現觀智諦現觀				V	V	V**2				V
現觀邊智諦現觀	V			V	V	V			V	

究竟現觀		V	不定		V (一分)	V (一分)

(4)有無相、有無分別、受俱行

	有相	無相	有分別	無分別	喜俱行	樂俱行	捨俱行
思現觀	V		V		V		
信現觀	V		V			V	
戒現觀	V		V			V	
現觀智諦現觀		V		V		V	
現觀邊智諦現觀	V		V			V	
究竟現觀	V	V	V	V		V	

(5)對治

	壞對治	斷對治	持對治	遠分對治	纏對治	隨眠對治	煩惱斷對治
思現觀	V				V		隨順
信現觀	V				V		隨順
戒現觀	X	X	X	X	X	X	助伴
現觀智諦現觀		V	V	V	V	V	V
現觀邊智諦現觀			V	V	V		助伴
究竟現觀	X	X	X	X	X	X	助伴

此中現觀能為煩惱斷對治。煩惱斷時，對治生時平等平等。

(6)得遍知果

所立 遍知 ＼ 所斷 煩惱	欲繫見煩惱				色無色繫見煩惱				下分結	色貪	無色貪
	苦	集	滅	道	苦	集	滅	道			
初遍知	V	V									
第二遍知					V	V					
第三遍知			V								
第四遍知							V				
第五遍知				V							
第六遍知								V			

第七遍知								V		
第八遍知									V	
第九遍知										V

現觀智諦現觀得九遍知果，餘不得彼果。

(7)沙門果

現觀智諦現觀得一切四果。究竟現觀是得圓滿沙門果時，戒現觀及現觀邊智諦現觀為得果助伴，思現觀及信現觀是其前行。

轉根、引發神通功能

除戒現觀，餘皆能轉根及引發神通功德。

(8)作業

①思現觀

❶能生(正行所攝清淨品)善法；　❷能生無罪歡喜；　❸能轉一切所疑；
❹能趣入修功德。　❺能引所餘現觀；　❻能往一切善趣。

②信現觀

❶於三寶中能生不動勝解；　❷正行清淨；　❸一分能往善趣。

③戒現觀：解脫惡趣眾苦。

④現觀智諦現觀

❶能得一切沙門果；　❷能引發一切功德清淨；　❸能引所餘現觀；
❹能於善趣助感光淨果及異熟。

⑤現觀邊智諦現觀

❶能於一切安立諦中問答善巧；　❷速疾通慧；　❸能引此後現觀。

⑥究竟現觀

❶能引第一現法樂住；　❷解脫一切生死大苦；　❸任持最後身。

(9)辨數種

六現觀各有無量種。

①思現觀：契經乃至論議思，苦集滅道思，真如實際法界思，蘊界處思，聲聞大乘思等。

②信現觀：正憶念過去未來現在無量佛陀、彼法、彼僧。正憶念此世界及餘十方無量世界所有如來、彼法、彼僧。

③戒現觀：隨遠離不善業道差別多種，隨相續差別亦有多種。

④現觀智諦現觀：念住、正斷、神足、根、力、覺支、道支等菩提分法無量差別。

⑤現觀邊智諦現觀，究竟現觀亦有無量差別。

(10)自性

諸現觀由如是名,如是言所安立,世俗說當言是彼自性,第一義說當言非彼自性。以一切法義,法爾不可說故。

(11)因果

①共因:以一切現觀以佛出世、親近善士、聽聞正法、相續成熟、如理作意為因。以所作業為果。

②別因:信戒現觀:以餘現觀為因。

現觀智諦現觀:亦以思現觀、順決擇分善根、自種姓為因。

現觀邊智諦現觀、究竟現觀:亦以現觀智諦現觀為因。

(12)相攝

①七作意攝六現觀

	了相	勝解	遠離	觀察	攝樂	加行究竟	加行究竟果
思現觀	X						
信現觀					V		
戒現觀	X						
現觀智諦現觀			V		V	V	
現觀邊智諦現觀				V	V		
究竟現觀							V

②現觀攝作意:了相、勝解作意為現觀等流攝,非現觀攝。

③無邊際智及順決擇分善根為現觀等流攝,非現觀攝。

(13)辨諸句

或有思現觀非信現觀:除緣寶諸餘緣決定思。

或有信現觀非思現觀:緣寶聞修所成信。

或有思現觀亦信現觀:緣寶決定思。

除上爾所相,是第四句。

由此道理,應知所餘現觀,亦應作四句。

2.別說現觀邊智

(1)現觀邊之意義

①說一切有部

現觀是於三界四諦理的如實觀察,次第有十六心,總說名為聖諦現觀。入正性離生已,在見道位中四、八、十二心可修得現觀邊智。(苦類智、集類智、滅類智)

「正應說菩薩入正性離生時，得現觀邊世俗智。以諸諦初智皆名正性離
生，諸忍名入故。謂苦集滅類忍，入苦集滅類智時，名現觀邊世俗智。」

《大毘婆沙論》36

正性離生是佛法聖道初始，一切出世功德依此而生起增長。

「世友：…有誦名入正性離生。謂諸聖道永滅顛倒，故名正性，離隔生
故復名離生。謂無始來見修所斷二分煩惱，展轉和合作諸惡事，性剛
強故，說名為生。見道起已斷彼一分，令彼展轉永乖離故，世第一法
為此一分，等無間緣故名為入。」

《大毘婆沙論》3

(問1)諸諦初智皆名正性離生，何以苦集滅道法忍智心不得此現觀邊智？

(答)　有二原因，法忍智不得現觀邊智：

法智於彼非田非器乃至廣說。

❶加行未息

以苦法智忍來說，此智雖如類智能修無常苦空無我四行相，但以欲
界苦諦為所緣境，故唯知欲界中苦，不知色無色界苦，故對苦諦不
說現觀究竟，還多有所作，因此加行未息。此智應名「現觀中智」
非是現觀邊智。如能於一一諦現觀究竟，經苦法忍、苦法智觀欲界，
苦類忍、苦類智觀上二界次第觀已，於三界中一切苦，能徹底了知
其真實面目，所作已作，達致目的，方能名為「邊」。

❷未斷有頂惑

若能現觀諦理究竟，即無有疑惑，即能斷除三界苦中所攝隨眠(如身
見、邊見等見惑)無有剩餘。此時依類智力隨順生起現觀邊智。而法智
雖能斷欲界煩惱，但於上界惑無有斷對治之功能，因此不能生起對
治道來斷除它。此邊智要斷有頂惑時才能生起。

(問2)苦集滅類智皆能修，何故道類智時不修此智？

(答)　道類智於此非田非器，乃至廣說。

❶邊智是見道眷屬，道類智是修道，故不修。
邊智是向道眷屬，道類智是果道，故不修。

❷邊智是隨信行、隨法行相續中修，道類智是信勝解、見至相續，故
不修。**3

❸於三諦有邊聲轉(如說薩迦耶苦邊、薩迦耶集邊、薩迦耶滅邊)故修此智。
但不說薩迦耶道邊，故不修此智。(於道諦不說邊故)

❹從本以來，世俗道於三諦曾有所作，謂我是道。今道類智現在前時

見真道故，便慚恥故不修。

❺現觀邊世俗智是有是有果。苦集諦是有是有果，滅諦非是有而是有果，故見彼智時修。道諦非有非有果，故見彼時不修。

❻苦集諦有無邊過患，滅諦有無邊勝利，故見彼時修。道諦無無邊過患亦無無邊勝利，故見彼時不修。

❼無始來世俗智於三諦已有知、斷、滅功能而不究竟(以於有頂無功能故)，今於三諦現觀得究竟，便歡喜如「與欲法」現前故修。而無始來於道聖諦未有功能未修習，故見道時不修此智。

❽於苦集滅得現觀時未見真道，而以世俗智為道故修。於道聖諦得現觀時見真道故，故不修此世俗智。

❾見三諦時猶未永斷謗道邪見，未永斷非道(道戒禁取)，故諸世俗智猶自稱道，是以故修。見道諦已彼皆永斷，故不復修此世俗智。《大毗婆沙論》36

異生有情因所習之世俗道有知、斷、滅等道品法功能，故以為已了解道諦，但當行者入正性離生位，現觀道諦，真正明了道下諦理，斷了非道計道的戒禁取見後，對之前所觀世俗道知非是真道跡，故在道類智中不復修世俗道品所攝的現觀邊智。

異生有情於過去中依世俗道對於三界九地之前八地有知苦、斷集、證滅的功能，但於有頂地無能修習。因此在見道位時，對於前三諦現觀時皆能一一現前，但對未曾有之道諦則不能現起。能知一切苦、斷一切集、證一切滅，而不能修一切道。

(問 3)若言「一切聖道皆名正性離生，得一切聖道時皆名為入」，《大毗婆沙論》104

何故修道所起聖道不修此智？

(答) ❶現觀邊智依隨信、隨法行身而修得。修道中無此相續身生起，故此智於修道中不現前。

❷此邊智是繫屬於見道眷屬，故於修道不現前。此邊智是繫屬於向道眷屬，修道帶果故不現前。

❸苦集滅所修之邊智，其所緣、行相即苦集滅諦下各所攝四行相與三界三諦，和見道位相似。修道位中聖道升起，或作四諦十六行相，或作如病如癰等餘行相修厭患作意，故此智不在修道位中現前。《大毗婆沙論》36

綜上所說，說一切有部之見解為：「現觀苦邊、集邊、滅邊，得此智名現

觀邊。」

②《瑜伽師地論》說

現觀邊智無間從見道起。

「云何名為現觀邊智諦現觀？謂此現觀後所得智，名現觀邊智。當知此智，第三心無間，從見道起，方現在前。」《瑜伽師地論》55

見道位緣<u>非安立諦</u>真如，立有三心。

1. 初心內遣有情假法，除軟品見道所斷煩惱麁重；
2. 第二心內遣諸法假，除中品見道所斷煩惱麁重；
3. 第三心遍遣一切有情、諸法假，除一切見斷所斷煩惱麁重，從此心無間有出世智<u>後所得清淨智</u>(現觀邊智)諦現觀生。

「以彼世第一法所<u>攝</u>俗智為依止故，能入見道。昇見道時，即先所修善世俗智所有種子，由彼熏修皆得清淨，亦名為修，此則名為諦現觀邊諸世俗智。出見道已，生起此智。」《瑜伽師地論》69 （現觀邊智通世出世。）

由上可知《瑜伽師地論》對於現觀邊智生起是約<u>見道後邊</u>而說，此與說一切有部相似。但《瑜伽師地論》是約「出見道已」即是約修道位說，而說一切有部說邊智在修道位是不會生起的。

③三種現觀邊智

「復有三種現觀邊智，修習彼故見得清淨。

1. 能順生無漏智之智；2. 無漏智；3. 無漏智後相續智。

初世間第一法所攝智，第二若住於彼能斷見斷一切煩惱，第三煩惱斷後解脫相續智。」《瑜伽師地論》87

❶無漏智

以能斷一切見所斷煩惱的無漏智為現觀邊智，可能是採用與說一切有部相同觀點而安立的。說一切有部以相續十五心為見道位，於相續之四、八、十二心，於苦、集、滅智邊生起現觀邊智。

❷無漏智後相續智

此與《瑜伽師地論》卷55、卷69所說生於現觀後邊相似。不同的是此卷87其位次含蓋整過修道位中。

其相同(相似)處是：

1. 此智能證前三心所斷諸法解脫，以彼為所緣，進趣世出世斷道，令彼所斷不復起。
2. 於見所斷煩惱中能正分別，謂那落迦我已永盡，乃至不復墮諸惡趣。又能了知我今已證得預流果，了知我今已斷如是如是所有煩惱。又隨

所欲能為他所記別者，當為建立，又審觀察而記別之。

❸能順生無漏智智

此為見道前邊，以世第一法所攝觀智名為現觀邊智。

1.大眾等四部說

大眾、一說、說出世、雞胤等四部，有相同見解。

「以一剎那現觀邊智，遍知四諦諸相差別。」《異部宗輪論》1

此為彼等共同的見解。

「若地有現觀邊諸世俗智，此地即有世第一法。」《大毘婆沙論》3

因在前位修習所得之靜慮、解脫、勝處、遍處、不淨觀、持息念、諸念住、三義觀、七處善、煖頂忍等較諸世俗都勝，故所建立之清淨智能引第一，隨順無漏，於此異生位最後一心名世第一法。此現觀見諦前之世第一法位能一心觀察四諦。

此說與說一切有部不同。但《順正理論》卻又似乎將見道位前之種種加行視為邊智。

「此智(邊智)唯是見道眷屬，彼(道類智)修道攝故不能修。此意說言，修七處善為種子故，見道得生，故見道生時說彼為眷屬。」《順正理論》74

此中將異生位中所修習觀察四諦作用(種子)，能讓未來的見道果生起，而稱彼等修習為眷屬(邊智)。

2.瑜伽師說

《攝大乘論》以煖頂忍世第一法依止之四三摩地，為菩薩入非安立諦之觀前方便(現觀邊)，由此可知大眾部等與諸瑜伽師，視現觀邊智與世第一法合一。

3.說一切有部說

說一切有部則有不同看法。

《大毘婆沙論》4

現觀邊智雖與世第一法同是有漏世俗智，但邊智自他地修而世第一法唯修自地。

(1)邊智是見道眷屬依見道修，見道修自他地，彼智亦爾。

(2)邊智依聖者身，聖者能修自他地。

(3)邊智依隨信隨法行身，能具修自他地。

(4)邊智有冤敵故修自他地，無勢力故依他力修。

(有冤敵，即自他不平等，則修自他相換。)

(世第一法無冤敵故唯修自地，有勢力故依自力修。)

(5)邊智不用功得，隨見道力於自他地修。

(世第一法用力而得，故唯能修於自地。)

世第一法則不然，唯修自地。

(2)現觀邊智之差別說

①依地之不同

能引見道位生起的現觀邊智，是世第一法或四加行位，屬修所成所攝。

❶說一切有部

邊智唯用加行而得，非離染得，故其依身唯在欲界，而依於所修之七地(欲界、未至、中間靜慮、四靜慮)定力，以種種功用而生起。

「此智欲界是思所成；非聞所成，此勝故；非修所成，不定故。色界者是修所成，非聞所成，此勝故：非思所成，彼無思慧故，彼若思時便入定故。」《大毘婆沙論》36

❷瑜伽師

六現觀中之思現觀是欲界繫思慧攝之現觀。邊智現觀是依九地(未至、中間、四靜慮、三空定)而起。

❸大眾部

世第一法欲、色界繫，同於說一切有部。

②所緣不同 (一時緣與一一緣)

❶說一切有部

於四善根位，觀察四聖諦境，修無常等十六行相。由下中品次第修習，如如的減緣減行，漸近見諦，至世第一法位唯緣欲苦，修一行相，唯一剎那，無間捨異生性，得聖者性，開聖道門，名入正性離生位。

「從此生煖法，具觀四聖諦，修十六行相，次生頂亦然。如是二善根，皆初法(念住)後四(念住)。次忍唯法念，下中品同頂，上唯觀欲苦，一行一剎那，世第一法亦然，皆慧五除得。」(慧為體，除五蘊性。捨異生性，得聖者性。) 《俱舍論》23 分別賢聖品

漸次對四諦一一觀察是說一切有部對四善根所緣之看法。

❷大眾等部

大眾等部以「一剎那遍知四諦」，是一念見四諦之說，故立「見滅得道」。

「我說一時見四諦，一時離(苦)，一時除(集)，一時得(滅)，一時修(道)故。」

「若見無為法寂離生滅，四義一時成。」《四諦論》1 (說假部婆藪跋摩造，真諦譯)

❸瑜伽師

現觀邊智是見道前之加行。四善根是緣於四諦而修習，世第一法也是於三界諸聖諦理起如理作意，此與大眾部相同。

說一切有部是漸次見諦，故苦集滅類邊所得之現觀邊智也是緣一一諦及其各自之四行相，此有別於大眾部與瑜伽師之一時緣四諦。

③作用之不同

現觀邊智在見道前修習四聖諦，能引究竟通達四諦之無漏慧(現觀十六心)現前，又能隨見道力於彼觀邊升起修習。

此邊智以於見道前加行位時曾觀之四諦安立諦境為所緣，故在出見道後現起彼智時能對四聖諦以無倒慧建立。此智對於四諦能生「忍可欲樂智」(忍)及「現觀決定智」(智)。

❶瑜伽師以三心見道，前二心以法智別觀欲界人法二空，後一心以類智總觀上界人法空，故對四諦上下界別緣八諦觀。邊智現起時就是以此一一諦有上述忍、智二觀慧生，故作十六觀。

聲聞藏中，佛之知見以知四諦為主。善知識弘法利生時，能有善說正法，主要是由於現觀邊智無倒安立、施設於四諦理事上，此為現觀邊智主要作用之一。

❷《成唯識論》9 分為二種見道：

1.真見道：攝現觀智諦現觀少分(根本智)。

2.相見道：攝現觀智諦現觀少分(後得智)及現觀邊智諦現觀少分(見道智)。

見道後起之現觀邊智與十六心建立之相見道有關。

❸《瑜伽師地論》55、69

現觀邊智是亦世間亦出世間。

1.異於無分別之真見道

此智是有分別，隨逐假法緣，緣世事而起，世俗智攝。

2.異於純世間道

(1)此智是出世間智後所得。

(2)所緣是先世智曾所觀察下上二地及二增上安立諦境(煖、頂、忍、世第一法位所觀察三界之四諦境)，故似法智、似類智。

(3)能令見斷煩惱隨眠，更不復起。能進趣世出世斷道。

故此邊智是亦世間亦出世間。

❹說一切有部

說一切有部認為邊智是有異熟，善有漏故。《大毘婆沙論》36

雖於隨信行、隨法行聖者身有此智，但在純無漏的見道位中無容生起。
此智雖是世俗智，但少分知蘊、界、處、四聖諦等諸勝義法，能緣三界
苦諦、集諦、滅諦。

④結語

現觀邊智依於見道邊生起。有說是見道前邊，有說是見道後邊。

❶見道前邊：大眾等四部及《瑜伽師地論》87

視世第一法位所觀察四諦的慧為現觀邊智，《攝大乘論》則以四善根位
為邊智。此說著重於見道前，能引隨順出世正見修習之重要所作的施設。

❷見道後邊：說一切有部及《瑜伽師地論》55, 69

指於無漏理證而起的後得智。因先世智曾所觀察之安立諦(下上二諦及二
增上)，由無漏道熏修而得清淨，故於苦集滅道等諦以無倒慧而正建立。

現觀邊智，不管是見道前或見道後起，都與見道有眷屬關係，其所緣及行
相皆與見道相似。所緣雖有緣四諦(大眾與瑜伽師等)、緣一一諦(說一切有部)，
緣安立之假法(瑜伽師)、緣勝義法(說一切有部)等之不同，但都是指世俗智。

3.入現觀之次第　　　　　　《顯揚聖教論》成現觀品8

現觀次第　(1)先觀四念住

知身等因緣，　　　善達於三世，

1　　　　①於四念住位，應善了知身、受、心、法四種因緣。

(謂由食集故身集，觸集故受集，名色集故識集，作意集故法集。)

2　　　　②此身受心法於三世中，應善了知。

(謂於未來世集法隨觀，於過去世滅法隨觀，於現在世集滅法隨觀。)

(2)次觀苦諦

次了知四苦，　　　復八苦應知。

3　　　　①應了知即此身等四苦所苦。

(謂受重擔苦，位變異苦，麤重苦，及死生苦。以善不善法為因能感流轉死
及生苦。)

4　　　　②從此無間將觀四諦，故先了知苦諦八種苦法。(所謂生苦乃至略說
五取蘊苦。)

(3)次觀四諦十六行相

從是正觀諦，　　　起十六行智，

為治四顛倒，　　　後後之所依。

5　　　　正觀察四種諦理，起十六行智，前為後後之所依止。

　①觀苦諦：謂為對治常、樂、淨、我四顛倒故，觀苦諦起無常、
　　　　　　苦、空、無我四行。
　②觀集諦：次觀常、樂、淨、我四愛集諦起因、集、生、緣四行。
　③觀滅諦：次觀此四愛斷滅諦起滅、靜、妙、離四行。
　④觀道諦：次觀此能證道諦起道、如、行、出四行。

(4)轉修習煖等四善根

　　從是轉修習，　　於心總厭離，
　　諦簡擇、決定，　究竟覺生起。

6　　　　從十六行智後，復轉修習煖等四善根。
　①煖：先緣自心，總厭心智生，此說名煖。
　②頂：從此已上，諦簡擇智生，此說名頂。
　③忍：從此已上，決定覺智生，此說名忍。
　④世第一法：復從此已上，究竟覺智生，此說名為世第一法。

(5)正入現觀

①見道所斷之煩惱

　　從此無加行，　　解脫智三心，
　　一百一十二，　　煩惱斷，十攝。

7　　　　從此無間無有加行解脫見道所斷隨眠三心智生，即：
　❶內遣有情假緣智；　　　　❷內遣諸法假緣智；
　❸遍遣一切有情諸法假緣智。
　　如是三智能斷一百一十二種煩惱。又諸煩惱為十種所攝，
　　謂五見及餘五非見煩惱。

②諦現觀智隨所作建立六相

　　此證菩提分，　　六種淨智相，
　　行無分別故，　　隨所作建立。

　　　當知此見道之諦現觀智是真證覺分，亦是六種清淨智相。
　　所謂❶法智，❷種類智，❸苦智，❹集智，❺滅智，❻道智
　　相。
　　此智所行無分別故，但隨所作，建立六智相貌。

③菩薩於此位起五種平等心

　　菩薩於此位，　　先修勝因力，
　　於自他身苦，　　起平等心性。

　　　於此現觀位中，諸菩薩由先修習勝資糧力故，於自他相續
　　苦中起五種平等心。謂：
　　❶麤重平等心；　　　❷無我平等心；　　　❸斷精進平等心；
　　❹無愛味精進平等心；　❺一切菩薩現觀平等心。

④明平等心即二種意樂

是大我意樂， 於自性無得。
廣意樂當知， 二性無分別。
此平等心性即是❶大我意樂及❷廣大意樂(āśaya 阿世耶)。以
大我意樂於遍計所執自性無所得故。又廣大意樂於有漏及
無漏二性之過失功德亦無所得，由無分別故。

(6)修道位中世出世清淨智(十六種)

次上十六行， 清淨世間智。

8　　從此諦現觀已上，於修道中有十六行，世出世清淨智生。
謂於欲繫苦諦生二智：①現觀審察智；②現觀決定智。於色無色
繫苦諦亦有如是二智。
如於苦諦有四智，如是於集滅道諦亦各有四智，如是總有十六種
智。

(7)大小乘之轉依究竟

對治界地故， 究竟事成就。

9　　如是現觀智，若聲聞等所得，為對治欲、色、無色三界雜染。若
諸菩薩所得，為對治十種地障。如是當知諸所作事成就究竟，所
謂轉依究竟，亦是現觀智究竟，亦名究竟現觀。

參考料 12-4[5]之註解：

**1 現觀差別

abhisamaya 意指現前之觀境。

(1)《俱舍論》23

在見道階位以無漏智觀四諦之境，此種觀法稱為聖諦現觀，總有三種。

①見現觀：唯無漏慧於諸諦境現見分明。

②緣現觀：合此無漏慧及其相應心心所，同緣四諦境。

③事現觀：此諸能緣(無漏慧及相應心心所)，并餘俱有戒(道俱有戒、定俱有戒)及生相等不
相應法(與色法、心法、無為法不相應之法及依此三法假立之無體法)，同緣四諦
作知、斷、證、修事業。

見苦諦時，於苦聖諦具三現觀，於餘三諦唯事現觀，謂斷證修。

(2)《成唯識論》9、《瑜伽師地論》71、《顯揚聖教論》17

分為：

①思現觀； ②信現觀； ③戒現觀； ④現觀智諦現觀；
⑤現觀邊智諦現觀； ⑥究竟現觀。

後三為現觀之自性，前三者為現觀俱起之法。

(3)《顯揚聖教論》17

①當知現觀差別，復有六種。1.思現觀；2.信現觀…；6.究竟現觀。…

②又此現觀差別有十八種，謂：

1.聞所生智現觀；	2.思所生智現觀；	3.修所生智現觀；
4.順決擇分智現觀；	5.見道現觀；	6.修道現觀；
7.究竟道現觀；	8.不善清淨世俗智現觀；	9.善清淨世俗智現觀；
10.勝義智現觀；	11.不善清淨行有分別智現觀；	
12.善清淨行有分別智現觀；	13.善清淨行無分別智現觀；	
14.成所作前行智現觀；	15.成所作智現觀；	16.成所作後智現觀；
17.聲聞等智現觀；	18.菩薩等智現觀。	

**2 (1)初靜慮具五禪支：尋伺喜樂心一境性。(此名尋伺全分靜慮。) 《瑜伽師地論》11

　(2)依彼靜慮思惟真如而入於定，為有尋有伺。若已證真如則離彼尋伺，故名無分別。 《瑜伽師地論》4

**3 七種補特伽羅

(1)《瑜伽師地論》14

　由根故、果故、解脫故，建立七種補特伽羅。

　①由根：向道中，立隨信行、隨法行。

　　❶隨信行：稟性多信多愛、多恩多樂、多隨順、多勝解。(鈍根)

　　❷隨法行：稟性多思多量、多觀察、多簡擇。(利根)

　②由果：於果道中，立信勝解、見至。

　　❸信勝解：隨信行已見聖諦，得道類智。

　　❹見　至：隨法行已見聖諦，得道類智。

　③由解脫：由障解脫，立身證、慧解脫、俱解脫。

　　❺身　證：定障解脫。

　　　　　　信勝解或見至，以身具證八解脫，能順逆入出自在，未以慧盡諸煩惱。

　　❻慧解脫：煩惱障解脫。

　　　　　　信勝解或見至，但以慧盡諸煩惱，未以身具證八解脫。

　　❼俱解脫：定障解脫、煩惱障解脫。

　　　　　　慧解脫、見至或身證，以身具證八解脫亦以慧盡諸煩惱。

(2)《大毗婆沙論》54

何故尊者此結蘊中依(前)五補特伽羅作論，而智蘊、定蘊中依七補特伽羅作論？謂於此五，加慧解脫及俱解脫。

　①結蘊中，依有結者作論，不說後二；智、定蘊中依有智、定者而作論，故應俱說有結、無結者。

　②結蘊中，依有煩惱者作論，不說後二；智、定蘊中，依有智、定者而作論，故應俱說有煩惱、無煩惱者。

　③結蘊中，以補特伽羅為章，以煩惱為門，不說後二；智、定蘊中，以補特伽羅為章，以智、定為門，故亦說後二。

《中論》觀四諦品第二十四　（卷四）　　　取材自印順
《中觀論頌講記》

如來是能證者，四倒是所斷的惑，斷惑就能體悟真理證入涅槃。有說見本性寂滅的滅諦得道，有說見緣起宛然的四諦得道。

四諦是佛法教綱，世出世之因果起滅都建立於此。苦諦是世間果，集諦是世間苦果之因，滅是出世間解脫之果，道是證得出世寂滅之因。

苦：以五蘊身或名色和合為苦。　集：就是愛，愛、後有愛、貪喜俱行愛、
　　彼彼喜樂愛。

滅：涅槃，也就是擇滅無為。　　道：是八正道。

聖者不僅知四諦事相，亦知其諦理。從四諦別別的理性，悟入一切歸於空寂的滅。契入一切空寂即是見諦得道。

聲聞學者在四諦事相上，執著各各實有自性，對四諦理看作各別不融，不能體悟四諦平等空性，通達四諦的不二實相。佛法的真義，於緣起性空中，四諦自性不可得，會歸四諦為無我空寂，也即是自性寂滅之滅諦。部份大乘學者，離小說大，而說有作四諦、無作四諦；有量四諦、無量四諦；生滅四諦、無生四諦，天台家因此判為四教四諦。

古人實不過大小二種四諦而已。以性空者說「佛說四諦，終歸空寂」，這是佛法中無礙的二門。真見四諦者，必能深入一切空的一諦；真見一諦者，也決不以四諦為不了。三法印與一實相印無礙，四諦與一諦也平等不二。不過佛為巧化眾生之根性，多用次第，多說四諦。實則能真悟四諦，也就必然深入一實相。

本品是《中論》中最重要的一品。唯有本品，明顯指出破除實有自性的妄執，顯示諸法性空的真實，成立如幻緣起的諸法。法法空寂與四諦絕非對立，也無大小之不同。在性空中，正見四諦，是論主的真意，也是釋尊的教義所在。

[1]外人難空以立有

1.責難空則無四諦三寶

[若一切皆空　無生亦無滅　如是則無有　四聖諦之法](頌1)

[以無四諦故　見苦與斷集　證滅及修道　如是事皆無](頌2)

[以是事無故　則無四道果　無有四果故　得向者亦無](頌3)

[若無八賢聖　則無有僧寶　以無四諦故　亦無有法寶](頌4)

[以無法僧寶　亦無有佛寶　如是說空者　是則破三寶](頌5)

　(1)法空與生滅

外人所說「一切法空、無生無滅」與論主所說不同。

①論主：法空，是以聞思修慧及無漏觀智，觀察諸法真實自性不可得，生滅自性不可得，從自性不可得中，悟入一切法空，這是勝義之觀察。在世俗諦中，雖無自性，無自性生滅，而假名的緣起生滅是宛然有的。

②實有論者：心目中的空，是一切無所有，生不可得，滅也沒有。

(2)四諦

經中所說四諦，略有二義：

①約如實覺悟說

見道時無漏智現前，如實見四諦真相：

四諦都名為見，見苦、見集、見滅、見道，各各生眼智覺明，本所不知不見之實相，今已知了見了。

②約修行過程說

即是見苦、斷集、證滅、修道。

(3)外人問難

①若說一切都是空，都是無生無滅，則應無有四聖諦之法。

苦集二諦是生滅因果法，有生滅的苦集，才可以修道諦對治。淨治了苦集，就「生滅滅已，寂滅為樂」，證至滅諦的涅槃。滅是依因果生滅而建立，如生滅之苦集無，滅諦就不可得，道也無從修。

有四諦才有四諦之事行，若無四諦則無見苦、斷集、證滅、修道事。

②無四諦之行事，四果不可得，亦無四向人。

若無修行四諦事，則無成就沙門果之功德。無四果則無四得四向人。

③無八聖賢，則無僧寶。

④無四諦則無法寶。(法寶是四諦之實理)

⑤無法寶、僧寶，則無佛寶。

佛寶是由覺法而成，佛在事在理與聖者一味。若無法寶僧寶，佛寶亦不可得。

2.責難空則無因果罪福

[空法壞因果　亦壞於罪福　亦復悉毀壞　一切世俗法](頌 6)

實有論者認為一切法空不但破壞出世法的三寶與四諦，也破壞了世間的因果。實有論者怖畏真空，若一切法空，則空中不能建立一切，破壞世間之罪福業報。

[2]論主反責難以顯空義

1.反責難

[汝今實不能　知空空因緣　及知於空義　是故自生惱](頌7)

空：空是空相(性)，離一切錯亂、執著、戲論，而現覺諸法本來寂滅性。

空因緣：「如來住二諦中為眾生說法，為著有眾生故說空，為著空眾生故說有。」眾生迷空執有，流轉生死。佛說空義，為令眾生離邪因、無因、斷、常、一、異等見，體現諸法空寂得大解脫。

空義：自性不可得故名空，而緣起是宛然有的，世間假名(無自性之因果施設)的一切法是不礙空的幻有。

2.二諦說法

[諸佛依二諦　為眾生說法　一以世俗諦　二第一義諦](頌8)

[若人不能知　分別於二諦　則於深佛法　不知真實義](頌9)

[若不依實諦　不得第一義　不得第一義　則不得涅槃](頌10)

世俗諦：在遷流的時間中，沒有自性如幻緣起的一切因果法。

第一義諦：以特勝無漏之無分別智所覺證的境界(實相)。

佛說法有此二諦，一是世俗的事相，一是特殊的諦理，依世俗而顯勝義。

「諸法無所有。如是有、如是無所有，愚夫不知，名為無明。」

　　無所有，是諸法的畢竟空性。如是有，是畢竟空性中的緣起幻有。緣起幻有是無所有而畢竟性空的，所以又說如是無所有。凡夫為無明蒙蔽不能了知，在此無明(自性見)上，非實似實，成為世俗諦。聖人破除無明，通達此如是有的緣起是無所有的性空，此性空才是一切法的本性，所以名為**勝義**。

　　(世俗幻相，雖可名為世俗諦，但也有世俗而非諦者，如梵、我、梵天等，此等真實中無，世俗中也沒有。又如車旁樹木往後飛馳等，非世俗所共通亦非真實的，也不名為世俗諦。)

佛陀說法，成立緣起，就在此緣起中破除自性見，破除自性見才能真見緣起的真相，解脫一切。但因眾生根性不同，佛說法之方便也不同。

　　1.為根性未熟眾生(下士)：說布施、持戒、禪定、生天法，使他得世間的勝利，這是但說世俗諦的法。

　　2.為利根而能解脫者(中士)：說四諦緣起法，使他見苦、斷集、證滅、修道。

　　3.為大利根者(上士)：直解緣起法的畢竟空性，直從空、無相、無作三解脫門入畢竟空，證得涅槃。

五根、五塵以及戒定慧等聖道，其所現之如幻行相都是世俗的，如以無

明執此等為究竟真實是為錯誤，觀世俗幻相無自性空，而證本性空寂，才是究竟真實。如但以空為遮世間妄執，此外別有真實不空者，則亦是錯誤。如不了解二諦深義，則說空不成空，說有不成有。

二諦有二種：

　　1.情事二諦：凡情事為世俗諦；聖智事為第一義諦。

　　2.理事二諦：就是幻空二諦。緣起幻有是世俗諦，幻性本空是第一義諦。二諦無礙。

解脫生死，在於通達第一義諦，此第一義諦就是畢竟空性。性空之所以為性空，是依世俗緣起而顯示的。如果沒有緣起，空與什麼都沒有的邪見，就不能分別。不依世俗說法，不明業果生死事，怎麼會有解脫？聲聞行者阿羅漢，八地以上之大乘行者一方面見諸法性空，一方面也見到無自性的緣起。涅槃是第一義之實證，依空性說此二無別，約離虛妄顛倒而得解脫說，涅槃是果，勝義是境。依隨順勝義之言教(文字般若)及隨順勝義之觀慧(學觀空性之觀照般若)，此二雖是世俗，但能趣入真的實相般若(真勝義諦)。

實相雖然不二，而佛陀卻以二諦開宗。依世俗得勝義，依勝義得涅槃。

3.鈍根難解空

[不能正觀空　鈍根則自害　如不善咒術　不善捉毒蛇](頌11)

[世尊知是法　甚深微妙相　非鈍根所及　是故不欲說](頌12)

鈍根者不能如實悟見空義，或落於斷滅(如方廣道人)或執有(小乘部)，聞空性反生煩惱。故佛只為大菩薩或利根眾生說此第一義諦之緣起空法。

4.明空善巧

[汝謂我著空　而為我生過　汝今所說過　於空則無有](頌13)

[以有空義故　一切法得成　若無空義者　一切則不成](頌14)

空是無自性義，唯有空才能與相依相待的緣起法相應，才能善巧的安立一切法。

(實有論者與性空論者之根本差異，在於「性空」是否能建立一切法。)

(1)自性見

　　自性有必是實有、獨存、常住的。

　　①實有：從其現起而直覺其自體的存在看，他是確實的。

　　②獨存：在彼此的關係看，他是個體的、獨自成立的。

　　③常住：從時間的前後看，他是常住的、靜止的。

　　有此實、一、常觀念者，是自性見(有見)者。(與性空宗相對之有宗)

(2)變形的自性見—剎那與極微

①雖有主張諸行無常、剎那生滅，但分析到一剎那，就不自覺的在無常後面，露出常住之面目。

❶諸法實有，分析到剎那，前念非後念，後念非前念，但法體恆住。此即是常住。

❷雖不立三世實有，立現在實有，此剎那滅不落常的過失即落斷的過失。(斷常過失)

這是常見的變形。

②雖說因緣生法，色法由四大四塵和合而成。若將色法分析到最後是一一獨立之極微。雖說是和合而有之色法，不過是一個一個極微之堆積，不落於一即落於異。(一異過失)

凡不以一切空為究竟，不了一切是相待依存的，他必要成立空間性無分的極微色，時間上無分的剎那心。實有論者永遠是依實立假，他們的實有不出斷、常、一、異之過失。

有說世界的一切為整體的(大一)、時間是無始無終的存在不可分割(大常)，大常大一即是絕待的妙有。此與聲聞學者說小常小一，實是相同思想的不同形態，不過是一是常的實有。此實有不空，即失因緣義。失了因緣，云何建立一切？

(3)空能建立一切法

①空成一切法

空是無自性義，是勝義無自性而不是世俗無緣起。因緣生法，所以是空，空的才有因緣有，世間的一切都是相依相待而存在。因緣有，即能成立一切法。

②自性見者之問難

若一切是空，為何有因果法則？為何有種種差別？

❶因果法則

世俗法都是虛妄錯亂的，但錯亂中有其條理及必然的法則。雖然有條不紊，不必然是真實的。境幻心也幻，幻幻之間卻成為世俗的真實。如以尺量一丈寬之路，近處量為一丈，遠處路變小，尺也變小，路還是一丈寬。能量(尺)所量(路)在因緣下如幻的幻現，但其間能成立安定法則與關係並不錯亂。一切如幻是可以成立世出世間因果的。

❷種種差別

空即是緣起，緣起必然表現出相待的特性，相待即是種種。

5.執有之過失

[汝今自有過　而以迴向我　如人乘馬者　自忘於所乘](頌 15)

[若汝見諸法　決定有性者　即為見諸法　無因亦無緣](頌 16)

[即為破因果　作作者作法　亦復壞一切　萬物之生滅](頌 17)

若諸法是決定有自性，即是自體得成，自然是無因無緣，即是不能把握時空中之相待依存性。無因無緣，就破壞因果，破壞作業、作者、作法，以及破壞一切萬物的因果生滅。

6.證成

[眾因緣生法　我說即是空　亦為是假名　亦是中道義](頌 18)

[未曾有一法　不從因緣生　是故一切法　無不是空者](頌 19)

(1)一切因緣所生的法，佛說他就是空。在離戲論的空寂中，空相亦不可得，故亦說為是假名。佛說緣生法是空，是為使眾生離一切自性妄見，以無自性空之觀門，體證諸法空寂之實相。法空中無空相，即是緣起有之性空，亦是中道義。經中說「為菩薩說不可得空」，不可得空即空無空相的中道第一義空。緣起幻有空無自性，如不以緣起假名，說明他是空，就不能寂滅有無諸相，也不能證悟諸法實相。

(1.空無空相──無「無」相；2.緣起假名是空──無「有」相。)

不知空也是假名的安立，以為實有空相或空理，則生顛倒見：

①以為有真實的空性為萬有之實體，如同梵我論。

②以為空是什麼都沒有，成為謗法之邪見。

以空為假名，不執此為實，此空不礙有，離有無二邊，是為中道正義。

(2)凡是存在的，無一不是緣生的，無一不是空無自性。

因緣生法是內外共知共見的因果事實，外人因緣生執有，論主因緣生成立性空。空是不礙緣起，緣起是無自性之假名。

　　緣生而無自性，離常邊、有邊、增益邊。

　　性空而有假名，離斷邊、無邊、損減邊。

此中雙約二諦空有，假名與中道都在空中建立。諸法寂無自性，所以是空，緣起法假名宛然存在，所以是有。這相即無礙法，從勝義看是畢竟空性；從世俗看，雖也空無自性，卻又是假名，所以是中道。性空假名無礙的中道，也就是二諦無礙的中道。

(3)無一法不是緣生，也就無一法不是性空，依世俗因緣生法，通達一切法空，是證入勝義之正見。觀一切法空性，才能離自性見悟入諸法實

相。

先要了解因果緣起的<u>法住智</u>。再觀此緣起無自性空，假名寂滅，得<u>涅槃智</u>。

(4)依緣<u>有</u>而悟入<u>性空</u>，悟入性空當下，生滅緣起法都泯滅不現。在正覺中不能不所，一切都不可安立。

從真出俗，觀性空的假名緣起，見一切如幻緣起法宛然存在。聖者所見世俗與凡夫所見不同。在加行位中未現證空寂，未離戲論，只有<u>似悟</u>。若依二諦無礙，確實即有觀空，即能深入到畢竟空寂的實證。(依俗入真、從真出俗)

「般若波羅蜜能滅諸邪見煩惱戲論，將至畢竟空中，方便將出畢竟空。」《大智度論》71

「色不異空，空不異色，色即是空，空即是色。…是故空中無色。」《心經》

觀色空的相即不二，到達現證，唯是色相泯滅之空相。

「相與無相無差別，入於究竟無相。」《華嚴經》

此中所舉都是這一修行的歷程。先作圓融觀達到絕待，依止而能悟入實相。

本頌中雖明自性空與假名有二諦相即，而其真意在空。中道是不落兩邊，緣生而無自性空，空無自性而緣起，緣起與性空交融無礙，所以稱之為中道義。

[3]遮破妄有

[若一切不空　則無有生滅　如是則無有　四聖諦之法]　(頌20)

1.無有四諦三寶

(1)四諦不成

諸法若有自性，則無有生滅，無生滅則無有四聖諦之法。

[苦不從緣生　云何當有苦　無常是苦義　定性無無常](頌21)

[若苦有定性　何故從集生　是故無有集　以破空義故](頌22)

[苦若有定性　則不應有滅　汝著定性故　即破於滅諦](頌23)

[苦若有定性　則無有修道　若道可修習　即無有定性](頌24)

[若無有苦諦　及無集滅諦　所可滅苦道　竟為何所至](頌25)

①苦諦是成立於無常的，若諸法決定有自性，無常義不得成立，苦也就不得成。

②苦是從集諦的煩惱業力因緣而生的，緣生就是無自性。若苦有定性，

則不須從煩惱生。

③若苦有定性，則不可滅，地獄有情、人中受苦不得解脫。

④若苦有定性，則修道不能滅苦，修道無用。

苦諦若實有定性，集滅道諦都不可能，無有四聖諦之法。

(2)四諦事不成

[若苦有定性　先來所不見　於今云何見　其性不異故](頌 26)

[如見苦不然　斷集及證滅　修道及四果　是亦皆不然](頌 27)

[是四道果性　先來不可得　諸法性若定　今云何可得](頌 28)

①有四諦，就有修四諦之人，就有修四諦之事：見苦、斷集、證滅、修道。

②若苦有定性，則先不曾見之苦諦今不能見，性不變異故。不見苦、集亦不能斷，證滅無所滅，亦無道可修。

③四諦行不可得，由修而得之四果亦不可得。

(3)無有三寶、佛道不成

[若無有四果　則無得向者　以無八聖故　則無有僧寶](頌 29)

[無四聖諦故　亦無有法寶　無法寶僧寶　云何有佛寶](頌 30)

[汝說則不因　菩提而有佛　亦復不因佛　而有於菩提](頌 31)

[雖復勤精進　修行菩提道　若先非佛性　不應得成佛](頌 32)

①無四向四果，則無住持佛法之僧寶。

②無苦集滅道四聖諦，則無解脫所由之法寶。亦無有創立僧團，弘布正法之佛寶。

③如諸法有自性，佛(人)菩提(法)各有自性，則不因發菩提心、行菩薩道、證大菩提而有佛，也不因佛而能證菩提。

④若佛自性有，眾生先未成佛即無佛性，後雖精勤修六度萬行、嚴土度生之菩提道，還是不得成佛。事實上若發菩提心、聽聞正法為因，三大阿僧祇的長期修行為緣，到福慧圓滿時，是可以成佛的。在因緣和合下即可成佛，可知是緣起無自性的。

(此說是為破實有論者之說，並不能如真常妙有論者，以此論證龍樹讚成「眾生皆有佛性」。若承認先有佛性是「因中有果論」，非龍樹所許。)(性空者認為一切眾生是有成佛可能，是因為性空待緣而成，並非先有佛性。《法華經》：「知法常無性，佛種從緣起」與此相合。)

2.無有罪福因果

[若諸法不空　無作罪福者　不空何所作　以其性定故](頌 33)

[汝於罪福中　不生果報者　是則離罪福　而有諸果報](頌34)

[若謂從罪福　而生果報者　果從罪福生　云何言不空](頌35)

(1)若法不空，則不但破壞出世法，也破壞世間法。

　　若自性決定，罪福及作者各各決定，不因作罪作福有作者，也不因作者有罪福，就沒有作不作了。

(2)若自性各各決定，則罪福中不定生果報，而離罪福也可以有諸果報。

　　如說一切有部主張：果報是無記法，體性早就存在，而由罪福因緣引發(非生)出來。

(3)若說果報是從罪福生，從罪業生苦果，從福業生樂果，此為從因緣生，即是無自性，云何說是「不空」？

3.一切世俗不成

[汝破一切法　諸因緣空義　則破於世俗　諸餘所有法](頌36)

[若破於空義　即應無所作　無作而有作　不作名作者](頌37)

[若有決定性　世俗種種相　則不生不滅　常住而不壞](頌38)

　若主張諸法有自性，則破一切世俗法。

(1)破因緣生義

　　若諸法有自性，則破因緣生無自性之空義。破一切法空，就不知幻有，不知真空，破壞二諦，不僅不能成立出世法，還破世俗諦中一切法。

(2)無作而有作者

　　若諸法實有自性，即是無作(因緣為所作性，有自性為無作)。而世間有作罪、作福事，即是指無作罪的為作惡者，無作福為作福者，此有違世間。

(3)世間常住不壞

　　若諸法實有自性，則老病死、苦樂捨、眼耳等、世間之成住壞相、萬物之生住滅相都不從緣生。有自性的法於四生(自、他、共、無因)中不可得，所以不生，不生即不滅，不生不滅即常住不壞。此與世間之遷流變化相違。

[4]結成佛法

[若無有空者　未得不應得　亦無斷煩惱　亦無苦盡事](頌39)

[是故經中說　若見因緣法　則為能見佛　見苦集滅道](頌40)

若不許諸法性空，而主張有自性，則無有性空義。不解空性，則苦集滅道四諦事不成立，先所未見之四諦就不應見。不見諦理，聖人之種種功德智慧、所證之無餘涅槃，先未得者亦不應得。集諦之煩惱，先未斷的不應斷；痛苦滅盡之事亦不應有。滅盡沒有，道諦也不可得。如是不許因緣所生之空義，

云何能出世解脫？若見因緣法，則為能見佛，能見苦集滅道。

佛是見到緣起法本性而成佛的，一切是無自性的空寂。無自性的畢竟空性是諸法的勝義。以無漏智慧體現緣起法性，無能無所，泯一切戲論相，離名言思議，徹證非一非異，非斷非常，不生不滅的空寂(實相)。空寂名為如來法身。「若見諸相非相，即見如來」。在緣起法中見佛之所以為佛，也就是見到四諦的勝義空性。

苦集滅道是緣起的事相，見性空，即能見幻有，所以也就能見四諦。四諦是在緣起法上顯示的。

「此有故彼有，此生故彼生，謂無明緣行，乃至純大苦聚集」，即是緣起的苦諦與集諦。由惑造業感果都是畢竟空的。

「此無故彼無，此滅故彼滅，謂無明滅則行滅，乃至純大苦聚滅」，這是緣起的滅諦，滅如此苦集，證如此擇滅，也都是空無自性的。能作此觀察與修行即是道諦。緣起的苦集是流轉律，是集成的，是因緣生的；緣起的滅是還滅律，是消散的；道是扭轉這流轉，而向還滅的方法。

滅有二義：

1. 苦集是因緣生，緣所生法，本性即是寂滅的。在緣起法上有直指空性，即是本性寂滅。此中指出其本性及苦集之可滅性。

2. 以正觀觀察緣起的苦集是畢竟空無自性，這是道。依道之行踐，行到盡頭入於涅槃城就得安穩，就是寂滅的實證。此道主要是緣起觀，由此正觀得真解脫，體悟緣起，四諦無不能見能行。

了解緣起無自性，「無苦集滅道」「無智亦無得」。見緣起法的真相才有生死可了，涅槃可得，佛道可成。

第二事

第13義

[丁二]獨覺之道相智
[戊一]所依差別

【第 13 義】：知獨覺道之道相智　13

〔義相〕：由三別法（發心、迴向、空慧）任持門中，為欲攝受獨覺種性所應了知之現觀種類大乘聖智，即知獨覺道道相智之相。

〔界限〕：從大乘見道乃至佛地。

1.正說 13.1

[自覺自證故，亦不依他教，是故當宣說，麟喻智甚深。](頌2-6)

言自覺者，指獨覺阿羅漢，(由往昔聽聞等造作)而於此最後有時，不須依仗他師教授自能證得菩提。其亦字者，表於彼時自亦不用言語(而以無聲之法)為他說法。

此麟喻智當說較聲聞為甚深，非如聲聞可依言教能了彼智，唯以身表、現神通說法甚深智故。

2.斷諍 13.2

[若誰於何義，欲聞如何說，於彼彼彼義，無聲如是現。](頌2-7)

獨覺無聲云何說法耶？ 如是說法無違，若有誰等所化有情？於何等義？欲聞如何行相言說？即(由祈願力)於彼等所化，有彼彼義，雖無聲音亦如是現也。(無聲而說法，將所詮之法強烈建立且產生於聽聞者之意識中。)

[戊二]云何知彼道 13.3

[遠所取分別，未離能取故，當知由所依，攝為麟喻道。](頌2-8)

（菩薩現前了知獨覺道，但非如獨覺以證得之狀態隨時隨地作了知。）

當知麟喻道，由三法差別所攝，謂：

(13.3.1)遠離色等外境所取分別。

(13.3.2)未能遠離內識能取實執分別。

> （獨覺觀修四諦十六行相。藉由如實觀修生起與還滅法，即十二緣起支之順逆，依次應知斷除耽著所取外境之分別，而未斷除執實有能取識之分別。獨覺心續所具依於第六處法性，現證所取無實之智，而菩薩心續所具者則依於彼之自性住佛性。聲聞亦現證取捨生死輪迴，但未現前了知耽著外境唯是顛倒之幻象。）

(13.3.3)就所依差別，是依獨覺乘所攝法之法性為所依種性故。

> （依獨覺種性所依本體之差異，而攝有差異之能依法性。）

[戊三]順決擇分因　13.4

[開闡假法性，無違相為煖。頂由達色等，無減等所顯。]（頌2-9）
[忍由內空等，不執色等故。色等無生等，相為第一法。]（頌2-10）

了知獨覺道之道相智因，順決擇分有四，謂：

(13.4.1)開闡色等勝義中無，名言中假有，不違法性，是為煖位。

(13.4.2)頂位是由通達色等勝義(無增)無減等所顯。

(13.4.3)忍位由通達內(外)空等故，了知色等勝義不可執。(自性空故)

(13.4.4)世第一法，了知色等勝義無生(滅)等相。

> （依次於此四諦之所緣，生順決擇分。）

順決擇分 (道相智之因)

	聲聞道	獨覺道
1.煖位	色與空無分別 (自性空)	色無 (名言中假有)
2.頂位	色不可得 (勝義無)	色無增無減
3.忍位	色非常非無常等	色空不可執
4.世第一法	不見(不住)諸法 (依於十地諸法無所住)	色無生滅相

大乘 (瑜伽行派)

1.煖位		依能取識， 觀所取空。	明得三摩地	下尋思觀 (下品無義忍)
2.頂位			明增三摩地	上尋思觀 (上品無義忍)
3.忍位	下	印境空相	入真義一分三摩地 (印順定)	下如實智 (1)印持無所取(無義)決定 (2)順樂忍無能取
	中	順忍能取識空		
	上	印能取空		
4.世第一法		雙印空相	無間三摩地	上如實智 伏唯識想，雙印二取空

[丁二]獨覺之道相智
[戊一]所依差別　【第 13 義】：知獨覺道之道相智

4.顯般若義甚深
(1)般若畢竟空，無名言、無說者聽者

13.1 正說

> 此麟喻智當說較聲聞為甚深，非如聲聞可依言教能了彼智，唯以身表、現神通說法甚深智故。

①諸天難解般若甚深義

卷 425〈帝釋品 25〉：「爾時，會中有諸天子竊作是念：
「諸藥叉等言詞呪句雖復隱密，而我等輩猶可了知；尊者善現於此般若波羅蜜多，雖以種種言詞顯示，而我等輩竟不能解！」

②善現說一切法如幻如化，無說者、無聽者、無知者

具壽善現知諸天子心之所念，便告彼言：「汝等天子於我所說不能解耶？」

諸天子言：「如是！如是！」

具壽善現復告彼言：

「我曾於此甚深般若波羅蜜多相應義中不說一字，汝亦不聞，當何所解？何以故？諸天子！甚深般若波羅蜜多相應義中，文字言說皆遠離故，由此於中說者、聽者及能解者皆不可得，一切如來、應、正等覺所證無上正等菩提微妙甚深亦復如是。*1

❶「諸天子！如諸如來、應、正等覺化作化身，如是化身化作四眾，俱來集會而為說法。於意云何？是中有實能說、能聽、能解者不？」

諸天子言：「不也！大德！」

善現告言：

「如是，諸天子！一切法皆如化故，今於此甚深般若波羅蜜多相應義中，說者、聽者及能解者都不可得。

❷「諸天子！如人夢中夢見有佛為諸大眾宣說正法，於意云何？是中有實能說、能聽、能解者不？」

諸天子言：「不也！大德！」

善現告言：

「如是，諸天子！一切法皆如夢故，今於此甚深般若波羅蜜多相應義中，說者、聽者及能解者都不可得。

❸「諸天子！如有二人處一山谷，各住一面讚佛、法、僧，俱時發響，於意云何？此二響聲能互相聞、互相解不？」

諸天子言：「不也！大德！」

善現告言：

「如是！諸天子！一切法皆如響故，今於此甚深般若波羅蜜多相應義中，說者、聽者及能解者都不可得。

❹「諸天子！如巧幻師或彼弟子，於四衢道幻作四眾及一如來、應、正等覺，是幻如來、應、正等覺為幻四眾宣說正法，於意云何？是中有實說者、聽者、能解者不？」

諸天子言：「不也！大德！」

善現告言：

「如是，諸天子！一切法皆如幻故，今於此甚深般若波羅蜜多相應義中，說者、聽者及能解者都不可得。

「諸天子！由此因緣，我曾於此甚深般若波羅蜜多相應義中不說一字，汝亦不聞，當何所解？」(CBETA, T07, no. 220, p. 138, b²⁹-p. 139, a⁸)

(2)顯諸法、諸法性非深非妙

13.2 斷諍──獨覺無聞無說以神通現化

獨覺無聲云何說法耶？如是說法無違，若有誰等所化有情？於何等義？欲聞如何行相言說？即於彼等所化，有彼彼義，雖無聲音亦如是現也。

卷426〈帝釋品25〉：「第二分帝釋品第二十五之二

爾時，諸天子復作是念：

「尊者善現於此般若波羅蜜多，雖復種種方便顯說欲令易解，然其義趣轉深轉妙難可測量。」

(CBETA, T07, no. 220, p. 139, a¹³⁻¹⁶)

sher phyin: v.027, pp. 38⁰¹- 40¹⁰《合論》：v50, pp. 846¹⁹-849⁰⁸

卷426〈帝釋品25〉：「具壽善現知諸天子心之所念，便告彼言：

「諸天子！色乃至識非深非妙，色自性乃至識自性亦非深非妙；眼處乃至意處非深非妙，眼處自性乃至意處自性亦非深非妙；色處乃至法處非深非妙，色處自性乃至法處自性亦非深非妙；眼界乃至意界非深非妙，眼

界自性乃至意界自性亦非深非妙；色界乃至法界非深非妙，色界自性乃至法界自性亦非深非妙；眼識界乃至意識界非深非妙眼識界自性乃至意識界自性亦非深非妙；眼觸乃至意觸非深非妙，眼觸自性乃至意觸自性亦非深非妙；眼觸為緣所生諸受乃至意觸為緣所生諸受非深非妙，眼觸為緣所生諸受自性乃至意觸為緣所生諸受自性亦非深非妙；布施波羅蜜多乃至般若波羅蜜多非深非妙，布施波羅蜜多自性乃至般若波羅蜜多自性亦非深非妙；內空乃至無性自性空非深非妙，內空自性乃至無性自性空自性亦非深非妙；四念住廣說乃至十八佛不共法非深非妙，四念住自性廣說乃至十八佛不共法自性亦非深非妙；一切三摩地門、一切陀羅尼門非深非妙，一切三摩地門自性、一切陀羅尼門自性亦非深非妙；乃至一切智、道相智、一切相智非深非妙，一切智自性、道相智、一切相智自性亦非深非妙。」*1

(3)實無說者聽者，依此得證三乘聖果

時，諸天子復作是念：

「尊者善現所說法中，不施設色乃至識，不施設眼處乃至意處，不施設色處乃至法處，不施設眼界乃至意界，不施設色界乃至法界，不施設眼識界乃至意識界，不施設眼觸乃至意觸，不施設眼觸為緣所生諸受乃至意觸為緣所生諸受，不施設布施波羅蜜多乃至般若波羅蜜多，不施設內空乃至無性自性空，不施設四念住廣說乃至十八佛不共法，不施設一切三摩地門、一切陀羅尼門，不施設一切智、道相智、一切相智，不施設預流及預流果，乃至不施設阿羅漢及阿羅漢果，不施設獨覺及獨覺菩提，不施設菩薩及菩薩地，不施設三藐三佛陀及三藐三菩提，亦不施設文字言說。」

具壽善現知諸天子心所念法，便告之言：

「如是！如是！如汝所念。色等諸法乃至無上正等菩提，皆離文字咸不可說，故於般若波羅蜜多無說、無聽亦無解者。是故汝等於諸法中，應隨所說修深固忍。諸有欲住欲證預流、一來、不還、阿羅漢果，亦因此忍方能住證；諸有欲住欲證獨覺所得菩提，亦因此忍方能住證；諸有欲住欲證無上正等菩提，要因此忍乃能住證。如是，諸天子！諸菩薩摩訶薩從初發心至得無上正等菩提，應住無說、無聽、無解甚深般若波羅蜜多，常勤修學。」*1

(CBETA, T07, no. 220, p. 139, a¹⁶-c¹¹)

sher phyin:　v.027, pp. 40¹⁰- 46²¹《合論》：v50, pp. 849⁰⁹-852⁰⁵

[戊二]云何知獨覺道

(4)依幻等喻顯般若波羅蜜

13.3 如何了知彼道謂遠離所取分別未離能取分別

> 當知麟喻道，由三法差別所攝，謂：遠離色等外境所取
> 分別，未能遠離內識能取實執分別。就所依差別，是依
> 獨覺乘所攝法之法性為所依種性故。

①如幻化人聽如幻化法

卷 426〈信受品 26〉：「第二分信受品第二十六

時，諸天子復作是念：「尊者善現今者欲為何等有情樂說何法？」

貝壽善現知彼所念便告之言：

「諸天子！我今欲為如幻、如化、如夢有情樂說如幻、化、夢之法。何
以故？諸天子！如是聽者於所說中，無聞、無解、無所證故。」

(非為使幻化人聽法，但欲令行者於諸法用心無所著，如幻化人無聞無解亦無所證。)

②諸法皆如幻如化

❶有情乃至佛道皆如幻如化

時，諸天子尋復問言：「能說、能聽及所說法，皆如幻、如化、如夢
耶？」

善現答言：

「如是！如是！如汝所說。如幻有情為如幻者說如幻法，如化有情為
如化者說如化法，如夢有情為如夢者說如夢法。諸天子！我乃至見
者如幻、如化、如夢所見，色乃至識如幻、如化、如夢所見，眼乃
至意如幻、如化、如夢所見，色乃至法如幻、如化、如夢所見，眼
識乃至意識如幻、如化、如夢所見，眼觸乃至意觸如幻、如化、如
夢所見，眼觸所生受乃至意觸所生受如幻、如化、如夢所見，布施
波羅蜜多乃至般若波羅蜜多如幻、如化、如夢所見，內空乃至無性
自性空如幻、如化、如夢所見，四念住廣說乃至十八佛不共法如幻、
如化、如夢所見，如是乃至預流果乃至阿羅漢果如幻、如化、如夢
所見，獨覺菩提及無上正等菩提如幻、如化、如夢所見。」

❷涅槃乃至有法勝涅槃者亦如幻如化

時，諸天子問善現言：

「今尊者為但說我等、色等乃至無上正等菩提如幻、如化、如夢所見，

為亦說涅槃如幻、如化、如夢所見？」

善現答言：

「諸天子！我不但說我等、色等乃至無上正等菩提如幻、如化、如夢
所見，亦說涅槃如幻、如化、如夢所見。諸天子！設更有法勝涅槃
者，我亦說為如幻、如化、如夢所見。何以故？諸天子！幻、化、
夢事與一切法乃至涅槃，悉皆無二無二處故。」*2

(CBETA, T07, no. 220, p. 139, c^{12}-p. 140, a^{13})

sher phyin: v.027, pp. 47^{01}-50^{05} 《合論》: v50, pp. 852^{06}-854^{19}

[戊三]順決擇分因

5.誰能信受般若

(1)般若甚深，誰能信受

13.4 釋順決擇分因

了知獨覺道之道相智因，順決擇分有四。

(13.4.1)色等勝義無名言中假有不遠法性即煖位

卷 426〈信受品 26〉：

「爾時，舍利子、大目連、執大藏、滿慈子、大迦多衍那、大迦葉波等諸
大聲聞*3，及無量百千菩薩摩訶薩，問具壽善現言：「所說般若波羅蜜
多，如是甚深，如是難見，如是難覺，如是寂靜，如是微細，如是沈密，
如是殊妙，誰能信受？」

(2)約世俗諦：四種人能信受

(有四種人能信受，故不空說般若波羅蜜。)

時，阿難陀聞彼語已*4，白大聲聞及諸菩薩摩訶薩言：

「①有不退轉諸菩薩摩訶薩，於此所說甚深、難見、難覺、寂靜、微細、
沈密、殊妙般若波羅蜜多能深信受。(不退轉菩薩，知一切法不生不滅，不
取相、無所著故)

②復有無量已見聖諦，於諸深法能盡源底，諸阿羅漢所願已滿，於此所
說甚深、難見、難覺、寂靜、微細、沈密、殊妙般若波羅蜜多亦能
信受。

(阿羅漢漏盡無所著，所願已滿無所求，常住空無相無作三昧，隨順般若波羅蜜多
故。)

③復有無量菩薩摩訶薩，已於過去多俱胝佛所親近供養，發弘誓願植眾德本，於此所說甚深、難見、難覺、寂靜、微細、沈密、殊妙、般若波羅蜜多亦能信受。(正見成就三種學人，漏雖未盡，由四不壞淨(信)力故。)

④復有無量諸善男子、善女人等，已於過去無數佛所發弘誓願種諸善根，聰慧利根善友所攝，於此所說甚深、難見、難覺、寂靜、微細、沈密、殊妙、般若波羅蜜多亦能信受。(利根初心者，雖未得不退轉，福德善根，智慧清淨，常隨善知識故。)

(3)約勝義諦：如實觀空故能受，而實無信受者

①觀諸法空故能受

「所以者何？如是人等，不以空、無相、無願、無生、無滅、寂靜、遠離分別色乃至識；亦不以色乃至識，分別空、無相、無願、無生、無滅、寂靜、遠離。如是不以空、無相、無願、無生、無滅、寂靜、遠離，分別眼乃至意，色乃至法，眼識乃至意識，眼觸乃至意觸，眼觸為緣所生受乃至意觸為緣所生受，布施波羅蜜多乃至般若波羅蜜多，內空乃至無性自性空，四念住廣說乃至十八佛不共法，一切三摩地門、一切陀羅尼門，預流果乃至阿羅漢果、獨覺菩提，一切菩薩摩訶薩行、諸佛無上正等菩提，一切智、道相智、一切相智，有為界、無為界。亦不以眼乃至無為界，分別空、無相、無願、無生、無滅、寂靜、遠離。由此因緣，如是人等於此所說甚深、難見、難覺、寂靜、微細、沈密、殊妙般若波羅蜜多皆能信受。」*5

②觀有情空故實無信受者

時，具壽善現告諸天子言：

「如是所說甚深、難見難覺、寂靜微細、沈密殊妙般若波羅蜜多，非所尋思，超尋思境，其中實無能信受者。何以故？諸天子！此中無法可顯可示，既實無法可顯可示故，信受者實不可得。」*5

6.般若中以無所得為方便廣說三乘法

(1)以無所得為方便廣說三乘法(說空亦說三乘法)

①舍利子三問

爾時，具壽舍利子問善現言：

「豈不於此所說般若波羅蜜多甚深教中，

❶廣說三乘相應之法，謂聲聞乘、獨覺乘、無上乘法？ (廣說三乘法)

❷廣說攝受諸菩薩摩訶薩從初發心乃至十地諸菩薩道，所謂布施波羅蜜多乃至般若波羅蜜多，四念住廣說乃至十八佛不共法，一切三摩

地門、一切陀羅尼門？ (攝受諸菩薩道)

❸廣說攝受諸菩薩摩訶薩神通勝事，謂菩薩摩訶薩於此般若波羅蜜多勤修行故，

1.隨所生處常受化生；2.不退神通自在遊戲；3.能善通達無量法門；

4.從一佛國至一佛國，供養恭敬尊重讚歎諸佛世尊；

5.隨所願樂種種善根皆能修集速得圓滿；

6.於諸佛所聞持正法乃至無上正等菩提常不忘失；

7.恒居勝定離散亂心。

由此為緣得(1)無礙辯、(2)無斷盡辯、(3)應辯、(4)迅辯、(5)無疎謬辯、(6)諸所演說豐義味辯、(7)一切世間最勝妙辯？」*6(令得世間最勝辯)

②善現答

善現答言：

「如是！如是！誠如所說。於此般若波羅蜜多甚深教中，以無所得而為方便，廣說三乘相應之法，乃至廣說攝受諸菩薩摩訶薩神通勝事，乃至令得一切世間最勝妙辯。

(2)於何法無所得為方便？

以無所得為方便者，此於何法無所得為方便？謂於我乃至見者無所得為方便，於色乃至識無所得為方便，於眼乃至意無所得為方便，於色乃至法無所得為方便，於眼識乃至意識無所得為方便，於眼觸乃至意觸無所得為方便，於眼觸為緣所生受乃至意觸為緣所生受無所得為方便，於布施波羅蜜多乃至般若波羅蜜多無所得為方便，於內空乃至無性自性空無所得為方便，於四念住廣說乃至十八佛不共法無所得為方便，如是乃至於一切智、道相智、一切相智無所得為方便。」

(3)何因緣無所得為方便

時，舍利子問善現言：

「何因緣故，於此般若波羅蜜多甚深教中，以無所得而為方便，廣說三乘相應之法？何因緣故，於此般若波羅蜜多甚深教中，以無所得而為方便，乃至廣說攝受諸菩薩摩訶薩神通勝事，乃至令得一切世間最勝妙辯？」

善現答言：

「舍利子！由內空乃至無性自性空故，於此般若波羅蜜多甚深教中，以無所得而為方便，廣說三乘相應之法。舍利子！由內空乃至無性自性空故，於此般若波羅蜜多甚深教中，以無所得而為方便，乃至廣說攝受諸

菩薩摩訶薩神通勝事,乃至今得一切世間最勝妙辯。」*7

7.以化花論無生

(1)諸天以化花神變成妙台供養

第二分散花品第二十七之一

爾時,天帝釋及此三千大千世界四大王眾天乃至色究竟天,咸作是念:

「今尊者善現承佛威力,為一切有情雨大法雨*8,我等今者各宜化作天妙
　音花,奉散供養釋迦如來及諸菩薩摩訶薩眾并苾芻僧、尊者善現,亦散
　供養甚深般若波羅蜜多,豈不為善?」(供養佛寶、僧寶、法寶)

時,天帝釋及諸天眾作是念已,便各化作天妙香花,持以奉散釋迦如來及
諸菩薩摩訶薩眾并苾芻僧、具壽善現、甚深般若波羅蜜多,而為供養。是
時,於此三千大千佛之世界花悉充滿,以佛神力,於虛空中合成花臺,莊
嚴殊妙,量等三千大千世界。

(2)見花論無生顯諸法空

爾時,善現覩斯事已作是念言:

「今所散花於諸天處曾未見有,是花微妙定非草樹水陸所生,應是諸天為
　供養故從心化出。」

時,天帝釋既知善現心之所念,謂善現言:

「此所散花實非草樹水陸所生,亦不從心實能化出,但是變現。」

爾時,善現語帝釋言:

「憍尸迦!汝言此花實非草樹水陸所生,亦不從心實能化出,既非生法則
　不名花。」(不生法中無所分別,所謂是花、非花。此以無生花供養。)

時,天帝釋問善現言:「大德!為但是花不生,為餘法亦爾?」

善現答言:

「非但是花不生,餘法亦無生義。何謂也?憍尸迦!色亦不生,此既不生
　則非色;受、想、行、識亦不生,此既不生則非受、想、行、識。眼乃
　至意,色乃至法,眼識乃至意識,眼觸乃至意觸,眼觸為緣所生受乃至
　意觸為緣所生受亦如是。憍尸迦!布施波羅蜜多亦不生,此既不生則非
　布施波羅蜜多;淨戒、安忍、精進、靜慮、般若波羅蜜多亦不生,此既
　不生則非淨戒、安忍、精進、靜慮、般若波羅蜜多。內空乃至無性自性
　空,四念住廣說乃至十八佛不共法,如是乃至一切智、道相智、一切相
　智,皆亦如是。」

8.不違假名說法性,空有無二

(1)不違假名說法性

①佛印可善現所說理

時，天帝釋竊作是念：「尊者善現智慧甚深，不違假名而說法性。」

佛知其念便告彼言：

「如憍尸迦心之所念，具壽善現智慧甚深，不違假名而說法性。」

時，天帝釋即白佛言：「尊者善現於何等法不違假名而說法性？」

佛言：

「憍尸迦！色但是假名，具壽善現不違色假名而說色法性；受、想、行、識但是假名，具壽善現不違受、想、行、識假名而說受、想、行、識法性。所以者何？色等法性無違順故，善現所說亦無違順。於眼乃至意，色乃至法，眼識乃至意識，眼觸乃至意觸，眼觸為緣所生受乃至意觸為緣所生受亦如是。

「憍尸迦！布施波羅蜜多但是假名，具壽善現不違布施波羅蜜多假名而說布施波羅蜜多法性；淨戒、安忍、精進、靜慮、般若波羅蜜多但是假名，具壽善現不違淨戒、安忍、精進、靜慮、般若波羅蜜多假名而說淨戒、安忍、精進、靜慮、般若波羅蜜多法性。所以者何？布施波羅蜜多等法性無違順故，善現所說亦無違順。於內空乃至無性自性空，四念住廣說乃至十八佛不共法，如是乃至預流果，乃至阿羅漢果、獨覺菩提，乃至無上正等菩提，一切智、道相智、一切相智，預流乃至阿羅漢、獨覺、菩薩、如來，皆亦如是。

「憍尸迦！具壽善現於如是法不違假名而說法性。」*9

②當知諸法但是假名

爾時，具壽善現語天帝釋言：

「憍尸迦！如是！如是！如佛所說，諸所有法無非假名。憍尸迦！諸菩薩摩訶薩知一切法但假名已，應學般若波羅蜜多。

(2)空有無二

①明修學法

❶法空故不見有法可學

「憍尸迦！諸菩薩摩訶薩如是學時，不於色學，不於受、想、行、識學。

何以故？

憍尸迦！是菩薩摩訶薩不見色可於中學，不見受、想、行、識可於中學故。於眼乃至意，色乃至法，眼識乃至意識，眼觸乃至意觸，眼觸為緣所生受乃至意觸為緣所生受亦如是。

「憍尸迦！諸菩薩摩訶薩如是學時，不於布施波羅蜜多學，不於淨
戒、安忍、精進、靜慮、般若波羅蜜多學。何以故？憍尸迦！是菩
薩摩訶薩不見布施波羅蜜多可於中學，不見淨戒、安忍、精進、靜
慮、般若波羅蜜多可於中學故。於內空乃至無性自性空，四念住廣
說乃至十八佛不共法，如是乃至預流果，乃至阿羅漢果、獨覺菩提，
乃至無上正等菩提，一切智、道相智、一切相智，皆亦如是。」

時，天帝釋問善現言：

「諸菩薩摩訶薩何因緣故，不見色，乃至不見一切相智？」

善現答言：

「憍尸迦！色色空，乃至一切相智一切相智空。憍尸迦！諸菩薩摩
訶薩由此因緣，不見色乃至一切相智。憍尸迦！諸菩薩摩訶薩不
見色故不於色學，乃至不見一切相智故不於一切相智學。何以
故？憍尸迦！不可色空見色空，乃至不可一切相智空見一切相智
空，亦不可色空於色空學，乃至亦不可一切相智空於一切相智空
學故。*10

❷以不二為方便學一切法

「憍尸迦！若菩薩摩訶薩不(著)於空學，是菩薩摩訶薩為(真)於空學。
何以故？以無二故。憍尸迦！諸菩薩摩訶薩不(著)於色空學為(真)
於色空學，以(色、空)無二故，乃至不於一切相智空學為於一切相智
空學，以無二故。憍尸迦！若菩薩摩訶薩以無二為方便於色空學，
乃至以無二為方便於一切相智空學，是菩薩摩訶薩能以無二為方便
學布施波羅蜜多乃至般若波羅蜜多，能以無二為方便學內空乃至無
性自性空，能以無二為方便學四念住廣說乃至十八佛不共法，如是
乃至能以無二為方便學預流果乃至阿羅漢果，能以無二為方便學獨
覺菩提乃至無上正等菩提，能以無二為方便學一切智、道相智、一
切相智。憍尸迦！若菩薩摩訶薩能以無二為方便學布施波羅蜜多乃
至一切相智，是菩薩摩訶薩能以無二為方便學無量、無數、無邊不
可思議清淨佛法。」*11

(CBETA, T07, no. 220, p. 140, a^{14}-p. 142, a^{24})

sher phyin: v.027, pp. 50^{05}- 98^{04} 《合論》: v50, pp. 854^{20}-875^{13}

②以無所學為方便學般若波羅蜜多 (成辦一切智智)

❶明所學

1.不為增減故學

(13.4.2)通達色等勝義無減等所顯即頂位

卷 426〈散花品 27〉：

「憍尸迦！若菩薩摩訶薩能學無量、無數、無邊不可思議清淨佛
法，是菩薩摩訶薩不為色增故學，亦不為色減故學，乃至不為一
切相智增故學，亦不為一切相智減故學。

2.不為攝受壞滅故學

(1)正明

憍尸迦！若菩薩摩訶薩不為色增故學，亦不為色減故學，乃至
不為一切相智增故學，亦不為一切相智減故學，是菩薩摩訶薩
不為攝受色故學，亦不為壞滅色故學，乃至不為攝受一切相智
故學，亦不為壞滅一切相智故學。」

(2)內外空故，無能受者滅者，亦無一切法可受可滅

爾時，具壽舍利子問善現言：

「諸菩薩摩訶薩如是學時，不為攝受色故學，亦不為壞滅色故
學，乃至不為攝受一切相智故學，亦不為壞滅一切相智故學
耶？」

善現對曰：

「如是！如是！舍利子！諸菩薩摩訶薩如是學時，不為攝受色
故學，亦不為壞滅色故學，乃至不為攝受一切相智故學，亦
不為壞滅一切相智故學。」*12

(CBETA, T07, no. 220, p. 142, a^{24}-b^{12})

sher phyin:　v.027, pp. 98^{04}- 100^{05}《合論》: v50, pp. 875^{14}-877^{12}

(13.4.3)通達由空等故了知色等勝義不可執即忍位

卷 426〈散花品 27〉：「時，舍利子問善現言：

「何因緣故，諸菩薩摩訶薩不為攝受色故學，亦不為壞滅色故
學，乃至不為攝受一切相智故學，亦不為壞滅一切相智故學？」

善現對曰：

「諸菩薩摩訶薩不見有色是可攝受及可壞滅，亦不見有能攝受色
及壞滅者，乃至不見有一切相智是可攝受及可壞滅，亦不見有
能攝受一切相智及壞滅者。何以故？舍利子！以色等法若能若
所內外空故。舍利子！若菩薩摩訶薩於一切法，不見是可攝受
及可壞滅，亦不見有能攝受及壞滅者而學般若波羅蜜多，是菩
薩摩訶薩能成辦一切智智。」

❷無所學無所成辦而學般若波羅蜜多

　1.不攝受壞滅等能成辦一切智智

　　時，舍利子問善現言：

　　「諸菩薩摩訶薩如是學般若波羅蜜多，能成辦一切智智耶？」

　　善現對曰：

　　「舍利子！諸菩薩摩訶薩如是學般若波羅蜜多，能成辦一切智智，於一切法不為攝受不為壞滅為方便故。」

　　(CBETA, T07, no. 220, p. 142, b$^{12-28}$)

　　sher phyin:　v.027, pp. 100^{07}- 102^{12} 《合論》：v50, pp. 877^{13}-879^{03}

　2.一切法性空故，不見生滅、受不受等

(13.4.4)了知色等勝義無生等相即世第一法

　　卷426〈散花品27〉：舍利子言：

　　「若菩薩摩訶薩於一切法不為攝受不為壞滅為方便者，云何能成辦一切智智耶？」

　　善現對曰：

　　「舍利子！是菩薩摩訶薩修行般若波羅蜜多時，不見色若生若滅、若取若捨、若染若淨、若增若減，乃至不見一切相智若生若滅、若取若捨、若染若淨、若增若減。何以故？以色乃至一切相智皆自性無所有不可得故。如是，舍利子！諸菩薩摩訶薩修行般若波羅蜜多時，於一切法不見若生若滅、若取若捨、若染若淨、若增若減，以無所學無所成辦為方便故而學般若波羅蜜多，則能成辦一切智智。」*13

　　(CBETA, T07, no. 220, p. 142, b^{28}-c^{10})

　　sher phyin:　v.027, pp. 102^{13}- 104^{05} 《合論》：v50, pp. 879^{04}-880^{21}

註解：

*1 般若畢竟空，無名言、無說者聽者　　《大智度論》55

(1)般若畢竟空，無名言、無說無聽

「須菩提(善現)所說般若波羅蜜，畢竟空義，無有定相，不可取，不可傳譯得悟；不得言有，不得言無，不得言有無，不得言非有非無，「非非有非非無」亦無，一切心行處滅、言語道斷故。是故諸天子驚疑迷悶。」

「須菩提答諸天子：『汝所不解者，法自應爾！是法無所說，乃至不說一字可著可取；無字無語，是諸佛道。』何以故？是名字皆空，虛誑無實；如破色名字中說。用名字則有語言；若無名字則無語言。」

(2)諸法性非深非妙

五眾非深非妙，乃至一切相智非深非妙。而般若波羅蜜不異五眾，五眾實相即是般若波羅蜜。

(3)實無說者聽者，依此得證三乘聖果

須菩提言：

「佛得菩提時亦無說，寂滅相實無說者聽者。是故須陀洹果乃至佛道皆因無為法而有；離是法是忍，則無須陀洹乃至佛道亦如是。菩薩初發心乃至得佛，於其中間，一切法無說無聞。」

「諸觀滅故、語言斷故不可說，不可說故不可聽，不可聽故不可知，不可知故於一切法無受無著，則入涅槃。」

*2 諸法乃至涅槃皆如幻如化　　《大智度論》55

我等、色等乃至無上菩提如幻如化，涅槃亦如幻如化。

(1)佛及涅槃雖妙皆如幻如化

一切眾生中，佛為第一，一切諸法中，涅槃第一。佛及涅槃，正自如幻如夢，是二法雖妙，皆從虛妄法出故空。

所以者何？

從虛妄法故有涅槃，從福德智慧故有佛，是二法屬因緣，無有實定。

(2)實無有法勝涅槃

涅槃，一切憂愁苦惱畢竟滅，以是故無有法勝涅槃者。

涅槃是一切法中究竟無上法，如眾川萬流大海為上，諸山之中須彌為上，一切法中虛空為上。涅槃亦如是，無有老病死苦，無有邪見貪恚等諸衰，無有愛別離苦、怨憎會苦、求不得苦，無常虛誑敗壞變異等一切皆無。以要言之，涅槃是一切苦盡，畢竟常樂，十方諸佛菩薩弟子眾所歸處，安隱常樂，無過是者，終不為魔王魔人所破。是故知無法勝涅槃者。

*3 佛陀聖弟子

(1)舍利弗　(智慧第一)；　　　　　(2)大目連(目犍連)　(神通第一)

(3)大迦葉波(摩訶迦葉)　(頭陀第一)；　(4)阿那律　(天眼第一)

(5)善現(須菩提)　(解空第一)　　　(6)滿慈子(富樓那)　(說法第一)

(7)大迦多衍那(迦旃延)　(論議第一)　(8)優婆離　(持律第一)

(9)羅睺羅　(密行第一)　　　　　(10)阿難陀　(多聞第一)

(11)執大藏(摩訶拘絺羅 mahākausthila)　(問答第一)

*4 阿難代答

舍利子是一切聲聞中第一法將，助佛轉法輪。阿難是第三轉法輪將，能為大眾師，種涅槃種已無數劫，雖多聞但於空未能善巧。此中問誰能信受，非是空事故阿難便答。阿難煩惱未盡智力鈍，但信力猛利，於甚深般若波羅蜜中能如法問答。

*5 信受般若

(1)觀諸法空故能受

　　①觀諸法空

　　　❶不以空分別色，不以色分別空。(受想行識亦如是)

　　　　不以無相無願分別色，不以色分別無相無願。(受想行識亦如是)

　　　　不以無生、無滅、寂靜、遠離分別色，不以色分別無生無滅寂靜遠離。(受想行識亦如是)

　　　❷眼乃至意觸為緣所生受亦如是。

　　　　布施波羅蜜乃至般若波羅蜜，內空乃至無性自性空，四念住乃至十八佛不共法，一切三摩地門、一切陀羅尼門，預流果乃至阿羅漢果、獨覺菩提、無上正等菩提，一切智、道相智、一切相智，有為界、無為界亦如是。

　　②空即是色、色即是空

　　　「不以空分別色，色即是空，空即是色。」

　　　❶不以空慧破色令空，亦不以破色因緣故有空；空即是色、色即是空故。

　　　❷空即是般若波羅蜜，般若波羅蜜空無有定法，無所失無所破。而以般若波羅蜜中能破諸戲論，有如是功德，故無不信受。

　　③無相、無願、無生、無滅、寂靜、遠離，亦如是

(2)觀有情空故信受者實不可得

　　甚深般若波羅蜜中無法可示，無法可說；若無法可示可說，受人亦不可得。

　　若能如是解諸法空，心無所著則能信受。

*6 七辯

(1)無礙辯：捷辯，於一語中能釋多疑。(行般若波羅蜜，於一切法無礙)

(2)無斷盡辯：於一法中演無盡法。(說諸法實相，無邊無盡)

(3)應辯：應時應機無有差異。(斷法愛故，隨眾生所應而為說法)

(4)迅辯：隨問隨答，迅速無滯。(以能深入故利)(利辯)

(5)無疏謬辯：契機契理，無有漏失。(般若中無諸戲論，無能問難斷絕者。)(不可斷辯)

(6)豐義味辯：一語言中，義味無窮。(說趣涅槃利益事)

(7)最勝妙辯：其辯微妙，最上無比。(說世間第一事，所謂大乘)(參考《大智度論》卷55)

*7 以空和合說法

般若波羅蜜多雖廣說三乘法，非有定相，皆以十八空和合故說。攝受諸菩薩及令得世間最勝辯亦如是，以空慧故。

*8 兩大法雨

善現說般若義：一切法盡是實相無所分別；雖說空，於諸法無所破，亦不失諸行業果報。譬如大雨遍滿閻浮提，無所不潤。行者若得法雨，發心者增長，未發者發。又法雨能除惡覺觀塵、

三不善毒、邪見惡風、邪師惡蟲等。

*9 不違假名說法性

(1)法空

五蘊從因緣和合生，無有定性，但有假名。「假名實相」者，所謂五蘊如、法性、實際。善現所說不違此理。何以故？聖人知名字是俗諦，實相是第一義諦。有所說者隨凡夫人，第一義諦中無彼此，亦無諍。乃至一切相智亦如是。

(2)人空

有情空乃至知者、見者空故，預流果但有假名，乃至如來亦如是。

*10 不見有法可學

假名法中無有定色，若無色者云何說有色可學？

菩薩以五眼求色，而不見是色若我若無我等相，乃至一切相智亦如是。

(1)不見色：色中色相空，不可得故不可見，即是自相空，乃至一切相智亦如是。

(2)不學色：色空自不能學色空，乃至一切相智空不學一切相智，以諸法行於他相不行自相故，如人乘馬，非馬乘馬。

*11 以不二為方便學一切法

(問)若如是不學一切法，云何能學一切智？

(答)若能於諸法空中無所著，是為真學色空，若著空者，是破諸法而不破空。

若人破色而不著空，是則色與空不二不別，是為真能學色空，以不可得空故不見空，乃至一切相智亦如是。

若菩薩摩訶薩以無二為方便於色空學，乃至以無二為方便於一切相智空學，是菩薩摩訶薩能以無二為方便學無量、無數、無邊不可思議清淨佛法。

*12 不為增減、受滅而學

正行菩薩道，不增減色(而)學。

(1)不增減：但見四大及造色和合成身者，則不生著。

以於身中起男女、好醜、長短相，謂為定實生染著心，是為增。若破色使空，心著是空，是為減。乃至一切相智亦如是。

(2)不受滅：空故不受，業果因緣相續故不滅。

善現以色受者不可得故不受。又色內外空故不受，色中內外空空故不滅。受色者無故說內空，色不可受故名外空，以內外空攝一切法空。

*13 不生不滅不取不捨不垢不淨不增不減

(1)不生：破一切法生相故。

(2)不滅：破一切法無常相故。

(3)不受(取)：觀一切法種種過罪故。

(4)不捨：觀一切法種種利益故。

(5)不垢：一切法性常清淨故。

(6)不淨：一切法能生著心故。

(7)不增、不減：一切法雖是有作無作、起滅、入出、來往等，而不多不少、不增不減。

諸菩薩摩訶薩修行般若波羅蜜時，於一切法不見若生若滅、若取若捨、若染若淨、若增若減，

不見學相(無所學)、不見出相(無所成辦)、不見菩薩相、不見般若波羅蜜相，則能成辦一切智智。

第二事

第14義

[丁三]菩薩之道相智
[戊一]見道
1.略標剎那

【第 14 義】：大乘見道　14

〔義相〕：現證空性慧所攝持之大乘諦現觀，即是大乘見
　　　　　道之相。

〔界限〕：唯在大乘見道。

[由諦與諦上，忍智四剎那，說此道相智，見道具功德。](頌2-11)
　　此說大乘見道人身中具大功德勝利之見道，由依苦、集諦及滅、道諦
　　上，忍智四剎那而說故。

　　　　(菩薩於法智忍、法智、類智忍、類智，各個四種剎那，一一具有苦等諦之法性。)

2.廣釋修相

[真如與諸智，無互能所依，故不許差別，廣大無能量，](頌2-12)
[無量無二邊，住彼於色等，執為佛自性，無取無捨等，](頌2-13)
[慈等及空性，證得佛陀性，遍攝諸淨法，除遣諸苦病，](頌2-14)
[滅除涅槃執，諸佛守護等，不殺害生等，一切相智理，](頌2-15)
[自住立有情，所修布施等，迴向大菩提，是道智剎那。](頌2-16)
　　道相智所攝之見道中有十六剎那，謂：

14.1 苦諦四相

　　14.1.1.苦諦真如與佛現證彼之智，於勝義中無互相能依所依之性(之實
　　　　　有法)，於勝義中不許能所依差別(而住)，現證無彼之大乘見道，
　　　　　即苦法忍。

(苦諦之真如以及其有境智，現證於勝義所依能依不存在之苦法忍之智，為苦法忍之行相，因為作為法忍正份之所斷種子之直接對治之法忍智慧故。其餘亦應如是了知。)

14.1.2. 廣大者，謂色等於勝義諦實空為法界體性故，其能緣之般若波羅蜜多亦成廣大，即苦法智。

14.1.3. 現證苦諦於勝義中無能量之量(計量單位)，是苦類忍。(苦諦無量)

14.1.4. 現證苦諦勝義無量，即苦類智。(苦諦之勝義無量)

此是苦諦四相。四中第一剎那是所治種子之真能治無間道，後三剎那是從彼所治種子解脫之解脫道。以下諸相准此應知。

14.2 集諦四相

14.2.1. 現證集諦勝義無常斷二邊，是集法忍。(色等無自性，故無二邊)

14.2.2. 住彼集法忍之瑜伽師，於色等上定執佛性實空，即集法智。
(安住般若波羅蜜多，以法界自性於色等確實持取佛性。)

14.2.3. 現知集諦於勝義中無取捨等，即集類忍。(如是住於彼，觀修一切法無取捨等。)

14.2.4. 修慈悲等四無量之功德，即集類智。(觀修信受無自性為前行之四無量。)

此是集諦四相。

14.3 滅諦四相

14.3.1. 現證色等真實空之空性，即滅法忍。

14.3.2. 所修善根能得佛果，即滅法智。(證獲等同法界如來性之諸善根果報)

14.3.3. 具足遍攝滅類忍中一切(對治)淨法種類功德，即滅類忍。

14.3.4. 具足除遣外界一切苦害及內身一切病惱之功德，即滅類智。

此是滅諦四相。

14.4 道諦四相

14.4.1. 息滅實執涅槃之戲論，即道法忍。(由唯觀修無自性，止息耽著色等及涅槃。)

14.4.2. 安住道法智之瑜伽師有為諸佛守護之功德，即道法智。

14.4.3. 能得斷除殺生等十惡，遍知十善相一切相智之因理，自己安住亦安立他，此智即道類忍。

14.4.4. 所修布施等六度迴向大菩提果，即是大乘見道道類智。

此是道諦四相。

道相智品，此十六剎那一座無間而生故。

(聖解脫軍：前四剎那為智忍十六剎那之本質，其餘說為功德。「無邊」說前五剎那功

德，「住彼」言集法智功德，「無取」言集類忍功德，「慈等」言集類智功德。次四言四種滅智忍功德，再次四言道智忍功德。此等行相於加行道為觀修之行相，由此生見道，又於後得分際得此些功德。）

[丁三]菩薩之道相智
[戊一]見道　　　　【第 14 義】：大乘見道

1.依佛神力說般若

卷 426〈散花品 27〉：

「爾時，天帝釋問舍利子言：「大德！諸菩薩摩訶薩所學般若波羅蜜多，當於何求？」

舍利子言：「憍尸迦！諸菩薩摩訶薩所學般若波羅蜜多,當於善現所說中求。」

*1　　(此為文字般若)

時，天帝釋謂善現言：「大德神力為依持故，令舍利子作是說耶？」

善現告言：「憍尸迦！非我神力為依持故，令舍利子作如是說。」

天帝釋言：「是誰神力為所依持？」

善現報言：「是佛神力為所依持。」　　　　(此為實相般若)

2.諸法無依持

14.1 苦諦四相

(14.1.1)境智無互依真如即苦法忍(真如與有境智無能所關係)

天帝釋言：「大德！諸法皆無依持，如何可言是佛神力為所依持？」*2

善現告言：

「憍尸迦！如是！如是！如汝所說。一切法無依持，是故如來非所依持，亦無依持，但為隨順世俗施設說為依持。

(1)即離諸法如來皆不可得

　①於無依持 (無受處)

　　❶離真如、法性不可得

　　　「憍尸迦！1.非離無依持如來可得，2.非離無依持真如如來可得，3.非離無依持法性如來可得，4.非離無依持如來真如可得，5.非離無依持如來法性可得，6.非離無依持真如如來真如可得，7.非離無依持法性如來法性可得。

　　❷即真如、法性不可得

　　　「憍尸迦！1.非無依持中如來可得，非如來中無依持可得；2.非無依持真如中如來可得，非如來中無依持真如可得；3.非無依持法性中如來可得，非如來中無依持法性可得；4.非無依持中如來真如可

得，非如來真如中無依持可得；5.非無依持中如來法性可得，非如來法性中無依持可得；6.非無依持真如中如來真如可得，非如來真如中無依持真如可得；7.非無依持法性中如來法性可得，非如來法性中無依持法性可得。

②於五蘊

❶離真如、法性不可得

「憍尸迦！1.非離色如來可得，非離受、想、行、識如來可得；2.非離色真如如來可得，非離受、想、行、識真如如來可得；3.非離色法性如來可得，非離受、想、行、識法性如來可得；4.非離色如來真如可得，非離受、想、行、識如來真如可得；5.非離色如來法性可得，非離受、想、行、識如來法性可得；6.非離色真如如來真如可得，非離受、想、行、識真如如來真如可得；7.非離色法性如來法性可得，非離受、想、行、識法性如來法性可得。

❷即真如、法性不可得

「憍尸迦！1.非色中如來可得，非如來中色可得，非受、想、行、識中如來可得，非如來中受、想、行、識可得；2.非色真如中如來可得，非如來中色真如可得，非受、想、行、識真如中如來可得，非如來中受、想、行、識真如可得；3.非色法性中如來可得，非如來中色法性可得，非受、想、行、識法性中如來可得，非如來中受、想、行、識法性可得；4.非色中如來真如可得，非如來真如中色可得，非受、想、行、識中如來真如可得，非如來真如中受、想、行、識可得；5.非色中如來法性可得，非如來法性中色可得，非受、想、行、識中如來法性可得，非如來法性中受、想、行、識可得；6.非色真如中如來真如可得，非如來真如中色真如可得，非受、想、行、識真如中如來真如可得，非如來真如中受、想、行、識真如可得；7.非色法性中如來法性可得，非如來法性中色法性可得，非受、想、行、識法性中如來法性可得，非如來法性中受、想、行、識法性可得。

③於一切智、道相智、一切相智

❶離真如、法性不可得

「憍尸迦！1.乃至非離一切智如來可得，非離道相智、一切相智如來可得；2.非離一切智真如如來可得，非離道相智、一切相智真如如來可得；3.非離一切智法性如來可得，非離道相智、一切相智法性

如來可得；4.非離一切智如來真如可得，非離道相智、一切相智如來真如可得；5.非離一切智如來法性可得，非離道相智、一切相智如來法性可得；6.非離一切智真如如來真如可得，非離道相智、一切相智真如如來真如可得；7.非離一切智法性如來法性可得，非離道相智、一切相智法性如來法性可得。

❷即真如、法性不可得

「憍尸迦！1.非一切智中如來可得，非如來中一切智可得，非道相智、一切相智中如來可得，非如來中道相智、一切相智可得；2.非一切智真如中如來可得，非如來中一切智真如可得，非道相智、一切相智真如中如來可得，非如來中道相智、一切相智真如可得；3.非一切智法性中如來可得，非如來中一切智法性可得，非道相智、一切相智法性中如來可得，非如來中道相智、一切相智法性可得；4.非一切智中如來真如可得，非如來真如中一切智可得，非道相智、一切相智中如來真如可得，非如來真如中道相智、一切相智可得；5.非一切智中如來法性可得，非如來法性中一切智可得，非道相智、一切相智中如來法性可得，非如來法性中道相智、一切相智可得；6.非一切智真如中如來真如可得，非如來真如中一切智真如可得，非道相智、一切相智真如中如來真如可得，非如來真如中道相智、一切相智真如可得；7.非一切智法性中如來法性可得，非如來法性中一切智法性可得，非道相智、一切相智法性中如來法性可得，非如來法性中道相智、一切相智法性可得。

(2)即離諸法如來皆非合(相應)非散(不相應)

①於五蘊

❶即真如、法性非相應(合)非不相應(散)

「憍尸迦！1.如來於色非相應非不相應，於受、想、行、識亦非相應非不相應；2.如來於色真如非相應非不相應，於受、想、行、識真如亦非相應非不相應；3.如來於色法性非相應非不相應，於受、想、行、識法性亦非相應非不相應；4.如來真如於色非相應非不相應，於受、想、行、識亦非相應非不相應；5.如來真如於色真如非相應非不相應，於受、想、行、識真如亦非相應非不相應；6.如來法性於色非相應非不相應，於受、想、行、識亦非相應非不相應；7.如來法性於色法性非相應非不相應，於受、想、行、識法性亦非相應非不相應。

❷離真如、法性非相應(合)非不相應(散)

「憍尸迦！1.如來於離色非相應非不相應，於離受、想、行、識亦非相應非不相應；2.如來於離色真如非相應非不相應，於離受、想、行、識真如亦非相應非不相應；3.如來於離色法性非相應非不相應，於離受、想、行、識法性亦非相應非不相應；4.如來真如於離色非相應非不相應，於離受、想、行、識亦非相應非不相應；5.如來真如於離色真如非相應非不相應，於離受、想、行、識真如亦非相應非不相應；6.如來法性於離色非相應非不相應，於離受、想、行、識亦非相應非不相應；7.如來法性於離色法性非相應非不相應，於離受、想、行、識法性亦非相應非不相應。

②於一切智、道相智、一切相智

❶即真如、法性非相應(合)非不相應(散)

「憍尸迦！如是乃至 1.如來於一切智非相應非不相應，於道相智、一切相智亦非相應非不相應；2.如來於一切智真如非相應非不相應，於道相智、一切相智真如亦非相應非不相應；3.如來於一切智法性非相應非不相應，於道相智、一切相智法性亦非相應非不相應；4.如來真如於一切智非相應非不相應，於道相智、一切相智亦非相應非不相應；5.如來真如於一切智真如非相應非不相應，於道相智、一切相智真如亦非相應非不相應；6.如來法性於一切智非相應非不相應，於道相智、一切相智亦非相應非不相應；7.如來法性於一切智法性非相應非不相應，於道相智、一切相智法性亦非相應非不相應。

❷離真如、法性非相應(合)非不相應(散)

「憍尸迦！1.如來於離一切智非相應非不相應，於離道相智、一切相智亦非相應非不相應；2.如來於離一切智真如非相應非不相應，於離道相智、一切相智真如亦非相應非不相應；3.如來於離一切智法性非相應非不相應，於離道相智、一切相智法性亦非相應非不相應；4.如來真如於離一切智非相應非不相應，於離道相智、一切相智亦非相應非不相應；5.如來真如於離一切智真如非相應非不相應，於離道相智、一切相智真如亦非相應非不相應；6.如來法性於離一切智非相應非不相應，於離道相智、一切相智亦非相應非不相應；7.如來法性於離一切智法性非相應非不相應，於離道相智、一切相智法性亦非相應非不相應。

「憍尸迦！舍利子所說，是於一切法非即非離、非相應非不相應，如來神力為所依持，以無依持為依持故。」*3

(CBETA, T07, no. 220, p. 142, c[11]-p. 144, b[6])

(3)不即不離諸法求般若 (觀照般若)

①諸法無相

卷 427〈散花品 27〉：

「第二分散花品第二十七之二

「復次，憍尸迦！汝先所問『諸菩薩摩訶薩所學般若波羅蜜多當於何求？』者，憍尸迦！諸菩薩摩訶薩所學般若波羅蜜多，不應於色求，不應離色求，不應於受、想、行、識求，不應離受、想、行、識求。如是乃至不應於一切智求，不應離一切智求，不應於道相智、一切相智求，不應離道相智、一切相智求。何以故？憍尸迦！若般若波羅蜜多、若求、若色，廣說乃至一切相智，如是一切皆非相應非不相應，無色、無見、無對、一相所謂無相。*4

②般若非即非離諸法 (真如、法相)

❶非即非離諸法

所以者何？

「諸菩薩摩訶薩所學般若波羅蜜多，非色，不離色，非受、想、行、識，不離受、想、行、識；如是乃至非一切智，不離一切智，非道相智、一切相智，不離道相智、一切相智。非色真如，不離色真如，非受、想、行、識真如，不離受、想、行、識真如；如是乃至非一切智真如，不離一切智真如，非道相智、一切相智真如，不離道相智、一切相智真如。非色法性，不離色法性，非受、想、行、識法性，不離受、想、行、識法性；如是乃至非一切智法性，不離一切智法性，非道相智、一切相智法性，不離道相智、一切相智法性。*5

❷諸法無所有不可得

何以故？憍尸迦！如是諸法皆無所有都不可得。由無所有不可得故，諸菩薩摩訶薩所學般若波羅蜜多，非色，不離色，廣說乃至非一切相智，不離一切相智；非色真如，不離色真如，廣說乃至非一切相智真如，不離一切相智真如；非色法性，不離色法性，廣說乃至非一切相智法性，不離一切相智法性。」

(CBETA, T07, no. 220, p. 144, b[14]-c[13])

sher phyin: v.027, pp. 104[05]- 111[04] 《合論》: v50, pp. 881[01]-888[08]

3.讚歎般若

卷 427〈散花品 27〉：

「爾時，天帝釋謂善現言：「大德！諸菩薩摩訶薩所學般若波羅蜜多，是大
波羅蜜多，是無量波羅蜜多，是無邊波羅蜜多。諸預流者於此中學得預流
果，諸一來者於此中學得一來果，諸不還者於此中學得不還果，諸阿羅漢
於此中學得阿羅漢果，諸獨覺者於此中學得獨覺菩提，諸菩薩摩訶薩於此
中學成熟無量百千俱胝那庾多有情，隨其所應置三乘道及能嚴淨種種佛
土，證得無上正等菩提。」

(1)歎大*6

(14.1.2)法界體性能緣般若亦成廣大即苦法智

善現告言：

「如是！如是！如汝所說。憍尸迦！色大故，諸菩薩摩訶薩所學般若波羅
蜜多亦大；受、想、行、識大故，諸菩薩摩訶薩所學般若波羅蜜多亦大。
如是乃至一切智大故，諸菩薩摩訶薩所學般若波羅蜜多亦大；道相智、
一切相智大故，諸菩薩摩訶薩所學般若波羅蜜多亦大。何以故？憍尸
迦！以色乃至一切相智前後中際皆不可得故說為大，由彼大故，諸菩薩
摩訶薩所學般若波羅蜜多亦說為大。由此因緣，諸菩薩摩訶薩所學般若
波羅蜜多，應說為大波羅蜜多。」

(CBETA, T07, no. 220, p. 144, c[14]-p. 145, a[4])

sher phyin：　v.027, pp. 111[04]- 113[18]　《合論》：v50, pp. 888[09]-890[17]

(2)歎無量

(14.1.3)現證苦諦於勝義中無能量之量即苦類忍

卷 427〈散花品 27〉：

「憍尸迦！色無量故，諸菩薩摩訶薩所學般若波羅蜜多亦無量，受、想、
行、識無量故，諸菩薩摩訶薩所學般若波羅蜜多亦無量。如是乃至一切
智無量故，諸菩薩摩訶薩所學般若波羅蜜多亦無量；道相智、一切相智
無量故，諸菩薩摩訶薩所學般若波羅蜜多亦無量。何以故？憍尸迦！以
色乃至一切相智量不可得，譬如虛空量不可得，色等亦爾，故說無量。」

(CBETA, T07, no. 220, p. 145, a[4-12])

sher phyin：　v.027, pp. 113[19]- 115[04]　《合論》：v50, pp. 890[18]-892[09]

(14.1.4)現證苦諦於勝義無量即苦類智

卷 427〈散花品 27〉：

「憍尸迦！虛空無量故，色等亦無量；色等無量故，諸菩薩摩訶薩所學般若波羅蜜多亦無量。由此因緣，諸菩薩摩訶薩所學般若波羅蜜多，應說為無量波羅蜜多。」(CBETA, T07, no. 220, p. 145, a¹²⁻¹⁶)

sher phyin：v.027, p. 115⁰⁴⁻¹⁰　《合論》：v50, p. 892¹⁰⁻¹⁸

(3)歎無邊

14.2 集諦四相
(14.2.1)現證集諦勝義無常斷二邊即集法忍

①諸法無邊*7

卷 427〈散花品 27〉：

「憍尸迦！色無邊故，諸菩薩摩訶薩所學般若波羅蜜多亦無邊；受、想、行、識無邊故，諸菩薩摩訶薩所學般若波羅蜜多亦無邊。如是乃至一切智無邊故，諸菩薩摩訶薩所學般若波羅蜜多亦無邊；道相智、一切相智無邊故，諸菩薩摩訶薩所學般若波羅蜜多亦無邊。何以故？憍尸迦！以色乃至一切相智邊不可得。譬如虛空邊不可得，色等亦爾，故說無邊。

「憍尸迦！虛空無邊故，色等亦無邊；色等無邊故，諸菩薩摩訶薩所學般若波羅蜜多亦無邊。

②所緣無邊*8

「復次，憍尸迦！所緣無邊故，諸菩薩摩訶薩所學般若波羅蜜多亦無邊。」

天帝釋言：「云何所緣無邊故，諸菩薩摩訶薩所學般若波羅蜜多亦無邊？」

善現答言：「一切智智所緣無邊故，諸菩薩摩訶薩所學般若波羅蜜多亦無邊。

「復次，憍尸迦！法界所緣無邊故，諸菩薩摩訶薩所學般若波羅蜜多亦無邊。」

天帝釋言：「云何法界所緣無邊故，諸菩薩摩訶薩所學般若波羅蜜多亦無邊？」

善現答言：

「法界無邊故，所緣亦無邊，所緣無邊故，法界亦無邊。法界所緣無邊故，諸菩薩摩訶薩所學般若波羅蜜多亦無邊。

「復次，憍尸迦！真如所緣無邊故，諸菩薩摩訶薩所學般若波羅蜜多亦無邊。」

天帝釋言：「云何真如所緣無邊故，諸菩薩摩訶薩所學般若波羅蜜多亦無邊？」

善現答言：

「真如無邊故，所緣亦無邊，所緣無邊故，真如亦無邊。真如所緣無邊故，諸菩薩摩訶薩所學般若波羅蜜多亦無邊。

③有情無邊*9

「復次，憍尸迦！有情無邊故，諸菩薩摩訶薩所學般若波羅蜜多亦無邊。」

天帝釋言：「云何有情無邊故，諸菩薩摩訶薩所學般若波羅蜜多亦無邊？」

善現答言：「於意云何？言有情，有情者是何法增語？」

天帝釋言：

「言有情，有情者非法增語，亦非非法增語，但是假立客名所攝、無事名所攝、無緣名所攝。」

善現復言：「於意云何？於此般若波羅蜜多甚深經中，為亦顯示有實有情不？」

天帝釋言：「不也！大德！」

善現告言：

「於此般若波羅蜜多甚深經中，既不顯示有實有情故說無邊，以彼中、邊不可得故。

「憍尸迦！於意云何？若諸如來、應、正等覺經殑伽沙等劫住說諸有情名字，此中頗有有情有生有滅不？」

天帝釋言：「不也！大德！何以故？以諸有情本性淨故，彼從本來無所有故。」

善現告言：

「由此我說有情無邊故，諸菩薩摩訶薩所學般若波羅蜜多亦無邊。憍尸迦！由此因緣，諸菩薩摩訶薩所學般若波羅蜜多應說為無邊。」

(CBETA, T07, no. 220, p. 145, a[16]-c[4])

sher phyin: v.027, pp. 115[10]- 118[21]《合論》: v50, pp. 892[19]-896[12]

4.般若畢竟空，言三乘而不著心

(14.2.2)住集法忍於色等執佛性實空即<u>集法智</u>

(1)諸法空不可得，但施設有三乘教

卷 427〈授記品 28〉：

「第二分授記品第二十八

爾時，眾中天帝釋等欲界諸天、梵天王等色界諸天及伊舍那神仙天女，同時三返稱讚具壽善現所說，謂作是言：「尊者善現以佛神力為所依持，善為我等分別開示甚深般若波羅蜜多，佛出世因無上法要。若菩薩摩訶薩能於如是甚深般若波羅蜜多如說修行不遠離者，我等於彼敬事如佛。所以者何？謂此般若波羅蜜多甚深經中無法可得，所謂此中無色可得，無受、想、行、識可得，如是乃至無一切智可得，無道相智、一切相智可得。雖無如是諸法可得，而有施設三乘聖教，謂聲聞、獨覺、無上乘教。」*10

(2)「即離諸法如來不可得」而修學

爾時，佛告諸天等言：

「如是！如是！如汝所說。於此般若波羅蜜多甚深經中，雖無色等諸法可得，而有施設三乘聖教。若菩薩摩訶薩於此般若波羅蜜多，以無所得而為方便，能如說行不遠離者，汝諸天等常應敬事如諸如來、應、正等覺。何以故？諸天等！於此般若波羅蜜多甚深經中，雖廣說有三乘聖教而說，非即布施波羅蜜多如來可得，非離布施波羅蜜多如來可得，乃至非即般若波羅蜜多如來可得，非離般若波羅蜜多如來可得；非即內空如來可得，非離內空如來可得，乃至非即無性自性空如來可得，非離無性自性空如來可得；非即四念住如來可得，非離四念住如來可得，廣說乃至非即十八佛不共法如來可得，非離十八佛不共法如來可得；如是乃至非即一切智如來可得，非離一切智如來可得，非即道相智、一切相智如來可得，非離道相智、一切相智如來可得。(諸法因緣故有佛，無有自性。)

「諸天等！若菩薩摩訶薩於一切法，以無所得而為方便，精勤修學如是布施波羅蜜多廣說乃至一切相智，是菩薩摩訶薩於此般若波羅蜜多，能正修行常不遠離，是故汝等應當敬事彼菩薩摩訶薩如諸如來、應、正等覺。(若菩薩能如是行者，當知是菩薩即是佛。)

「天等當知！我於往昔然燈佛時，眾華王都四衢道首，見燃燈佛，獻五蓮華，布髮掩泥，聞上妙法，以無所得為方便故，便得不離布施波羅蜜多乃至般若波羅蜜多，不離內空乃至無性自性空，不離四念住乃至八聖道支，不離四靜慮、四無量、四無色定，不離一切三摩地門、一切陀羅尼門，不離佛十力、四無所畏、四無礙解、大慈、大悲、大喜、大捨、十八佛不共法，不離諸餘無量無數無邊佛法。時，燃燈佛即便授我無上正等大菩提記，作是言：『善男子！汝於來世過無數劫，即於此界賢劫之中，當得作佛，號釋迦牟尼如來、應、正等覺，宣說般若波羅蜜多度無

量眾。』」*11　(CBETA, T07, no. 220, p. 145, c^5-p. 146, a^{24})

sher phyin:　v.027, pp. 118^{21}- 123^{01}　《合論》：v50, pp. 896^{13}-899^{20}

(3)於諸法不取不捨

(14.2.3)現知集諦於勝義中無取捨等即集類忍

卷 427〈授記品 28〉：

「時，諸天等咸白佛言：「希有！世尊！希有！善逝！如是般若波羅蜜多
甚為希有，令諸菩薩摩訶薩眾速能攝受一切智智，以無所得而為方便，
於一切色無取無捨，於受、想、行、識無取無捨，乃至於一切智無取無
捨，於道相智、一切相智無取無捨。」(見一切法過罪故不取，有利益故不捨。
又以一切法畢竟空，不生不滅，故不取不捨。)

5.聞持般若之功德 (略說文字般若功德)

(1)魔不能害 (善住諸法空、無相、無願故)

爾時，佛觀四眾和合，謂苾芻、苾芻尼、鄔波索迦、鄔波斯迦，及諸菩薩
摩訶薩眾并四大王眾天乃至色究竟天，皆來集會同為明證，於是顧命天帝
釋言*12：「憍尸迦！若菩薩摩訶薩，若苾芻、苾芻尼、鄔波索迦、鄔波斯
迦，若諸天子、天女，若善男子、善女人等*12 不離一切智智心，以無所
得而為方便，於此般若波羅蜜多，恭敬聽聞、受持、讀誦、精勤修學、如
理思惟、為他演說、廣令流布，當知是輩一切惡魔及惡魔軍不能嬈害。何
以故？憍尸迦！是善男子、善女人等善住色空、無相、無願，善住受、想、
行、識空、無相、無願。如是乃至善住一切智空、無相、無願，善住道相
智、一切相智空、無相、無願。不可以空嬈害於空，不可以無相嬈害無相，
不可以無願嬈害無願。所以者何？如是諸法皆無自性，能、所嬈害俱不可
得。」*13　(CBETA, T07, no. 220, p. 146, a^{24}-b^{16})

sher phyin:　v.027, pp. 123^{01}-125^{09}　《合論》：v50, pp. 899^{21}-902^{12}

(2)人非人不能害 (善修四無量心故)

(14.2.4)修慈悲等四無量之功德即集類智

卷 427〈授記品 28〉：

「復次，憍尸迦！是善男子、善女人等人(賊、官、怨等)及非人不能嬈害。
何以故？憍尸迦！是善男子、善女人等以無所得而為方便，於諸有情善
修慈、悲、喜、捨心故。(魔怨大故說空等，人怨小故說四無量心。)

(3)終不橫死 (普施有情故)

「復次，憍尸迦！是善男子、善女人等，終不橫為諸險惡緣之所惱害，亦
不橫死。何以故？憍尸迦！是善男子、善女人等修行布施波羅蜜多，於

諸有情正安養故。

(4)發心聽聞受持般若

「復次,憍尸迦!於此三千大千世界所有四大王眾天乃至廣果天已發無上菩提心者*14,於此般若波羅蜜多,若未聽聞、受持、讀誦、精勤修學、如理思惟,今應不離一切智智心,以無所得而為方便,於此般若波羅蜜多,至心聽聞、受持、讀誦、精勤修學、如理思惟。」

(CBETA, T07, no. 220, p. 146, b[16-29])

sher phyin: v.027, pp. 125[09]-126[07] 《合論》:v50, pp. 902[13]-903[12]

(5)明空不怖畏 (善修十八空故)

卷 427〈授記品 28〉:

「復次,憍尸迦!若善男子、善女人等不離一切智智心,以無所得而為方便,於此般若波羅蜜多,至心聽聞、受持、讀誦、精勤修學、如理思惟,是善男子、善女人等若在空宅,若在曠野,若在險道及危難處,終不怖畏驚恐毛豎。何以故?憍尸迦!是善男子、善女人等不離一切智智心,以無所得而為方便,善修內空乃至無性自性空故。」(空宅曠野險道多鬼魅、野獸、賊寇等)

14.3 滅諦四相
(14.3.1)現證色等真實空之空性即滅法忍

6.諸天發願守護受持般若之菩薩

爾時,於此三千大千堪忍世界所有四大王眾天乃至色究竟天等,恭敬合掌同白佛言:

「世尊!若善男子、善女人等不離一切智智心,以無所得而為方便,常能於此甚深般若波羅蜜多,至心聽聞、受持、讀誦、精勤修學、如理思惟、書寫、解說、廣令流布,我諸天等常隨擁護,不令一切災橫侵惱。

(1)應守護菩薩之因緣

何以故?世尊!此善男子、善女人等即是菩薩摩訶薩故。

「世尊!由是菩薩摩訶薩故,令諸有情永斷地獄、傍生、鬼界、阿素洛等諸險惡趣。

「世尊!由是菩薩摩訶薩故,令諸天、人、藥叉、龍等永離一切災橫、疾疫、貧窮、飢渴、寒熱等苦。

「世尊!由是菩薩摩訶薩故,令諸天、人、阿素洛等永離種種不如意事,所住之處兵戈永息,一切有情慈心相向。

「世尊!由是菩薩摩訶薩故,世間便有十善業道,若四靜慮、四無量、四

無色定，若布施波羅蜜多乃至般若波羅蜜多，若內空乃至無性自性空，若四念住廣說乃至十八佛不共法，乃至若一切智、道相智、一切相智。

「世尊！由是菩薩摩訶薩故，世間便有剎帝利大族、婆羅門大族、長者大族、居士大族、諸小國王、轉輪聖王、輔臣僚佐。

「世尊！由是菩薩摩訶薩故，世間便有四大王眾天乃至他化自在天，梵眾天乃至色究竟天，空無邊處天乃至非想非非想處天。

「世尊！由是菩薩摩訶薩故，世間便有預流及預流果，乃至阿羅漢及阿羅漢果，若獨覺及獨覺菩提。

「世尊！由是菩薩摩訶薩故，世間便有諸菩薩摩訶薩，成熟有情、嚴淨佛土，證得無上正等菩提，轉妙法輪度無量眾。

「世尊！由是菩薩摩訶薩故，世間便有佛寶、法寶、苾芻僧寶，利益安樂一切有情。

「世尊！由此因緣，我等天眾及阿素洛、諸龍、藥叉并大勢力人非人等，常應隨逐恭敬守護此諸菩薩摩訶薩眾，不令一切災橫侵惱，令於般若波羅蜜多聽聞、受持、讀誦、修學、如理思惟、書寫等事常無間斷。」

(2)佛許諸天之守護

爾時，世尊告天帝釋及餘天、龍、阿素洛等：

「如是！如是！如汝所說。由是菩薩摩訶薩故，令諸有情永斷惡趣，乃至三寶出現世間，與諸有情作大饒益。是故汝等諸天、龍神及大勢力人非人等常應隨逐，供養恭敬、尊重讚歎、勤加守護此菩薩摩訶薩，勿令一切災橫侵惱。

①供養行般若之菩薩即是供養佛

汝等若能供養恭敬、尊重讚歎、勤加守護是諸菩薩摩訶薩者，當知即為供養恭敬、尊重讚歎、勤加守護我及十方一切如來、應、正等覺。是故汝等常應隨逐此菩薩摩訶薩，供養恭敬、尊重讚歎、勤加守護無得暫捨。

(般若是三世佛母故)

②供養二乘不如供養初發心菩薩

「天等當知！假使充滿三千大千佛之世界聲聞、獨覺，譬如甘蔗、蘆葦、竹林、稻、麻、叢等間無空隙。有善男子、善女人等於彼福田，以無量種上妙樂具，供養恭敬、尊重讚歎盡其形壽。若復有人經須臾頃，供養恭敬、尊重讚歎一初發心不離六波羅蜜多菩薩摩訶薩，以前功德比此福聚，百分不及一，千分不及一，乃至鄔波尼殺曇分亦不及一。何以故？不由聲聞及獨覺故，有菩薩摩訶薩及諸如來、應、正等覺出

現世間；但由菩薩摩訶薩故，世間便有聲聞、獨覺及諸如來、應、正等覺。是故汝等一切天、龍及阿素洛、人非人等常應守護，供養恭敬、尊重讚歎是菩薩摩訶薩，勿令一切災橫侵惱。汝等由此所獲福聚，於人天中常得安樂，至得無上正等菩提，此所獲福恒無有盡。」

(發心菩薩用一切智智心行般若故、常不離六波羅蜜故、能斷三惡道、出生三乘故。)

(CBETA, T07, no. 220, p. 146, b²⁹-p. 147, b¹¹)

sher phyin: v.027, pp. 126⁰⁷- 132¹² 《合論》: v50, pp. 903¹³-909¹⁶

(3)帝釋稱歎受持般若之功德

(14.3.2)所修善根能得佛果即<u>滅法智</u>

①今世功德

卷 427〈攝受品 29〉：

第二分攝受品第二十九之一

爾時，天帝釋白佛言：

「世尊！諸菩薩摩訶薩甚奇希有！於此般若波羅蜜多，至心聽聞、受持、讀誦、精勤修學、如理思惟、書寫、解說、廣令流布；攝受如是希有現法功德勝利，成熟有情、嚴淨佛土，從一佛國至一佛國親近承事諸佛世尊；於諸善根隨所欣樂，以於諸佛供養恭敬、尊重讚歎，即能生長速令圓滿；於諸佛所聽受正法乃至無上正等菩提，於其中間曾不忘失；速能攝受族姓圓滿、生母圓滿、生身圓滿、眷屬圓滿、相好圓滿、光明圓滿、勝眼圓滿、勝耳圓滿、音聲圓滿、等持圓滿、總持圓滿；復以方便善巧之力，自化其身如佛形像，從一世界趣一世界，至無佛土讚說布施波羅蜜多乃至般若波羅蜜多，讚說內空乃至無性自性空，讚說四靜慮、四無量、四無色定，讚說四念住廣說乃至十八佛不共法；復以方便善巧之力，為諸有情宣說法要，隨宜安置三乘法中，令永解脫生老病死，證無餘依般涅槃界；或復拔濟諸惡趣苦，令天人中受諸妙樂。」

(CBETA, T07, no. 220, p. 147, b¹²-c³)

sher phyin: v.027, pp. 132¹³-134¹¹ 《合論》: v50, pp. 909¹⁷-911¹⁴

②具攝六度乃至一切相智功德

卷 427〈攝受品 29〉：

「時，天帝釋復白佛言：「如是般若波羅蜜多甚奇希有！若能攝受如是般若波羅蜜多，則為具足攝受六種波羅蜜多，廣說乃至則為具足攝受十八佛不共法，亦為具足攝受預流、一來、不還、阿羅漢果、獨覺菩

提、一切菩薩摩訶薩行、諸佛無上正等菩提、一切智、道相智、一切相智。」

7.佛廣說受持般若今世後世之功德

(14.3.3)遍攝滅類忍中一切淨法功德即滅類忍

(14.3.4)除遣外界苦害及內身病惱之功德即滅類智

爾時，佛告天帝釋言：

「如是！如是！如汝所說。若能攝受如是般若波羅蜜多，則為具足攝受六種波羅蜜多，廣說乃至則為具足攝受一切相智。

(1)明今世功德

「復次，憍尸迦！若善男子、善女人等能於般若波羅蜜多，至心聽聞、受持、讀誦、精勤修學、如理思惟、書寫、解說、廣令流布，是善男子、善女人等，攝受種種現法當來功德勝利。汝應諦聽！極善作意，吾當為汝分別解說。」

天帝釋言：「唯然！大聖！願時為說，我等樂聞。」

①外道魔增上慢人所不能壞*15

佛告憍尸迦：

「若有種種外道族類，若諸欲界自在天魔及彼眷屬，若餘暴惡增上慢者，欲於如是諸善男子、善女人等，發起種種不饒益事，欲令遠離、違害、厭背、毀謗般若波羅蜜多，彼適起心速遭殃禍，自當殄滅不果所願。

②菩薩自行亦安立有情於六波羅蜜

何以故？憍尸迦！是菩薩摩訶薩長夜修行布施、淨戒、安忍、精進、靜慮、般若波羅蜜多。若諸有情為慳貪故長夜鬥諍，是菩薩摩訶薩於內外法一切皆捨，方便令彼安住布施波羅蜜多。若諸有情長夜破戒，是菩薩摩訶薩於內外法一切皆捨，方便令彼安住淨戒波羅蜜多。若諸有情長夜瞋忿，是菩薩摩訶薩於內外法一切皆捨，方便令彼安住安忍波羅蜜多。若諸有情長夜懈怠，是菩薩摩訶薩於內外法一切皆捨，方便令彼安住精進波羅蜜多。若諸有情長夜散亂，是菩薩摩訶薩於內外法一切皆捨，方便令彼安住靜慮波羅蜜多。若諸有情長夜愚癡，是菩薩摩訶薩於內外法一切皆捨，方便令彼安住般若波羅蜜多。

③安立有情於諸禪定、道支、三解脫門、三乘果

若諸有情流轉生死，長夜恒為貪、瞋、癡等隨眠纏垢擾亂其心，造作種種不饒益事，是菩薩摩訶薩方便善巧，令彼斷滅貪、瞋、癡等隨眠纏垢，

令其安住四靜慮、四無量、四無色定，或令安住四念住廣說乃至八聖道支，或令安住空、無相、無願解脫門，或令安住預流果乃至阿羅漢果，或令安住獨覺菩提，或令安住菩薩十地，或令安住諸佛無上正等菩提。憍尸迦！如是名為於此般若波羅蜜多至心聽聞、受持、讀誦、精勤修學、如理思惟、書寫、解說、廣令流布諸菩薩摩訶薩攝受現法功德勝利。

(2)明後世功德

「憍尸迦！是菩薩摩訶薩由此因緣，於當來世速證無上正等菩提，轉妙法輪化無量眾，隨本所願方便安立，令於三乘修學究竟，乃至證得無餘涅槃。

憍尸迦！如是名為於此般若波羅蜜多至心聽聞、受持、讀誦、精勤修學、如理思惟、書寫、解說、廣令流布諸菩薩摩訶薩攝受當來功德勝利。」

(CBETA, T07, no. 220, p. 147, c³-p. 148, a²⁶)

sher phyin: v.027, pp. 134¹²-138²⁰ 《合論》: v50, pp. 911¹⁵-916⁰⁶

8.佛重明今世後世功德

14.4 道諦四相

(14.4.1)息滅實執涅槃之戲論即道法忍

(1)魔外道慢人不得便

卷 427〈攝受品 29〉：

「復次，憍尸迦！若善男子、善女人等於此般若波羅蜜多，至心聽聞、受持、讀誦、精勤修學、如理思惟、書寫、解說、廣令流布，其地方所，若有惡魔及魔眷屬，若有種種外道族類，若餘暴惡增上慢者，憎嫉般若波羅蜜多，欲為障礙破壞隱沒，方便詰責凌辱違拒，雖有此願終不能成。彼因暫聞般若聲故，眾惡漸滅功德漸生，後依三乘得盡苦際，或脫惡趣生天人中。憍尸迦！如有妙藥名曰莫者，是藥威勢能銷眾毒；如是妙藥隨所在處，諸毒蟲類不能逼近。有大毒蛇飢行求食，遇見生類欲螫噉之，其生怖死馳趣妙藥，蛇聞藥氣尋便退走。何以故？憍尸迦！如是妙藥具大威勢，能益身命伏銷眾毒，當知般若波羅蜜多具大威勢亦復如是。若善男子、善女人等至心聽聞、受持、讀誦、精勤修學、如理思惟、書寫、解說、廣令流布，諸惡魔等於此菩薩摩訶薩所欲為惡事，由此般若波羅蜜多威神力故，令彼惡事於其方所自當殄滅無所能為。*15

何以故？憍尸迦！由此般若波羅蜜多具大威力，能摧眾惡增善法故。」

(CBETA, T07, no. 220, p. 148, a²⁷-b¹⁸)

sher phyin: v.027, pp. 138²⁰-140⁰³ 《合論》: v50, pp. 916⁰⁷-917¹¹

(2)能滅惡

卷 427〈攝受品 29〉：

「憍尸迦！云何般若波羅蜜多能摧眾惡增長諸善？憍尸迦！如是般若波羅蜜多，能滅貪欲、瞋恚、愚癡，無明乃至純大苦蘊，障蓋、隨眠、纏垢、結縛，若我見、有情見、補特伽羅見、斷見、常見、有見、無見，乃至種種諸惡見趣，慳貪、破戒、忿恚、懈怠、散亂、愚癡，常想、樂想、我想、淨想，及餘一切貪、瞋、癡、慢、疑見行等。憍尸迦！如是般若波羅蜜多，能滅色著乃至識著，能滅眼著乃至意著，能滅色著乃至法著，能滅眼識著乃至意識著，能滅眼觸著乃至意觸著，能滅眼觸所生受著乃至意觸所生受著，能滅布施波羅蜜多著乃至般若波羅蜜多著，能滅內空著乃至無性自性空著，能滅四念住著廣說乃至十八佛不共法著，能滅一切智、道相智、一切相智著，能滅菩提涅槃著。憍尸迦！如是般若波羅蜜多，能滅此等一切惡法，及能增長彼諸對治，是故般若波羅蜜多具大威力最尊最勝。」(CBETA, T07, no. 220, p. 148, b^{18}-c^{7})

sher phyin:　v.027, pp. 140^{03}-142^{02}　《合論》：v50, pp. 917^{12}-919^{10}

(3)諸天諸佛守護、能增善

(14.4.2)安住道法智為諸佛所守護即<u>道法智</u>

卷 427〈攝受品 29〉：

「復次，憍尸迦！若善男子、善女人等於此般若波羅蜜多，至心聽聞、受持、讀誦、精勤修學、如理思惟、書寫、解說、廣令流布，是善男子、善女人等常為三千大千世界四大天王及天帝釋、堪忍界主大梵天王、淨居天等，天、龍、藥叉、阿素洛等，并餘善神皆來擁護，不令一切災橫侵惱，如法所求無不滿足。東西南北四維上下殑伽沙等諸佛世界一切如來、應、正等覺亦常護念是善男子、善女人等，令惡漸滅善法轉增。謂令增長布施波羅蜜多乃至般若波羅蜜多，以無所得為方便故；亦令增長內空觀乃至無性自性空觀，以無所得為方便故；亦令增長四念住廣說乃至十八佛不共法，以無所得為方便故；亦令增長一切三摩地門及一切陀羅尼門，以無所得為方便故；亦令增長一切智及道相智、一切相智，以無所得為方便故。」(CBETA, T07, no. 220, p. 148, c$^{8-24}$)

sher phyin:　v.027, pp. 142^{02}-143^{17}　《合論》：v50, pp. 919^{11}-921^{04}

(4)言詞信受無謬、堅事善友不為惑蔽

(14.4.3)自他能斷惡知善乃一切相智之因理即<u>道類忍</u>

卷 427〈攝受品 29〉：

「憍尸迦！是善男子、善女人等，由此因緣言詞威肅聞皆敬受，稱量談說語無謬亂，善知恩報堅事善友，不為慳嫉、忿恨、覆惱、諂誑、矯等之所隱蔽。

(5)以四正行修一切善法 (自行、勸他、稱揚、隨喜)

「憍尸迦！是善男子、善女人等

①十善

自能離斷生命，亦勸他離斷生命，無倒稱揚離斷生命法，歡喜讚歎離斷生命者，乃至自能離邪見，亦勸他離邪見，無倒稱揚離邪見法，歡喜讚歎離邪見者。

②六度

自能行布施波羅蜜多，亦勸他行布施波羅蜜多，無倒稱揚行布施波羅蜜多法，歡喜讚歎行布施波羅蜜多者，乃至自能行般若波羅蜜多，亦勸他行般若波羅蜜多，無倒稱揚行般若波羅蜜多法，歡喜讚歎行般若波羅蜜多者。

③十八空

自能行內空，亦勸他行內空，無倒稱揚行內空法，歡喜讚歎行內空者，乃至自能行無性自性空，亦勸他行無性自性空，無倒稱揚行無性自性空法，歡喜讚歎行無性自性空者。

④三摩地門、陀羅尼門

自能修一切三摩地門，亦勸他修一切三摩地門，無倒稱揚修一切三摩地門法，歡喜讚歎修一切三摩地門者；自能修一切陀羅尼門，亦勸他修一切陀羅尼門，無倒稱揚修一切陀羅尼門法，歡喜讚歎修一切陀羅尼門者。

⑤四靜慮等

自能修四靜慮，亦勸他修四靜慮，無倒稱揚修四靜慮法，歡喜讚歎修四靜慮者；自能修四無量，亦勸他修四無量，無倒稱揚修四無量法，歡喜讚歎修四無量者；自能修四無色定，亦勸他修四無色定，無倒稱揚修四無色定法，歡喜讚歎修四無色定者。

⑥三十七道支

自能修四念住，亦勸他修四念住，無倒稱揚修四念住法，歡喜讚歎修四念住者；乃至自能修八聖道支，亦勸他修八聖道支，無倒稱揚修八聖道支法，歡喜讚歎修八聖道支者。

⑦三解脫門等

自能修三解脫門，亦勸他修三解脫門，無倒稱揚修三解脫門法，歡喜讚歎修三解脫門者。自能修八解脫，亦勸他修八解脫，無倒稱揚修八解脫法，歡喜讚歎修八解脫者；自能順逆入九次第定，亦勸他順逆入九次第定，無倒稱揚順逆入九次第定法，歡喜讚歎順逆入九次第定者。

⑧佛十力等

自能修佛十力，亦勸他修佛十力，無倒稱揚修佛十力法，歡喜讚歎修佛十力者；乃至自能修十八佛不共法，亦勸他修十八佛不共法，無倒稱揚修十八佛不共法法，歡喜讚歎修十八佛不共法者。自能修無忘失法、恒住捨性，亦勸他修無忘失法、恒住捨性，無倒稱揚修無忘失法、恒住捨性法，歡喜讚歎修無忘失法、恒住捨性者。自能修一切智、道相智、一切相智，亦勸他修一切智、道相智、一切相智，無倒稱揚修一切智、道相智、一切相智法，歡喜讚歎修一切智、道相智、一切相智者。」(CBETA, T07, no. 220, p. 148, c^{24}-p. 149, b^{15})

sher phyin: v.027, pp. 143^{17}-149^{04} 《合論》: v50, pp. 921^{05}-929^{21}

(6)入六波羅蜜並迴向大菩提

(14.4.4)所修六度迴向大菩提果即<u>道類智</u>

卷 427〈攝受品 29〉：

①以無所得修六度，迴向大菩提

「憍尸迦！是善男子、善女人等，修行布施乃至般若波羅蜜多，以無所得而為方便，與諸有情平等共有迴向無上正等菩提。

②不行六度之過患

「憍尸迦！是善男子、善女人等常作是念：『我若不行布施波羅蜜多，當生貧賤家，尚無勢力，何能成熟一切有情、嚴淨佛土？況當能得一切智智！我若不護淨戒波羅蜜多，當生諸惡趣，尚不能得下賤人身，何能成熟一切有情、嚴淨佛土？況當能得一切智智！我若不修安忍波羅蜜多，當諸根殘缺形貌醜陋，不具菩薩圓滿色身，若得菩薩圓滿色身行菩薩行，有情見者深生歡喜信受所說，必獲無上正等菩提；若不得此圓滿色身，何能成熟一切有情、嚴淨佛土？況當能得一切智智！我若懈怠不起精進波羅蜜多，尚不能得菩薩勝道，何能成熟一切有情、嚴淨佛土？況當能得一切智智！我若心亂不入靜慮波羅蜜多，尚不能起菩薩勝定，何能成熟一切有情、嚴淨佛土？況當能得一切智智！我若無智不學般若波羅蜜多，尚不能得方便善巧超二乘地，何能成熟一切有情、嚴淨佛土？況當能得一切智智！』

③因六度不圓滿，不得一切智智

「憍尸迦！是善男子、善女人等常作是念：『我不應隨慳貪勢力，若隨彼力則我布施波羅蜜多不得圓滿；我不應隨破戒勢力，若隨彼力則我淨戒波羅蜜多不得圓滿；我不應隨忿恚勢力，若隨彼力則我安忍波羅蜜多不得圓滿；我不應隨懈怠勢力，若隨彼力則我精進波羅蜜多不得圓滿；我不應隨心亂勢力，若隨彼力則我靜慮波羅蜜多不得圓滿；我不應隨惡慧勢力，若隨彼力則我般若波羅蜜多不得圓滿。若我所修布施、淨戒、安忍、精進、靜慮、般若波羅蜜多不圓滿者，終不能得一切智智。』」

「憍尸迦！是善男子、善女人等不離一切智智心，以無所得而為方便，於此般若波羅蜜多，至心聽聞、受持、讀誦、精勤修學、如理思惟、書寫、解說、廣令流布，必獲如是現法當來功德勝利。」

(CBETA, T07, no. 220, p. 149, b^{15}-c^{22})

sher phyin: v.027, pp. 149^{04}-151^{10} 《合論》：v50, pp. 930^{01}-933^{01}

註解：

*1 此指文字般若，不問般若體，但問<u>般若語言文字可讀誦事</u>。

*2 諸法無依持 (云何言是佛神力？)

一切法空無依止處(無受相)，云何有如來？若無如來，云何有所受神力？

(1)諸法實相

諸法實相亦名<u>無依持</u>(無受)，以諸法中不可著故；亦名<u>如</u>，以諸戲論不能破壞故。

①一切法皆無依持

有情、如來、諸法皆空無所有。

諸法空無受相，無所受、無受處。

②無依持即畢竟空，如即破畢竟空之實相。

畢竟空中，如來不可得；破畢竟空實相中，如來亦不可得。

(2)如來非所依持亦無依持

①離無依持、離如，如來不可得。無依持中、如中，如來亦不可得。

無依持、如相、如來相，以無定性故，皆無所有。

②一切法無依持，是故如來非<u>所依持</u>，亦無<u>依持</u>，但為隨順世俗施設說為依持。

*3 如來不可得 (云何有如來神力？)

(1)<u>諸法</u>中如來不可得

以五蘊乃至一切相智，如來不可得。如來不可得故，云何有如來神力？

(如來有二說：或以有情如先世來，後世亦如是去，名如來，亦名如去。或以知諸法如，從如中來，悟入真如而成佛，名如來。此中以後者為主。)

①以五法求如來不可得

❶異中求

1.即五蘊非是如來

五蘊生滅，如來非生滅。五蘊是五，如來是一。

2.離五蘊非是如來。

若離五蘊有如來，則有如下等過失：

如來應無見、聞、覺、知，亦不覺苦樂，以知覺是五蘊法故；如來應是常如虛空相，不應變異受苦受樂，亦應無縛無解。

❷破異中求

3.五蘊不在如來中；　　4.如來不在五蘊中；　　5.非如來有五蘊。

若以五蘊因緣而有如來，如來即無自性。若無自性，云何有他性(異性)生？

於五蘊中，五種求如來不可得，是故無如來。

②離戲論見實相

❶執實有如來，則不見如來；執實無如來，則墮邪見。

如來因戲論而有，離戲論則無，是故不以有、無戲論求如來。

❷如來相即是一切法相，一切法相即是如來相；

如來相即是畢竟空相，畢竟空相即是一切法相。

(2)<u>諸法如</u>中如來不可得

　(同樣以五法求如來不可得)

　　①五蘊如非如來如；　　　　　　　　②離五蘊如非如來如；

　　③五蘊如不在如來如中；　　　　　　④如來如不在五蘊如中；

　　⑤如來如亦不有五蘊如。

(3)<u>諸法法相(性)</u>中如來不可得

　(同樣以五法求如來不可得)

　　①五蘊法相非如來法相；　　　　　　②離五蘊法相非如來法相；

　　③五蘊法相不在如來法相中；　　　　④如來法相不在五蘊法相中；

　　⑤如來法相亦不有五蘊法相。

　　　(若知五蘊法相畢竟空無所有，則不心驚，以其法相本自爾故。)

(4)如來於諸法如、諸法法相中非相應(合)非不相應(散)

　　①與五蘊如不合不散

　　　除五蘊如無如來，以一法無合無散故。

　　　　五蘊如、如來，一相所謂無相。

　　②與五蘊法相不合不散

　　　離五蘊法相，如來不可得，故無合散。

　　如來如、法相，五蘊如、法相無二無別。

(5)如來神力為所依持，是以無依持(法)為依持，於一切法非即非離、非相應非不相應。

　　能如是知諸法如、諸法相不合不散故有是神力。

(6)經文摘要 (求如來不可得)

　　①異中求如來

　　　❶如來

　　　　1.離<u>無依持</u>　　　　，<u>如來</u>不可得。

　　　　2.離<u>無依持真如</u>，<u>如來</u>不可得。

　　　　3.離<u>無依持法性</u>，<u>如來</u>不可得。

　　　❷如來真如

　　　　4.離<u>無依持</u>　　　　，<u>如來真如</u>不可得。

　　　　6.離<u>無依持真如</u>，<u>如來真如</u>不可得。

　　　❸如來法性

　　　　5.離<u>無依持</u>　　　　，<u>如來法性</u>不可得。

　　　　7.離<u>無依持法性</u>，<u>如來法性</u>不可得。

　　②破異中求如來

　　　❶如來

　　　　1.<u>無依持</u>　　中　，<u>如來</u>不可得。　　↔　<u>如來</u>中，　　<u>無依持</u>　　不可得。

　　　　2.<u>無依持真如</u>中，<u>如來</u>不可得。　　↔　<u>如來</u>中，　　<u>無依持真如</u>不可得。

　　　　3.<u>無依持法性</u>中　，<u>如來</u>不可得。　　↔　<u>如來</u>中，　　<u>無依持法性</u>不可得。

❷如來真如

4.<u>無依持</u>　　中，<u>如來真如</u>不可得。 ↔ 　<u>如來真如</u>中，<u>無依持</u>　　不可得。

6.<u>無依持真如</u>中 ，<u>如來真如</u>不可得。 ↔ 　<u>如來真如</u>中，<u>無依持真如</u>不可得。

❸如來法性

5.<u>無依持</u>　　中 ，<u>如來法性</u>不可得。 ↔ 　<u>如來法性</u>中，<u>無依持</u>　　不可得。

7.<u>無依持法性</u>中 ，<u>如來法性</u>不可得。 ↔ 　<u>如來法性</u>中，<u>無依持法性</u>不可得。

*4 五蘊與般若不一不異、不合不散、無色、無形、無對、一相(無相)。

聖人以慧眼觀諸法平等皆空，一相所謂無相，是故觀五蘊為無色、無見、無對。

*5 非即非離

(1)非即

①五蘊：虛誑無常，本無今有，已有還無，如幻如夢。

②般若：諸佛實智慧。

(2)非離

離五蘊則無生無滅、無起無作、無有法相，是中云何可求？

非即是依凡夫所見五蘊、非離即是般若波羅蜜。般若非即「真如、法相」，亦非離「真如、法相」。

*6 歎大

(1)五蘊三際不可得故為大。由此大，般若波羅蜜亦說為大。

(2)無量無邊五蘊說為大。般若波羅蜜將一切有情入無餘涅槃中，故亦為大。

*7 五蘊等無邊

(1)五蘊廣大無量，故無邊。

五蘊若有邊，則有始，有始則有終，即是無因無緣，墮斷滅等種種過。

(2)三世中不可得，故無邊。

*8 所緣無邊

(1)約四緣說

①諸法四緣，遍一切處一切時皆有，故說無邊。

②四緣法虛誑無實，畢竟空故無邊。

緣無邊故，般若波羅蜜亦無邊。

(2)約緣實相說

「真如、法性、實際」是自然無為相，無量無邊，般若波羅蜜亦無邊。

(五蘊是由觀力故，強作無邊。)

*9 有情無邊

(1)有情多故，無量阿僧祇三世十方有情，無人能知數，故言無邊。

(2)有情空，故言無邊。

(3)有情無有定法可趣向，如火定有所趣，而有情名，無實有情可趣。

(4)般若經中不說實有有情。有情實無，云何有邊？

(5)佛不說有情有生有滅。

(6)有情本性清淨、無所有。(有無等戲論滅故言無。)

有情無邊故，般若波羅蜜亦無邊。

*10 諸法畢竟空，言三乘而不著心

　(1)伊舍那 īśāna：大自在天(maheśvara，摩醯首羅天)王及其眷屬。

　(2)善現以佛神力為所依持，為我等開示般若波羅蜜多，佛出世因緣之無上法要。若能如說修行
　　不遠離者，我等當視之如佛。

　(3)般若波羅蜜雖畢竟空而有三乘教，雖有三乘而不生著心。

　　①諸法若畢竟空，更不應修集三乘功德，則應墮斷滅中；而若修三乘功德，有分別差降，則
　　　不應是畢竟空。

　　②如是般若波羅蜜，雖畢竟空但不墮斷滅，雖分別有三乘亦不生著心，以此二事中不取定相
　　　故。

*11 即離諸法如來不可得

　(1)即離諸法如來不可得

　　從六波羅蜜乃至一切相智中(即)佛不可得；離此，佛亦不可得，以諸法和合因緣故，都無有
　　自性。若能如是修學者，此菩薩即是佛，應當敬事如佛。

　(2)佛自引本生事以為證

　　見《過去現在因果經》1、《修行本起經》上、《增一阿含經》13、《賢愚經》3。

*12 (1)應機眾

　　佛顧念眾生，令不自輕，堪任聽法。

　　　說功德故，應以白衣(在家人)為證，白衣中天帝釋為大，為此中之應機眾。

　　　說般若者，則以出家人為證，出家人中，是舍利弗、善現等為大。

　(2)此中般若波羅蜜多指語言、經卷之文字般若。

　　今說聽聞、受持、讀誦文字般若等故稱善男子、善女人，若說信受實相般若，則是菩薩摩訶
　　薩。

　　(般若波羅蜜無諸觀語言相，但因語言文字經卷而能得，是故亦以經卷名為般若波羅蜜。)

*13 善住空無相無願、魔不能撓害　　《大智度論》56

　(1)魔不能得其便因緣　　　(魔隨人意所趣向，因而壞之，名「得便」。)

　　①是人善修諸法空，亦不著空；不著空者，云何當得便。譬如無瘡則不受毒，無相、無作(願)
　　　亦如是。

　　②一切法實觀，皆是空、無相、無作相；皆是空、無相、無作相故，則無得便，亦無受便者；
　　　是故空不應得空便，無相不應得無相便，無作不應得無作便，以一相故。如火不能滅火，
　　　得水則滅，以異相故。

　(2)菩薩住三解脫門而不著

　　菩薩住三解脫門，則是受便處，與一切法相違故：空與有相違，無相與有相相違，無作與有
　　作相違。

　　然，三解脫門無有自性，菩薩雖住而不著，故魔不能得便。

*14 欲界天染著五欲，色界天味著禪定故，雖發菩提心，但不聞持般若波羅蜜多，故說應聽聞、受
　持、修學。

*15(1)三種人欲破壞

實相般若雖不可破，但(語言)文字般若可破、信心未定者亦可破。

外道、魔及暴惡增上慢者欲行破壞：

或於人發起種種不饒益事；欲令人遠離、毀謗般若波羅蜜多。

(2)以般若力故，四魔不能得便：

①得諸法實相，煩惱斷，則壞煩惱魔，天魔亦不能得其便。

②入無餘涅槃故，則壞五陰魔及死魔。

第二事

第15義

[戊二]修道

【第 15 義】：大乘修道作用　15

〔義相〕：由修大乘修道力故所得勝利，即是大乘修道作用之相。

〔界限〕：從修大乘修道第二剎那乃至佛地。

1.修道作用

[遍息敬一切，能勝諸煩惱，怨敵不能害，菩提供養依。](頌2-17)

大乘修道作用有六：

15.1.起上諸道，心得自在，名遍息滅。(隨時隨地得自在而生上道心。)

15.2.由摧(滅)慢故，恭敬善知識等一切眾生。

15.3.由不隨煩惱轉有，勝伏貪等諸煩惱。

15.4.他諸怨敵不能損害。

此四是士用果。

15.5.自力能辦大菩提果。

是等流果。

15.6.修道位菩薩隨所住處，皆成可供養處。

是增上果。

[戊二]修道
1.修道作用 【第 15 義】：大乘修道作用
(1)士用果(15.1~15.4)
1.無方便善巧行 (依止世間心修善法)

15.1 起上諸道心得自在名遍息滅

卷 428〈攝受品 29〉：第二分攝受品第二十九之二

爾時，天帝釋白佛言：「世尊！如是般若波羅蜜多甚為希有，調伏菩薩摩訶薩眾令不高心，而能迴向一切智智。」

爾時，佛告天帝釋言：「憍尸迦！云何般若波羅蜜多調伏菩薩摩訶薩眾令不高心，而能迴向一切智智？」

時，天帝釋白言：「世尊！諸菩薩摩訶薩行世間布施波羅蜜多時，若於佛所而行布施，便作是念：『我能施佛。』若於菩薩、獨覺、聲聞、孤窮、老病、道行、乞者而行布施，便作是念：『我能施菩薩乃至乞者。』是菩薩摩訶薩無方便善巧故，雖行布施而起高心，不能迴向一切智智。

「世尊！諸菩薩摩訶薩行世間淨戒、安忍、精進、靜慮、般若波羅蜜多時，便作是念：『我能修行淨戒、安忍、精進、靜慮、般若波羅蜜多。』亦作是念：『我能圓滿淨戒、安忍、精進、靜慮、般若波羅蜜多。』是菩薩摩訶薩無方便善巧故，雖行淨戒乃至般若而起高心，不能迴向一切智智。

「世尊！諸菩薩摩訶薩修行世間四念住時，便作是念：『我能修行四念住。』亦作是念：『我能圓滿四念住。』是菩薩摩訶薩無方便善巧故，雖行四念住而起高心，不能迴向一切智智。

「世尊！諸菩薩摩訶薩修行四正斷、四神足、五根、五力、七等覺支、八聖道支時，若作是念：『我能修行四正斷乃至八聖道支。』或作是念：『我能圓滿四正斷乃至八聖道支。』是菩薩摩訶薩無方便善巧故，雖行四正斷乃至八聖道支而起高心，不能迴向一切智智。

「世尊！諸菩薩摩訶薩修行空、無相、無願解脫門時，若作是念：『我能修行空、無相、無願解脫門。』或作是念：『我能圓滿空、無相、無願解脫門。』是菩薩摩訶薩無方便善巧故，雖行空、無相、無願解脫門而起高心，不能迴向一切智智。

「世尊！諸菩薩摩訶薩修行一切三摩地門、陀羅尼門時，若作是念：『我能修行一切三摩地門、陀羅尼門。』或作是念：『我能圓滿一切三摩地門、陀羅尼門。』是菩薩摩訶薩無方便善巧故，雖行一切三摩地門、陀羅尼門

而起高心，不能迴向一切智智。

「世尊！諸菩薩摩訶薩修行佛十力、四無所畏、四無礙解、大慈、大悲、大喜、大捨、十八佛不共法時，若作是念：『我能修行佛十力乃至十八佛不共法。』或作是念：『我能圓滿佛十力乃至十八佛不共法。』是菩薩摩訶薩無方便善巧故，雖行佛十力乃至十八佛不共法而起高心，不能迴向一切智智。

「世尊！諸菩薩摩訶薩修行一切智、道相智、一切相智時，若作是念：『我能修行一切智、道相智、一切相智。』或作是念：『我能圓滿一切智、道相智、一切相智。』是菩薩摩訶薩無方便善巧故，雖行一切智、道相智、一切相智而起高心，不能迴向一切智智。

「世尊！諸菩薩摩訶薩成熟有情、嚴淨佛土時，若作是念：『我能成熟有情、嚴淨佛土，餘無此能。』是菩薩摩訶薩無方便善巧故，雖成熟有情、嚴淨佛土而起高心，不能迴向一切智智。

「世尊！如是菩薩摩訶薩眾依世間心修諸善法，無方便善巧故，我、我所執擾亂心故，雖修般若波羅蜜多而未得故，不能如實調伏高心，亦不能如實迴向一切智智。」

(無方便善巧，雖行世間波羅蜜，內不能離我心，外取諸法相：所謂我是施者、彼是受者、彼是布施物。以是因緣故不能到佛道。)

(CBETA, T07, no. 220, p. 149, c^{29}-p. 150, b^{29})

sher phyin: v.027, pp. 151^{10}-153^{10} 《合論》：v50, pp. 933^{02}-935^{15}

2.出世方便善巧行 (依止般若波羅蜜多而行)

15.2 由摧慢故，恭敬善知識等一切眾生

卷 428〈攝受品 29〉：

「世尊！若菩薩摩訶薩行出世布施波羅蜜多時，善修般若波羅蜜多故，不得施者、受者、施物，是菩薩摩訶薩依止般若波羅蜜多而行布施故，能如實調伏高心，亦能迴向一切智智。

「世尊！若菩薩摩訶薩行出世淨戒、安忍、精進、靜慮、般若波羅蜜多時，善修般若波羅蜜多故，不得淨戒、安忍、精進、靜慮、般若及一切法，是菩薩摩訶薩依止般若波羅蜜多，而行淨戒乃至般若故，能如實調伏高心，亦能迴向一切智智。

「世尊！若菩薩摩訶薩修行出世四念住廣說乃至一切相智時，善修般若波羅蜜多故，不得四念住廣說乃至一切相智及一切法，是菩薩摩訶薩依止般若波羅蜜多，而行四念住廣說乃至一切相智故，能如實調伏高心，亦能迴向

一切智智。

「世尊！若菩薩摩訶薩成熟有情、嚴淨佛土時，善修般若波羅蜜多故，不得成熟有情、嚴淨佛土及一切法，是菩薩摩訶薩依止般若波羅蜜多，而成熟有情、嚴淨佛土故，能如實調伏高心，亦能迴向一切智智。

「世尊！由此因緣我作是說：如是般若波羅蜜多甚為希有，調伏菩薩摩訶薩眾令不高心，而能迴向一切智智。」

（依世間波羅蜜修，是行者初門，與正道相似。先行相似法，能引出世六波羅蜜真道。）

(CBETA, T07, no. 220, p. 150, b^{29}-c^{22})

sher phyin: v.027, pp. 153^{10}-154^{20} 《合論》：v50, pp. 935^{16}-936^{16}

3.再明受持般若之利益

15.3 由不隨煩惱轉有，勝伏貪等諸煩惱

卷 428〈窣堵波品 30〉：第二分窣堵波品第三十

爾時，佛告天帝釋言：「憍尸迦！若善男子、善女人等，能於般若波羅蜜多甚深經典，至心聽聞、受持、讀誦、精勤修學、如理思惟、書寫、解說、廣令流布，是善男子、善女人等身常安隱心恒喜樂，不為一切災橫侵惱。

(1)不為刀箭所傷*1

「復次，憍尸迦！若善男子、善女人等於此般若波羅蜜多甚深經典，至心聽聞、受持、讀誦、親近供養、如理思惟、書寫、解說、廣令流布，是善男子、善女人等若在軍旅交陣戰時，至心念誦如是般若波羅蜜多，於諸有情慈悲擁護，不為刀仗之所傷殺，所對怨敵皆起慈心，設起惡心自然退敗。是善男子、善女人等若在軍旅刀箭所傷喪失身命，終無是處。何以故？憍尸迦！是善男子、善女人等以無所得而為方便，長夜修習布施、淨戒、安忍、精進、靜慮、般若波羅蜜多，自能降伏貪欲刀仗，亦能除他貪欲刀仗；自能降伏瞋恚刀仗，亦能除他瞋恚刀仗；自能降伏愚癡刀仗，亦能除他愚癡刀仗；自能降伏憍慢刀仗，亦能除他憍慢刀仗；自能降伏惡見刀仗，亦能除他惡見刀仗；自能降伏隨眠刀仗，亦能除他隨眠刀仗；自能降伏纏垢刀仗，亦能除他纏垢刀仗；自能降伏惡業刀仗，亦能除他惡業刀仗。

憍尸迦！由此緣故，是善男子、善女人等設入軍陣，不為刀仗之所傷殺，所對怨敵皆起慈心，設起惡心自然退敗。是善男子、善女人等至心念誦甚深般若波羅蜜多威神力故，設在軍陣刀箭所傷，喪失身命終無是處。」

(CBETA, T07, no. 220, p. 150, c^{23}-p. 151, a^{22})

sher phyin: v.027, pp. 155^{01}-156^{09} 《合論》：v50, pp. 936^{17}-938^{04}

(2)不為水火眾惡所損害

15.4 他諸怨敵不能損害

卷 428〈窣堵波品 30〉：

「復次，憍尸迦！若善男子、善女人等不離一切智智心，以無所得而為方便，常於如是甚深般若波羅蜜多，至心聽聞、受持、讀誦、精勤修學、如理思惟、供養恭敬、尊重讚歎、書寫、解說、廣令流布，是善男子、善女人等，一切毒藥、蠱道、鬼魅、厭禱、呪術皆不能害，水不能溺火不能燒，刀仗、惡獸、怨賊、惡神、眾邪、魍魎不能損害。

①般若是大明咒，能離諸損害

「何以故？

憍尸迦！如是般若波羅蜜多是大神呪，如是般若波羅蜜多是大明呪，如昰般若波羅蜜多是無上呪，如是般若波羅蜜多是無等等呪，如是般若波羅蜜多是一切呪王，最上最妙無能及者，具大威力能伏一切，不為一切之所降伏。是善男子、善女人等精勤修學如是呪王，不為自害，不為害他，不為俱害。」

(CBETA, T07, no. 220, p. 151, a^{22}-b^{7})

sher phyin: v.027, p. 156$^{09-21}$ 《合論》: v50, pp. 938$^{05-17}$

②人法不可得，離諸煩惱

卷 428〈窣堵波品 30〉：

「何以故？憍尸迦！是善男子、善女人等學此般若波羅蜜多，了自他俱不可得故。憍尸迦！是善男子、善女人等學此般若波羅蜜多大呪王時，不得我，不得有情，乃至不得知者、見者；不得色，不得受、想、行、識，乃至不得一切智，不得道相智、一切相智。以於此等無所得故，不為自害，不為害他，不為俱害。」

(3)三世諸佛學大明咒皆得無上菩提

(2)等流果(15.5)

15.5 自力能辦大菩提果是等流果

「憍尸迦！是善男子、善女人等學此般若波羅蜜多大呪王時，於我及法雖無所得，而證無上正等菩提，觀諸有情心行差別，隨宜為轉無上法輪，令如說行皆得利樂。何以故？憍尸迦！過去菩薩摩訶薩眾，於此般若波羅蜜多大神呪王精勤修學，已證無上正等菩提，轉妙法輪度無量眾。未來菩薩摩訶薩眾，於此般若波羅蜜多大神呪王精勤修學，當證無上正等菩提，轉妙法輪度無量眾。現在十方無邊世界有諸菩薩摩訶薩眾，於此

般若波羅蜜多大神呪王精勤修學，現證無上正等菩提，轉妙法輪度無量眾。」

(CBETA, T07, no. 220, p. 151, b[7-25])

sher phyin:　v.027, pp. 156[21]-157[19]　《合論》: v50, pp. 938[17]-940[01]

4.但書寫供養般若波羅蜜多，人非人不得傷害

(3)增上果(15.6)

15.6 修道位菩薩隨所住處皆成可供養處是增上果

(1)人非人等不得傷害

卷 428〈窣堵波品 30〉：

「復次，憍尸迦！若善男子、善女人等於此般若波羅蜜多，至心聽聞、受持、讀誦、精勤修學、如理思惟、書寫、解說、廣令流布，是善男子、善女人等隨所居止國土城邑人及非人，不為一切災橫疾疫之所傷害。

(2)諸天常守護般若波羅蜜多

何以故？憍尸迦！是善男子、善女人等隨所住處，為此三千大千世界及餘十方無邊世界所有四大王眾天乃至色究竟天并諸龍神、阿素洛等常來守護，供養恭敬、尊重讚歎，不令般若波羅蜜多有留難故。

「復次，憍尸迦！若善男子、善女人等書此般若波羅蜜多大神呪王，置清淨處供養恭敬、尊重讚歎，雖不聽聞、受持、讀誦、精勤修學、如理思惟，亦不為他開示分別，而此住處國邑王都人非人等，不為一切災橫疾疫之所傷害。

何以故？憍尸迦！如是般若波羅蜜多大神呪王隨所住處，為此三千大千世界及餘十方無邊世界所有四大王眾天乃至色究竟天并諸龍神、阿素洛等，常來守護，供養恭敬、尊重讚歎，不令般若波羅蜜多大神呪王有留難故。憍尸迦！是善男子、善女人等，但書般若波羅蜜多大神呪王，置清淨處供養恭敬、尊重讚歎，尚獲如是現法利益，況能聽聞、受持、讀誦、精勤修學、如理思惟，及廣為他開示分別！當知是輩功德無邊，速證菩提利樂一切。

「復次，憍尸迦！若善男子、善女人等怖畏怨家、惡獸、災橫、厭禱、疾疫、毒藥、呪等，應書般若波羅蜜多大神呪王隨多少分香囊盛貯，安寶筒中恒隨逐身，供養恭敬、尊重讚歎，諸怖畏事皆自銷除，天龍、鬼神常守護故。

(3)菩提樹院譬

「憍尸迦！譬如有人或傍生類入菩提樹院，或至彼院邊，人非人等不能傷

害。何以故？憍尸迦！過去未來現在諸佛皆坐此處證得無上正等菩提，得菩提已施諸有情，無恐、無怖、無怨、無害身心安樂。安立無量無數有情，令住人天尊貴妙行；安立無量無數有情，令住三乘安樂妙行；安立無量無數有情，令現證得或預流果、或一來果、或不還果、或阿羅漢果；安立無量無數有情，令當證得獨覺菩提，或證無上正等菩提。如是勝事皆由般若波羅蜜多威神之力，是故此處一切天、龍、阿素洛等皆共守護，供養恭敬、尊重讚歎。當知般若波羅蜜多甚深經典隨所住處亦復如是，一切天、龍、阿素洛等常來守護，供養恭敬、尊重讚歎，不令般若波羅蜜多有留難故。

「憍尸迦！如是般若波羅蜜多甚深經典隨所在處，當知是處即真制多，一切有情皆應敬禮，當以種種上妙花鬘、塗散等香、衣服、瓔珞、寶幢、幡蓋、諸妙、珍奇、伎樂、燈明而為供養。」

(CBETA, T07, no. 220, p. 151, b^{25}-p. 152, a^{15})

sher phyin: v.027, pp. 157^{19}-160^{05} 《合論》: v50, pp. 940^{02}-942^{09}

註解：

*1 不為刀箭所傷

(問)「若有業因緣，無能免者」，何故說讀誦般若者不為刀箭所傷？

(答)(1)業因緣有二，一者必應受報，二者不必受報。

此中為不必受報者，說不為刀箭所傷。

大逆重罪應死者，雖有強力、財寶，不得免。若有罪輕，理在可救，用勢、財物便得濟命，不救則死。

善男子亦如是，若無必受報罪，雖有死事來，至讀誦般若波羅蜜，則得濟度；若不讀誦，則不免死。

(2)若人遠離惡法，調伏其心，煩惱折減，一心直信善法，無有疑悔，從久遠已來，修集福德智慧，於一切眾生有慈悲心，教化眾生除去惡心。如是善男子，刀兵不傷命不中斷。

(3)如佛自說因緣：「長夜行六波羅蜜，除己身及他身三毒刀箭。」

五波羅蜜是福德；般若波羅蜜是智慧，廣集此二，不中失命。

第二事

第16義

2.有漏修
(1)勝解修　(作意信解)

【第 16 義】：勝解修道　16

〔義相〕：信解般若波羅蜜多為三利之根本大乘隨
　　　　　現觀，即大乘勝解修道之相。

〔界限〕：從初地乃至十地最後心。

(修道分有漏無漏二種。修道之有漏乃於作意信解、迴向、
隨喜中修。)

①正釋

[勝解謂自利，俱利及利他，當知此三種，各有下中上，](頌2-18)
[別別為三品，又以下下等，復各分為三，共二十七種。](頌2-19)

　當知大乘勝解修道有三種，謂有：

16.1.自利；

16.2.自他俱利；

16.3.利他之勝解修道故。

此三種勝解修道復各分下、中、上三品；其下、中、上品，又各分為三
種，謂下下品等。

如是許勝解修道為二十七種。

2.有漏修
(1)勝解修 【第 16 義】：勝解修道 　(作意信解)

1.自利勝解修

16.1 自利九品

(1)「供養般若」勝於「供養設利羅」*1*2

(16.1.1)自利下下品勝解

卷 428〈窣堵波品 30〉：「爾時，天帝釋白佛言：「世尊！若善男子、善女人等書此般若波羅蜜多甚深經典，種種莊嚴供養恭敬、尊重讚歎，復以種種上妙花鬘、塗散等香*1、衣服、瓔珞、寶幢、幡蓋、諸妙、珍奇、伎樂、燈明而為供養。有善男子、善女人等佛涅槃後，起窣堵波七寶嚴飾，寶函盛貯佛設利羅安置其中，供養恭敬、尊重讚歎，復以種種上妙花鬘、塗散等香、衣服、瓔珞、寶幢、幡蓋、諸妙、珍奇、伎樂、燈明而為供養。二所生福，何者為多？」

①佛之一切相智及相好身依何法學而得？

佛告憍尸迦：「我還問汝，當隨意答。於意云何？如來所得一切相智及相好身，依何等法修學而得？」

天帝釋言：「世尊！如來所得一切相智及相好身，依此般若波羅蜜多甚深經典修學而得。」

②般若為本，設利羅為末

❶非以相好身為佛，得一切相智為佛

佛言：

「憍尸迦！如是！如是！如汝所說。我依般若波羅蜜多甚深經典修學故，得一切相智及相好身。

何以故？

憍尸迦！不學般若波羅蜜多甚深經典，證得無上正等菩提無有是處。

憍尸迦！非但獲得相好身故說名如來、應、正等覺，要由證得一切相智故名如來、應、正等覺。

憍尸迦！如來所得一切相智，要由般若波羅蜜多為因而起；佛相好身但為依處，若不依止佛相好身，一切相智無由而起。*3

❷佛身是一切相智所依處，故佛涅槃後應供養

是故般若波羅蜜多正為因起一切智智，欲令此智現前相續故，復修集佛相好身。此相好身若非遍智所依處者，一切天、龍、人非人等不應虔誠供養恭敬，以相好身與佛遍智為所依止故，諸天、龍神、人非人等供養恭敬。

由此緣故，我涅槃後，諸天、龍神、人非人等供養恭敬我設利羅。

③「供養般若」勝於「供養設利羅」

❶供養般若即供養一切相智

「憍尸迦！若善男子、善女人等但於般若波羅蜜多甚深經典，供養恭敬、尊重讚歎，則為供養一切相智及所依止佛相好身，并涅槃後佛設利羅。何以故？憍尸迦！一切相智及相好身并設利羅，皆以般若波羅蜜多為根本故。憍尸迦！若善男子、善女人等但於佛身及設利羅供養恭敬、尊重讚歎，非為供養一切相智及此般若波羅蜜多。何以故？憍尸迦！佛身遺體非此般若波羅蜜多一切相智之根本故。憍尸迦！由此因緣，若善男子、善女人等欲供養佛若身、若心及餘功德，先當聽聞、受持、讀誦、精勤修學、如理思惟、書寫、解說如是般若波羅蜜多甚深經典，復以種種上妙供具而供養之。

❷供養般若得福勝於供養設利羅

「以是故，憍尸迦！若善男子、善女人等，書此般若波羅蜜多甚深經典，種種莊嚴供養恭敬、尊重讚歎，復以種種上妙花鬘、塗散等香、衣服、瓔珞、寶幢、幡蓋、諸妙、珍奇、伎樂、燈明而為供養。有善男子、善女人等佛涅槃後起窣堵波七寶嚴飾，寶函盛貯佛設利羅安置其中，供養恭敬、尊重讚歎，復以種種上妙花鬘、塗散等香、衣服、瓔珞、寶幢、幡蓋、諸妙、珍奇、伎樂、燈明而為供養。二所生福，前者為多無量倍數。

何以故？

憍尸迦！如是般若波羅蜜多甚深經典，1.能生布施波羅蜜多乃至般若波羅蜜多故，2.能顯內空乃至無性自性空故，3.能生四念住廣說乃至十八佛不共法故，4.能生一切三摩地門、陀羅尼門故，5.能辦成熟有情、嚴淨佛土事故，6.能辦菩薩摩訶薩族姓圓滿、色力圓滿、財寶圓滿、眷屬圓滿故，7.能辦一切大慈、大悲、大喜、大捨故，8.能辦世間剎帝利大族、婆羅門大族、長者大族、居士大族、四大王眾天乃至色究竟天故，9.能辦世間空無邊處天乃至非想非非想處天故，10.能辦預流、一來、不還、阿羅漢果、獨覺菩提故，11.能辦

菩薩摩訶薩行、諸佛無上正等菩提故，12.能辦最上最勝無等一切如來、應、正等覺一切相智故。」

(CBETA, T07, no. 220, p. 152, a^{16}-c^{22})

sher phyin: v.027, pp. 160^{05}-164^{08} 《合論》: v50, pp. 942^{10}-946^{21}

(2)云何贍部洲人不供養般若波羅蜜？

(16.1.2)自利下中品勝解

卷 428〈窣堵波品 30〉：

「爾時，天帝釋白佛言：「世尊！贍部洲人於此般若波羅蜜多甚深經典不供養恭敬、尊重讚歎者，彼豈不知供養恭敬、尊重讚歎甚深般若波羅蜜多，獲得如是功德勝利？」

①有幾人得三證淨乃至發心行菩薩道？

❶佛反問

佛告憍尸迦：

「我還問汝，當隨意答。於意云何？

　1.有幾人於三寶得證淨、無疑、究竟？

　　贍部洲內有幾許人成佛證淨、成法證淨、成僧證淨？有幾許人於佛無疑、於法無疑、於僧無疑？有幾許人於佛究竟、於法究竟、於僧究竟？*4

　2.有幾人得有為果？

　　有幾許人得三十七菩提分法？有幾許人得三解脫門？有幾許人得八解脫？有幾許人得九次第定？有幾許人得六神通？有幾許人得四無礙解？

　3.有幾人得無為果？

　　有幾許人永斷三結得預流果？有幾許人薄貪、瞋、癡得一來果？有幾許人斷五順下分結得不還果？有幾許人斷五順上分結得阿羅漢果？有幾許人發心定趣獨覺菩提？有幾許人發心定趣諸佛無上正等菩提？」

❷帝釋答

天帝釋言：

「世尊！贍部洲內有少許人成佛證淨、成法證淨、成僧證淨，乃至有少許人發心定趣諸佛無上正等菩提。」(帝釋報生知他心；以天耳聞又以三昧入觀有情心，得知諸道差別，故知少人證淨及發心。)

❸佛正答

1. 少人得三證淨發心求佛道

    爾時，佛告天帝釋言：

    「如是！如是！如汝所說。

    憍尸迦！贍部洲內極少分人成佛證淨、成法證淨、成僧證淨，轉少分人於佛無疑、於法無疑、於僧無疑，乃至轉少分人發心定趣諸佛無上正等菩提，轉少分人既發心已精勤修習趣菩提行，轉少分人精勤修習菩提行已證得無上正等菩提。

2. 前世不聞諸法乃至少人行菩薩道證無上菩提

    何以故？

    憍尸迦！諸有情類流轉生死，無量世來多不見佛，不聞正法，不親近僧，不行布施，不持淨戒，不修安忍，不起精進，不習靜慮，不學般若；

    不聞內空，不修內空，乃至不聞無性自性空，不修無性自性空；不聞四念住不修四念住，乃至不聞十八佛不共法不修十八佛不共法，不聞一切三摩地門不修一切三摩地門；不聞一切陀羅尼門不修一切陀羅尼門；

    不聞一切智，不修一切智，不聞道相智、一切相智，不修道相智、一切相智。

    憍尸迦！由是因緣，當知於此贍部洲中極少分人成佛證淨、成法證淨、成僧證淨，轉少分人於佛無疑、於法無疑、於僧無疑，乃至轉少分人發心定趣諸佛無上正等菩提，轉少分人既發心已精勤修習趣菩提行，轉少分人精勤修習菩提行已證得無上正等菩提。

② 有幾人供養父母沙門乃至住菩薩不退轉地速證無上菩提？

❶ 佛再反問

「復次，憍尸迦！我今問汝，當隨意答。

    憍尸迦！於意云何？置贍部洲所有人類，於此三千大千世界，

    幾許有情供養恭敬父母、師長？幾許有情供養恭敬沙門、婆羅門？幾許有情布施、持戒、受齋、修福？

    幾許有情於諸欲中住厭患想、無常想、苦想、無我想、不淨想、厭食想、一切世間不可樂想？幾許有情修四靜慮、四無量、四無色定？幾許有情乃至發心定趣諸佛無上正等菩提？幾許有情既發心已精勤修習趣菩提行？幾許有情練磨長養趣菩提心？幾許有情方便善巧修行般若波羅蜜多？

幾許有情得住菩薩不退轉地？幾許有情速證無上正等菩提？」

❷帝釋答

天帝釋言：「世尊！於此三千大千世界，少許有情供養恭敬父母、師長，乃至少許有情速證無上正等菩提。」

❸佛正答

佛言：「憍尸迦！如是！如是！如汝所說。憍尸迦！於此三千大千世界，極少有情供養恭敬父母、師長，轉少有情供養恭敬沙門、婆羅門，乃至轉少有情得住菩薩不退轉地，轉少有情速證無上正等菩提。

「復次，憍尸迦！我以清淨無上佛眼遍觀十方一切世界，雖有無量、無數、無邊有情發心定趣無上正等菩提，精勤修習趣菩提行，而由遠離甚深般若波羅蜜多方便善巧，若一、若二、若三有情得住菩薩不退轉地，多分退墮聲聞、獨覺下劣地中。何以故？憍尸迦！諸佛無上正等菩提甚難可得，惡慧懈怠、下劣精進、下劣勝解、下劣有情不能證故。」

(CBETA, T07, no. 220, p. 152, c²³-p. 153, c⁵)

sher phyin:　v.027, pp. 164⁰⁸-171¹³　《合論》: v50, pp. 947⁰¹-953²⁰

(3)勸修般若波羅蜜多及諸餘善法

(16.1.3)自利下上品勝解

①勸修般若及諸餘善法

卷 428〈窣堵波品 30〉：

「憍尸迦！由是因緣，若善男子、善女人等發心定趣無上正等菩提，精勤修習趣菩提行，欲住菩薩不退轉地，速證無上正等菩提無留難者，應於如是甚深般若波羅蜜多，數數聽聞、受持、讀誦、精勤修習、如理思惟、好請問師、樂為他說。作是事已復應書寫，種種寶物而用莊嚴，供養恭敬、尊重讚歎，復以種種上妙花鬘、塗散等香、衣服、瓔珞、寶幢、幡蓋、諸妙、珍奇、伎樂、燈明而為供養。

「憍尸迦！是善男子、善女人等，於餘攝入甚深般若波羅蜜多諸勝善法，亦應聽聞、受持、讀誦、精勤修習、如理思惟、好請問師、樂為他說。

何謂攝入甚深般若波羅蜜多餘勝善法？*5

所謂布施乃至靜慮波羅蜜多，若內空乃至無性自性空，若一切三摩地門、陀羅尼門，若四念住廣說乃至十八佛不共法，若大慈、大悲、大喜、大捨，若餘無量無邊佛法，是謂攝入甚深般若波羅蜜多餘勝

　　　　善法。

②般若波羅蜜多是佛所學，我等亦應隨學

　　「憍尸迦！是善男子、善女人等，於餘隨順甚深般若波羅蜜多蘊處界等
　　　無量法門，亦應聽聞、受持、讀誦、如理思惟，不應誹謗令於無上正
　　　等菩提而作留難。

　　　何以故？

　　　憍尸迦！是善男子、善女人等應作是念：『如來昔住菩薩位時，常勤
　　　修學順菩提法，所謂般若波羅蜜多乃至布施波羅蜜多，若內空乃至無
　　　性自性空，若一切三摩地門、陀羅尼門，若四念住廣說乃至十八佛不
　　　共法，若大慈、大悲、大喜、大捨，若餘無量無邊佛法，若餘隨順甚
　　　深般若波羅蜜多蘊、處、界等無量法門，由斯證得所求無上正等菩提。
　　　我等今者為求無上正等菩提，亦應隨學。

③般若及餘善法是三乘所應學，是三乘法印

　　　如是般若波羅蜜多等法，定是我等大師，我隨彼學所願當滿；如是般
　　　若波羅蜜多等法，定是諸佛法印，一切如來、應、正等覺隨彼學故，
　　　已證正證當證無上正等菩提；如是般若波羅蜜多等法，亦是一切聲
　　　聞、獨覺法印，一切預流、一來、不還、阿羅漢、獨覺隨彼學故，已
　　　正當至涅槃彼岸。』

④般若等是五乘人之所依止

　　　以是故，憍尸迦！諸善男子、善女人等若佛住世、若涅槃後，應依般
　　　若波羅蜜多廣說乃至一切相智，常勤修學。

　　　何以故？

　　　憍尸迦！如是般若波羅蜜多廣說乃至一切相智，是諸聲聞、獨覺、菩
　　　薩及餘天、人、阿素洛等所依趣故。」

　　　(CBETA, T07, no. 220, p. 153, c⁵-p. 154, a¹⁷)

　　　sher phyin:　v.027, pp. 171¹³- 175⁰¹　《合論》: v50, pp. 953²¹-956⁰⁴

(4)「供養般若」勝於「供養寶塔」

(16.1.4)自利中下品勝解

①以一寶塔供養比較

　　卷 428〈窣堵波品 30〉：

　　「復次，憍尸迦！有善男子、善女人等於諸如來般涅槃後，為供養佛設
　　　利羅故，以妙七寶起窣堵波，種種珍奇間雜嚴飾，其量高大一踰繕那，
　　　廣減高半，復以種種天妙花鬘、塗散等香、衣服、瓔珞、寶幢、幡蓋、

諸妙、珍奇、伎樂、燈明，<u>盡其形壽</u>供養恭敬、尊重讚歎。於意云何？是善男子、善女人等由此因緣得福多不？」

天帝釋言：「甚多！世尊！甚多！善逝！」

佛告憍尸迦：「若善男子、善女人等不離一切智智心，以無所得而為方便，於此般若波羅蜜多，至心聽聞、受持、讀誦、精勤修學、如理思惟，廣為有情宣說流布，或有書寫種種莊嚴，供養恭敬、尊重讚歎，復以種種上妙花鬘、塗散等香、衣服、瓔珞、寶幢、幡蓋、諸妙、珍奇、伎樂、燈明而為供養。是善男子、善女人等由此因緣所生福聚，甚多於彼無量無邊。」

(CBETA, T07, no. 220, p. 154, a^{18}-b^{4})

sher phyin: v.027, p. 175$^{02\text{-}21}$　《合論》：v50, pp. 956^{05}-957^{07}

②以滿贍部洲乃至滿三千大千世界寶塔比較

(16.1.5)自利中中品勝解　(16.1.6)自利中上品勝解
(16.1.7)自利上下品勝解　(16.1.8)自利上中品勝解
(16.1.9)自利上上品勝解

卷 428〈窣堵波品 30〉：

「復次，憍尸迦！置此一事。有善男子、善女人等於諸如來般涅槃後，為供養佛設利羅故，以妙七寶起窣堵波，種種珍奇間雜嚴飾，其量高大一踰繕那，廣減高半，如是充滿一贍部洲、或四大洲、或小千界、或中千界、或復三千大千世界，皆以種種天妙花鬘乃至燈明，<u>盡其形壽</u>供養恭敬、尊重讚歎。於意云何？是善男子、善女人等由此因緣得福多不？」

天帝釋言：「甚多！世尊！甚多！善逝！」

佛告憍尸迦：「若善男子、善女人等不離一切智智心，以無所得而為方便，於此般若波羅蜜多，至心聽聞、受持、讀誦、精勤修學、如理思惟，廣為有情宣說流布，或有書寫種種莊嚴，供養恭敬、尊重讚歎，復以種種上妙花鬘乃至燈明而為供養。是善男子、善女人等由此因緣所生福聚，甚多於彼無量無邊。」

(CBETA, T07, no. 220, p. 154, b$^{4\text{-}20}$)

sher phyin: v.027, pp. 175^{21}-176^{19}　《合論》：v50, pp. 957^{08}-958^{06}

sher phyin: v.027, pp. 176^{19}- 177^{18}　《合論》：v50, pp. 958^{07}-959^{05}

sher phyin: v.027, pp. 177^{18}- 178^{16}　《合論》：v50, pp. 959^{06}-960^{04}

sher phyin: v.027, pp. 178^{16}- 179^{15}　《合論》：v50, pp. 960^{05}-961^{03}

sher phyin:　　v.027, pp. 179^{15}- 180^{13}　《合論》: v50, pp. 961^{04}-962^{03}

(**(16.1.5)至(16.1.9)這五個子目在兩萬五千頌的《般若經》與《合論》中都是分段呈現出來的，然其內容是一樣的，差異處在(16.1.5)為「如是充滿一贍部洲」，而(16.1.6)為「如是充滿四大洲」、(16.1.7)為「如是充滿小千界」、(16.1.8)為「如是充滿中千界」、(16.1.9)為「如是充滿三千大千世界」、但在漢譯《大般若經》第二會中，則將此部分合併在一句話中。因此，子目(16.1.6)至(16.1.9)就不再各別置入經文。)

③以滿三千大千世界一一有情各起寶塔比較

卷 428〈窣堵波品 30〉：

「復次，憍尸迦！置一三千大千世界。假使三千大千世界諸有情眾，各於如來般涅槃後，為供養佛設利羅故，以妙七寶起窣堵波，種種珍奇間雜嚴飾，其量高大一踰繕那，廣減高半，各滿三千大千世界中無空隙，復以種種天妙花鬘乃至燈明，<u>盡其形壽</u>供養恭敬、尊重讚歎。於意云何？如是三千大千世界諸有情眾，由此因緣得福多不？」

天帝釋言：「甚多！世尊！甚多！善逝！」

佛告憍尸迦：

「若善男子、善女人等不離一切智智心，以無所得而為方便，於此般若波羅蜜多，至心聽聞、受持、讀誦、精勤修學、如理思惟，廣為有情宣說流布，或有書寫種種莊嚴，供養恭敬、尊重讚歎，復以種種上妙花鬘乃至燈明而為供養。是善男子、善女人等由此因緣所生福聚，甚多於彼無量無邊。」

2.自他利勝解修

16.2　自他俱利九品

(16.2.1)俱利下下品勝解

(1)帝釋自明供養般若之福德

①供養般若即是供養三世諸佛

時，天帝釋即白佛言：

「如是！世尊！如是！善逝！若善男子、善女人等供養恭敬、尊重讚歎如是般若波羅蜜多，當知即為供養恭敬、尊重讚歎過去未來現在諸佛世尊。

②供養般若得福勝於供養寶塔

假使十方各如殑伽沙等世界一切有情，各於如來般涅槃後，為供養佛

設利羅故，以妙七寶起窣堵波，種種珍奇間雜嚴飾，其量高大一踰繕那，廣減高半，各滿三千大千世界中無空隙，復以種種天妙花鬘乃至燈明，若<u>經一劫或一劫餘</u>，供養恭敬、尊重讚歎。世尊！是諸有情由此因緣得福多不？」

佛言：「彼福無量無邊。」

天帝釋言：

「若善男子、善女人等不離一切智智心，以無所得而為方便，於此般若波羅蜜多，至心聽聞、受持、讀誦、精勤修學、如理思惟、廣為有情宣說流布，或有書寫種種莊嚴，供養恭敬、尊重讚歎，復以種種上妙花鬘乃至燈明而為供養。是善男子、善女人等由此因緣所生福聚，甚多於彼無量無邊不可思議不可稱計。

③般若波羅蜜總攝一切善法

何以故？

世尊！由此般若波羅蜜多能總攝藏一切善法，所謂十善業道，若四靜慮、四無量、四無色定，若四聖諦觀，若三十七菩提分法，若三解脫門，若六神通，若八解脫、九次第定，若布施波羅蜜多乃至般若波羅蜜多，若內空乃至無性自性空，若一切三摩地門、陀羅尼門，若佛十力、四無所畏、四無礙解、大慈、大悲、大喜、大捨、十八佛不共法，若一切智、道相智、一切相智，若餘無量無邊佛法，皆攝入此甚深般若波羅蜜多。(能生能受一切善法)

④般若波羅蜜是諸佛法印

「世尊！如是般若波羅蜜多是諸如來、應、正等覺真實法印，亦是一切聲聞、獨覺真實法印。世尊！一切如來、應、正等覺皆於如是甚深般若波羅蜜多常勤學故，已證、正證、當證無上正等菩提；一切聲聞及諸獨覺亦於如是甚深般若波羅蜜多常勤學故，已正當至涅槃彼岸。世尊！由此因緣，若善男子、善女人等不離一切智智心，以無所得而為方便，於此般若波羅蜜多，至心聽聞、受持、讀誦、精勤修學、如理思惟，廣為有情宣說流布，或有書寫種種莊嚴，乃至燈明而為供養，所生福聚無量無邊不可思議不可稱計。」

(CBETA, T07, no. 220, p. 154, b[20]-p. 155, a[16])

(2)佛印可帝釋說並讚歎供養般若功德無邊

卷 429〈福生品 31〉：第二分福生品第三十一

①供養般若功德無量無邊

爾時，佛告天帝釋言：「如是！如是！如汝所說。憍尸迦！若善男子、
善女人等不離一切智智心，以無所得而為方便，於此般若波羅蜜多，
至心聽聞、受持、讀誦、精勤修學、如理思惟，廣為有情宣說流布，
或有書寫種種莊嚴，供養恭敬、尊重讚歎，復以種種上妙花鬘、塗散
等香、衣服、瓔珞、寶幢、幡蓋、諸妙、珍奇、伎樂、燈明而為供養，
所生福聚無量無邊不可思議不可稱計。

②般若波羅蜜多能辦(能生)諸善法乃至如來所證

何以故？

憍尸迦！以此般若波羅蜜多能辦如來、應、正等覺一切智、道相智、
一切相智，亦辦布施波羅蜜多乃至般若波羅蜜多，亦辦內空乃至無性
自性空，亦辦四念住廣說乃至十八佛不共法，亦辦五眼、六神通，亦
辦一切三摩地門、陀羅尼門，亦辦成熟有情、嚴淨佛土，亦辦一切聲
聞、獨覺及無上乘，亦辦如來、應、正等覺所證無上正等菩提。

③供養般若勝於供養寶塔

「以是故，憍尸迦！若善男子、善女人等不離一切智智心，以無所得而
為方便，於此般若波羅蜜多，至心聽聞、受持、讀誦、精勤修學、如
理思惟，廣為有情宣說流布，或有書寫種種莊嚴，乃至燈明而為供養。
以前所造窣堵波福比此福聚，百分不及一，千分不及一，百千分不及
一，乃至鄔波尼殺曇分亦不及一。

④若般若在世，則三寶不滅眾善(諸法諸道)現前

何以故？

❶若此般若波羅蜜多甚深經典人中流布，即此世間佛寶*6、法寶、苾
芻僧寶終不隱沒；

❷若此般若波羅蜜多甚深經典人中住者，世間常有十善業道，若四靜
慮、四無量、四無色定，若布施波羅蜜多乃至般若波羅蜜多，若內
空乃至無性自性空，若四念住廣說乃至十八佛不共法，若一切三摩
地門、陀羅尼門，若一切智、道相智、一切相智，若剎帝利大族、
婆羅門大族、長者大族、居士大族，若四大王眾天乃至非想非非想
處天，若聲聞乘、獨覺乘、無上乘，若預流、一來、不還、阿羅漢、
獨覺，若菩薩摩訶薩成熟有情、嚴淨佛土，若諸如來、應、正等覺
證得無上正等菩提、轉妙法輪度無量眾，如是勝事終不隱沒。」

(CBETA, T07, no. 220, p. 155, a^{24}-c^3)

sher phyin:　v.027, pp. 180^{13}-188^{01}　　《合論》：v50, pp. 962^{04}-969^{08}

(3)勸受持般若

(16.2.2)俱利下中品勝解

卷 429〈功德品 32〉：第二分功德品第三十二

①諸天勸受持般若

爾時，三千大千世界所有四大王眾天乃至色究竟天,同聲共白天帝釋言：
「大仙！於是甚深般若波羅蜜多應受、應持、應讀、應誦、應精勤修學、
應如理思惟、應供養恭敬、尊重讚歎。

何以故？

大仙！若受持、讀誦、精勤修學、如理思惟、供養恭敬、尊重讚歎如
是般若波羅蜜多,

❶ 則令一切惡法損減、善法增益,亦令一切天眾增益、諸阿素洛朋黨
損減,

❷ 亦令一切佛眼、法眼、僧眼不滅,亦令一切佛種、法種、僧種不斷。

❸ 大仙當知！由三寶種不斷絕故,世間便有布施波羅蜜多乃至般若波
羅蜜多,亦有內空乃至無性自性空,亦有四念住廣說乃至十八佛不
共法,亦有一切三摩地門、陀羅尼門,亦有一切智、道相智、一切
相智,亦有預流果乃至阿羅漢果,亦有獨覺菩提,亦有菩薩摩訶薩
行,亦有無上正等菩提。

是故,大仙！於此般若波羅蜜多應受持、讀誦、精勤修學、如理思惟、
供養恭敬、尊重讚歎。」

②佛勸受持般若

爾時,佛告天帝釋言：

「憍尸迦！汝應於此甚深般若波羅蜜多受持、讀誦、精勤修學、如理思
惟、供養恭敬、尊重讚歎。

❶ 令阿素洛惡心滅

何以故？

憍尸迦！若阿素洛及惡朋黨起如是念：『我等當與天帝釋軍交陣戰
諍。』爾時,汝等諸天眷屬,應各至誠誦念如是甚深般若波羅蜜多,
供養恭敬、尊重讚歎,時阿素洛及諸朋黨所起惡心即皆息滅。*7

❷ 令諸天除五衰相,還生本處

「憍尸迦！若諸天子或諸天女五衰相現*8,其心驚惶恐墮惡趣。爾
時,汝等諸天眷屬應住其前,至誠誦念如是般若波羅蜜多。時彼天
子或彼天女,聞是般若波羅蜜多善根力故,於此般若波羅蜜多生淨

信故，五衰相沒身意泰然，設有命終還生本處，受天富樂倍勝於前。
何以故？

憍尸迦！聞信般若波羅蜜多功德威力甚廣大故。

❸漸得無上菩提

「憍尸迦！若善男子、善女人等或諸天子及諸天女，甚深般若波羅蜜多
一經其耳，善根力故，定當漸次證得無上正等菩提。

何以故？

憍尸迦！過去未來現在諸佛及諸弟子，一切皆學如是般若波羅蜜多，
證得無上正等菩提，入無餘依般涅槃界。

何以故？

憍尸迦！如是般若波羅蜜多，普攝一切菩提分法，若諸佛法、若菩薩
法、若獨覺法、若聲聞法皆具攝故。」

③帝釋勸受持般若

爾時，天帝釋白佛言：

「世尊！如是般若波羅蜜多是大神呪、是大明呪，是無上呪，是無等等
呪*9，是一切呪王，最尊最勝、最上最妙，能伏一切，不為一切之所
降伏。

何以故？

世尊！如是般若波羅蜜多能除一切惡不善法，能攝一切殊勝善法。」

(4)佛印可廣讚，更明受持般若得二世功德

①佛之讚許

❶三世諸佛依般若證無上菩提

爾時，佛告天帝釋言：

「如是！如是！如汝所說。何以故？憍尸迦！過去未來現在諸佛，皆
因如是甚深般若波羅蜜多大神呪王，證得無上正等菩提，轉妙法輪
度無量眾。

所以者何？

依因如是甚深般若波羅蜜多大神呪王，世間便有十善業道，若四靜
慮、四無量、四無色定，若布施波羅蜜多乃至般若波羅蜜多，若內
空乃至無性自性空，若四念住廣說乃至十八佛不共法，若真如、法
界、法性、實際、不虛妄性、不變異性、法定、法住、不思議界，
若四聖諦，若五眼、六神通，若預流果乃至阿羅漢果，若獨覺菩提，
若諸菩薩摩訶薩行，若佛無上正等菩提，若一切智、道相智、一切

相智。

❷菩薩方便力從般若生，而有諸善法道果

「復次，憍尸迦！依因菩薩摩訶薩故，世間便有十善業道廣說乃至一切相智。譬如依因滿月輪故，諸星宿等皆得增明；如是依因諸菩薩故，十善業道廣說乃至一切相智皆得顯了。

若諸如來、應、正等覺未出世時，唯有菩薩具足種種方便善巧，為諸有情無倒宣說一切世間、出世間法，菩薩所有方便善巧皆從如是甚深般若波羅蜜多而得生長。

諸菩薩摩訶薩成就方便善巧力故，能行布施波羅蜜多乃至般若波羅蜜多，能行內空乃至無性自性空，能行四念住廣說乃至十八佛不共法，

(亦)不證聲聞及獨覺地，(而能)成熟有情、嚴淨佛土，具足攝取壽量圓滿、佛土圓滿、眷屬圓滿、眾具圓滿、色力圓滿，乃至證得一切相智，皆由般若波羅蜜多而得成就。

②當得二世功德

「復次，憍尸迦！若善男子、善女人等於此般若波羅蜜多，至心聽聞、受持、讀誦、精勤修學、如理思惟、書寫、解說、廣令流布，當得成就現在、未來殊勝功德。」

時，天帝釋便白佛言：「是善男子、善女人等云何成就現在、未來殊勝功德？」

❶今世功德

佛言：「憍尸迦！若善男子、善女人等於此般若波羅蜜多，至心聽聞、受持、讀誦、精勤修學、如理思惟、書寫、解說、廣令流布，是善男子、善女人等，

　1.不得橫死

　　現在不為毒藥所害、刀兵所傷、火所焚燒、水所漂溺，乃至不為四百四病之所夭殁，除先定業現世應受。*10

　2.不得逼迫加害

　　憍尸迦！是善男子、善女人等若遭官事怨賊逼迫，至心誦念如是般若波羅蜜多，若至其所終不為彼譴罰加害。

　　何以故？

　　憍尸迦！如是般若波羅蜜多威德勢力法令爾故。憍尸迦！是善男子、善女人等，若有欲至國主、王子、大臣等處，至心誦念如是

般若波羅蜜多，必為王等歡喜問訊供養恭敬、尊重讚歎。何以故？憍尸迦！是善男子、善女人等，常於有情發起慈、悲、喜、捨心故。憍尸迦！是善男子、善女人等，常得成就如是等類現在功德。

❷後世功德

「憍尸迦！若善男子、善女人等於此般若波羅蜜多，至心聽聞、受持、讀誦、精勤修學、如理思惟、書寫、解說、廣令流布，是善男子、善女人等隨所生處常不遠離十善業道，若四靜慮、四無量、四無色定，若布施波羅蜜多乃至般若波羅蜜多，若內空乃至無性自性空，若四念住廣說乃至十八佛不共法，若一切三摩地門、陀羅尼門，若一切智、道相智、一切相智，不墮地獄、傍生、鬼界，除願往彼成熟有情。隨所生處常具諸根支體無缺，永不生在貧窮、下賤、工師、雜類、屠膾、漁獵、盜賊、獄吏及補羯娑(除糞穢家)旃荼羅家(屠兒)、若戍達羅(耕種為業者)貿易卑族。隨所生處具三十二大丈夫相、八十隨好圓滿莊嚴，一切有情見者歡喜，多生有佛嚴淨土中，蓮華化生，不造眾惡，常不遠離菩薩神通，隨心所願遊諸佛土，從一佛國至一佛國，親近供養諸佛世尊，成熟有情、嚴淨佛土，聽聞正法如說修行，漸次證得一切智智。憍尸迦！是善男子、善女人等當得成就如是等類未來功德。

❸結說二世功德

「以是故，憍尸迦！若善男子、善女人等欲得如是現在、未來殊勝功德，乃至無上正等菩提者，應常不離一切智智心，以無所得為方便，於此般若波羅蜜多甚深經典，至心聽聞、受持、讀誦、精勤修學、如理思惟、書寫、解說、廣令流布，復以種種上妙花鬘、塗散等香、衣服、瓔珞、寶幢、幡蓋、諸妙、珍奇、伎樂、燈明而為供養。」

(5)降伏外道惡魔

①降伏外道

第二分外道品第三十三

❶誦念般若令外道遠離

時，有眾多外道梵志，為求佛過來詣佛所。時，天帝釋見已念言：「今此眾多外道梵志，來趣法會伺求佛短，將非般若留難事耶？我當誦念從佛所受甚深般若波羅蜜多，令彼邪徒退還本所。」念已便誦甚深般若波羅蜜多，於是眾多外道梵志，遙伸敬相右繞世尊，從所來門復道而去。

❷外道遠離因緣

時，舍利子見已念言：「彼有何緣適來還去？」

爾時，佛告舍利子言：

「彼外道等來求我失，由天帝釋誦念般若波羅蜜多令彼還去。舍利子！我不見彼外道梵志有少白法，唯懷惡心為求我過來至我所。舍利子！我都不見一切世間有天、魔、梵、若諸沙門、婆羅門等有情之類，說般若時懷勃惡心來求得便。何以故？舍利子！由此三千大千世界所有四大王眾天乃至色究竟天，若諸聲聞、獨覺、菩薩、佛，及一切具大威力龍神、藥叉、人非人等，皆共守護如是般若波羅蜜多，不令眾惡為作留難。

何以故？

舍利子！是諸天等皆依般若波羅蜜多威力生故。

「又，舍利子！十方各如殑伽沙界一切如來應正等覺、聲聞、獨覺、菩薩、諸天、龍神、藥叉、人非人等，皆共守護如是般若波羅蜜多，不令眾惡為作留難。何以故？舍利子！彼諸佛等皆依般若波羅蜜多威力生故。」

②降伏惡魔

爾時，惡魔竊作是念：

「今者如來、應、正等覺四眾圍繞，及欲、色界諸天人等皆同集會，宣說般若波羅蜜多，此中定有菩薩摩訶薩得受無上正等菩提記，我當往至破壞其眼。」作是念已化作四軍，奮威勇銳來詣佛所。

時，天帝釋見已念言：

「將非惡魔化作此事來欲惱佛，并與般若波羅蜜多而作留難？何以故？如是四軍嚴飾殊麗，影堅勝軍、釋迦王種、栗呫毘種、力士種等所有四軍皆不能及，由此定知魔所化作*11。惡魔長夜伺求佛短，壞諸有情所修勝事，我當誦念從佛所受甚深般若波羅蜜多，令彼惡魔退還本所。」

念已便誦甚深般若波羅蜜多，於是惡魔復道而去，甚深般若波羅蜜多力所逼故。

(6)讚歎守護般若波羅蜜多

①諸天稱歎般若，佛重述成

時，眾會中所有四大王眾天乃至色究竟天，各各化作種種天花及香鬘等諸妙供具，踴身空中而散佛上，合掌恭敬同白佛言：

「願此般若波羅蜜多在贍部洲人中久住。

何以故？

世尊！乃至如是甚深般若波羅蜜多在贍部洲人中流布，當知此處佛寶、法寶、苾芻僧寶久住不滅。於此三千大千世界乃至十方無量無數無邊世界亦復如是，由此菩薩摩訶薩眾及殊勝行亦可了知。世尊！隨諸方域有善男子、善女人等，以淨信心書持如是甚深般若波羅蜜多，供養恭敬、尊重讚歎，當知是處有妙光明除滅暗冥生諸勝利。」

爾時，佛告天帝釋等諸天眾言：

「如是！如是！如汝所說。乃至如是甚深般若波羅蜜多在贍部洲人中流布，當知此處佛寶、法寶、苾芻僧寶久住不滅。於此三千大千世界，乃至十方無量無數無邊世界亦復如是，由此菩薩摩訶薩眾及殊勝行亦可了知。隨諸方域有善男子、善女人等，以淨信心書持如是甚深般若波羅蜜多，供養恭敬、尊重讚歎，當知是處有妙光明除滅暗冥生諸勝利。」

②諸天發願守護行般若人

時，諸天眾復各化作種種天花及香鬘等而散佛上，重白佛言：

「若善男子、善女人等於此般若波羅蜜多甚深經典，至心聽聞、受持、讀誦、精勤修學、如理思惟、書寫解說、廣令流布，是善男子、善女人等魔及魔軍不能得便，我等天眾亦常隨逐勤加擁護令無損惱。

何以故？

世尊！是善男子、善女人等我等諸天敬事如佛，或如似佛尊重法故。*12」

③諸佛一切相智與般若波羅蜜多<u>無二無別</u>*13

時，天帝釋復白佛言：

「是善男子、善女人等非少善根能成此事，必於先世無量佛所多集善根、多發正願、多供養佛、多事善友，乃能於此甚深般若波羅蜜多，至心聽聞、受持、讀誦、精勤修學、如理思惟、書寫、解說、廣令流布。世尊！若善男子、善女人等欲得諸佛一切相智，當求般若波羅蜜多；欲得般若波羅蜜多，當求諸佛一切相智。何以故？諸佛所得一切相智，皆從般若波羅蜜多而得生故；一切般若波羅蜜多，皆從諸佛一切相智而得生故。

所以者何？

諸佛所得一切相智不異般若波羅蜜多，一切般若波羅蜜多不異諸佛一

切相智；諸佛所得一切相智與此般若波羅蜜多，當知無二亦無二處。」

爾時，佛告天帝釋言：

「如是！如是！如汝所說。是故般若波羅蜜多功德威神最尊、最勝。」

(CBETA, T07, no. 220, p. 155, c^4-p. 158, a^6)

sher phyin: v.027, pp. 188^{01}-205^{14} 《合論》：v50, pp. 969^{09}-986^{12}

(7)般若為眾善之尊導

(16.2.3)俱利下上品勝解

卷 429〈天來品 34〉：第二分天來品第三十四之一

①諸善法以般若為尊為導

爾時，具壽慶喜*14 白佛言：

「世尊！何緣如來、應、正等覺不廣稱讚布施等五波羅蜜多乃至十八佛
不共法，但廣稱讚第六般若波羅蜜多？」

佛告慶喜：「第六般若波羅蜜多能與前五波羅蜜多乃至十八佛不共法為
尊為導故*15，我但廣稱讚般若波羅蜜多。復次，慶喜！於意云何？
若不迴向一切相智而修布施乃至十八佛不共法，可名真修布施波羅蜜
多乃至十八佛不共法不？」

慶喜對曰：「不也！世尊！不也！善逝！」

佛言：「慶喜！要由迴向一切相智而修布施乃至十八佛不共法，乃可名
為真修布施波羅蜜多乃至十八佛不共法。是故般若波羅蜜多能與前五
波羅蜜多乃至十八佛不共法為尊為導故，我但廣稱讚般若波羅蜜多。」

②以無二等為方便迴向一切相智而修

具壽慶喜復白佛言：「云何迴向一切相智而修布施乃至十八佛不共法，
方得名為真修布施波羅蜜多乃至十八佛不共法？」

佛言：「慶喜！以無二為方便、無生為方便、無所得為方便，迴向一切
相智而修布施乃至十八佛不共法，如是迴向一切相智而修布施乃至十
八佛不共法，乃得名為真修布施波羅蜜多乃至十八佛不共法。」

(若布施等善法，能觀如佛道相不二、不生不滅、不得不失、畢竟空寂，是名迴向
一切相智。)

❶以五蘊等諸法之無二為方便而修

具壽慶喜復白佛言：「以何(法)無二為方便、無生為方便、無所得為方
便，迴向一切相智而修布施乃至十八佛不共法，乃得名為真修布施
波羅蜜多乃至十八佛不共法？」

佛言：「慶喜！以色、受、想、行、識乃至無上正等菩提無二為方便、

無生為方便、無所得為方便，迴向一切相智而修布施乃至十八佛不共法，方得名為真修布施波羅蜜多乃至十八佛不共法。」

❷明諸法性空無二無別

具壽慶喜白言：「世尊！云何以色、受、想、行、識乃至無上正等菩提無二為方便、無生為方便、無所得為方便，迴向一切相智而修布施乃至十八佛不共法，乃得名為真修布施波羅蜜多乃至十八佛不共法？」

佛言：「慶喜！色、受、想、行、識色、受、想、行、識性空，乃至無上正等菩提無上正等菩提性空。何以故？以色、受、想、行、識乃至無上正等菩提性空，與布施波羅蜜多乃至十八佛不共法，皆無二無二處故。

③般若為眾善之尊導 (大地與種生長之譬喻)

「慶喜當知！由般若波羅蜜多故，能迴向一切相智，由迴向一切相智故，能令布施波羅蜜多乃至十八佛不共法得至究竟。是故般若波羅蜜多於前五種波羅蜜多乃至十八佛不共法為尊為導故，我但廣稱讚般若波羅蜜多。

「慶喜當知！譬如大地以種散中，眾緣和合則得生長，應知大地與種生長，為所依止，為能建立。如是般若波羅蜜多及所迴向一切相智，與前五種波羅蜜多乃至十八佛不共法為所依止，為能建立，令得生長故。此般若波羅蜜多於前五種波羅蜜多乃至十八佛不共法為尊為導故，我但廣稱讚般若波羅蜜多，非布施等。」

(CBETA, T07, no. 220, p. 158, a^7-c^1)

sher phyin: v.027, pp.205^{15}-211^{20} 《合論》：v50, pp. 986^{13}-991^{02}

(8)重明受持般若得二世功德

(16.2.4)俱利中下品勝解

①帝釋說受持功德

卷 429〈天來品 34〉：

「爾時，天帝釋白佛言：「世尊！今者如來、應、正等覺於此般若波羅蜜多一切功德說猶未盡。所以者何？我從世尊所受般若波羅蜜多功德深廣無量無邊際，諸善男子、善女人等於此般若波羅蜜多，至心聽聞、受持、讀誦、精勤修學、如理思惟，廣為有情宣說流布，所獲功德亦無邊際。若有書寫如是般若波羅蜜多甚深經典種種嚴飾，復以無量上妙花鬘、塗散等香、衣服、瓔珞、寶幢、幡蓋、諸妙、珍奇、伎樂、

燈明而為供養,所獲功德亦無邊際。

❶世間善法、出世間善法現於世

「世尊!若善男子、善女人等於此般若波羅蜜多甚深經典,至心聽聞、受持、讀誦、精勤修學、如理思惟、書寫、解說、廣令流布,由此因緣世間便有十善業道,若四靜慮、四無量、四無色定,若布施波羅蜜多乃至般若波羅蜜多,若內空乃至無性自性空,若四念住廣說乃至十八佛不共法,

❷人天、三乘賢聖皆現於世

若預流果乃至阿羅漢果,若獨覺菩提,若諸菩薩摩訶薩行,若佛無上正等菩提,若諸世間所有勝事,無不出現。」

②佛廣明受持般若之功德

❶明更有餘功德

爾時,佛告天帝釋言:「憍尸迦!我不說此甚深般若波羅蜜多但有如前所說功德。何以故?憍尸迦!甚深般若波羅蜜多具足無邊勝功德故。憍尸迦!我亦不說於此般若波羅蜜多甚深經典,至心聽聞、受持、讀誦、精勤修學、如理思惟,廣為有情宣說流布,及能書寫種種嚴飾,復以無量上妙花鬘、塗散等香、衣服、瓔珞、寶幢、幡蓋、諸妙、珍奇、伎樂、燈明而為供養,諸善男子、善女人等但有如前所說功德。

❷不離一切智智心受持般若之功德

1.成就無量五分法身

何以故?

憍尸迦!若善男子、善女人等不離一切智智心,以無所得為方便,於此般若波羅蜜多甚深經典,至心聽聞、受持、讀誦、精勤修學、如理思惟,廣為有情宣說流布,或復書寫種種嚴飾,復以無量上妙花鬘乃至燈明而為供養,是善男子、善女人等成就無量殊勝戒蘊、定蘊、慧蘊、解脫蘊、解脫智見蘊。

(由色受想行識五蘊色身,成就戒、定、慧、解脫、解脫知見五蘊法身。)

2.如佛

「憍尸迦!是善男子、善女人等當知如佛。何以故?受持過去、未來、現在一切如來、應、正等覺無上道故,決定趣向佛菩提故,利益安樂一切有情無窮盡故,超過聲聞、獨覺地故。

3.勝於聲聞獨覺

憍尸迦!聲聞、獨覺所有戒蘊、定蘊、慧蘊、解脫蘊、解脫智見

蘊，比此善男子、善女人等所有戒蘊、定蘊、慧蘊、解脫蘊、解脫智見蘊，百分不及一，千分不及一，乃至鄔波尼殺曇分亦不及一。何以故？憍尸迦！是善男子、善女人等超過一切聲聞、獨覺下劣心想，於諸聲聞、獨覺乘法終不稱讚，於一切法無所不知，謂能正知無所有故。

❸書持供養般若者亦得二世功德

「憍尸迦！若善男子、善女人等不離一切智智心，以無所得為方便，於此般若波羅蜜多甚深經典，至心聽聞、受持、讀誦、精勤修學、如理思惟，廣為有情宣說流布，或復書寫種種嚴飾，復以無量上妙花鬘乃至燈明而為供養，我說獲得現在、未來無量無邊功德勝利。」

(CBETA, T07, no. 220, p. 158, c^1-p. 159, a^{24})

sher phyin:　v.027, p. 211^{21}-216^{04}　　《合論》：v50, pp. 991^{03}-994^{17}

③諸天來會增益說法者、受持者

(16.2.5)俱利中中品勝解

卷 429〈天來品 34〉：時，天帝釋即白佛言：

「我等諸天常隨衛護是善男子、善女人等，不令一切人非人等種種惡緣之所惱害。」

爾時，佛告天帝釋言：「憍尸迦！若善男子、善女人等以應一切智智心，用無所得為方便，於此般若波羅蜜多甚深經典受持、讀誦，時有無量百千天子為聽法故皆來集會，歡喜踊躍敬受如是甚深般若波羅蜜多。憍尸迦！若善男子、善女人等以應一切智智心，用無所得為方便，宣說如是甚深般若波羅蜜多相應之法，時有無量諸天子等皆來集會，以天威力令說法師增益辯才宣暢無盡。憍尸迦！若善男子、善女人等以應一切智智心，用無所得為方便，宣說如是甚深般若波羅蜜多，時有無量諸天子等，敬重法故皆來集會，以天威力，令說法師辯才無滯，設有障難不能遮斷。憍尸迦！諸善男子、善女人等以應一切智智心，用無所得為方便，於此般若波羅蜜多甚深經典，至心聽聞、受持、讀誦、精勤修學、如理思惟，廣為有情宣說流布，或復書寫眾寶嚴飾，復以種種上妙花鬘乃至燈明而為供養，於現在世當獲無邊功德勝利，魔及魔軍不能擾惱。

❶說者不怯論難

「復次，憍尸迦！若善男子、善女人等於四眾中宣說如是甚深般若波羅蜜多，心無怯怖不為一切論難所伏。何以故？憍尸迦！彼由如是甚深般若波羅蜜多所加祐故。又此般若波羅蜜多祕密藏中，具廣分

別一切法故，所謂善法、非善法、有記法、無記法、有漏法、無漏法、世間法、出世間法、有為法、無為法、聲聞法、獨覺法、菩薩法、如來法，諸如是等無量百千差別法門皆入此攝。又由如是，諸善男子、善女人等善住內空乃至無性自性空故，都不見有能論難者，亦不見有所論難者，亦不見有所說般若波羅蜜多。以是故，憍尸迦！此善男子、善女人等，由是般若波羅蜜多大威神力所護持故，不為一切異學論難及諸怨敵之所屈伏。

❷受持者不怖畏

「復次，憍尸迦！若善男子、善女人等於此般若波羅蜜多甚深經典，至心聽聞、受持、讀誦、精勤修學、如理思惟、書寫、解說、廣令流布，是善男子、善女人等心常不驚、不恐、不怖，心不沈沒亦不憂悔。何以故？憍尸迦！是善男子、善女人等都不見有可驚、可恐、可怖、沈沒、憂悔事故。憍尸迦！若善男子、善女人輩欲得此等現在無邊功德勝利，當於如是甚深般若波羅蜜多，至心聽聞、受持、讀誦、精勤修學、如理思惟、書寫、解說、廣令流布、供養恭敬、尊重讚歎無得暫捨。」

(CBETA, T07, no. 220, p. 159, a^{24}-c^{12})

sher phyin: v.027, p. 216^{04}-219^{05} 《合論》: v50, pp. 994^{18}-997^{18}

④得凡聖愛敬

(16.2.6)俱利中上品勝解

卷 429〈天來品 34〉：

「復次，憍尸迦！若善男子、善女人等以應一切智智心，用無所得為方便，於此般若波羅蜜多甚深經典，至心聽聞、受持、讀誦、精勤修學、如理思惟、書寫、解說、廣令流布、供養恭敬、尊重讚歎。是善男子、善女人等，恒為父母、師長、親友、國王、大臣及諸沙門、婆羅門等之所愛敬，亦為十方無邊世界一切如來應正等覺、菩薩摩訶薩、獨覺、阿羅漢、不還、一來、預流果等之所愛念，復為世間諸天、魔、梵、人及非人、阿素洛等之所愛護。」

(CBETA, T07, no. 220, p. 159, c$^{12-21}$)

sher phyin: v.027, p. 219$^{05-20}$ 《合論》: v50, pp. 997^{19}-998^{15}

⑤修六波羅蜜多等恆無懈廢

(16.2.7)俱利上下品勝解

卷 429〈天來品 34〉：

「是善男子、善女人等成就最勝無斷辯才，於一切時修行布施乃至般若
波羅蜜多，安住內空乃至無性自性空，修行四念住廣說乃至十八佛不
共法，修行一切三摩地門、陀羅尼門，成熟有情、嚴淨佛土，修行一
切智、道相智、一切相智恒無懈廢。

⑥能降伏外道異論及怨敵

　　是善男子、善女人等，不為一切外道異論及諸怨敵之所降伏，而能降
伏外道異論及諸怨敵。

⑦欲得二世功德應學般若波羅蜜多

　　憍尸迦！若善男子、善女人等，欲得如是現在、未來無斷無盡功德勝
利，應於如是甚深般若波羅蜜多，以應一切智智心，用無所得為方便，
至心聽聞、受持、讀誦、精勤修學、如理思惟、書寫、解說、廣令流
布、供養恭敬、尊重讚歎。」

(CBETA, T07, no. 220, p. 159, c^{21}-p. 160, a^5)

sher phyin:　v.027, p. 219^{21}-221^{08}　　《合論》: v50, pp. 998^{16}-1000^{06}

(9)諸天善神來

(16.2.8)俱利上中品勝解

①諸天善神來禮敬般若、守護行者

❶諸天善神來禮敬供養般若

　　卷429〈天來品 34〉:

「復次，憍尸迦！若善男子、善女人等書寫如是甚深般若波羅蜜多，
種種莊嚴置清淨處，供養恭敬、尊重讚歎。時，此三千大千世界及
餘十方無邊世界，所有四大王眾天乃至廣果天已發無上菩提心者恒
來是處，觀禮、讀誦如是般若波羅蜜多，供養恭敬、尊重讚歎，右
繞禮拜合掌而去；所有淨居天，謂無煩天、無熱天、善現天、善見
天、色究竟天亦恒來此，觀禮、讀誦如是般若波羅蜜多，供養恭敬、
尊重讚歎，右繞禮拜合掌而去。時，此三千大千世界及餘十方無邊
世界，有大威德諸龍、藥叉、健達縛、阿素洛、揭路荼、緊捺落、
莫呼洛伽、人非人等亦恒來此，觀禮、讀誦如是般若波羅蜜多，供
養恭敬、尊重讚歎，右繞禮拜合掌而去。

❷書寫般若者行法施

「憍尸迦！是善男子、善女人等應作是念：『今此三千大千世界及餘
十方無邊世界，所有四大王眾天乃至色究竟天，并餘無量有大威德
諸龍、藥叉、健達縛、阿素洛、揭路荼、緊捺落、莫呼洛伽、人非

人等常來至此,觀禮、讀誦我所書寫甚深般若波羅蜜多,供養恭敬、尊重讚歎,右繞禮拜合掌而去,此我則為已設法施。』作是念已歡喜踊躍,令所獲福倍復增長。

❸諸天守護行者,諸惡不能得便

「憍尸迦!是善男子、善女人等,由此三千大千世界及餘十方無邊世界,所有四大王眾天乃至色究竟天,并餘無量有大威德諸龍、藥叉、健達縛、阿素洛、揭路荼、緊捺落、莫呼洛伽、人非人等,常來至此隨逐擁護,不為一切人非人等之所惱害,唯除宿世定惡業因現在應熟,或轉重業現世輕受。憍尸迦!是善男子、善女人等,由此般若波羅蜜多甚深經典大威神力,獲如是等現世種種功德勝利,謂諸天等已發無上菩提心者,或依佛法已獲殊勝利樂事者,敬重法故恒來至此,隨逐擁護增其勢力。

❹諸天守護之因緣

何以故?

憍尸迦!是善男子、善女人等已發無上正等覺心,恒為救拔諸有情故,恒為成熟諸有情故,恒為不捨諸有情故,恒為利樂諸有情故。彼諸天等亦復如是,由此因緣,常來擁護是善男子、善女人等令無惱害。」

(CBETA, T07, no. 220, p. 160, a⁵-b¹⁴

sher phyin: v.027, p. 221⁰⁸-224⁰⁸ 《合論》: v50, pp. 1000⁰⁷-1002¹⁴

②云何知諸天來?

(16.2.9)俱利上上品勝解

卷430〈天來品34〉:第二分天來品第三十四之二

爾時,天帝釋白佛言:「世尊!是善男子、善女人等,云何覺知於此三千大千世界及餘十方無邊世界,所有四大王眾天乃至色究竟天,并餘無量有大威德諸龍、藥叉、健達縛、阿素洛、揭路荼、緊捺落、莫呼洛伽、人非人等來至其所,觀禮、讀誦彼所書寫甚深般若波羅蜜多,供養恭敬、尊重讚歎,合掌右繞、歡喜護念?」

❶見妙光明、聞異香芬馥

爾時,佛告天帝釋言:「憍尸迦!是善男子、善女人等,若見如是甚深般若波羅蜜多所在之處有妙光明,或聞其所異香芬馥若天樂音,當知爾時有大神力威德熾盛諸天、龍等來至其所,觀禮、讀誦彼所書寫甚深般若波羅蜜多,供養恭敬、尊重讚歎,合掌右繞、歡喜護

念。

❷修純淨行、住處莊嚴、邪惡退散

「復次，憍尸迦！是善男子、善女人等修純淨行嚴飾其處，至心供養如是般若波羅蜜多甚深經典，當知爾時有大神力威德熾盛諸天、龍等來至其所，觀禮、讀誦彼所書寫甚深般若波羅蜜多，供養恭敬、尊重讚歎，合掌右繞、歡喜護念。憍尸迦！隨有如是具大神力威德熾盛諸天、龍等來至其處，此中所有邪神、惡鬼驚怖退散無敢住者。由此因緣，是善男子、善女人等心便廣大起淨勝解，所修善業倍復增長，諸有所為皆無障礙。以是故，憍尸迦！若此般若波羅蜜多甚深經典隨所在處，應當周匝除去穢物，掃拭、塗治、香水散灑，敷設寶座而安措之，燒香、散花、張施幰蓋，寶幢、幡鐸間飾其中，諸妙、珍奇、衣服、瓔珞、金銀、寶器、伎樂、燈明，種種雜綵莊嚴其處。若能如是供養般若波羅蜜多，便有無量具大神力威德熾盛諸天、龍等來至其所，觀禮讀誦彼所書寫甚深般若波羅蜜多，供養恭敬、尊重讚歎，合掌右繞、歡喜護念。

③諸天利益行者

❶寢息安隱，有夢皆善

「復次，憍尸迦！是善男子、善女人等，若能如是供養恭敬、尊重讚歎甚深般若波羅蜜多，決定當得身心無倦、身樂心樂、身輕心輕、身調柔心調柔、身安隱心安隱，繫想般若波羅蜜多，夜寢息時，無諸惡夢唯得善夢，謂見如來、應、正等覺身真金色，具三十二大丈夫相，八十隨好圓滿莊嚴，放大光明普照一切，聲聞、菩薩前後圍繞，身處眾中。聞佛為說布施、淨戒、安忍、精進、靜慮、般若波羅蜜多相應之法，復聞為說內空乃至無性自性空、四念住廣說乃至十八佛不共法相應之法；復聞分別布施、淨戒、安忍、精進、靜慮、般若波羅蜜多相應之義，復聞分別內空乃至無性自性空、四念住廣說乃至十八佛不共法相應之義。又於夢中見菩提樹，其量高廣眾寶莊嚴，有大菩薩趣菩提樹，結跏趺坐降伏魔怨，證得無上正等菩提，轉妙法輪度無量眾。復見無量百千俱胝那庾多菩薩摩訶薩，論議決擇種種法義，謂應如是成熟有情、嚴淨佛土，修菩薩行、降伏魔軍，永斷障習、趣證無上正等菩提。又復夢見十方無量百千俱胝那庾多佛，亦聞其聲，謂某世界某名如來、應、正等覺，若干百千俱胝那庾多菩薩摩訶薩，若干百千俱胝那庾多聲聞弟子，恭敬圍繞而為說

法。又復夢見十方無量百千俱胝那庾多佛入般涅槃，彼一一佛般涅槃後，各有施主為供養佛設利羅故，以妙七寶各起無量百千俱胝那庾多數諸窣堵波，復於一一窣堵波所，各以無量上妙華鬘、塗散等香、衣服、瓔珞、寶幢、幡蓋、諸妙、珍奇、伎樂、燈明，經無量劫供養恭敬、尊重讚歎。

❷身心輕安，不貪供養

「憍尸迦！是善男子、善女人等見如是類諸善夢相，若睡若覺身心安樂，諸天神等益其精氣，令彼自覺身體輕便。由是因緣，不多貪染飲食、醫藥、衣服、臥具，於四供養其心輕微，如瑜伽師入勝妙定，由彼定力滋潤身心，從定出已雖遇美饍而心輕微，此亦如是。何以故？憍尸迦！是善男子、善女人等，由此三千大千世界及餘十方無邊世界，一切如來應正等覺、聲聞、菩薩、天、龍、藥叉、健達縛、阿素洛、揭路茶、緊捺洛、莫呼洛伽、人非人等，具大神力勝威德者慈悲護念，以妙精氣冥注身心，令其志勇體充盛故。

④勸修般若波羅蜜多

「憍尸迦！若善男子、善女人等，欲得如是所有現在功德勝利，應發一切智智心，以無所得為方便，於此般若波羅蜜多甚深經典，至心聽聞、受持、讀誦、精勤修學、如理思惟、書寫、解說、廣令流布。」

(CBETA, T07, no. 220, p. 160, b^{22}-p. 161, b^{13})

sher phyin:　v.027, p. 224^{08}-229^{10}　《合論》: v50, pp. 1002^{15}-1007^{08}

3.利他勝解修

16.3 利他九品

(1)供養般若功德勝於供養如來及設利羅寶塔

(16.3.1)利他下下品勝解

卷 430〈天來品 34〉：

「憍尸迦！若善男子、善女人等，雖於般若波羅蜜多甚深經典，不能聽聞、受持、讀誦、精勤修學、如理思惟，廣為有情宣說流布，而但書寫眾寶嚴飾，復以種種上妙華鬘、塗散等香、衣服、瓔珞、寶幢、幡蓋、諸妙、珍奇、伎樂、燈明，供養恭敬、尊重讚歎，亦得如前所說種種功德勝利。何以故？

憍尸迦！是善男子、善女人等能廣利樂無量無邊諸有情故。

「復次，憍尸迦！若善男子、善女人等以應一切智智心，用無所得為方便，於此般若波羅蜜多甚深經典，至心聽聞、受持、讀誦、精勤修學、如理

思惟,廣為有情宣說流布,或復書寫眾寶嚴飾,復以種種上妙華鬘乃至燈明而為供養,所獲福聚無量無邊。勝餘有情盡其形壽,以無量種上妙飲食、衣服、臥具、醫藥、資緣,供養恭敬、尊重讚歎十方世界一切如來、應、正等覺及弟子眾;亦勝十方佛及弟子般涅槃後,有為供養設利羅故,以妙七寶起窣堵波高廣嚴麗,復以無量天妙花鬘乃至燈明,盡其形壽供養恭敬、尊重讚歎。

何以故?

憍尸迦!十方諸佛及弟子眾,皆因如是甚深般若波羅蜜多而出生故。」*16

(CBETA, T07, no. 220, p. 161, b^{13}-c^5)

sher phyin:　v.027, p. 229^{10}-230^{18}　《合論》:v50, pp. 1007^{09}-1008^{15}

(2)佛設利羅與般若經卷比較

(16.3.2)利他下中品勝解

卷 430〈設利羅品 35〉:第二分設利羅品第三十五

①與滿贍部洲佛設利羅比較

❶約二諦論取捨

1.佛問:設利羅與般若二者中取何者?

「復次,憍尸迦!假使充滿此贍部洲佛設利羅以為一分,書寫如是甚深般若波羅蜜多復為一分,此二分中汝取何者?」*17

2.帝釋正答取般若為本 (此為世諦說有取捨)

天帝釋言:「世尊!於此二分我意寧取甚深般若波羅蜜多。

所以者何?

我於諸佛設利羅所非不信受,非不欣樂供養恭敬、尊重讚歎,然諸佛身及設利羅,皆因如是甚深般若波羅蜜多而出生故,皆由如是甚深般若波羅蜜多功德勢力所熏修故,乃為一切世間天、人、阿素洛等,以無量種上妙花鬘乃至燈明,供養恭敬、尊重讚歎。」

(是故二分中我寧取勝者)

3.舍利子問取捨:般若無相,云何取捨?

時,舍利子語帝釋言:「憍尸迦!甚深般若波羅蜜多無色、無見、無對、一相,所謂無相,無相之法既不可取,汝云何取?

何以故?

憍尸迦!甚深般若波羅蜜多無取無捨、無增無減、無聚無散、無益無損、無染無淨,不與諸佛法,不與獨覺法,不與阿羅漢法,不與學法,不棄異生法,不與無為界,不棄有為界,不與內空乃

至無性自性空,不與四念住廣說乃至一切相智,不棄雜染法。」

4.帝釋答舍利子:不隨二行為取捨義 (無二相故)(如實知無取捨)

時,天帝釋便報具壽舍利子言:「如是!如是!誠如所說。大德!若如實知甚深般若波羅蜜多無取無捨,乃至不與一切相智,不捨雜染,是為真取甚深般若波羅蜜多,亦真修行甚深般若波羅蜜多。然此般若波羅蜜多不隨二行,無二相故,如是靜慮乃至布施波羅蜜多亦不隨二行,無二相故。」*18

5.佛述成:六度不隨二行、六度與法界等無二無別

爾時,佛讚天帝釋言:「善哉!善哉!如汝所說。甚深般若乃至布施波羅蜜多皆不隨二行。

何以故?

憍尸迦!如是六種波羅蜜多皆無二相故。憍尸迦!諸有欲令甚深般若乃至布施波羅蜜多有二相者,則為欲令法界、真如、法性、實際、不思議界亦有二相。

何以故?

憍尸迦!甚深般若乃至布施波羅蜜多,皆與法界乃至不思議界無二無二處故。」(欲分別諸法說有二相,而般若相實為無二相。)

❷帝釋解明選取般若之因緣

1.修學般若能得無上菩提故

時,天帝釋復白佛言:「世尊!甚深般若波羅蜜多,世間天、人、阿素洛等,皆應至誠禮拜右繞,供養恭敬、尊重讚歎。所以者何?一切菩薩摩訶薩眾皆依般若波羅蜜多,精勤修學證得無上正等菩提。

「世尊!如我坐在三十三天善法殿中天帝座上,為諸天眾宣說正法時,有無量諸天子等來至我所,供養恭敬、尊重讚歎,右繞禮拜合掌而去。我若不在彼法座時,諸天子等亦來其處,雖不見我,如我在時恭敬供養,咸言:『此處是天帝釋為諸天等說法之座,我等皆應如天主在,供養右繞禮拜而去。』

「世尊!如是般若波羅蜜多,若有書寫、受持、讀誦,廣為有情宣說流布,當知是處恒有此土并餘十方無邊世界無量無數天、龍、藥叉、健達縛、阿素洛、揭路茶緊捺洛、莫呼洛伽、人非人等皆來集會,設無說者,敬重法故,亦於是處供養恭敬、尊重讚歎,禮拜而去。

何以故？

一切如來應正等覺及諸菩薩摩訶薩眾、獨覺、聲聞、一切有情所有樂具，皆依般若波羅蜜多而得有故，佛設利羅亦由般若波羅蜜多功德熏修受供養故。(天人阿素洛等供養禮拜般若波羅蜜多，如同諸天眾禮拜帝釋法座。)

「世尊！甚深般若波羅蜜多，與諸菩薩摩訶薩行及所證得一切相智，為因、為緣，為所依止，為能引發。是故我說：假使充滿此贍部洲佛設利羅以為一分，書寫如是甚深般若波羅蜜多復為一分，此二分中我意寧取如是般若波羅蜜多。

2.能離怖畏故

「世尊！我若於此甚深般若波羅蜜多，受持、讀誦，正憶念時，心契法故，都不見有諸怖畏相。何以故？世尊！甚深般若波羅蜜多無相無狀無言無說，由此般若波羅蜜多無相無狀無言無說，靜慮、精進、安忍、淨戒、布施波羅蜜多，廣說乃至一切相智，亦無相無狀無言無說。世尊！若此般若波羅蜜多有相狀言說，非無相狀言說者，不應如來、應、正等覺達一切法無相無狀無言無說，證得無上正等菩提，為諸弟子說一切法無相無狀無言無說。世尊！由此般若波羅蜜多無相狀言說，非有相狀言說，是故如來、應、正等覺達一切法無相無狀無言無說，證得無上正等菩提，為諸弟子說一切法無相無狀無言無說。」(得是無相法故無所畏)

(CBETA, T07, no. 220, p. 161, c⁶-p. 162, b²¹)

sher phyin: v.027, p. 230¹⁹-238⁰⁹　《合論》: v50, pp. 1008¹⁶-1015⁰⁶

卷 430〈設利羅品 35〉：

「世尊！是故般若波羅蜜多，堪受天、人、阿素洛等，以無量種上妙花鬘乃至燈明，供養恭敬、尊重讚歎。

3.不墮三惡道故、能常見諸佛供養恭敬故

(16.3.3)利他下上品勝解

「世尊！若有於此甚深般若波羅蜜多，至心聽聞、受持、讀誦、精勤修學、如理思惟，廣為有情宣說流布，或復書寫眾寶嚴飾，供養恭敬、尊重讚歎，決定不復墮於地獄、傍生、鬼界、邊鄙、達絮、蔑戾車中，不墮聲聞及獨覺地，必趣無上正等菩提，常見諸佛恒聞正法，不離善友，嚴淨佛土、成熟有情，從一佛國至一佛國供養恭敬、尊重讚歎諸佛世尊及諸菩薩摩訶薩眾。」

(CBETA, T07, no. 220, p. 162, b²¹-c³)

sher phyin: v.027, p. 238⁰⁹-239¹⁴ 《合論》: v50, pp. 1015⁰⁷-1016⁰¹

②與滿三千大千世界佛設利羅比較

(16.3.4)利他中下品勝解

❶般若與佛無二無別，見般若經卷即見佛

卷 430〈設利羅品 35〉：

「復次，世尊！假使充滿於此三千大千世界佛設利羅以為一分，書寫
如是甚深般若波羅蜜多復為一分，此二分中我意寧取甚深般若波羅
蜜多。何以故？世尊！一切如來、應、正等覺及三千界佛設利羅，
皆從般若波羅蜜多而出生故；又三千界佛設利羅，皆由般若波羅蜜
多功德勢力所熏修故，得諸天、人、阿素洛等供養恭敬、尊重讚歎。
由此因緣，諸善男子、善女人等，供養恭敬、尊重讚歎佛設利羅，
決定不墮三惡趣中，常生天、人受諸富樂，隨心所願乘三乘法而趣
涅槃。

「世尊！若見如來、應、正等覺，若見所寫甚深般若波羅蜜多，此二
功德平等無異。

何以故？

甚深般若波羅蜜多，與諸如來、應、正等覺，平等無二無二處故。」

(CBETA, T07, no. 220, p. 162, c³⁻¹⁷)

sher phyin: v.027, p. 239¹⁴-240¹⁰ 《合論》: v50, p. 1016⁰²⁻¹⁹

❷持頌般若功德與佛「三示導、十二分教」等齊

(16.3.5)利他中中品勝解

卷 430〈設利羅品 35〉：

「世尊！若有如來、應、正等覺住三示導，為諸有情宣說正法，所謂
契經乃至論議，若善男子、善女人等於此般若波羅蜜多，受持、讀
誦、廣為他說，此二功德平等無異。 （三示導：如來以三事示現：1.神
足；2.觀他心；3.教誡。）

[長阿含經]1

何以故？

若彼如來、應、正等覺，若三示導，若所宣說十二分教，皆依般若
波羅蜜多而出生故。

「世尊！若十方界如殑伽沙一切如來、應、正等覺住三示導，為諸有
情宣說正法，所謂契經乃至論議，若善男子、善女人等於此般若波

羅蜜多,受持、讀誦、廣為他說,此二功德平等無異。

何以故?

若十方界如殑伽沙一切如來、應、正等覺,若三示導,若所宣說十二分教,皆依般若波羅蜜多而出生故。(般若波羅蜜是三示導及十二分教之根本)

❸供養般若經卷與供養佛平等無異

「世尊!若善男子、善女人等,以無量種上妙花鬘乃至燈明,供養恭敬、尊重讚歎十方世界如殑伽沙一切如來、應、正等覺;有善男子、善女人等書寫般若波羅蜜多,亦以無量上妙供具,供養恭敬、尊重讚歎,此二功德平等無異。

何以故?

彼諸如來、應、正等覺皆依般若波羅蜜多而出生故。」

(CBETA, T07, no. 220, p. 162, c^{17}-p. 163, a^{7})

sher phyin: v.027, p. 240^{10}-242^{04} 《合論》: v50, pp. 1016^{20}-1018^{14}

❹能離內怖畏

(16.3.6)利他中上品勝解

1.離惡道超二乘,遠離災橫疾疫

卷 430〈設利羅品 35〉:

「世尊!若善男子、善女人等於此般若波羅蜜多,至心聽聞、受持、讀誦、精勤修學、如理思惟,廣為有情宣說流布,彼當來世不墮地獄、傍生、鬼界,不墮聲聞及獨覺地。

何以故?

是善男子、善女人等決定當住不退轉地,遠離一切災橫疾疫苦惱事故。

2.遠離怖畏

「世尊!若善男子、善女人等於此般若波羅蜜多,至心聽聞、受持、讀誦、精勤修學、如理思惟、書寫、解說、廣令流布,以無量種上妙供具,供養恭敬、尊重讚歎,彼定永絕一切怖畏。如負債人怖畏債主,即便親近奉事國王,依王勢力得免怖畏。世尊!王喻般若波羅蜜多,彼負債人喻善男子、善女人等,依恃般若波羅蜜多得離怖畏。

3.設利羅依般若熏修故得供養

「世尊!譬如有人依附王故,王攝受故,為諸世人供養恭敬、尊重

讚歎；佛設利羅亦復如是，由此般若波羅蜜多所熏修故，為諸天、人、阿素洛等供養恭敬、尊重讚歎。世尊！王喻般若波羅蜜多，佛設利羅喻依王者。

「世尊！諸佛所得一切相智，亦依般若波羅蜜多而得成就，是故我說假使充滿此三千界佛設利羅以為一分，書寫如是甚深般若波羅蜜多復為一分，此二分中我意寧取甚深般若波羅蜜多。

何以故？

世尊！佛設利羅堅踰金剛具種種色，及三十二大丈夫相、八十隨好所莊嚴身，如來十力、四無所畏、四無礙解、大慈、大悲、大喜、大捨、十八佛不共法，乃至如來一切相智，皆由般若波羅蜜多而成辦故。世尊！由此般若波羅蜜多威神力故，布施等五亦得名為波羅蜜多。

何以故？

世尊！若無般若波羅蜜多，施等不能到彼岸故。

❺離外怖畏

1.不為人非人所惱害，能速證三乘涅槃

「復次，世尊！若此三千大千世界或餘世界，所有王都、城邑、聚落，其中若有受持、讀誦、書寫、解說、供養恭敬、尊重讚歎如是般若波羅蜜多，是處有情不為一切人非人等之所惱害，唯除決定惡業應受，此中有情漸次修學三乘正行，隨其所願乃至速證三乘涅槃。世尊！如是般若波羅蜜多於此三千大千世界作大饒益。

2.寶珠喻

「世尊！如是般若波羅蜜多具大神力，隨所在處則為有佛作諸佛事，所謂利樂一切有情。世尊！譬如無價大寶神珠，具無量種勝妙威德，隨所住處有此神珠，人及非人無諸惱害。設有男子或復女人，為鬼所執身心苦惱，若有持此神珠示之，由珠威力鬼便捨去。諸有熱病或風、或痰、或熱風痰合集為病，若有繫此神珠著身，如是諸病無不除愈。此珠在暗能作照明，熱時能涼，寒時能暖，隨地方所有此神珠，時節調和不寒不熱。若地方處有此神珠，蛇蝎等毒無敢停止。設有男子或復女人，為毒所中楚痛迷悶，若有持此神珠示之，珠威勢故毒即銷滅。若諸有情身嬰癩疾、惡瘡、腫疱、目眩、瞖等眼病、耳病、鼻病、舌病、喉病、身病、諸支節病，帶此神珠眾病皆愈。若諸池沼泉井等中，其水濁穢或將枯

涸，以珠投之水便盈滿，香潔澄淨具八功德；若以青黃赤白紅紫
碧綠雜綺種種色衣，裹此神珠投之於水，水隨衣綵各同其色。如
是無價大寶神珠，威德無邊歎不可盡，若置箱篋亦令其器具足成
就無邊威德。設空箱篋由曾置珠，其器仍為眾人愛重。」

爾時，慶喜問帝釋言：「如是神珠為天上有，人亦有耶？」

天帝釋言：「人中、天上俱有此珠，若在人中形小而重，若在天上
形大而輕。又人中珠相不具足，在天上者其相周圓，天上神珠威
德殊勝無量倍數過人所有。」

❻般若為眾德本如寶珠*19

時，天帝釋復白佛言：「世尊！甚深般若波羅蜜多亦復如是，為眾德
本，能滅無量惡不善法，隨所在處，令諸有情身心苦惱悉皆除滅，
人非人等不能為害。

1.設利羅是佛功德住處

「世尊！所說無價大寶神珠，非但喻於甚深般若波羅蜜多，亦喻如
來一切相智，亦喻靜慮波羅蜜多乃至布施波羅蜜多，亦喻內空乃
至無性自性空，亦喻四念住廣說乃至十八佛不共法，亦喻法性、
法住、法定、真如、實際、不思議界。

何以故？

世尊！如是功德皆由般若波羅蜜多大威神力之所引顯，功德深廣
無量無邊。佛設利羅由諸功德所熏修故，佛涅槃後，堪受一切世
間天、人、阿素洛等供養恭敬、尊重讚歎。

2.佛設利羅是諸法波羅蜜住處(所依器)，堪受供養

「復次，世尊！佛設利羅是極圓滿最勝清淨般若波羅蜜多乃至布施
波羅蜜多，內空乃至無性自性空，四念住廣說乃至十八佛不共
法，一切智、道相智、一切相智，大慈、大悲、大喜、大捨，無
忘失法、恒住捨性，永斷煩惱習氣相續及餘無量無邊佛法所依器
故，佛涅槃後，堪受一切世間天、人、阿素洛等供養恭敬、尊重
讚歎。」

(CBETA, T07, no. 220, p. 163, a⁷-p. 164, a¹)

sher phyin: v.027, p. 242⁰⁵-249⁰⁵ 《合論》：v50, pp. 1018¹⁵-1024²¹

卷430〈設利羅品35〉：

「世尊！佛設利羅是極圓滿最勝清淨功德珍寶波羅蜜多所依器
故，堪受一切世間天、人、阿素洛等供養恭敬、尊重讚歎。

「世尊！佛設利羅是極圓滿最勝清淨無染無淨、無生無滅、無入無出、無增無減、無來無去、無動無止、無此無彼波羅蜜多所依器故，佛涅槃後，堪受一切世間天、人、阿素洛等供養恭敬、尊重讚歎。

「世尊！佛設利羅是極圓滿最勝清淨諸法實性波羅蜜多所依器故，佛涅槃後，堪受一切世間天、人、阿素洛等供養恭敬、尊重讚歎。

③與滿十方殑伽沙界佛設利羅比較

(16.3.7)利他上下品勝解

❶持誦般若具足眾德，見佛色身法身

　1.持誦般若能具足眾德，設利羅因般若而得生

「復次，世尊！置滿三千大千世界佛設利羅。假使充滿十方各如殑伽沙界佛設利羅以為一分，書寫如是甚深般若波羅蜜多復為一分，此二分中我意寧取如是般若波羅蜜多。

何以故？

世尊！一切如來、應、正等覺諸設利羅，皆因如是甚深般若波羅蜜多而得生故，皆由如是甚深般若波羅蜜多所熏修故，皆為如是甚深般若波羅蜜多所依器故，堪受一切天、龍、藥叉、健達縛、阿素洛、揭路茶、緊捺洛、莫呼洛伽、人非人等供養恭敬、尊重讚歎。

「世尊！若善男子、善女人等，供養恭敬、尊重讚歎佛設利羅，天上、人中受諸富樂無有窮盡。人中所謂剎帝利大族、婆羅門大族、長者大族、居士大族，天上所謂四大王眾天乃至他化自在天，即由如是殊勝善根至最後身得盡苦際。

　2.供養般若所得功德甚多於供養設利羅

「世尊！若善男子、善女人等於此般若波羅蜜多，至心聽聞、受持、讀誦、書寫、解說、如理思惟，由此般若波羅蜜多速得圓滿。如是般若波羅蜜多得圓滿故，復令靜慮波羅蜜多乃至布施波羅蜜多，四念住廣說乃至十八佛不共法亦得圓滿。由此復能超聲聞地及獨覺地，證入菩薩正性離生，獲得菩薩殊勝神通。乘此神通遊諸佛土，從一佛國至一佛國，供養恭敬諸佛世尊，成熟有情、嚴淨佛土，發勝思願受種種身；為欲饒益諸有情故，或作轉輪王，或作餘小王，或作剎帝利，或作婆羅門，或作毘沙門，或作天帝

釋，或作梵王，或作餘類，利益安樂無量有情。是故，世尊！我
於諸佛設利羅所非不信受，非不欣樂供養恭敬、尊重讚歎，然於
如是甚深般若波羅蜜多供養恭敬、尊重讚歎，所獲功德甚多於
彼，由此因緣，我意寧取甚深般若波羅蜜多。

「世尊！若善男子、善女人等供養恭敬、尊重讚歎如是般若波羅蜜
多，則為增長一切佛法，亦為攝受世、出世間富樂自在，如是已
為供養恭敬、尊重讚歎佛設利羅。

3.欲見佛色身法身應持誦般若，亦應以法性修佛隨念

「復次，世尊！若有欲得常見十方無量無數無邊世界一切如來、
應、正等覺色身、法身，當於如是甚深般若波羅蜜多，至心聽聞、
受持、讀誦、精勤修學、如理思惟、書寫、解說、廣令流布。彼
見十方無量無數無邊世界一切如來、應、正等覺二種身故，漸修
般若波羅蜜多令速圓滿，是時應以法性修習觀佛隨念。

❷般若能攝有為無為法性

「世尊！法性有二。一者、有為。二者、無為。

此中何謂有為法性？

謂內空智乃至無性自性空智，四念住智乃至八聖道支智，三解脫門
智，佛十力智乃至十八佛不共法智，善、非善法智，有記、無記法
智，有漏、無漏法智，有為、無為法智，世間、出世間法智，雜染、
清淨法智，諸如是等無量門智，皆悉說名有為法性。　(有為法性是作
相，先無今有，已有還無故。)

此中何謂無為法性？

謂一切法無生無滅、無住無異、無染無淨、無增無減、無相無為諸
法自性。云何名為諸法自性？謂一切法無性自性，如是說名無為法
性。」*20

(CBETA, T07, no. 220, p. 164, a^1-c^6)

sher phyin:　v.027, p. 249^{05}-254^{01}　　《合論》：v50, pp. 1025^{01}-1029^{14}

❸三世諸佛及弟子皆因般若而成就

(16.3.8)利他上中品勝解

卷430〈設利羅品35〉：爾時，佛告天帝釋言：

「如是！如是！如汝所說。

1.三世諸佛及佛弟子皆因般若而成就道果

憍尸迦！過去未來現在諸佛，皆依般若波羅蜜多，已證當證現證無

上正等菩提；過去未來現在諸佛聲聞弟子，皆依般若波羅蜜多，已得當得現得預流、一來、不還、阿羅漢果；過去未來現在獨覺，皆依般若波羅蜜多，已、當、現證獨覺菩提。

2.般若中廣說三乘相應法教

何以故？

憍尸迦！如是般若波羅蜜多祕密藏中，廣說三乘相應法故。然此所說，以無所得為方便故，無性無相為方便故，無生無滅為方便故，無染無淨為方便故，無造無作為方便故，無入無出為方便故，無增無減為方便故，無取無捨為方便故。如是所說皆由世俗，非勝義故。

所以者何？

如是般若波羅蜜多，非此岸、非彼岸，非陸地、非中流，非高、非下，非平等、非不平等，非有相、非無相，非世間、非出世間，非有漏、非無漏，非有為、非無為，非善、非非善，非有記、非無記，非過去、非未來、非現在。憍尸迦！如是般若波羅蜜多，不與佛法，不與菩薩摩訶薩法，不與獨覺法，不與聲聞法，亦不棄異生法。」

(CBETA, T07, no. 220, p. 164, c$^{6\text{-}26}$)

sher phyin: v.027, p. 254^{01}-256^{05} 《合論》：v50, pp. 1029^{15}-1031^{14}

❹般若行者知一切法性相皆空不可得

(16.3.9)利他上上品勝解

卷 430〈設利羅品 35〉：時，天帝釋復白佛言：

「世尊！如是般若波羅蜜多，是大波羅蜜多，是無上波羅蜜多，是無等等波羅蜜多。諸菩薩摩訶薩修行如是波羅蜜多時，雖知一切有情心行境界差別，而不得我，不得有情，乃至不得知者、見者，不得色乃至識，不得眼乃至意，不得色乃至法，不得眼識乃至意識，不得眼觸乃至意觸，不得眼觸為緣所生諸受乃至意觸為緣所生諸受，不得布施波羅蜜多乃至般若波羅蜜多，不得內空乃至無性自性空，不得四念住廣說乃至十八佛不共法，不得菩提，不得涅槃，不得諸佛及諸佛法。

何以故？

世尊！非此般若波羅蜜多，於一切法依有所得而出現故。

所以者何？

甚深般若波羅蜜多都無自性，亦無所有，亦不可得能得、所得及二依處，性相皆空不可得故。」

爾時，佛告天帝釋言：「如是！如是！如汝所說。憍尸迦！諸菩薩摩訶薩長夜修學甚深般若波羅蜜多，尚不得菩提，況得菩薩法！」

❺般若為明導以無所得為方便盡行六度

爾時，天帝釋白佛言：

「世尊！諸菩薩摩訶薩為但行般若波羅蜜多，亦行餘五波羅蜜多耶？」

1.以無所得為方便盡行六度

佛言：「憍尸迦！諸菩薩摩訶薩以無所得而為方便，具行六種波羅蜜多。謂諸菩薩摩訶薩修行布施波羅蜜多時，不得布施波羅蜜多，不得施者及能受者；修行淨戒波羅蜜多時，不得淨戒波羅蜜多，不得持戒及犯戒者；乃至修行般若波羅蜜多時，不得般若波羅蜜多，不得具妙慧及具惡慧者。

2.盡行六度，以般若為導能圓滿六度*21

「復次，憍尸迦！諸菩薩摩訶薩甚深般若波羅蜜多為尊為導，修行一切波羅蜜多令速圓滿。是菩薩摩訶薩行布施時，甚深般若波羅蜜多為尊為導，所修布施波羅蜜多無所執著速得圓滿；乃至行般若時，甚深般若波羅蜜多為尊為導，所修般若波羅蜜多無所執著速得圓滿。

3.諸波羅蜜攝入般若波羅蜜中無差別

「復次，憍尸迦！是菩薩摩訶薩於一切法，以無所得而為方便，修行般若波羅蜜多故無執著，令所修行速得圓滿；謂於色無所得為方便，乃至於一切相智無所得為方便。憍尸迦！如贍部洲所有諸樹枝條、莖幹、花葉、果實，雖有種種形色不同，而其蔭影都無差別。如是前五波羅蜜多雖各有異，而由般若波羅蜜多攝受迴向一切相智，以無所得為方便故，諸差別相都不可得。」*22

(CBETA, T07, no. 220, p. 164, c²⁶-p. 165, b¹¹)

sher phyin: v.027, p. 256⁰⁵-262⁰⁶   《合論》：v50, pp. 1031¹⁵-1036⁰⁴

註解：

*1(1)設利羅 śarīra (舍利)

印度人死後身體之總稱，佛教中以僧人死後所遺留之頭髮、骨骼、骨灰等均稱為舍利。火化後所得之結晶體則稱為舍利子(堅固粒子)。可分為髮舍利(黑)、骨舍利(白)、肉舍利(赤)、爪舍利、牙舍利。

(2)香之供養

①燒香。(表遍法界)

②塗香 vilepana (塗身香)，以旃檀粉加水塗身清淨。(表除戲論垢)

③和合香，成丸狀名和合丸，以塗香及燒香香料混合。(表身行和合)

④散香，不成丸粒狀散碎之香。

⑤線香。

⑥抹香 curna，粉末狀，撒布道場塔廟上。

⑦香湯，洗身用、浴佛用。

*2 信根多者，喜供養設刌羅、慧根多者，好讀誦經法。

*3 《大智度論》 57

(1)舍利是無記法，是諸善法所依止處，後乃能與人果報。

(2)行般若波羅蜜，即時得果，後亦得報。

*4 證淨(不壞信)、無疑、究竟(決了)

(解1)三者無別。

(解2)以決了故無疑，無疑故於三寶不壞信。(初信三寶故無疑，智慧究竟故決了。)

(解3)三分聖戒力(正語、正業、正命)故信不壞，四分力(正思惟、正精進、正念、正定)故無疑，正見分力故是決了。

(解4)見諦道中是不壞信，思惟道中是無疑，無學道中是決了。

*5 此指十二分教中，義同般若而非般若門之經者。此等為三乘共有法。

*6 佛寶

此中諸法及諸道，皆廣解三寶中義。佛寶者指佛法所攝無學五眾(戒眾、定眾、慧眾、解脫眾、解脫知見眾)。

*7 以忉利天不淨業因緣，致有怨敵，不得不諍鬥。而諸天耽著欲樂，不常誦般若波羅蜜多，故不能常令阿素洛惡心不起。

*8 天人五衰相

天人臨命終時有五種衰相。

(1)花冠枯萎；　　　　　　(2)衣服垢膩；　　　　　　(3)腋下出汗；

(4)身體臭穢 (戒香→屍味)；　(5)不樂本座 (坐立不安)。

*9 般若能與有情樂(餘咒能起惑造惡業墮惡道)，能滅有情諸著(餘咒隨貪瞋作惡)，能立有情於大乘離老病死，能除一切不善法，能與一切善法，是佛所作勝過諸餘咒。

*10(1)四百四病

四大為身，常相侵害，一一大中，百一病起。冷病有二百二，水風起故；熱病有二百二，地火起故，火熱相地堅相，堅相難消故起熱病。

(2)定業現世應受者，指必應受報之業因緣，佛所不能救，何況般若。(參考第 15 義註 1)

*11 四軍指象軍、馬軍、車軍、步軍。

來佛所之四軍嚴飾殊麗，明顯與下列四國之四軍不同，因此知是惡魔所化。

(1)摩揭陀國 magadha

與佛陀同時代之頻婆沙羅王(bimbisāra，意譯影堅王)，都王舍城。歸依釋尊，深信佛法，於竹林精舍供養護持佛及其弟子。後為其子阿闍世王篡奪王位，卒於獄中。

(2)迦毘羅衛國 kapilavastu

佛陀所屬之釋迦族，為雅利安日種族甘蔗王之後，都迦毘羅衛城。

(3)栗呫毘 licchavi (隨舍利、離車、梨昌)

古印度吠舍釐(vaiśāli 毘舍離)城之種族，為跋祇族(vṛji)一支，常與南方之摩揭陀國對抗。據《長阿舍經》4 載，佛涅槃後離車民眾分得舍利一分，並建塔供養。

(4)摩羅國 malla (意譯力士國)

古印度十六大國之一，恆河之北，迦毘羅衛城之東，都城拘尸那羅(佛陀涅槃地)，此族以力大而著名。佛陀入涅槃時，五百摩羅人悲號不止，抬棺安於天冠寺供養七日後再荼毘。與波婆國摩羅族各得一分舍利而建塔供養。

*12 印順法師《大智度論筆記》 P.146

(1)佛：究竟。

(2)如佛：法性身，住阿鞞跋致，得無生法忍，乃至十地。

(3)次佛：(似佛)，肉身菩薩，能說般若波羅蜜及其正義。

*13 (1)《大智度論》 58

①菩薩行般若波羅蜜具足成佛時，般若波羅蜜變成一切相智。般若波羅蜜是佛一切相智之生因。

②佛能說般若波羅蜜，佛之一切相智是般若波羅蜜之言說因。

③般若波羅蜜變成一切相智，離般若亦無一切相智，亦不得言「般若即是一切相智」；如乳變為酪，離乳無酪，亦不得言「乳即是酪」。因果不離故言「無二無別」

(2)《大智度論》 18

佛所得智慧是實波羅蜜，因是波羅蜜故；菩薩所行亦名波羅蜜，因中說果故。是般若波羅蜜，在佛心中變成一切種智。菩薩行智慧，求度彼岸，故名波羅蜜；佛已度彼岸，故名一切種智。

*14 慶喜 (ānanda 阿難陀)

生迦毘羅衛國剎帝利族，佛陀堂弟、提婆達多之弟，父斛飯王(白飯王、甘露飯王)。出生之日，佛陀證無上菩提，迦毘羅衛國戰勝鄰國，雙喜臨門故取名慶喜。佛陀五十五歲時皈依佛陀為其常侍，計二十五年之久。從小抱出家志，曾師事十力迦葉。長於記憶，聞法最多，為佛陀「多聞第一」之弟子。

*15 般若波羅蜜能示導出三界到三乘，若無般若波羅蜜，雖行布施等善法，隨受業行，果報有盡，尚不能得小乘涅槃，何況無上道！

*16 (1)供佛若取人相，福田雖大而功德少。供養般若者不取人相不取法相，則福德大。

(2)諸佛得三十二相八十種好及無量光明神通變化，皆是由般若波羅蜜力。般若波羅蜜是十方諸佛母亦是諸佛師。

以是故供養般若波羅蜜功德殊勝。

*17 前已以供養般若及供養寶塔(設利羅之住處)作比較。但此處只比較設利羅(充滿瞻部洲之量)及書寫般若之經卷。在家人貪五識所知物、貪福德因緣故舉設利羅，出家人重意識所知物，貪智慧為解脫因緣，故舉般若經卷。

*18 (1)二行：取捨、增減、聚散、益損、染淨等。

(2)一切法中、無二相，不以設利羅為小，不以般若波羅蜜為大。般若不隨二行(取捨、增減、聚散、益損、染淨等)，無二無分別相，但為利益初發心者，故以世諦說：「般若能令眾生心無二無分別，以是利益故，我取般若。」(以世諦說有二行，有取捨。)

*19 (1)寶珠喻

　　①人見如意寶珠所願皆得。　　　　　②若見珠所住處，亦得少願。

(2)般若波羅蜜

　　①得般若波羅蜜義，即入佛道。

　　②若見般若所住設利羅供養故，得今世後世無量福樂，久必得道。

*20 有為無為法性(相)

(1)應初發心學者

$$\left.\begin{array}{l}\text{有為法相}\left.\begin{array}{l}\text{善法 (以慧為本)} \quad - \text{所行}\\ \text{不善法、無記法(如實知)} \quad - \text{所捨}\end{array}\right\}\\ \text{無為法相} - \text{諸法無性為自性} \quad - \text{所依}\end{array}\right\}\begin{array}{l}\text{初發心者所學}\\ \text{(世諦差別)}\end{array}$$

(2)應無生法忍菩薩：則不愛行法、不憎捨法，不依涅槃。(以無分別而學)

(無生忍者不離有為法，有為無為互不相離。)

*21 如人飲食，鹽雖是眾味主，若純食鹽，失味致患。若但行般若反墮邪見，不能增進善法，若與五波羅蜜和合則功德具足，義味調適。雖眾行和合，般若為主。

*22 若布施等諸法離般若波羅蜜，則有種種差別，至般若波羅蜜中，皆一相，無有差別。如樹木枝葉華果，眾色別異，蔭則無別。

第二事

第17義

②**勝利**　(讚事並稱揚)

　　【第 17 義】：勝解修道之勝利　17

　　〔義相〕：由修勝解修道之力所得勝利，即勝解修道
　　　　　　　勝利之相。

　　〔界限〕：從修勝解修道第二剎那乃至佛地。

[般若波羅蜜，於諸勝解位，由三種九聚，讚事及稱揚。](頌2-20)

　　若於教、道、果三種般若波羅蜜多，修勝解時，佛以三類九品，如其
　　次第，後後轉勝；

　17.1.讚美；

　17.2.承事；

　17.3.稱揚，令發歡喜故。

【第 17 義】：勝解修道之勝利

(**依《略釋》科判是先區分成一：教般若波羅密多，二：道般若波羅密多，三：
果般若波羅密多，每一個下又細分出讚美、承事、稱揚三個。而此與《合論》
的區分方式有所不同。此處僅依《合論》的分節做區分。)

4.勝解修之勝利

17.1 九種讚美

(17.1.1)第一種讚美

(1)「自受持、施他流布、為他解說」般若經卷之比較

①「施他流布」勝於「自受持」般若經卷

卷430〈設利羅品35〉：時，天帝釋復白佛言：

「世尊！如是般若波羅蜜多，成就廣大殊勝功德，成就一切殊勝功德，
成就圓滿殊勝功德，成就無量殊勝功德，成就無數殊勝功德，成就無
邊殊勝功德，成就無等殊勝功德。世尊！若善男子、善女人等書持如
是甚深般若波羅蜜多，眾寶嚴飾，以無量種上妙供具供養恭敬、尊重
讚歎，依此經說如理思惟。有善男子、善女人等書寫如是甚深般若波
羅蜜多，施他、受持、廣令流布。此二福聚何者為多？」

佛言：「憍尸迦！我還問汝，當隨意答。若善男子、善女人等從他請得
佛設利羅，盛以寶函置高勝處，復持無量上妙花鬘乃至燈明供養恭
敬、尊重讚歎。有善男子、善女人等從他請得佛設利羅，分施與他如
芥子許，令彼敬受如法安置，復以種種上妙花鬘乃至燈明供養恭敬、
尊重讚歎。於意云何？此二福聚何者為勝？」

天帝釋言：「如我解佛所說義者，此二福聚後者為勝。

何以故？

以諸如來、應、正等覺觀有情類，應於諸佛設利羅所供養恭敬而得度
者，將涅槃時以金剛喻三摩地力，碎金剛身令如芥子，復以深廣大悲
神力，加持如是佛設利羅，令於如來般涅槃後，有得一粒如芥子量供
養恭敬獲福無邊，於天、人中受多富樂，乃至最後得盡苦際，故施他
者其福為勝。」

爾時，佛讚天帝釋言：「善哉！善哉！如汝所說。憍尸迦！於此般若波

羅蜜多亦復如是，若自受持、施他流布，此二福聚後者為多。

何以故？

由施他者能令無量無邊有情得法喜故。」

(CBETA, T07, no. 220, p. 165, b[11]-c[11])

sher phyin: v.027, p. 262[06]-264[17] 《合論》：v50, pp. 1036[05]-1038[16]

②「為他解說」勝於「施他流布」般若經卷

(17.1.2)第二種讚美

❶「為他分別解說般若」較勝

卷 430〈設利羅品 35〉：

「復次，憍尸迦！若有於此甚深般若波羅蜜多所說義趣，如實為他分別解說令得正解，所獲福聚復勝施他流布功德多百千倍。

❷三世聖人皆學般若波羅蜜多成道

「憍尸迦！敬此法師當如敬佛，亦如似佛尊重大智同梵行者。

何以故？

憍尸迦！當知般若波羅蜜多即是諸佛，當知諸佛即是般若波羅蜜多；當知般若波羅蜜多不異諸佛，當知諸佛不異般若波羅蜜多。所以者何？三世諸佛皆依般若波羅蜜多精勤修學，證得無上正等菩提；若諸聲聞、獨覺種性修梵行者，亦依般若波羅蜜多精勤修學，得聲聞果、獨覺菩提；菩薩種性補特伽羅亦依般若波羅蜜多精勤修學，超諸聲聞及獨覺地，證入菩薩正性離生，漸次修行諸菩薩行，得住菩薩不退轉地。以是故，憍尸迦！若善男子、善女人等欲得現前供養恭敬、尊重讚歎諸佛世尊，當書如是甚深般若波羅蜜多，供養恭敬、尊重讚歎。

❸佛陀亦供養恭敬般若波羅蜜多

「憍尸迦！我觀是義，初成佛時作是思惟：『我依誰住？誰堪受我供養恭敬？』作是念時，都不見有諸天魔、梵、及餘世間人非人等與我等者，況當有勝！復自思惟：『我依此法已證無上正等菩提，此法甚深微妙寂靜，我當還依此法而住，供養恭敬所謂般若波羅蜜多。』

「憍尸迦！我已成佛，尚依般若波羅蜜多供養恭敬，況善男子、善女人等欲求無上正等菩提，而不依此甚深般若波羅蜜多精勤修學，供養恭敬、尊重讚歎！

❹依般若生菩薩摩訶薩、諸佛、諸二乘聖人

何以故？

憍尸迦！甚深般若波羅蜜多能生菩薩摩訶薩眾，從此菩薩摩訶薩眾生諸如來、應、正等覺，依諸如來、應、正等覺，聲聞、獨覺而得生故。以是故，憍尸迦！若菩薩乘、若獨覺乘、若聲聞乘諸善男子、善女人等皆於般若波羅蜜多應勤修學，以無量種上妙花鬘乃至燈明供養恭敬、尊重讚歎。」

(CBETA, T07, no. 220, p. 165, c[11]-p. 166, a[15])

sher phyin: v.027, p. 264[18]-268[21] 《合論》: v50, pp. 1038[17]-1042[02]

(2)教化「住十善業道」「得二乘果」「趣無上菩提」之比較

①「教一人得二乘果」勝於「教全贍部洲住十善業道」

(17.1.3)第三種讚美　　　(17.1.4)第四種讚美
(17.1.5)第五種讚美　　　(17.1.6)第六種讚美

卷 431〈經文品 36〉：

「憍尸迦！若善男子、善女人等教一有情住預流果，所獲福聚猶勝教化一贍部洲諸有情類皆令安住十善業道。

何以故？

憍尸迦！諸有安住十善業道不免地獄、傍生、鬼趣，若有安住預流果者便得永脫三惡趣故，」

「況教令住一來、不還、阿羅漢果、獨覺菩提所獲福聚而不勝彼？」

(CBETA, T07, no. 220, p. 166, b[14-20])

sher phyin: v.027, pp. 270[12]-271[04] 《合論》: v50, pp. 1042[03]-1043[01]

②「教一人趣無上菩提」勝於「教贍部洲有情得二乘果」

(17.1.7)第七種讚美　　　(17.1.8)第八種讚美
(17.1.9)第九種讚美

❶「教趣無上正等菩提」較勝

「憍尸迦！若善男子、善女人等教贍部洲諸有情類皆住預流、一來、不還、阿羅漢果、獨覺菩提，不如有人教一有情令趣無上正等菩提。」

「何以故？

憍尸迦！若教有情令趣無上正等菩提，則令世間佛眼不斷。所以者何？由有菩薩摩訶薩故，便有預流、一來、不還、阿羅漢果、獨覺菩提；」

(CBETA, T07, no. 220, p. 166, b[21-27])

sher phyin: v.027, p. 271[04-13] 《合論》: v50, pp. 1043[02-17]

❷菩薩依般若波羅蜜多而成就

17.2 承事

(17.2.1)第一種承事　　　　(17.2.2)第二種承事
(17.2.3)第三種承事

卷 431〈經文品 36〉：

「由有菩薩摩訶薩故，便有如來、應、正等覺轉妙法輪度無量眾。諸
菩薩摩訶薩皆依般若波羅蜜多而得成就。」

(CBETA, T07, no. 220, p. 166, b²⁷⁻²⁹)

sher phyin: v.027, p. 271¹⁴⁻²⁰　《合論》：v50, pp. 1043¹⁸-1044¹⁷

(3)「施他般若」勝於「教化諸世界有情安住十善業道」

(17.2.4)第四種承事

①舉贍部洲

❶般若經卷勝於「安住有情於十善業道」

卷 431〈經文品 36〉：「第二分經文品第三十六之一

爾時，佛告天帝釋言：「憍尸迦！若善男子、善女人等教贍部洲諸有
情類，皆令安住十善業道，於意云何？是善男子、善女人等由此因
緣得福多不？」

天帝釋言：「甚多！世尊！甚多！善逝！」

佛言：「憍尸迦！若善男子、善女人等書寫如是甚深般若波羅蜜多施
他讀誦，若轉書寫、廣令流布，是善男子、善女人等所獲福聚甚多
於前。

❷般若廣說無漏法

何以故？

憍尸迦！如是般若波羅蜜多祕密藏中，廣說一切無漏之法，諸善男
子、善女人等於中已學今學當學。或有已入今入當入聲聞乘法正性
離生，漸次乃至已證正當得阿羅漢果；或有已入今入當入獨覺乘法
正性離生，漸次乃至已證當證獨覺菩提；或有已入今入當入菩薩乘
法正性離生，漸次修行諸菩薩行，已證今證當證無上正等菩提。

「憍尸迦！云何名為無漏之法？謂四念住乃至八聖道支、四聖諦智、
三解脫門、內空乃至無性自性空、如來十力、四無所畏、四無礙解、
大慈、大悲、大喜、大捨、十八佛不共法及餘無量無邊佛法，皆是
此中所說一切無漏之法。」

(CBETA, T07, no. 220, p. 166, a²³-b¹⁴)

❸般若廣說世出世善妙法

卷 431〈經文品 36〉：

「以是故，憍尸迦！若善男子、善女人等書寫如是甚深般若波羅蜜多施他讀誦，若轉書寫、廣令流布，所獲福聚勝前福聚無量無邊。何以故？

憍尸迦！如是般若波羅蜜多祕密藏中，廣說一切世、出世間勝妙善法，依此善法，世間便有剎帝利大族、婆羅門大族、長者大族、居士大族、四大王眾天乃至非想非非想處天，亦有四念住廣說乃至一切相智施設可得，亦有預流、一來、不還、阿羅漢、獨覺、菩薩摩訶薩、諸佛世尊施設可得。

②舉四大洲

「復次，憍尸迦！置贍部洲諸有情類。若善男子、善女人等教四大洲諸有情類皆令安住十善業道，於意云何？是善男子、善女人等由此因緣得福多不？」

天帝釋言：「甚多！世尊！甚多！善逝！」

佛言：「憍尸迦！若善男子、善女人等書寫如是甚深般若波羅蜜多施他讀誦，若轉書寫、廣令流布，是善男子、善女人等所獲福聚甚多於前，餘如上說。

③舉小千界

「復次，憍尸迦！置四大洲諸有情類。若善男子、善女人等教小千界諸有情類皆令安住十善業道，於意云何？是善男子、善女人等由此因緣得福多不？」

天帝釋言：「甚多！世尊！甚多！善逝！」

佛言：「憍尸迦！若善男子、善女人等書寫如是甚深般若波羅蜜多施他讀誦，若轉書寫、廣令流布，是善男子、善女人等所獲福聚甚多於前，餘如上說。

④舉中千界

「復次，憍尸迦！置小千界諸有情類。若善男子、善女人等教中千界諸有情類皆令安住十善業道，於意云何？是善男子、善女人等由此因緣得福多不？」

天帝釋言：「甚多！世尊！甚多！善逝！」

佛言：

「憍尸迦！若善男子、善女人等書寫如是甚深般若波羅蜜多施他讀誦，

若轉書寫、廣令流布，是善男子、善女人等所獲福聚甚多於前，餘如
上說。

⑤舉三千大千世界

「復次，憍尸迦！置中千界諸有情類。若善男子、善女人等教化三千大
千世界諸有情類皆令安住十善業道，於意云何？是善男子、善女人等
由此因緣得福多不？」

天帝釋言：「甚多！世尊！甚多！善逝！」

佛言：「憍尸迦！若善男子、善女人等書寫如是甚深般若波羅蜜多施他
讀誦，若轉書寫、廣令流布，是善男子、善女人等所獲福聚甚多於前，
餘如上說。

⑥舉十方殑伽沙界

「復次，憍尸迦！置此三千大千世界諸有情類。若善男子、善女人等教
化十方各如殑伽沙等世界諸有情類皆令安住十善業道，於意云何？是
善男子、善女人等由此因緣得福多不？」

天帝釋言：「甚多！世尊！甚多！善逝！」

佛言：「憍尸迦！若善男子、善女人等書寫如是甚深般若波羅蜜多施他
讀誦，若轉書寫、廣令流布，是善男子、善女人等所獲福聚甚多於前，
餘如上說。

⑦舉十方一切世界

「復次，憍尸迦！置此十方各如殑伽沙等世界諸有情類。若善男子、善
女人等教化十方一切世界諸有情類皆令安住十善業道，於意云何？是
善男子、善女人等由此因緣得福多不？」

天帝釋言：「甚多！世尊！甚多！善逝！」

佛言：「憍尸迦！若善男子、善女人等書寫如是甚深般若波羅蜜多施他
讀誦，若轉書寫、廣令流布，是善男子、善女人等所獲福聚甚多於前，
餘如上說。

(4)「施他般若」勝於「教化諸世界有情安住四靜慮乃至五神通」

①舉贍部洲

「復次，憍尸迦！若善男子、善女人等教贍部洲諸有情類皆令安住四靜
慮、四無量、四無色定、五神通，於意云何？是善男子、善女人等由
此因緣得福多不？」

天帝釋言：「甚多！世尊！甚多！善逝！」

佛言：「憍尸迦！若善男子、善女人等書寫如是甚深般若波羅蜜多施他

讀誦，若轉書寫、廣令流布，是善男子、善女人等所獲福聚甚多於前，餘如上說。

②舉四大洲

「復次，憍尸迦！置贍部洲諸有情類。若善男子、善女人等教四大洲諸有情類皆令安住四靜慮、四無量、四無色定、五神通，於意云何？是善男子、善女人等由此因緣得福多不？」

天帝釋言：「甚多！世尊！甚多！善逝！」

佛言：「憍尸迦！若善男子、善女人等書寫如是甚深般若波羅蜜多施他讀誦，若轉書寫、廣令流布，是善男子、善女人等所獲福聚甚多於前，餘如上說。

③舉小千界

「復次，憍尸迦！置四大洲諸有情類。若善男子、善女人等教小千界諸有情類皆令安住四靜慮、四無量、四無色定、五神通，於意云何？是善男子、善女人等由此因緣得福多不？」

天帝釋言：「甚多！世尊！甚多！善逝！」

佛言：「憍尸迦！若善男子、善女人等書寫如是甚深般若波羅蜜多施他讀誦，若轉書寫、廣令流布，是善男子、善女人等所獲福聚甚多於前，餘如上說。

④舉中千界

「復次，憍尸迦！置小千界諸有情類。若善男子、善女人等教中千界諸有情類，皆令安住四靜慮、四無量、四無色定、五神通，於意云何？是善男子、善女人等由此因緣得福多不？」

天帝釋言：「甚多！世尊！甚多！善逝！」

佛言：「憍尸迦！若善男子、善女人等書寫如是甚深般若波羅蜜多施他讀誦，若轉書寫、廣令流布，是善男子、善女人等所獲福聚甚多於前，餘如上說。

⑤舉三千大千世界

「復次，憍尸迦！置中千界諸有情類。若善男子、善女人等教化三千大千世界諸有情類皆令安住四靜慮、四無量、四無色定、五神通，於意云何？是善男子、善女人等由此因緣得福多不？」

天帝釋言：「甚多！世尊！甚多！善逝！」

佛言：「憍尸迦！若善男子、善女人等書寫如是甚深般若波羅蜜多施他讀誦，若轉書寫、廣令流布，是善男子、善女人等所獲福聚甚多於前，

餘如上說。

⑥舉十方殑伽沙界

「復次，憍尸迦！置此三千大千世界諸有情類。若善男子、善女人等教化十方各如殑伽沙等世界諸有情類，皆令安住四靜慮、四無量、四無色定、五神通，於意云何？是善男子、善女人等由此因緣得福多不？」

天帝釋言：「甚多！世尊！甚多！善逝！」

佛言：「憍尸迦！若善男子、善女人等書寫如是甚深般若波羅蜜多施他讀誦，若轉書寫、廣令流布，是善男子、善女人等所獲福聚甚多於前，餘如上說。

⑦舉十方一切世界

「復次，憍尸迦！置此十方各如殑伽沙等世界諸有情類。若善男子、善女人等教化十方一切世界諸有情類皆令安住四靜慮、四無量、四無色定、五神通，於意云何？是善男子、善女人等由此因緣得福多不？」

天帝釋言：「甚多！世尊！甚多！善逝！」

佛言：「憍尸迦！若善男子、善女人等書寫如是甚深般若波羅蜜多施他讀誦，若轉書寫、廣令流布，是善男子、善女人等所獲福聚甚多於前，餘如上說。

(5)「自行般若」勝於「以十善業道、靜慮、神通教化」

①自行聞持思惟般若為勝

「復次，憍尸迦！若善男子、善女人等於此般若波羅蜜多，至心聽聞、受持、讀誦、精勤修學、如理思惟，是善男子、善女人等所獲福聚，勝於教化一贍部洲諸有情類，皆令安住十善業道、四靜慮、四無量、四無色定、五神通；亦勝教化一四大洲諸有情類，皆令安住十善業道、四靜慮、四無量、四無色定、五神通；亦勝教化小千世界諸有情類，皆令安住十善業道、四靜慮、四無量、四無色定、五神通；亦勝教化中千世界諸有情類，皆令安住十善業道、四靜慮、四無量、四無色定、五神通；亦勝教化三千大千世界諸有情類，皆令安住十善業道、四靜慮、四無量、四無色定、五神通；亦勝教化十方各如殑伽沙等世界諸有情類，皆令安住十善業道、四靜慮、四無量、四無色定、五神通；亦勝教化十方一切世界諸有情類，皆令安住十善業道、四靜慮、四無量、四無色定、五神通。

②別說「如理思惟」

憍尸迦！此中如理思惟者，謂以非二非不二行*1，為求無上正等菩

提，思惟般若波羅蜜多乃至布施波羅蜜多；若以非二非不二行，為求無上正等菩提，思惟內空乃至無性自性空；若以非二非不二行，為求無上正等菩提，思惟四念住廣說乃至一切相智。」(書持讀誦說等福德多，如理思惟具福德、智慧。)

(CBETA, T07, no. 220, p. 166, b^{29}-p. 168, a^{21})

sher phyin:　v.027, ①p. 269^{01}-270^{12}　②p. 271^{20}-282^{10}　《合論》：v50, pp. 1044^{18}-1052^{20}

(6)「廣為他說般若」與「自行般若」

(17.2.5)第五種承事

①廣為他說般若義趣

卷 431〈經文品 36〉：

「復次，憍尸迦！若善男子‧善女人等於此般若波羅蜜多，以無量門廣為他說，宣示開演顯了解釋，分別義趣令其易解，所獲福聚勝自聽聞、受持、讀誦、精勤修學、如理思惟如是般若波羅蜜多所獲功德無量倍數。

憍尸迦！此中般若波羅蜜多義趣者，謂此般若波羅蜜多所有義趣，不應以二相觀，亦不應以不二相觀，非有相非無相、非入非出、非增非減、非染非淨、非生非滅、非取非捨、非執非不執、非住非不住、非實非不實、非相應非不相應、非和合非離散、非因緣非非因緣、非法非非法、非真如非非真如、非實際非非實際，如是義趣有無量門。」

(CBETA, T07, no. 220, p. 168, a^{21}-b^{5})

sher phyin:　v.027, p. 282^{11}-283^{11}　《合論》：v50, pp. 1052^{21}-1053^{19}

②「廣為他說般若」較勝

(17.2.6)第六種承事

卷 431〈經文品 36〉：

「復次，憍尸迦！若善男子、善女人等自於般若波羅蜜多，至心聽聞、受持、讀誦、精勤修學、如理思惟，以無量門為他廣說，宣示開演顯了解釋，分別義趣令其易解，是善男子、善女人等所獲福聚過前福聚無量無邊。」

爾時，天帝釋白佛言：「世尊！諸善男子、善女人等應以種種巧妙文義，為他演說甚深般若波羅蜜多。」

佛言：「憍尸迦！如是！如是！如汝所說。諸善男子、善女人等應以種種巧妙文義，為他演說甚深般若波羅蜜多。憍尸迦！若善男子、善女

人等能以種種巧妙文義，為他演說甚深般若波羅蜜多，是善男子、善女人等成就無量無數無邊不可思議大功德聚。」(CBETA, T07, no. 220, p. 168, b[5-17])

sher phyin: v.027, p. 283[11]-284[03]　《合論》：v50, pp. 1053[20]-1054[10]

③「自行又廣為他說般若」勝於「供養十方諸佛」

(17.2.7)第七種承事

卷 431〈經文品 36〉：

「憍尸迦！若善男子、善女人等盡其形壽以無量種上妙樂具、衣服、飲食、病緣、醫藥，供養恭敬、尊重讚歎十方各如殑伽沙界無量無數無邊如來、應、正等覺。有善男子、善女人等自於般若波羅蜜多至心聽聞、受持、讀誦、精勤修學、如理思惟，復依種種巧妙文義，以無量門廣為他說，宣示開演顯了解釋，分別義趣令其易解，是善男子、善女人等所獲福聚甚多於前。何以故？憍尸迦！由彼十方各如殑伽沙等世界無量無數無邊如來、應、正等覺，皆依般若波羅蜜多精勤修學，證得無上正等菩提。」

(CBETA, T07, no. 220, p. 168, b[17-28])

sher phyin: v.027, p. 284[03-19]　《合論》：v50, pp. 1054[11]-1055[07]

(7)「無所得為方便為他宣說般若」勝於「有所得行六度」

(17.2.8)第八種承事

卷 431〈經文品 36〉：

「復次，憍尸迦！若善男子、善女人等無量無數無邊大劫以有所得而為方便，修行布施乃至般若波羅蜜多。有善男子、善女人等於此般若波羅蜜多，以無所得而為方便，至心聽聞、受持、讀誦、精勤修學、如理思惟，復以種種巧妙文義，經須臾間為他辯說，宣示開演顯了解釋，分別義趣令其易解，所獲福聚甚多於前。

①有所得行、無所得行

❶明有所得行 (以我心於諸法中取相)

憍尸迦！有所得者，謂善男子、善女人等修布施時作如是念：『我能惠施，彼是受者，此是施果、施及施物。』彼修施時名住布施，不名布施波羅蜜多。修淨戒時作如是念：『我能持戒，為護於彼，此是戒果及所持戒。』彼修戒時名住淨戒，不名淨戒波羅蜜多。修安忍時作如是念：『我能修忍，為護彼故，此是忍果及忍自性。』彼修忍時名住安忍，不名安忍波羅蜜多。修精進時作如是念：『我能精進，為修

斷彼,此精進果、精進自性。』彼精進時名住精進,不名精進波羅蜜多。修靜慮時作如是念:『我能修定,彼是定境,此是定果及定自性。』彼修定時名住靜慮,不名靜慮波羅蜜多。修般若時作如是念:『我能修慧,彼是慧境,此是慧果及慧自性。』彼修慧時名住般若,不名般若波羅蜜多。憍尸迦!是善男子、善女人等以有所得為方便故,不能圓滿布施、淨戒、安忍、精進、靜慮、般若波羅蜜多。」

❷明無所得行

爾時,天帝釋白佛言:「世尊!諸菩薩摩訶薩云何修行而能圓滿布施、淨戒、安忍、精進、靜慮、般若波羅蜜多?」

佛言:「憍尸迦!若菩薩摩訶薩修布施時,不得施者、受者、施果、施及施物,以無所得為方便故能滿布施波羅蜜多;修淨戒時,不得持者、所護戒果及所持戒,以無所得為方便故能滿淨戒波羅蜜多;修安忍時,不得能忍、所護忍果及忍自性,以無所得為方便故能滿安忍波羅蜜多;修精進時,不得勤者、所為勤果及勤自性,以無所得為方便故能滿精進波羅蜜多;修靜慮時,不得定者、定境、定果及定自性,以無所得為方便故能滿靜慮波羅蜜多;修般若時,不得慧者、慧境、慧果及慧自性,以無所得為方便故能滿般若波羅蜜多。

❸應以無所得慧宣說真正般若

憍尸迦!諸菩薩摩訶薩應以如是無所得慧及以種種巧妙文義,宣說般若乃至布施波羅蜜多。

何以故?

憍尸迦!於當來世有善男子、善女人等為他宣說相似般若乃至布施波羅蜜多。初發無上菩提心者,聞彼所說相似般若乃至布施波羅蜜多,心便迷謬退失中道,是故應以無所得慧及以種種巧妙文義,為發無上菩提心者宣說般若乃至布施波羅蜜多。」

②明相似般若 (有所得(著心取相)說)

爾時,天帝釋白佛言:「世尊!云何名為宣說相似般若、靜慮、精進、安忍、淨戒、布施波羅蜜多?」

佛言:「憍尸迦!若善男子、善女人等說有所得般若波羅蜜多乃至布施波羅蜜多,如是名為宣說相似般若、靜慮、精進、安忍、淨戒、布施波羅蜜多。」

時,天帝釋復白佛言:

「世尊!云何善男子、善女人等說有所得般若乃至布施波羅蜜多,名說

相似般若乃至布施波羅蜜多？」

❶ 說五蘊等諸法無常苦無我

佛言：「憍尸迦！若善男子、善女人等為發無上菩提心行六波羅蜜多者，說色乃至識無常、苦、無我，說眼處乃至意處無常、苦、無我，說色處乃至法處無常、苦、無我，說眼界乃至意界無常、苦、無我，說色界乃至法界無常、苦、無我，說眼識界乃至意識界無常、苦、無我，說眼觸乃至意觸無常、苦、無我，說眼觸為緣所生諸受乃至意觸為緣所生諸受無常、苦、無我，說四靜慮、四無量、四無色定無常、苦、無我，說四念住乃至一切相智無常、苦、無我，

❷ 說依無常苦無我修六度乃至一切相智

作如是言：『若有能依如是等法修行般若乃至布施波羅蜜多，是行般若乃至布施波羅蜜多。』復作是說：『修行般若乃至布施波羅蜜多者，應求色乃至一切相智無常、苦、無我。若有能求如是等法修行般若乃至布施波羅蜜多，是行般若乃至布施波羅蜜多。』

「憍尸迦！若有如是求色乃至一切相智無常、苦、無我，依此等法修行般若乃至布施波羅蜜多者，我說名為行有所得相似般若乃至布施波羅蜜多。憍尸迦！若如前說，當知皆是說有所得相似般若乃至布施波羅蜜多。

❸ 說當得諸果

「復次，憍尸迦！若善男子、善女人等為發無上菩提心者宣說般若乃至布施波羅蜜多，作如是言：『來！善男子！我當教汝修學般若乃至布施波羅蜜多。若依我教而修學者，當速安住菩薩初地乃至十地。』憍尸迦！彼以有相及有所得而為方便，依合集想教修般若乃至布施波羅蜜多，是謂宣說相似般若乃至布施波羅蜜多。

❹ 說速超二乘

「復次，憍尸迦！若善男子、善女人等為發無上菩提心者宣說般若乃至布施波羅蜜多，作如是言：『來！善男子！我當教汝修學般若乃至布施波羅蜜多。若依我教而修學者，速超聲聞及獨覺地。』憍尸迦！彼以有相及有所得而為方便，依合集想教修般若乃至布施波羅蜜多，是謂宣說相似般若乃至布施波羅蜜多。

❺ 說當證無生法忍、得神通

「復次，憍尸迦！若善男子、善女人等為發無上菩提心者宣說般若乃至布施波羅蜜多，作如是言：『來！善男子！我當教汝修學般若乃

至布施波羅蜜多。若依我教而修學者，速入菩薩正性離生。既入菩薩正性離生，便得菩薩無生法忍。既得菩薩無生法忍，便得菩薩殊勝神通。既得菩薩殊勝神通，能遊十方一切佛土，從一佛國至一佛國，供養恭敬、尊重讚歎一切如來、應、正等覺，由此能速證得無上正等菩提。』憍尸迦！彼以有相及有所得而為方便，依合集想教修般若乃至布施波羅蜜多，是謂宣說相似般若乃至布施波羅蜜多。

❻說當得無邊功德

「復次，憍尸迦！若善男子、善女人等告菩薩乘種姓者言：『若於般若波羅蜜多至心聽聞、受持、讀誦、精勤修學、如理思惟，決定當獲無量無數無邊功德。』憍尸迦！彼以有相及有所得而為方便作如是說，是謂宣說相似般若乃至布施波羅蜜多。

❼說所有善根迴向無上菩提

「復次，憍尸迦！若善男子、善女人等告菩薩乘種姓者言：『汝於過去未來現在一切如來、應、正、等覺，從初發心至得無上正等菩提所有善根，皆應隨喜一切合集，為諸有情迴向無上正等菩提。』憍尸迦！彼以有相及有所得而為方便作如是說，是謂宣說相似般若乃至布施波羅蜜多。」

③明<u>真正般若</u>(無所得說)(不著心、不取相)

爾時，天帝釋白佛言：

「世尊！云何名為宣說真正般若、靜慮、精進、安忍、淨戒、布施波羅蜜多？」

佛言：「憍尸迦！若善男子、善女人等說無所得般若波羅蜜多乃至布施波羅蜜多，如是名為宣說真正般若、靜慮、精進、安忍、淨戒、布施波羅蜜多。」

時，天帝釋復白佛言：

「世尊！云何善男子、善女人等說無所得般若乃至布施波羅蜜多，名說真正般若乃至布施波羅蜜多？」

❶觀五蘊等自性空，常無常等不可得

佛言：「憍尸迦！若善男子、善女人等為發無上菩提心者宣說般若乃至布施波羅蜜多，作如是言：『來！善男子！應修般若乃至布施波羅蜜多。汝正修時，不應觀色若常若無常、若樂若苦、若我若無我，不應觀受、想、行、識若常若無常、若樂若苦、若我若無我；如是不應觀眼處乃至意處，色處乃至法處，眼界乃至意界，色界乃至法

界，眼識界乃至意識界，眼觸乃至意觸，眼觸為緣所生諸受乃至意觸為緣所生諸受，四靜慮、四無量、四無色定，四念住乃至一切相智若常若無常、若樂若苦、若我若無我。

何以故？

1.色等自性空

善男子！色色自性空，乃至一切相智一切相智自性空；是色自性即非自性，乃至是一切相智自性即非自性，若非自性即是般若乃至布施波羅蜜多。

2.常無常、樂苦、我無我不可得

於此般若乃至布施波羅蜜多，色不可得，彼常無常、樂苦、我無我亦不可得，乃至一切相智不可得，彼常無常、樂苦、我無我亦不可得。所以者何？此中尚無色等可得，何況有彼常無常、樂苦、我無我可得！善男子！汝若能修如是般若乃至布施波羅蜜多，是修般若乃至布施波羅蜜多。』憍尸迦！是善男子、善女人等作此等說，是謂宣說真正般若乃至布施波羅蜜多。

❷觀五蘊等自性空，無法可住可超、可入可得、可證可聞

「復次，憍尸迦！若善男子、善女人等為發無上菩提心者宣說般若乃至布施波羅蜜多，作如是言：『來！善男子！我當教汝修學般若乃至布施波羅蜜多。汝修學時，勿觀諸法有少可住、可超、可入、可得、可證、可聽聞等所獲功德及可隨喜迴向菩提。

何以故？

善男子！於此般若乃至布施波羅蜜多，畢竟無有少法可住、可超、可入、可得、可證、可聽聞等所獲功德及可隨喜迴向菩提。

所以者何？

以一切法自性皆空，若自性空則無所有，若無所有即是般若乃至布施波羅蜜多。於此般若乃至布施波羅蜜多，竟無少法有入有出、有生有滅、有斷有常、有一有異、有來有去而可得者。』

④「真正般若」功德勝於「相似般若」*2

「憍尸迦！是善男子、善女人等作此等說，與上黑品一切相違，是說真正般若、靜慮、精進、安忍、淨戒、布施波羅蜜多。以是故，憍尸迦！諸善男子、善女人等應於般若波羅蜜多，以無所得而為方便，至心聽聞、受持、讀誦、精勤修學、如理思惟，當以種種巧妙文義為他廣說，宣示開演顯了解釋，分別義趣令其易解。憍尸迦！由此緣故我作是

說：若善男子、善女人等於此般若波羅蜜多，以無所得而為方便，至心聽聞、受持、讀誦、精勤修學、如理思惟，復以種種巧妙文義，經須臾間為他辯說，宣示開演顯了解釋，分別義趣令其易解，所獲福聚甚多於前。」

(CBETA, T07, no. 220, p. 168, b²⁹-p. 170, b²⁵)

sher phyin: v.027, p. 284²⁰-298⁰¹ 《合論》：v50, pp. 1055⁰⁸-1068⁰⁷

(8)「般若化他」勝於「教化諸世界有情得二乘果」

(17.2.9)第九種承事

①勝於教化諸世界有情得預流果

卷 431〈經文品 36〉：

「復次，憍尸迦！若善男子、善女人等教贍部洲諸有情類皆令住預流果，於意云何？是善男了、善女人等由此因緣得福多不？」

天帝釋言：「甚多！世尊！甚多！善逝！」

佛言：「憍尸迦！若善男子、善女人等於此般若波羅蜜多，以無量門巧妙文義為他廣說，宣示開演顯了解釋，分別義趣令其易解，復作是言：『來！善男子！汝當於此甚深般若波羅蜜多，至心聽聞、受持、讀誦、令善通利、如理思惟，隨此法門應勤修學。』是善男子、善女人等所獲功德甚多於前。

何以故？

憍尸迦！一切預流及預流果皆是般若波羅蜜多所流出故。

「復次，憍尸迦！置贍部洲諸有情類。若善男子、善女人等教四大洲一切有情，若小千界一切有情，若中千界一切有情，若此三千大千世界一切有情，若復十方各如殑伽沙等世界一切有情，若盡十方無邊世界一切有情皆令住預流果，於意云何？是善男子、善女人等由此因緣得福多不？」

天帝釋言：「甚多！世尊！甚多！善逝！」

佛言：「憍尸迦！若善男子、善女人等於此般若波羅蜜多，以無量門巧妙文義為他廣說，宣示開演顯了解釋，分別義趣令其易解，復作是言：『來！善男子！汝當於此甚深般若波羅蜜多，至心聽聞、受持、讀誦、令善通利、如理思惟，隨此法門應勤修學。』是善男子、善女人等所獲功德甚多於前。

何以故？

憍尸迦！一切預流及預流果皆是般若波羅蜜多所流出故。」*3

(CBETA, T07, no. 220, p. 170, b^{26}-c^{23})

sher phyin: v.027, p. 298^{01}-299^{13} 《合論》: v50, pp. 1068^{08}-1070^{09}

②勝於教化諸世界有情得一來、不還、阿羅漢果

17.3 稱揚

(17.3.1)第一種稱揚

(17.3.2)第二種稱揚

(17.3.3)第三種稱揚

卷 431〈經文品 36〉：

「復次，憍尸迦！若善男子、善女人等教贍部洲諸有情類皆令安住一
來、不還、阿羅漢果。於意云何？是善男子、善女人等由此因緣得福
多不？」

天帝釋言：「甚多！世尊！甚多！善逝！」

佛言：「憍尸迦！若善男子、善女人等於此般若波羅蜜多，以無量門巧
妙文義為他廣說，宣示開演顯了解釋，分別義趣令其易解，復作是言：
『來！善男子！汝當於此甚深般若波羅蜜多，至心聽聞、受持、讀誦、
令善通利、如理思惟，隨此法門應勤修學。』是善男子、善女人等所
獲功德甚多於前。

何以故？

憍尸迦！一切一來及一來果乃至阿羅漢及阿羅漢果皆是般若波羅蜜
多所流出故。

「復次，憍尸迦！置贍部洲諸有情類。若善男子、善女人等教四大洲一
切有情，若小千界一切有情，若中千界一切有情，若此三千大千世界
一切有情，若復十方各如殑伽沙等世界一切有情，若盡十方無邊世界
一切有情皆令安住一來、不還、阿羅漢果，於意云何？是善男子、善
女人等由此因緣得福多不？」

天帝釋言：「甚多！世尊！甚多！善逝！」

佛言：「憍尸迦！若善男子、善女人等於此般若波羅蜜多，以無量門巧
妙文義為他廣說，宣示開演顯了解釋，分別義趣令其易解，復作是言：
『來！善男子！汝當於此甚深般若波羅蜜多，至心聽聞、受持、讀誦、
令善通利、如理思惟，隨此法門應勤修學。』是善男子、善女人等所
獲功德甚多於前。

何以故？

憍尸迦！一切一來及一來果乃至阿羅漢及阿羅漢果皆是般若波羅蜜

多所流出故。」(CBETA, T07, no. 220, p. 170, c²³-p. 171, a²³)

sher phyin: v.027, p. 299¹³⁻²⁰ 《合論》：v50, pp. 1070⁰⁹-1072¹⁷

③勝於教化諸世界有情得獨覺菩提

(17.3.4)第四種稱揚

卷 431〈經文品 36〉：

「復次，憍尸迦！若善男子、善女人等教贍部洲諸有情類皆令安住獨覺
菩提，於意云何？是善男子、善女人等由此因緣得福多不？」

天帝釋言：「甚多！世尊！甚多！善逝！」

佛言：「憍尸迦！若善男子、善女人等於此般若波羅蜜多，以無量門巧
妙文義為他廣說，宣示開演顯了解釋，分別義趣令其易解，復作是言：
『來！善男子！汝當於此甚深般若波羅蜜多至心聽聞、受持、讀誦、
令善通利、如理思惟，隨此法門應勤修學。』是善男子、善女人等所
獲功德甚多於前。

何以故？

憍尸迦！一切獨覺、獨覺菩提皆是般若波羅蜜多所流出故。

「復次，憍尸迦！置贍部洲諸有情類。若善男子、善女人等教四大洲一
切有情，若小千界一切有情，若中千界一切有情，若此三千大千世界
一切有情，若復十方各如殑伽沙等世界一切有情，若盡十方無邊世界
一切有情皆令安住獨覺菩提。於意云何？是善男子、善女人等由此因
緣得福多不？」

天帝釋言：「甚多！世尊！甚多！善逝！」

佛言：「憍尸迦！若善男子、善女人等於此般若波羅蜜多，以無量門巧
妙文義為他廣說，宣示開演顯了解釋，分別義趣令其易解，復作是言：
『來！善男子！汝當於此甚深般若波羅蜜多，至心聽聞、受持、讀誦、
令善通利、如理思惟，隨此法門應勤修學。』是善男子、善女人等所
獲功德甚多於前。

何以故？

憍尸迦！一切獨覺、獨覺菩提皆是般若波羅蜜多所流出故。」

(CBETA, T07, no. 220, p. 171, a²³-b²¹)

sher phyin: v.027, p. 299²⁰-301¹¹ 《合論》：v50, pp. 1072¹⁸-1073¹³

(9)「般若化他」勝於「教諸世界有情得大乘道果」

(17.3.5)第五種稱揚   (17.3.6)第六種稱揚
(17.3.7)第七種稱揚   (17.3.8)第八種稱揚

①以般若化他

❶勝於「教化諸世界有情令發無上菩提心」

1.舉贍部洲

卷 432〈經文品 36〉：第二分經文品第三十六之二

「復次，憍尸迦！若善男子、善女人等教贍部洲諸有情類皆發無上
正等覺心，於意云何？是善男子、善女人等由此因緣得福多不？」

天帝釋言：「甚多！世尊！甚多！善逝！」

佛言：「憍尸迦！若善男子、善女人等於此般若波羅蜜多，以無量
門巧妙文義為他廣說，宣示開演顯了解釋，分別義趣令其易解，
復作是言：『來！善男子！汝當於此甚深般若波羅蜜多，至心聽
聞、受持、讀誦、令善通利、如理思惟，隨此般若波羅蜜多所說
法門應正信解，若正信解則能修學如是般若波羅蜜多，若能修學
如是般若波羅蜜多則能證得一切智法，若能證得一切智法則修般
若波羅蜜多增益圓滿，若修般若波羅蜜多增益圓滿便證無上正等
菩提。』憍尸迦！是善男子、善女人等所獲功德甚多於前。

何以故？

憍尸迦！一切初發無上正等覺心菩薩摩訶薩乃至住十地菩薩摩
訶薩，皆是般若波羅蜜多所流出故。」

(CBETA, T07, no. 220, p. 171, c⁶⁻²⁴)

sher phyin:　v.027, p. 301¹²-302¹⁶　《合論》：v50, pp. 1073¹⁴-1074²⁰

sher phyin:　v.027, p. 302¹⁶⁻¹⁷　《合論》：v50, pp. 1074²¹-1075⁰¹

sher phyin:　v.027, p. 302¹⁷⁻¹⁸　《合論》：v50, pp. 1075⁰²⁻⁰³

2.舉餘諸世界

卷 432〈經文品 36〉：

「復次，憍尸迦！置贍部洲諸有情類。若善男子、善女人等教四大
洲一切有情，若小千界一切有情，若中千界一切有情，若此三千
大千世界一切有情，若復十方各如殑伽沙等世界一切有情，皆發
無上正等覺心，於意云何？是善男子、善女人等由此因緣得福多
不？」

天帝釋言：「甚多！世尊！甚多！善逝！」

佛言：「憍尸迦！若善男子、善女人等於此般若波羅蜜多，以無量
門巧妙文義為他廣說，宣示開演顯了解釋，分別義趣令其易解，
復作是言：『來！善男子！汝當於此甚深般若波羅蜜多，至心聽

聞、受持、讀誦、令善通利、如理思惟，隨此般若波羅蜜多所說法門應正信解，若正信解則能修學如是般若波羅蜜多，若能修學如是般若波羅蜜多則能證得一切智法，若能證得一切智法則修般若波羅蜜多增益圓滿，若修般若波羅蜜多增益圓滿便證無上正等菩提。』憍尸迦！是善男子、善女人等所獲功德甚多於前。

何以故？

憍尸迦！一切初發無上正等覺心菩薩摩訶薩乃至住十地菩薩摩訶薩，皆是般若波羅蜜多所流出故。」

(CBETA, T07, no. 220, p. 171, c²⁵-p. 172, a¹⁷)

sher phyin: v.027, p. 302¹⁸-304⁰³ 《合論》：v50, pp. 1075⁰⁴-1076¹⁰

❷勝於「教化諸世界有情令住菩薩不退轉地」

(17.3.9)第九種稱揚

1.舉贍部洲

卷 432〈經文品 36〉：

「復次，憍尸迦！若善男子、善女人等教贍部洲諸有情類皆住菩薩不退轉地，於意云何？是善男子、善女人等由此因緣得福多不？」

天帝釋言：「甚多！世尊！甚多！善逝！」

佛言：「憍尸迦！若善男子、善女人等於此般若波羅蜜多，以無量門巧妙文義為他廣說，宣示開演顯了解釋，分別義趣令其易解，復作是言：『來！善男子！汝當於此甚深般若波羅蜜多，至心聽聞、受持、讀誦、令善通利、如理思惟，隨此般若波羅蜜多所說法門應正信解，若正信解則能修學如是般若波羅蜜多，若能修學如是般若波羅蜜多則能證得一切智法，若能證得一切智法則修般若波羅蜜多增益圓滿，若修般若波羅蜜多增益圓滿便證無上正等菩提。』憍尸迦！是善男子、善女人等所獲功德甚多於前。

何以故？

憍尸迦！一切不退轉地菩薩摩訶薩乃至無上正等菩提，皆是般若波羅蜜多所流出故。

2.舉餘諸世界

「復次，憍尸迦！置贍部洲諸有情類。若善男子、善女人等教四大洲一切有情，若小千界一切有情，若中千界一切有情，若此三千大千世界一切有情，若復十方各如殑伽沙等世界一切有情，皆住菩薩不退轉地，於意云何？是善男子、善女人等由此因緣得福多

不？」

天帝釋言：「甚多！世尊！甚多！善逝！」

佛言：「憍尸迦！若善男子、善女人等於此般若波羅蜜多，以無量門巧妙文義為他廣說，宣示開演顯了解釋，分別義趣令其易解，復作是言：『來！善男子！汝當於此甚深般若波羅蜜多，至心聽聞、受持、讀誦、令善通利、如理思惟，隨此般若波羅蜜多所說法門應正信解，若正信解則能修學如是般若波羅蜜多，若能修學如是般若波羅蜜多則能證得一切智法，若能證得一切智法則修般若波羅蜜多增益圓滿，若修般若波羅蜜多增益圓滿便證無上正等菩提。』憍尸迦！是善男子、善女人等所獲功德甚多於前。

何以故？

憍尸迦！一切不退轉地菩薩摩訶薩乃至無上正等菩提，皆是般若波羅蜜多所流出故。

❸勝於「諸世界有情皆趣無上菩提」

1.舉贍部洲

「復次，憍尸迦！若贍部洲諸有情類皆趣無上正等菩提。有善男子、善女人等於此般若波羅蜜多，以無量門巧妙文義廣為他說，宣示開演顯了解釋，分別義趣令其易解，復作是言：『來！善男子！汝當於此甚深般若波羅蜜多，至心聽聞、受持、讀誦、令善通利、如理思惟，隨此般若波羅蜜多所說法門應正信解，若正信解則能修學如是般若波羅蜜多，若能修學如是般若波羅蜜多則能證得一切智法，若能證得一切智法則修般若波羅蜜多增益圓滿，若修般若波羅蜜多增益圓滿便證無上正等菩提。』憍尸迦！是善男子、善女人等所獲功德甚多於前。

2.舉餘諸世界

「復次，憍尸迦！置贍部洲諸有情類。若四大洲一切有情，若小千界一切有情，若中千界一切有情，若此三千大千世界一切有情，若復十方各如殑伽沙等世界一切有情皆趣無上正等菩提。有善男子、善女人等於此般若波羅蜜多，以無量門巧妙文義為他廣說，宣示開演顯了解釋，分別義趣令其易解，復作是言：『來！善男子！汝當於此甚深般若波羅蜜多，至心聽聞、受持、讀誦、令善通利、如理思惟，隨此般若波羅蜜多所說法門應正信解，若正信解則能修學如是般若波羅蜜多，若能修學如是般若波羅蜜多則能

證得一切智法，若能證得一切智法則修般若波羅蜜多增益圓滿，若修般若波羅蜜多增益圓滿便證無上正等菩提。』憍尸迦！是善男子、善女人等所獲功德甚多於前。

❹勝於「諸世界有情皆於無上菩提得不退轉」

  1.舉贍部洲

    「復次，憍尸迦！若贍部洲諸有情類皆於無上正等菩提得不退轉。有善男子、善女人等於此般若波羅蜜多，以無量門巧妙文義為他廣說，宣示開演顯了解釋，分別義趣令其易解，復作是言：『來！善男子！汝當於此甚深般若波羅蜜多，至心聽聞、受持、讀誦、令善通利、如理思惟，隨此般若波羅蜜多所說法門應正信解，若正信解則能修學如是般若波羅蜜多，若能修學如是般若波羅蜜多則能證得一切智法，若能證得一切智法則修般若波羅蜜多增益圓滿，若修般若波羅蜜多增益圓滿便證無上正等菩提。』憍尸迦！是善男子、善女人等所獲功德甚多於前。

  2.舉餘諸世界

    「復次，憍尸迦！置贍部洲諸有情類。若四大洲一切有情，若小千界一切有情，若中千界一切有情，若此三千大千世界一切有情，若復十方各如殑伽沙等世界一切有情皆於無上正等菩提得不退轉。有善男子、善女人等於此般若波羅蜜多，以無量門巧妙文義為他廣說，宣示開演顯了解釋，分別義趣令其易解，復作是言：『來！善男子！汝當於此甚深般若波羅蜜多，至心聽聞、受持、讀誦、令善通利、如理思惟，隨此般若波羅蜜多所說法門應正信解，若正信解則能修學如是般若波羅蜜多，若能修學如是般若波羅蜜多則能證得一切智法，若能證得一切智法則修般若波羅蜜多增益圓滿，若修般若波羅蜜多增益圓滿便證無上正等菩提。』憍尸迦！是善男子、善女人等所獲功德甚多於前。

②為「不退轉菩薩」及「疾得佛道菩薩」說般若正義

 ❶「為不退轉菩薩說般若」勝於「為諸世界趣無上菩提者說般若」

  1.舉贍部洲

    「復次，憍尸迦！若善男子、善女人等教贍部洲諸有情類皆趣無上正等菩提，復於般若波羅蜜多，以無量門巧妙文義為其廣說，宣示開演顯了解釋，分別義趣令其易解。有善男子、善女人等教一有情令於無上正等菩提得不退轉*4，復於般若波羅蜜多，以無量

門巧妙文義為其廣說，宣示開演顯了解釋，分別義趣令其易解。憍尸迦！此善男子、善女人等所獲功德甚多於前。

2.舉餘諸世界

「復次，憍尸迦！置贍部洲諸有情類。若善男子、善女人等教四大洲一切有情，若小千界一切有情，若中千界一切有情，若此三千大千世界一切有情，若復十方各如殑伽沙等世界一切有情，皆趣無上正等菩提，復於般若波羅蜜多，以無量門巧妙文義為其廣說，宣示開演顯了解釋，分別義趣令其易解。有善男子、善女人等教一有情令於無上正等菩提得不退轉，復於般若波羅蜜多，以無量門巧妙文義為其廣說，宣示開演顯了解釋，分別義趣令其易解。憍尸迦！此善男子、善女人等所獲功德甚多於前。

❷「為疾得佛道菩薩說般若」勝於「為諸世界得不退轉者說般若」

1.舉贍部洲

「復次，憍尸迦！若善男子、善女人等教贍部洲諸有情類皆於無上正等菩提得不退轉，復於般若波羅蜜多，以無量門巧妙文義為其廣說，宣示開演顯了解釋，分別義趣令其易解。若一有情作如是語：『我今欣樂速證無上正等菩提*5，拔濟有情諸惡趣苦。』有善男子、善女人等為成彼事，以無量門巧妙文義，廣說般若波羅蜜多，宣示開演顯了解釋，分別義趣令其易解。憍尸迦！此善男子、善女人等所獲功德甚多於前。

何以故？

憍尸迦！住不退轉地菩薩摩訶薩，不甚假藉所說法故，於大菩提定趣向故，必於無上正等菩提不退轉故。欣樂速證大菩提者，要甚假藉所說法故，於無上覺求速證故，觀生死苦一切有情運大悲心極痛切故。

2.舉餘諸世界

「復次，憍尸迦！置贍部洲諸有情類。若善男子、善女人等教四大洲一切有情，若小千界一切有情，若中千界一切有情，若此三千大千世界一切有情，若復十方各如殑伽沙等世界一切有情，皆於無上正等菩提得不退轉，復於般若波羅蜜多，以無量門巧妙文義為其廣說，宣示開演顯了解釋，分別義趣令其易解。若一有情作如是語：『我今欣樂速證無上正等菩提，拔濟有情三惡趣苦。』有善男子、善女人等為成彼事，以無量門巧妙文義，廣說般若波

羅蜜多,宣示開演顯了解釋,分別義趣令其易解。憍尸迦!此善
男子、善女人等所獲功德甚多於前。

何以故?

憍尸迦!住不退轉地菩薩摩訶薩,不甚假藉所說法故,於大菩提
定趣向故,必於無上正等菩提不退轉故。欣樂速證大菩提者,要
甚假藉所說法故,於無上覺求速證故,觀生死苦一切有情運大悲
心極痛切故。」

(CBETA, T07, no. 220, p. 172, a^{18}-p. 173, c^{20})

sher phyin: v.027, p. 304^{03}-310^{01} 《合論》: v50, pp. 1076^{11}-1079^{03}

17.4 總結

(10)勸進教化供養轉近菩提之菩薩 (近佛道之菩薩)

①帝釋勸進

卷 432〈經文品 36〉:

「爾時,天帝釋白佛言:「世尊!如是菩薩摩訶薩轉近無上正等菩提,
如是如是應以布施波羅蜜多乃至般若波羅蜜多教誡教授,應以內空
乃至無性自性空教誡教授,應以四念住乃至八聖道支教誡教授,如
是乃至應以佛十力乃至十八佛不共法教誡教授,應以上妙衣服、飲
食、臥具、醫藥,隨其所須種種資具供養攝受。世尊!若善男子、
善女人等,能以如是法施、財施教誡教授供養攝受彼菩薩摩訶薩,
是善男子、善女人等所獲功德甚多於前。

何以故?

世尊!彼菩薩摩訶薩要由如是法施、財施教誡教授供養攝受,速證
無上正等菩提。」

②善現勸進

❶令速證無上菩提

爾時,具壽善現告天帝釋言:

「善哉!善哉!憍尸迦!汝乃能勸勵彼菩薩摩訶薩,復能攝受彼菩
薩摩訶薩,亦能護助彼菩薩摩訶薩,汝今已作佛聖弟子所應作事。
何以故?憍尸迦!一切如來諸聖弟子,為欲利樂諸有情故,方便
勸勵彼菩薩摩訶薩,令速趣無上正等菩提,以法施、財施教誡教
授供養攝受勤加護助彼菩薩摩訶薩,令速證無上正等菩提。

❷令三乘諸世間勝事出現

所以者何?

一切如來、聲聞、獨覺世間勝事，由彼菩薩摩訶薩故而得出現。
何以故？

「憍尸迦！若無菩薩摩訶薩發起無上正等覺心，則無菩薩摩訶薩能
學六波羅蜜多乃至十八佛不共法。若無菩薩摩訶薩學六波羅蜜多
乃至十八佛不共法，則無菩薩摩訶薩證得無上正等菩提。若無菩
薩摩訶薩證得無上正等菩提，則無如來、聲聞、獨覺世間勝事。
憍尸迦！由有菩薩摩訶薩發起無上正等覺心，便有菩薩摩訶薩能
學六波羅蜜多乃至十八佛不共法。由有菩薩摩訶薩學六波羅蜜多
乃至十八佛不共法，便有菩薩摩訶薩證得無上正等菩提。由有菩
薩摩訶薩證得無上正等菩提，轉妙法輪，能斷地獄、傍生、鬼界，
亦能損減阿素洛黨增天人眾，便有剎帝利大族、婆羅門大族、長
者大族、居士大族出現世間，亦有四大王眾天乃至非想非非想處
天出現世間，復有布施波羅蜜多乃至般若波羅蜜多、內空乃至無
性自性空、四念住廣說乃至十八佛不共法出現世間，復有聲聞乘、
獨覺乘、正等覺乘出現世間。」

(CBETA, T07, no. 220, p. 173, c^{21}-p. 174, b^3)

sher phyin: v.027, p. 310^{01}-315^{05} 《合論》: v50, pp. 1079^{04}-1084^{07}

註解：

*1 非二非不二法

(1)非二法：不以<u>著心分別</u>(讀誦等)。

(2)非不二法：亦不<u>著空</u>。

*2 相似般若、真正般若

(1)相似般若(有所得般若)

以著心、取相說五蘊等常無常等。

(2)真正般若(無所得般若)

以不著心、不取相說五蘊無常等。說無常但為破常之顛倒，但不著無常。

捨相似般若波羅蜜，修真正般若波羅蜜，是名為般若波羅蜜正義。

*3 諸賢聖皆從般若中出　慧影[大智度論疏] 21

(1)般若波羅蜜是諸法實相。(起慧照用即實)

(2)佛正遍知最勝，菩薩小不如，辟支佛、(阿)羅漢復不如菩薩，如是阿那含等轉不如。

(3)若以著心讀誦、供養般若，雖如是實相等，但得世間尊豪果報、諸天及剎利人姓等也。

是故常說：「般若波羅蜜出生諸聖賢、剎利大姓，乃至一切諸天。」

*4 不退轉菩薩

此於無上正等菩提得不退轉之菩薩，但說「過不退轉菩薩事」，所謂教化眾生、淨佛世界，分別眾生三世無量劫心行業因緣，分別諸世界起滅成敗劫數多少、大慈大悲、一切智等無量佛法。(此為法身菩薩說地上事)

為此人說法勝教贍部洲乃至十方世界有情發心乃至不退轉。

*5 疾得佛道菩薩

此為疾近作佛之菩薩，其福田深厚。廣說般若波羅蜜多於此疾得佛道者，其福德勝於供養諸世界於無上菩提不退轉之聖人。如供養凡人得恩不如供養太子，供養太子不如供養國王，供養十方諸聖人不如供養一佛。

第二事

第18義

(2)迴向修　(作意迴向)

【第 18 義】：迴向修道　18

〔義相〕：能轉自他隨一善根，令成大菩提之支分有分
　　　　　別大乘隨現觀，即大乘迴向修道之相。

〔界限〕：從初地乃至十地最後心。

[殊勝徧迴向，其作用最勝，無所得行相，不顛倒體性，](頌2-21)
[遠離佛福品，自性念行境，有方便無相，諸佛所隨喜，](頌2-22)
[不繫於三界，下中及上品，是餘三迴向，生大福為性。](頌2-23)

(於信解產生迴向，故次說作意迴向)

成就殊勝迴向之修道位菩薩，具足最勝作用能轉自他善根為大菩提之
支分。此迴向有十二種，謂：

18.1.有勝作用之迴向。(假名安立之作意：無上菩提)

18.2.於所迴向物破除實執，無所得行相之迴向。(作意：戒等蘊)

18.3.於能迴向心破除實執，不顛倒體相之迴向。(作意：作迴向之心)

18.4.於迴向者破除實執，遠離之迴向。(作意：具我等之實有法)

18.5.於自善法與佛善法破執實好惡，名(憶)念佛福德資糧自性為行境之
　　迴向。　　　(作意：三世佛陀之善業)

18.6.於六度善法破執實好惡，名有善巧方便之迴向。(作意：布施等)

18.7.破執實三輪，為無相迴向。(作意：性相)

18.8.知名言中緣起如幻而緣佛地，名諸佛隨喜迴向。(作意：一切道)

18.9.於名言中，不迴向為三有之因，名不繫三界迴向。(作意：欲界等界)

18.10、11、12.餘有下、中、上三品迴向，出生廣大福德為性。(作意：十善

業道等、預流等、無上菩提)

(緣於不可得,對於以三乘所調伏之眾生,具有作為引路之因體性,為了所有眾生而無
窮盡故。迴向無上正等菩提有十二種。)

(2)迴向修 【第 18 義】：迴向修道 (作意迴向)

1.慈氏菩薩明隨喜迴向義
(1)以無所得隨喜迴向其福最勝

18.1 有勝作用之名的迴向修行
(18.1.1)有勝作用之迴向

①以無所得為方便隨喜迴向

卷 432〈隨喜迴向品 37〉：第二分隨喜迴向品第三十七之一

慈氏菩薩摩訶薩白善現言：

「❶隨喜*1

若菩薩摩訶薩以無所得而為方便，於諸有情所有功德，隨喜俱行諸福業事；*1

❷迴向*1

若菩薩摩訶薩以無所得而為方便，持此隨喜俱行諸福業事，與一切有情平等共有迴向無上正等菩提；*2

❸諸福業事

　1.若餘有情隨喜迴向諸福業事；

　2.若諸異生、聲聞、獨覺諸福業事，所謂施性、戒性、修性三福業事，若四念住乃至八聖道支，若三解脫門、八解脫、九次第定、四無礙解、六神通等諸福業事。(修定為三十七道品、三解脫門等無漏法之近因緣，布施持戒為遠因緣。)

是菩薩摩訶薩所有隨喜迴向功德，於彼異生、聲聞、獨覺諸福業事，為最為勝、為尊為高、為妙為微妙、為上為無上、無等無等等。

②普為有情調伏、寂靜、般涅槃故

(18.1.2)有勝作用迴向之目的

何以故？

以諸異生修福業事，但為令已自在安樂；

聲聞、獨覺修福業事，但為自調伏，為自寂靜，為自涅槃；*3

諸菩薩摩訶薩所有隨喜迴向功德，普為一切有情調伏、寂靜、般涅槃故。」

*3

(CBETA, T07, no. 220, p. 174, b[4-21])

sher phyin: v.027, p. 315[06]-316[20] 《合論》：v50, pp. 1084[08]-1086[01]

(2)菩薩隨喜迴向菩提，如所取相不？

18.2 於所迴向物破除實執<u>無所得行相</u>之迴向

善現問慈氏菩薩摩訶薩言：

「大士！是菩薩摩訶薩隨喜迴向心，

①隨喜諸善根迴向無上菩提

❶已涅槃諸佛善根

「普緣十方無數無量無邊世界，一一世界無數無量無邊諸佛已涅槃者，從初發心至得無上正等菩提，如是展轉入無餘依涅槃界後乃至法滅，於其中間所有六波羅蜜多相應善根，及與聲聞、獨覺、菩薩、一切有情若共不共、無數無量無邊佛法(之)相應善根。

❷佛在世時，佛及諸弟子眾善根

「 1.若彼異生弟子所有施性、戒性、修性三福業事；

2.若彼聲聞弟子所有學、無學無漏善根；

3.若諸如來應正等覺所成戒蘊、定蘊、慧蘊、解脫蘊、解脫智見蘊，及為利樂一切有情大慈、大悲、大喜、大捨無數無量無邊佛法，及彼諸佛所說正法；

❸佛滅度後，得道弟子及餘有情善根

「若依彼法精勤修學得預流果、一來、不還、阿羅漢果，得獨覺菩提，得入菩薩正性離生及餘菩薩摩訶薩行，如是所有一切善根，及餘有情於諸如來應正等覺、聲聞、菩薩諸弟子眾若現在世、若涅槃後所種善根，是諸善根一切合集現前隨喜。*4

「既隨喜已，復以如是隨喜俱行諸福業事，與一切有情平等共有迴向無上正等菩提：『願我以此善根與一切有情同共引發無上菩提。』

「如是所起隨喜迴向，於餘所起諸福業事，為最為勝、為尊為高、為妙為微妙、為上為無上、無等無等等。

②隨喜迴向心所緣事不如所取相

「於意云何？慈氏大士！

彼菩薩摩訶薩緣如是事起隨喜迴向心，為有如是所緣事，如彼菩薩摩訶薩所取相不？」

慈氏菩薩答善現言：

「彼菩薩摩訶薩緣如是事*5 起隨喜迴向心，實無如是所緣事如彼菩薩摩訶薩所取相。」*6

(3)若所緣事無所有，云何非顛倒？云何得隨喜迴向事？

(問 1)若所緣事無所有，云何非顛倒？

「若無所緣事如所取相者，彼菩薩摩訶薩隨喜迴向心，以取相為方便，普緣十方無數無量無邊世界，一一世界無數無量無邊諸佛已涅槃者，從初發心乃至法滅所有善根，及弟子等所有善根，一切合集現前隨喜，迴向無上正等菩提，

如是所起隨喜迴向，將非顛倒？*7

「如於無常謂常、於苦謂樂、於無我謂我、於不淨謂淨，　　　　（四顛倒）

是想顛倒心顛倒見顛倒*8，此於無相而取其相亦應如是。　　　　（三分別）

(問 2)若諸法無所有，云何得隨喜迴向事？

「如所緣事實無所有，隨喜迴向心亦如是，諸善根等亦如是，

無上菩提亦如是，布施、淨戒、安忍、精進、靜慮、般若波羅蜜多亦如是，廣說乃至十八佛不共法亦如是。

「若如所緣事實無所有，隨喜迴向心乃至十八佛不共法亦如是者，

何等是所緣？何等是事？

何等是隨喜迴向心？何等是諸善根等？

何等是無上菩提？何等是六波羅蜜多乃至十八佛不共法？

而彼菩薩摩訶薩緣如是事起隨喜心，迴向無上正等菩提？」

①不取相隨喜迴向、取相隨喜迴向

❶不取相隨喜迴向*9

「若菩薩摩訶薩久修學六波羅蜜多，已曾供養無量諸佛，宿殖善根，久發大願，為諸善友之所攝受，善學諸法自相空義，

是菩薩摩訶薩能於所緣、事、隨喜迴向心、諸善根等、諸佛世尊及一切法，皆不取相，而能發起隨喜之心，迴向無上正等菩提。

如是所起隨喜迴向，

以非二非不二為方便，非有相非無相為方便，非有所得非無所得為方便，非染非淨為方便，非生非滅為方便。

於所緣事乃至無上正等菩提能不取相，不取相故非顛倒攝。

❷取相隨喜迴向

「若菩薩未久修學六波羅蜜多，未曾供養無量諸佛，未宿殖善根，未久發大願，未多善友之所攝受，未於一切法善學自相空，

是諸菩薩於所緣、事、隨喜迴向、諸善根等、無上菩提、諸佛世尊及一切法，猶取其相起隨喜心，迴向無上正等菩提。

如是所起隨喜迴向，以取相故猶顛倒攝，非真隨喜迴向無上正等菩

提。

②不堪受法者、堪受法者

　❶不堪受法者 (新學大乘法) *10

　　「不應為彼新學大乘諸菩薩等及對其前，宣說般若波羅蜜多乃至布施
　　　波羅蜜多，內空乃至無性自性空，四念住廣說乃至十八佛不共法，
　　　及一切法自相空義。

　　　何以故？

　　　新學大乘諸菩薩等於如是法，雖有少分信敬愛樂，而彼聞已尋皆忘
　　　失，驚怖疑惑生毀謗故。

　❷堪受法者 (不退轉菩薩) *10

　　「若不退轉諸菩薩摩訶薩，或曾供養無量諸佛、宿殖善根、久發大願、
　　　為多善友所攝受者，應對其前為彼廣說分別開示一切般若波羅蜜多
　　　乃至布施波羅蜜多，內空乃至無性自性空，四念住廣說乃至十八佛
　　　不共法，及一切法自相空義。

　　　何以故？

　　　以不退轉諸菩薩摩訶薩，及曾供養無量諸佛、宿殖善根、久發大願、
　　　為多善友所攝受者，若聞此法皆能受持終不忘失，亦不驚恐、疑惑、
　　　毀謗。

　　　大德！諸菩薩摩訶薩應以如是隨喜俱行諸福業事，迴向無上正等菩
　　　提。」

③正明迴向：知諸法空、以無所得為方便隨喜迴向

　❶心、緣、事、善根皆盡、滅、離、變

　　善現白慈氏菩薩言：

　　「諸菩薩摩訶薩應以如是隨喜俱行諸福業事，迴向無上正等菩提，謂
　　　所用心隨喜迴向。

　　　　此所用心盡、滅、離、變，此所緣 事及諸善根亦如心盡、滅、
　　　　離、變。

　❷二心不俱，心相畢竟空，不可取相迴向

　　　此中何等是所用心？

　　　復以何等為所緣事及諸善根，而說隨喜迴向無上正等菩提？

　　　是心於心理不應有隨喜迴向，

　　　以無二心俱時起故，心亦不可隨喜迴向心自性故。

　❸諸法空無所有，以無所得為方便隨喜迴向

若菩薩摩訶薩修行般若波羅蜜多時,

　能如是知一切般若波羅蜜多無所有,乃至布施波羅蜜多無所有,

　色無所有,受想行識無所有,乃至無上正等菩提亦無所有,

是菩薩摩訶薩知一切法皆無所有,而復能以隨喜俱行諸福業事,迴向無上正等菩提。(斷法愛、捨著心,於空無諍,是名正迴向。)

如是隨喜迴向之心非顛倒攝,以無所得為方便故。

2.善現說隨喜迴向義

(1)新學者云何心不驚疑?云何以善根功德迴向無上菩提?

天帝釋白具壽善現言:

「 1.新學大乘諸菩薩摩訶薩,聞如是法(無相迴向),其心將無驚恐、疑惑?

2.云何能以所修善根迴向無上正等菩提?

3.云何攝受隨喜俱行諸福業事,迴向無上正等菩提?」

①於無相迴向法心不驚疑

具壽善現承慈氏菩薩摩訶薩威力加被,告天帝釋言:

❶多信解所修道故 (內因緣,利根)

「新學大乘諸菩薩摩訶薩,若修般若乃至布施波羅蜜多,以無所得為方便、無相為方便,攝受般若乃至布施波羅蜜多。是菩薩摩訶薩由此因緣,多信解內空乃至無性自性空,多信解四念住廣說乃至十八佛不共法。

❷常為善友所攝受故 (外因緣)

「常為善友之所攝受,如是善友以無量門巧妙文義為其廣說般若、靜慮、精進、安忍、淨戒、布施波羅蜜多相應之法,

1.以如是法教誡教授,令其乃至得入菩薩正性離生。未入菩薩正性離生,亦常不離所修般若波羅蜜多乃至布施波羅蜜多,內空乃至無性自性空,四念住廣說乃至十八佛不共法。

2.亦為廣說種種魔事,令其聞已,於諸魔事心無增減。(不受一切法故,善修諸法實相故)

何以故?諸魔事業性無所有不可得故。

②以無所得為方便迴向無上菩提

❶至得無上菩提,終不離善根

亦以此法教誡教授,令其乃至得入菩薩正性離生,常不離佛,於諸佛所種諸善根,復由善根所攝受故,常生菩薩摩訶薩家,乃至無上正等菩提,於諸善根常不遠離。

新學大乘諸菩薩摩訶薩，若能如是以無所得為方便、無相為方便，攝受諸功德，於諸功德多深信解，常為善友之所攝受，聞如是法心不驚恐亦不疑惑。

❷以無所得為方便迴向無上菩提

「復次，憍尸迦！新學大乘諸菩薩摩訶薩，隨所修集布施波羅蜜多乃至般若波羅蜜多，隨所安住內空乃至無性自性空，隨所修集四念住廣說乃至十八佛不共法，及餘無量無邊佛法，皆應以無所得為方便、無相為方便，與諸有情平等共有迴向無上正等菩提。

③合集諸佛、弟子眾及人天等所作功德隨喜迴向無上菩提*11

「復次，憍尸迦！新學大乘諸菩薩摩訶薩，普於十方無數無量無邊世界，

　❶過去諸佛功德

　　一切如來、應、正等覺斷諸有路、絕戲論道、棄諸重擔、摧聚落刺、盡諸有結、具足正智、心善解脫、巧說法者，

　❷諸佛弟子眾所作功德 (包括菩薩、聲聞、獨覺)

　　及彼如來、應、正等覺諸弟子眾所成戒蘊、定蘊、慧蘊、解脫蘊、解脫智見蘊，及餘所作種種功德，

　❸種福德善根處諸善根 (種福田因)

　　并於是處所種善根，謂剎帝利大族、婆羅門大族、長者大族、居士大族等所種善根，若四大王眾天乃至他化自在天所種善根，若梵眾天乃至色究竟天等所種善根。

　如是一切合集稱量現前發起，比餘善根為最為勝、為尊為高、為妙為微妙、為上為無上、無等無等等隨喜之心，復以如是隨喜俱行諸福業事，與諸有情平等共有迴向無上正等菩提。」

(CBETA, T07, no. 220, p. 174, b^{22}-p. 176, a^{26})

sher phyin:　v.027, p. 316^{20}-332^{01}　《合論》：v50, pp. 1086^{02}-1097^{09}

(2)新學菩薩隨喜迴向，云何不墮顛倒？

18.3 於能迴向心破除實執不顛倒體相之迴向

卷 432〈隨喜迴向品 37〉：爾時，慈氏菩薩摩訶薩問具壽善現言：

「大德！新學大乘諸菩薩摩訶薩，若念諸佛及弟子眾所有功德，并人、天等所種善根，如是一切合集稱量現前發起，比餘善根為最為勝、為尊為高、為妙為微妙、為上為無上、無等無等等隨喜之心，復以如是隨喜善根與諸有情平等共有迴向無上正等菩提，是菩薩摩訶薩云何不墮想顛倒、心顛倒、見顛倒耶？」

①不起佛想、僧想及善根想、迴向心想，則不墮顛倒

時，具壽善現答慈氏菩薩摩訶薩言：

「大士！若菩薩摩訶薩於所念佛及弟子眾所有功德，不起諸佛及弟子眾
功德之想；於人、天等所種善根，不起善根人、天等想；於所發起隨
喜迴向大菩提心，亦復不起隨喜迴向菩提心想，是菩薩摩訶薩所起隨
喜迴向之心，無想顛倒、無心顛倒、無見顛倒。若菩薩摩訶薩於所念
佛及弟子眾所有功德，起佛弟子功德之想；於人、天等所種善根，起
彼善根人、天等想；於所發起隨喜迴向大菩提心，起所發起隨喜迴向
菩提心想，是菩薩摩訶薩所起隨喜迴向之心，有想顛倒、有心顛倒、
有見顛倒。(諸法和合生無有自性，無有定法名佛，不生佛等想。)

②正知隨喜心、迴向心、所迴向法皆盡滅離變，是正迴向

「復次，大士！若菩薩摩訶薩以如是隨喜心，念一切佛及弟子眾功德善
根，正知此心盡滅離變非能隨喜，正知彼法其性亦然非所隨喜，又正
了達能迴向心法性亦爾非能迴向，及正了達所迴向法其性亦爾非所迴
向。若有能依如是所說隨喜迴向，是正非邪，諸菩薩摩訶薩皆應如是
隨喜迴向。*12

③知諸法盡滅自性空，不墮顛倒

「復次，大士！若菩薩摩訶薩普於過去未來現在一切如來、應、正等覺，
從初發心至得無上正等菩提乃至法滅，於其中間所有功德，若佛弟子
及諸獨覺依彼佛法所起善根，若諸異生聞彼說法所種善根，若天、龍、
藥叉、健達縛、阿素洛、揭路茶、緊捺洛、莫呼洛伽、人非人等聞彼
說法所種善根，若剎帝利大族、婆羅門大族、長者大族、居士大族聞
彼說法所種善根，若四大王眾天乃至色究竟天聞彼說法所種善根，若
善男子、善女人等，聞彼說法發趣無上正等覺心，勤修種種諸菩薩行。
如是一切合集稱量現前發起，比餘善根為最為勝、為尊為高、為妙為
微妙、為上為無上、無等無等等隨喜之心，復以如是隨喜善根，與諸
有情平等共有迴向無上正等菩提。

於如是時，若正解了諸能隨喜迴向之法盡滅離變，諸所隨喜迴向之法
自性皆空，雖如是知而能隨喜(正)迴向無上正等菩提。(若過去等法無常(盡
滅離變)，不可迴向自性空法(無上菩提)。)

④知諸法自性空，無有法能迴向法，則不顛倒

復於是時，若正解了都無有法可能隨喜迴向於法。所以者何？以一切
法自性皆空，空(無相無作)中都無能所隨喜迴向法故。雖如是知，而能

隨喜(正)迴向無上正等菩提。(若過去等諸法空，不可迴向<u>自性空法</u>(無上菩提)。)

是菩薩摩訶薩若能如是隨喜迴向，修行般若乃至布施波羅蜜多，無想顛倒、無心顛倒、無見顛倒。

何以故？

是菩薩摩訶薩於隨喜心不生執著，於所隨喜功德善根亦不執著，於迴向心不生執著，於所迴向無上菩提亦不執著，由無執著不墮顛倒。如是菩薩所起隨喜迴向之心，名為無上遠離一切妄想分別。」

(CBETA, T07, no. 220, p. 176, a²⁷–c²³)

sher phyin: v.027, p. 332⁰¹–335⁰⁶ 《合論》：v50, pp. 1097¹⁰–1100¹²

⑤如實知自起福德中離五蘊等諸法，是正迴向

18.4 於迴向者破除實執遠離之迴向

卷 433〈隨喜迴向品〉：第二分隨喜迴向品第三十七之二

「復次，大士！若菩薩摩訶薩於所修造諸福業事，如實了知離蘊、處、界，亦離般若波羅蜜多乃至布施波羅蜜多，亦離內空乃至無性自性空，亦離四念住廣說乃至十八佛不共法。是菩薩摩訶薩於所修造諸福業事如實知已，深心隨喜迴向無上正等菩提。

⑥如實知隨喜福德等自性空，是正迴向

「復次，大士！若菩薩摩訶薩如實了知隨喜俱行諸福業事遠離如是隨喜俱行諸福業事自性，如實了知諸佛世尊遠離如是諸佛世尊自性，如實了知功德善根遠離如是功德善根自性，如實了知聲聞、獨覺及諸異生遠離如是聲聞、獨覺及諸異生自性，如實了知隨喜迴向大菩提心遠離如是隨喜迴向大菩提心自性，如實了知菩薩摩訶薩遠離如是菩薩摩訶薩自性，如實了知般若波羅蜜多遠離般若波羅蜜多自性，乃至布施波羅蜜多遠離布施波羅蜜多自性；如實了知內空遠離內空自性，乃至無性自性空遠離無性自性空自性；如實了知四念住遠離四念住自性，廣說乃至十八佛不共法遠離十八佛不共法自性；如實了知菩薩摩訶薩行遠離菩薩摩訶薩行自性，如實了知諸佛無上正等菩提遠離諸佛無上正等菩提自性。是菩薩摩訶薩如是修行遠離諸法自性甚深般若波羅蜜多，能正隨喜迴向無上正等菩提。」

(CBETA, T07, no. 220, p. 177, a⁷–b²)

sher phyin: v.027, p. 335⁰⁶–337¹⁷ 《合論》：v50, pp. 1100¹³–1102¹⁵

⑦不墮有相無相，知諸法性常寂滅，是正迴向

18.5 憶念佛善根資糧自性之迴向

❶知隨喜功德善根及迴向心，如已滅度佛相，則不顛倒

卷 433〈隨喜迴向品 37〉：

「復次，大士！諸菩薩摩訶薩於已滅度一切如來、應、正等覺及諸弟子功德善根，若欲發起隨喜迴向無上正等菩提心者，應作如是隨喜迴向，謂作是念：『如諸如來、應、正等覺及諸弟子皆已滅度，自性非有，功德善根亦復如是，我所發起隨喜迴向無上正等菩提之心及所迴向無上菩提其性亦爾。』如是知已，於諸善根發起隨喜迴向無上正等菩提，無想顛倒、無心顛倒、無見顛倒。(過去諸佛已滅度，無相、無戲論、性常寂滅，諸福德及迴向心亦應如是。)

❷取相迴向，則顛倒

若菩薩摩訶薩以取相為方便修行般若波羅蜜多，於已滅度一切如來、應、正等覺及諸弟子功德善根取相隨喜迴向無上正等菩提，是為非善隨喜迴向。以過去佛及弟子眾功德善根非相無相所取境界，是菩薩摩訶薩以取相念發起隨喜迴向無上正等菩提，是故非善隨喜迴向。由此因緣，有想顛倒、有心顛倒、有見顛倒。(過去諸佛實相，離有相邊、離無相邊而取中道。若取相分別而迴向，不名善迴向。)

❸不取相迴向是正迴向

若菩薩摩訶薩不取相為方便修行般若波羅蜜多，於彼一切佛及弟子功德善根，離相隨喜迴向無上正等菩提，是名為善隨喜迴向。由此因緣，是菩薩摩訶薩隨喜迴向無想顛倒、無心顛倒、無見顛倒。」

(CBETA, T07, no. 220, p. 177, b$^{2-23}$)

sher phyin: v.027, p. 337^{17}–339^{01} 《合論》：v50, pp. 1102^{16}–1103^{19}

(3)云何不取相而能迴向？

18.6 於六度善法破執實好惡名有善巧方便之迴向

卷 433〈隨喜迴向品 37〉：

「爾時，慈氏菩薩摩訶薩問具壽善現言：「大德！云何菩薩摩訶薩於諸如來、應、正等覺及諸弟子功德善根隨喜俱行福業事等皆不取相，而能隨喜迴向無上正等菩提？」

①不離般若波羅蜜多方便善巧

18.7 破執實三輪為無相迴向

❶善現言：若離般若，福德不得迴向

善現答言：

「大士！應知諸菩薩摩訶薩所學般若波羅蜜多，有如是等方便善巧，雖不取相而所作成，非離般若波羅蜜多(別)有能正起隨喜俱行諸福業事，迴向無上正等菩提。是故菩薩摩訶薩眾欲成所作，應學般若波羅蜜多。」*13

❷慈氏菩薩言「思惟取相迴向之過失」

慈氏菩薩摩訶薩言：

「大德善現！勿作是說。所以者何？以於般若波羅蜜多，諸佛世尊及弟子眾并所成就功德善根皆無所有不可得故，所作隨喜諸福業事亦無所有不可得故，發心迴向無上菩提亦無所有不可得故。

1.有所得取相分別，諸佛所不許

「此中菩薩摩訶薩修行般若波羅蜜多時，應如是觀：『過去諸佛及弟子眾功德善根性皆已滅，所作隨喜諸福業事、發心迴向無上菩提性皆寂滅，我若於彼一切如來、應、正等覺及弟子眾功德善根取相分別，及於所作隨喜俱行諸福業事、發心迴向無上菩提取相分別，以是取相分別方便發起隨喜迴向無上正等菩提，諸佛世尊皆所不許，亦不隨喜。何以故？於已滅度諸佛世尊及弟子等取相分別隨喜迴向無上菩提，是說名為大有所得。』」*14

「是故菩薩摩訶薩欲於諸佛及弟子眾功德善根正起隨喜迴向無上正等菩提，不應於中起有所得取相分別隨喜迴向，若於其中起有所得取相分別隨喜迴向，佛不說彼有大義利。何以故？如是隨喜迴向之心，虛妄分別名雜毒故。」

(CBETA, T07, no. 220, p. 177, b²⁴–c²⁴)

sher phyin: v.027, p. 339⁰¹–340¹⁰ 《合論》：v50, pp. 1103²⁰–1105⁰⁹

2.取相迴向如食雜毒

卷433〈隨喜迴向品37〉：

「譬如有食，雖具上妙色香美味而和毒藥，愚人淺識貪取噉之，雖初適意歡喜快樂，而後食銷備受眾苦，或便致死若近失命。

「如是一類補特伽羅，不善受持、不善觀察甚深般若波羅蜜多文句義理，不善讀誦，不善通達甚深義趣，而告大乘種姓者曰：『來！善男子！汝於過去未來現在一切如來、應、正等覺，從初發心至得無上正等菩提，轉妙法輪度無量眾，入無餘依般涅槃界乃至法滅，於其中間若修般若乃至布施波羅蜜多已集、當集、現集善根，

若住內空乃至無性自性空已集、當集、現集善根，若修四靜慮、四無量、四無色定已集、當集、現集善根，若修四念住乃至八聖道支已集、當集、現集善根，如是乃至若修佛十力乃至十八佛不共法已集、當集、現集善根，若嚴淨佛土、成熟有情已集、當集、現集善根，若諸如來、應、正等覺所有戒蘊、定蘊、慧蘊、解脫蘊、解脫智見蘊，若一切智、道相智、一切相智，若無忘失法恒住捨性，及餘無數無量無邊殊勝功德，若佛弟子一切有漏、無漏善根，若諸如來、應、正等覺已現當記諸天、人等獨覺菩提所有功德，若諸天、龍、藥叉、健達縛、阿素洛、揭路茶、緊捺洛、莫呼洛伽、人非人等已集、當集、現集善根，若善男子、善女人等於諸功德發起隨喜迴向善根，如是一切合集稱量現前隨喜，與諸有情平等共有迴向無上正等菩提。』

「如是所說隨喜迴向，以有所得取相分別而為方便，如食雜毒初益後損故，此非善隨喜迴向。所以者何？以有所得取相分別發起隨喜迴向之心，有因、有緣、有作意、有戲論、有妨礙、有過失，不應般若波羅蜜多。彼雜毒故則為謗佛，不隨佛教不隨法說不應理說，菩薩種姓補特伽羅不應隨彼所說而學。」

(CBETA, T07, no. 220, p. 177, c^{24}–p. 178, a^{28})

sher phyin:　v.027, p. 340^{10}–343^{02}　《合論》: v50, pp. 1105^{10}–1107^{18}

②如諸佛所知智慧迴向

18.8 知名言中緣起如幻而緣佛地名諸佛隨喜迴向

卷433〈隨喜迴向品37〉：

「是故，大德！應說云何住菩薩乘諸善男子、善女人等，應於過去未來現在一切如來、應、正等覺，及弟子等功德善根隨喜迴向？謂彼諸佛，從初發心至得無上正等菩提，轉妙法輪度無量眾，入無餘依般涅槃界乃至法滅，於其中間若修般若乃至布施波羅蜜多集諸善根，廣說乃至若善男子、善女人等於諸功德發起隨喜迴向善根，住菩薩乘諸善男子、善女人等云何於彼功德善根，發起隨喜迴向無上正等菩提？」

具壽善現白言：

「大士！住菩薩乘諸善男子、善女人等修行般若波羅蜜多，若欲不謗諸佛世尊而發隨喜迴向心者，應作是念：『如諸如來、應、正等覺無上佛智了達遍知功德善根有如是性、有如是相、有如是法而可隨喜，我今亦應如是隨喜。如諸如來、應、正等覺無上佛智了達遍知應以如是

諸福業事迴向無上正等菩提，我今亦應如是迴向。』住菩薩乘諸善男子、善女人等，於諸如來、應、正等覺及弟子等功德善根應作如是隨喜迴向，若作如是隨喜迴向則不謗佛，隨佛所教，隨法而說，應理而說。是菩薩摩訶薩如是隨喜迴向之心，不雜毒藥，終至甘露大般涅槃。」

(CBETA, T07, no. 220, p. 178, a²⁸–b²¹)

sher phyin: v.027, p. 343⁰³–346⁰² 《合論》: v50, pp. 1107¹⁹–1109⁰⁷

③知諸法實相無生，名無雜毒迴向

18.9 於名言中不迴向為三有之因名不繫三界迴向

❶無雜毒迴向 (無相無得迴向)

1.知諸法非三界繫，三世亦不攝，是正迴向

卷 433〈隨喜迴向品 37〉：

「復次，大士！住菩薩乘諸善男子、善女人等修行般若波羅蜜多，於諸如來、應、正等覺及弟子等功德善根，應作如是隨喜迴向。如色乃至識，不墮欲界、色界、無色界，若不墮三界，則非過去未來現在；眼處乃至意處不墮欲界、色界、無色界，若不墮三界，則非過去未來現在；色處乃至法處不墮欲界、色界、無色界，若不墮三界，則非過去未來現在；眼界乃至意界不墮欲界、色界、無色界，若不墮三界，則非過去未來現在；色界乃至法界不墮欲界、色界、無色界，若不墮三界，則非過去未來現在；眼識界乃至意識界不墮欲界、色界、無色界，若不墮三界，則非過去未來現在；眼觸乃至意觸不墮欲界、色界、無色界，若不墮三界，則非過去未來現在；眼觸為緣所生諸受乃至意觸為緣所生諸受，不墮欲界、色界、無色界，若不墮三界，則非過去未來現在；般若波羅蜜多乃至布施波羅蜜多不墮欲界、色界、無色界，若不墮三界，則非過去未來現在；內空乃至無性自性空不墮欲界、色界、無色界，若不墮三界，則非過去未來現在。四念住乃至八聖道支不墮欲界、色界、無色界，若不墮三界，則非過去未來現在；如是乃至如來十力乃至十八佛不共法不墮欲界、色界、無色界，若不墮三界，則非過去未來現在；真如、法界、法性、實際、法定、法住、不思議界不墮欲界、色界、無色界，若不墮三界，則非過去未來現在；戒蘊、定蘊、慧蘊、解脫蘊、解脫智見蘊不墮欲界、色界、無色界，若不墮三界，則非過去未來現在；一切智、道相智、一切相智不墮欲界、色界、無色界，若不墮三界，則非過去

未來現在；無忘失法、恒住捨性不墮欲界、色界、無色界，若不墮三界，則非過去未來現在。

2.知法無生無所有，不可以取相有所得迴向

「隨喜迴向亦應如是。所以者何？如彼諸法自性空故，不墮三界，非三世攝，隨喜迴向亦復如是。謂諸如來、應、正等覺自性空故，不墮三界，非三世攝；諸佛功德自性空故，不墮三界，非三世攝；聲聞、獨覺及人、天等自性空故，不墮三界，非三世攝；彼諸善根自性空故，不墮三界，非三世攝；於彼隨喜自性空故，不墮三界，非三世攝；所迴向法自性空故，不墮三界，非三世攝；能迴向者自性空故，不墮三界，非三世攝。若菩薩摩訶薩修行般若波羅蜜多時，如實知色乃至識，不墮三界，非三世攝。若不墮三界，非三世攝，則不可以彼有相為方便、有所得為方便，發生隨喜迴向無上正等菩提。

何以故？

以色等法自性不生，若法不生則無所有，不可以彼無所有法隨喜迴向無所有故。

「如實知眼處乃至意處亦如是，如實知色處乃至法處亦如是，如實知眼界乃至意界亦如是，如實知色界乃至法界亦如是，如實知眼識界乃至意識界亦如是，如實知眼觸乃至意觸亦如是，如實知眼觸為緣所生諸受乃至意觸為緣所生諸受亦如是，如實知般若波羅蜜多乃至布施波羅蜜多亦如是，如實知內空乃至無性自性空亦如是，如實知四念住乃至八聖道支亦如是，如實知如來十力乃至十八佛不共法亦如是，如實知真如、法界、法性、實際、法定、法住、不思議界亦如是，如實知戒蘊、定蘊、慧蘊、解脫蘊、解脫智見蘊亦如是，如實知一切智、道相智、一切相智亦如是，如實知無忘失法、恒住捨性，不墮三界，非三世攝。若不墮三界，非三世攝，則不可以彼有相為方便、有所得為方便，發生隨喜迴向無上正等菩提。

何以故？

以無忘失法、恒住捨性自性不生，若法不生則無所有，不可以彼無所有法隨喜迴向無所有故，是菩薩摩訶薩如是隨喜迴向無上正等菩提，不雜毒藥，終至甘露，大般涅槃。

❷取相有所得為雜毒迴向，不能具諸功德　　　（有相有得迴向）

「住菩薩乘諸善男子、善女人等若以有相而為方便，或有所得而為方
便，於諸如來、應、正等覺及弟子等功德善根發生隨喜迴向之心，
當知是邪隨喜迴向。此邪隨喜迴向之心，諸佛世尊所不稱讚。如是
隨喜迴向之心，非佛世尊所稱讚故，不能圓滿布施、淨戒、安忍、
精進、靜慮般若波羅蜜多，亦不能圓滿內空乃至無性自性空，亦不
能圓滿四念住乃至八聖道支，如是乃至亦不能圓滿如來十力乃至十
八佛不共法，亦不能圓滿一切智、道相智、一切相智，亦不能圓滿
無忘失法、恒住捨性。由諸功德不圓滿故，不能嚴淨佛土及成熟有
情。由不能嚴淨佛土及成熟有情故，則不能證得阿耨多羅三藐三菩
提。

何以故？由彼所起隨喜迴向有相、有得雜毒藥故。

④依諸佛如實通達之法迴向，是正迴向

「復次，大士！諸菩薩摩訶薩修行般若波羅蜜多時，應作是念：『如十
方界一切如來、應、正等覺如實通達功德善根有如是法，可依是法發
生無倒隨喜迴向，我今亦應依如是法發生隨喜迴向無上正等菩提，是
為正起隨喜迴向，由斯決定證得無上正等菩提。』」

(CBETA, T07, no. 220, p. 178, b^{22}–p. 179, b^{24})

sher phyin: v.027, p. 346^{02}–353^{07}　《合論》: v50, pp. 1109^{08}–1115^{11}

3.讚歎無倒隨喜迴向

18.10 迴向出生下品福德

18.11 迴向出生中品福德

18.12 迴向出生上品福德

(1)佛讚善現言無倒隨喜迴向 (以無相、自性空等為方便)

卷 433〈隨喜迴向品 37〉：

「爾時，世尊讚具壽善現言：「善哉！善哉！善現！汝今已為一切菩薩摩
訶薩等作佛所作，謂為菩薩摩訶薩等善說無倒隨喜迴向，如是所說隨喜
迴向，以無相為方便、無所得為方便、無生無滅為方便、無染無淨為方
便、無性自性為方便、自相空為方便、自性空為方便、法界為方便、真
如為方便、法性為方便、不虛妄性為方便、實際為方便、不思議界為方
便故。*15

(2)心無染著隨喜迴向，功德最勝

①功德勝於教三千大千世界諸有情得世間善法

善現！假使三千大千世界一切有情皆得成就十善業道、四靜慮、四無

量、四無色定、五神通,於意云何?是諸有情功德多不?」

善現對曰:「甚多!世尊!甚多!善逝!」

佛言:

「善現!若善男子、善女人等,於諸如來、應、正等覺及弟子等功德善根起無染著隨喜迴向,所獲功德甚多於前,不可稱計。善現!是善男子、善女人等所起如是隨喜迴向,於餘善根為最為勝、為尊為高、為妙為微妙、為上為無上、無等無等等。」

(CBETA, T07, no. 220, p. 179, b²⁵–c¹³)

sher phyin: v.027, p. 353⁰⁷–354⁰⁸ 《合論》:v50, pp. 1115¹²–1116¹⁴

②功德勝於供養三千大千世界諸二乘聖者

卷 433〈隨喜迴向品 37〉:

「復次,善現!假使三千大千世界一切有情皆得預流、一來、不還、阿羅漢果、獨覺菩提,有善男子、善女人等於彼預流乃至獨覺,盡其形壽以無量種衣服、飲食、臥具、醫藥及餘資具而奉施之,供養恭敬、尊重讚歎,於意云何?是善男子、善女人等由此因緣得福多不?」

善現對曰:「甚多!世尊!甚多!善逝!」

佛言:

「善現!若善男子、善女人等,於諸如來、應、正等覺及弟子等功德善根起無染著隨喜迴向,所獲功德甚多於前。善現!是善男子、善女人等所起如是隨喜迴向,於餘善根為最為勝、為尊為高、為妙為微妙、為上為無上、無等無等等。」

(CBETA, T07, no. 220, p. 179, c¹³–²⁴)

sher phyin: v.027, p. 354⁰⁹–355¹⁸ 《合論》:v50, pp. 1116¹⁵–1117¹⁸

③功德勝於供養諸世界有情發趣無上菩提

(18.12.1)生起殊勝福德的大迴向

卷 433〈隨喜迴向品 37〉:

「復次,善現!假使三千大千世界一切有情皆趣無上正等菩提,設復十方各如殑伽沙等世界一切有情一一各於彼趣無上正等菩提,一一菩薩摩訶薩所,以無量種衣服、飲食、臥具、醫藥及餘資生上妙樂具而奉施之,經如殑伽沙等大劫,供養恭敬、尊重讚歎,於意云何?是諸有情,由此因緣得福多不?」

善現對曰:

「甚多!世尊!甚多!善逝!如是福聚無數無量無邊無限,算數譬喻難

可測量。世尊！若是福聚有形色者，十方各如殑伽沙界所不容受。」

佛言：

「善現！善哉！善哉！彼福德量如汝所說。善現！若善男子、善女人等，於諸如來、應、正等覺及弟子等功德善根起無染著隨喜迴向，所獲福聚甚多於前。善現！是善男子、善女人等所起如是隨喜迴向，於餘善根為最為勝、為尊為高、為妙為微妙、為上為無上、無等無等等。

「善現！若以前福比此福聚，百分不及一，千分不及一，乃至鄔波尼殺曇分亦不及一。何以故？善現！彼諸有情十善業道、四靜慮、四無量、四無色定、五神通，皆以有相有所得想為方便故。彼善男子、善女人等，以無量種衣服、飲食、臥具、醫藥及餘資具，奉施預流、一來、不還、阿羅漢果及諸獨覺，盡其形壽供養恭敬、尊重讚歎，所獲福聚皆以有相、有所得想為方便故。彼諸有情以無量種衣服、飲食、臥具、醫藥、及諸資生、上妙樂具，奉施彼趣無上菩提諸菩薩眾，經如殑伽沙等大劫，供養恭敬、尊重讚歎，所獲福聚皆以有相、有所得想為方便故。」

(CBETA, T07, no. 220, p. 179, c^{24}–p. 180, a^{24})

sher phyin: v.027, p. 355^{18}–357^{21} 《合論》: v50, pp. 1117^{19}–1120^{08}

(3)諸天讚以無相等為方便之隨喜迴向

(18.12.2)迴向的作用

①四大天王眾

卷 433〈隨喜迴向品 37〉：

「爾時，四大天王各與眷屬二萬天子頂禮佛足，合掌白言：「世尊！彼諸菩薩摩訶薩乃能發起如是廣大隨喜迴向，謂彼菩薩摩訶薩方便善巧，以無相為方便、無所得為方便、無染著為方便、無思作為方便，於諸如來、應、正等覺及弟子等功德善根發正隨喜迴向無上正等菩提，如是所起隨喜迴向不墮二法、不二法中，無染無著。」

②三十三天眾

時，天帝釋亦與無量百千天子，各持種種天妙花鬘、塗散等香、衣服、瓔珞、寶幢、幡蓋、諸妙、珍奇，奏天樂音，以供養佛，頂禮雙足，合掌白言：

「世尊！彼諸菩薩摩訶薩乃能發起如是廣大隨喜迴向，謂彼菩薩摩訶薩方便善巧，以無相為方便、無所得為方便、無染著為方便、無思作為方便，於諸如來、應、正等覺及弟子等功德善根發正隨喜迴向無上正

等菩提，如是所起隨喜迴向不墮二法、不二法中，無染無著。」

③餘欲界四天眾

時，蘇夜摩天子、珊覩史多天子、善變化天子、最自在天子各與眷屬千天子俱，皆持種種天妙花鬘、塗散等香、衣服、瓔珞、寶幢、幡蓋、諸妙、珍奇，奏天樂音，以供養佛，頂禮雙足，合掌白言：

「世尊！彼諸菩薩摩訶薩，乃能發起如是廣大隨喜迴向，謂彼菩薩摩訶薩方便善巧，以無相為方便、無所得為方便、無染著為方便、無思作為方便，於諸如來、應、正等覺及弟子等功德善根發正隨喜迴向無上正等菩提，如是所起隨喜迴向不墮二法、不二法中，無染無著。」

④色界天眾

時，大梵天王與無量百千俱胝那庾多諸梵天眾，前詣佛所頂禮雙足，合掌恭敬俱發聲言：

「希有！世尊！彼諸菩薩摩訶薩為般若波羅蜜多方便善巧所攝護故，超勝於前無方便善巧、有相、有所得諸善男子、善女人等所修善根。」

時，極光淨天乃至色究竟天各與無量百千俱胝那庾多自類天眾，前詣佛所頂禮雙足，合掌恭敬俱發聲言：

「希有！世尊！彼諸菩薩摩訶薩為般若波羅蜜多方便善巧所攝護故，超勝於前無方便善巧、有相、有所得諸善男子、善女人等所修善根。」

(4)佛說：「以無相等為方便」勝於「以有相等為方便」之隨喜迴向

①有相有所得之隨喜迴向

爾時，佛告四大王眾天乃至色究竟天等言：

「假使三千大千世界一切有情皆發無上正等覺心，普於過去未來現在十方世界一切如來、應、正等覺從初發心至得無上正等菩提、轉妙法輪度無量眾、入無餘依般涅槃界乃至法滅，於其中間所修布施乃至般若波羅蜜多相應善根，若住內空乃至無性自性空相應善根，若修四念住廣說乃至十八佛不共法相應善根，若修無量無邊佛法相應善根，若諸弟子所有善根，若諸如來、應、正等覺所有戒蘊、定蘊、慧蘊、解脫蘊、解脫智見蘊及餘無量無邊佛法，若諸如來所說正法，若依彼法修習施性、戒性、修性三福業事，若依彼法精勤修學得預流果、一來、不還、阿羅漢果、獨覺菩提、得入菩薩正性離生，若諸有情修布施、淨戒、安忍、精進、靜慮般若等所引善根，如是一切合集稱量，以有相為方便、有所得為方便、有染著為方便、有思作為方便、有二不二為方便現前隨喜，既隨喜已，迴向無上正等菩提。

②無相無所得之隨喜迴向

「有善男子、善女人等發趣無上正等菩提，普於過去未來現在十方世界一切如來、應、正等覺從初發心至得無上正等菩提、轉妙法輪度無量眾入無餘依般涅槃界乃至法滅，於其中間所修布施乃至般若波羅蜜多相應善根，廣說乃至若諸有情修布施、淨戒、安忍、精進、靜慮般若等所引善根，如是一切合集稱量，以無相為方便、無所得為方便、無染著為方便、無思作為方便、無二不二為方便現前隨喜，既隨喜已，迴向無上正等菩提。是善男子、善女人等隨喜迴向，於餘善根為最為勝、為尊為高、為妙為微妙、為上為無上、無等無等等，於前有情隨喜迴向百倍為勝，千倍為勝，百千倍為勝，乃至鄔波尼殺曇倍亦最為勝。」

(CBETA, T07, no. 220, p. 180, a^{24}–p. 181, a^{9})

sher phyin: v.027, p. 357^{21}–362^{10} 《合論》: v50, pp. 1120^{09}–1124^{14}

註解：

*1 隨喜福德迴向

(1)隨喜

不勞身口業作諸功德，但以心方便，見他修福，隨而歡喜。菩薩但以心隨喜，勝聲聞獨覺有情等以供養、布施等諸有漏無漏功德。

①以種種福德得正見，故隨而歡喜。

②我應與一切有情樂，今見有情能自行福德，故心生歡喜。

③一切有情行善與我相似，是我同伴，是故歡喜。

(2)福德

有世間、出世間二種樂因緣。出世間者，諸無漏法，雖無福報，能生福德。有漏無漏通名福德。福德是菩薩摩訶薩根本，能滿所願，世出世善法皆從福德中生。

(3)迴向

①迴向 pariṇāma 變異、轉向 (識變異 vijñānapariṇāma)

②南傳迴向 dakkhinam adisi

❶dakkhinam (梵 daksina)：供養或供品。

此為婆羅門教中原有定義，後來演變成為福德 merit

❷adisi (或 adewanam)：給與。

二者併合，有將福德給予(他人)之意思，由此引申福德迴向眾生之意。

③迴向普遍存在於印度社會，非佛教獨有。

基層社會對死後升天之期望及對死亡者之悼念，佛教將其導入出世間的正見，令修行的目標朝向解脫生死輪迴、悲智相應的究竟處。

④佛教迴向從著重自我解脫的迴向逐漸演變到三心(菩薩願、大悲心、無所得智)相應的迴向。

⑤在原始佛教時，已有迴向觀念，尤其是婆羅門教中，透過布施、祭祀尋求幫助亡者離苦得樂。布施在印度社會中是種高尚的行為。阿含經也不難發現有關布施或供養修行人之教導。原始佛教著重在自我解脫，對於布施等都強調迴向於涅槃。

部派佛教時，除了繼承阿含之迴向思想外，更擴大其內容，將福德迴向於眾生。同時也由於大乘思想逐漸興起，迴向從著重於自我解脫，逐漸導向於菩提與利益有情。在此期間也引出俱解脫阿羅漢能於定中，迴向福德成壽命，或迴向壽命成福德之思想。

在大乘佛教初期，開始認為二乘的迴向涅槃不究竟，應著重在迴向於菩提與眾生的菩薩行。在菩提道上，菩薩證得無生法忍後，更須擔起嚴土熟生的責任，因而產生迴向淨佛國土之思想。《般若經》主張先成立淨土後才教化往生於彼之眾生，而《維摩詰經》主張先教化眾生，到眾生與自己內心都清淨才名為淨土。另也有著重往生者而談迴向，如必具菩提心、菩薩行、迴向菩提才得往生阿閦佛國；稱名發願迴向往生阿彌佛國。初期大乘時，更有結合懺悔(業障)、勸請(諸佛住世轉法輪)、隨喜(諸佛及眾生行善功德)而迴向菩提及眾生之修行法門。此法門對於初學菩薩尤其重要。

⑥自利、利他之迴向

❶自利迴向

在自利方面，著重在迴向解脫(涅槃)、菩提或往生淨土。

此中通過迴向，將修行回歸解脫等，無非是要鞏固自己的志願，以免中途退失。在初發

心學佛者，各方面都尚未具足，煩惱塵垢仍然深厚時，更須迴向，讓自己的菩提心與大悲心萌生，時時精進道業，不斷的迴向，成為解脫道上重要之助緣。

❷利他之迴向

利他上著重在迴向眾生或淨佛國土。(部派及大乘則漸成願求菩提，大悲度眾與無所得之迴向。)

❸迴向眾生是否可得？

有說不可得(如龍樹)，有說可得(如有些經論說)，或說與能所二方是否帶起業力互感(如共業)而定。

《大智度論》6

龍樹：「是福德不可得與一切眾生，而果報可與。」

因地福德迴向，眾生得不到，要到菩薩之果報現前時才能利益眾生。

*2 與有情共有(福德)　《大智度論》6

(1)此指可與一切有情福德果報，非指福德可與一切有情。

(2)福德果報

①菩薩時

以所得衣服飲食等世間樂具利益有情，並為有情說法，令得十善道、四禪等，與作後世利益。

②成佛時

成就三十二相八十種好，三事(神足、觀他心、教誡)示現度無量眾。

③涅槃後

碎身設利羅，與人供養，久後皆令得道。

(3)以果報與一切有情，果中說因，故言福德與一切有情共。此中善法體不可與人，但以無畏無惱施與有情用。

(於緣起定律上，善行所得善業體不可與人，要等果報成熟後才能給與。

善業體為善根相應善法及善根所起身口意業之和合，名為福德。修六波羅蜜所得之福德，是成佛乃至入無餘涅槃之因素，是成佛前所累積之資糧。)

*3 調伏、寂靜、涅槃

(1)二乘福德

	自調伏	自寂靜(自淨)	自涅槃(自度)
依三學	持戒	修禪	智慧
依八正道	正語、正業、正命	正念、正定	正見、正思惟、正方便
依三福業	布施因緣	持戒因緣	修定因緣

(2)菩薩隨喜福德為調伏、寂靜、度一切有情故勝。(雖能度，但以有情無和合因緣，故不盡度。)

*4 求佛道者，何以不自作功德而心行隨喜？

(1)諸菩薩以方便力，於他勤勞作功德，能於中隨喜者，福德勝自作者。

(2)隨喜福德是實福德。念過去佛是念佛三昧，亦是六隨念。因行清淨戒入禪定起畢竟慧，以是和合能起正隨喜。是故不但隨喜而已，亦行是實法

*5 緣事

(1)緣：隨喜心所緣，所謂一切諸佛及有情所作功德。

(2)事：所緣之本，福德是緣功德所住處，所謂諸佛及有情，並土地山林精舍住處，皆名事。

*6 實無如是所緣事

(1)過去諸佛久已滅度，菩薩或無宿命智，或有而不能及，但以如所聞憶想分別，故不如所念(所取相)。

(2)諸佛及功德，出三界出三世，斷戲論語言道，如涅槃相，畢竟空清淨。隨喜者分別諸佛及諸弟子善根功德，是迴向心及無上菩提非實。故言：不如所取相。

*7 顛倒

指常、樂、我、淨四顛倒，及想、心、見、三分別。

*8 想顛倒、心顛倒、見顛倒

(1)顛倒生時，想在前，次是心，後是見；斷時，先斷見(後心、想)，見諦所斷故。

(2)顛倒體皆是見相，見諦所斷。

想、心顛倒者，學人未離欲，憶念忘故取淨想、起結使；還得正念即時滅，小錯故假名顛倒，非實顛倒。

(3)凡夫三種顛倒，學人二種顛倒(除見倒)生。

*9 不取相隨喜迴向

不壞諸法相而能隨喜心迴向無上菩提，是事甚難。

有二善因緣：

(1)先世因緣

久修學六波羅蜜、多供養諸佛、種殖諸善根、久發大願。

(2)今世因緣

為諸善友攝受、善學諸法自相空義(方便善巧不著空)。

由此種種因緣，法雖無相而能起隨喜心，迴向無上菩提。菩薩心久行六波羅蜜、善知識所護故，其心調柔(如鐵入爐則柔軟可作器)。過去諸佛、諸緣事、諸善根中，不取相能起隨喜心，用無相迴向無上菩提。

*10 不堪受法者、堪受法者

(1)不為新學說，忘失驚怖不堪受故。

(2)二種人聞法能信能行，故為彼宣說。

　　①不退轉者；　　　　　　②久行者(有內福德、外因緣)

*11 新學隨喜迴向

(1)過去諸佛功德

①斷諸有路(生死道)

過去十方無量世界諸佛斷生死道入無餘涅槃。

②絕戲論道

③棄諸重擔

五蘊能生苦惱，是為重擔。有餘涅槃中，捨五蘊因緣(諸煩惱)入無餘涅槃中，捨五蘊果。

④摧聚落刺

白衣舍名聚落，出家人依白衣舍活。白衣舍有五欲刺，為食入惡刺果林。若以禪定智慧屐摧五欲刺，名滅<u>五下分結</u>。

⑤盡諸有結

有分結盡名斷<u>五上分結</u>。

⑥正智、得解脫

諸法實相，金剛三昧相應智慧，能斷一切煩惱習。

(2)諸弟子眾所作功德

佛弟子包括菩薩、獨覺、聲聞。

(3)種福德善根處

指剎帝利大族乃至色究竟天，為<u>四種福田</u>(佛、菩薩、獨覺、聲聞)因。

*12 盡滅相

(1)隨喜心念功德善根，心念盡時即知盡，盡心不得迴向，以變失滅壞故。是心入無常法性中，無有分別是心是非心、是佛是弟子、是善根是無上道，此亦是盡滅相。

迴向心亦如是，此等皆是生滅相故。

(2)若說諸法實相是無常，此亦盡滅相。

(3)所迴向之無上菩提，雖非生滅相，但出三世、過三界、無受相，亦可說是盡滅相。

*13 離般若迴向不可得

般若波羅蜜多畢竟空，實無有分別。福德若離若不離般若波羅蜜多，都不可迴向。何以故？般若波羅蜜多中，諸佛、善根、迴向菩提心皆不可得故。

*14 取相有所得，佛所不許

諸過去佛及弟子并諸善根福德皆已滅，今取相分別，佛所不許。

何以故？

與諸法實相異故。受果報已，久當盡故；不疾至佛道，有所得故。

於過去諸佛(已空無)取相憶想分別，即是大過失。

*15 無倒隨喜迴向《大智度論》61

(1)無相：離三種相隨喜迴向。

①假名相：由無明力取諸法和合假名(如車、眾生等)，起諸煩惱、業。

②法　相：蘊處界諸法，肉眼觀故有，慧眼觀則無，諸法虛誑妄語。

③無相相：離上二相，所餘無相相，若隨逐取相，還生結使。

(2)若無相，是中無所得；無得故無出；若法無出無得，即無垢無淨；若法無垢無淨，即是無法性；若法無性，即是自相空；若法自相空，即是法常自性空；若法常自性空，即同法性、如、實際。

第二事

第19義

(3)隨喜修 (隨喜作意)

【第 19 義】：隨喜修道　19

〔義相〕：於自他隨一善根而修歡喜有分別大乘隨現觀，
　　　　　即大乘隨喜修道之相。

〔界限〕：從初地乃至十地最後心。

[由方便無得，隨喜諸善根，是此中所說，修隨喜作意。](頌2-24)

(為令善加迴向之實有法更增長，故言隨喜作意。)

　　修道位菩薩之隨喜，由：

19.1.名言中有所得之方便；

19.2.與勝義中無所得之智慧二所攝持，於自他善根深修隨喜相應之淨
　　　信，即此處所說大乘有漏隨喜作意修道。(以極歡喜之心，於世俗諦以方便
　　　觀緣諸善根，而以勝義不可得作隨喜。)

此諸修道立為有漏者，是就有分別漏而立，非所治品之有漏也。

(信解作意猶如從諸發源得金塊般，造作福德。迴向作意如同金匠將彼變成飾物，成為正等
　菩提之支分。隨喜作意乃自他福德作用獲得平等。)

(3)隨喜修 【第 19 義】：隨喜修道 （隨喜作意）

1.如諸法實相隨喜迴向

卷 433〈隨喜迴向品 37〉：

「爾時，具壽善現白佛言：「世尊！如佛所說是善男子、善女人等隨喜迴向，於餘善根為最為勝、為尊為高、為妙為微妙、為上為無上、無等無等等。世尊齊何說是隨喜迴向，於餘善根為最為勝、為尊為高、為妙為微妙、為上為無上、無等無等等？」

佛言：

「善現！是善男子、善女人等，普於過去未來現在十方世界一切如來應正等覺、聲聞、獨覺、菩薩及餘一切有情諸善根等，不取不捨、不矜不蔑，非有所得、非無所得，達一切法無生無滅、無染無淨、無增無減、無去無來、無集無散、無入無出，作如是念：『如彼過去未來現在諸法真如、法界、法性、不虛妄性、法定、法住，我亦如是於諸善法以無所得而為方便發正隨喜，既隨喜已，持此善根與諸有情平等共有迴向無上正等菩提。』善現！齊是菩薩摩訶薩所起隨喜迴向，我說於餘善根為最為勝、為尊為高、為妙為微妙、為上為無上、無等無等等。善現！如是隨喜迴向勝餘隨喜迴向，百倍、千倍乃至鄔波尼殺曇倍，是故我說如是所起隨喜迴向，於餘善根為最為勝、為尊為高、為妙為微妙、為上為無上、無等無等等。(三世一切法無生滅染淨等，於中不得不念不取不捨，入諸法實相。如諸法實相隨喜善根迴向無上菩提為最勝。)

2.知一切法與解脫平等隨喜迴向，當速證無上菩提

「復次，善現！住菩薩乘諸善男子、善女人等，欲於過去未來現在十方世界一切如來、應、正等覺從初發心至得無上正等菩提、轉妙法輪度無量眾、入無餘依般涅槃界乃至法滅，於其中間所修布施乃至般若波羅蜜多相應善根乃至無量無邊佛法，若諸聲聞、獨覺、菩薩功德善根，若餘有情所有施性、戒性、修性三福業事及餘善根，如是一切合集稱量現前發起無倒隨喜迴向心者，應作是念：『色乃至識與解脫等，眼處乃至意處與解脫等，色處乃至法處與解脫等，眼界乃至意界與解脫等，色界乃至法界與解脫等，眼識界乃至意識界與解脫等，眼觸乃至意觸與解脫等，眼觸為緣所生諸受乃至意觸為緣所生諸受與解脫等，布施波羅蜜多乃至般若波羅蜜多與解脫等，內空乃至無性自性空與解脫等，四念住乃至八聖道支與解脫等，如是

乃至如來十力乃至十八佛不共法與解脫等，戒蘊乃至解脫智見蘊與解脫等，於一切法所起勝解與解脫等，過去未來現在諸佛與解脫等，過去未來現在諸法與解脫等，一切隨喜與解脫等，一切迴向與解脫等，諸佛世尊及諸弟子諸根熟變與解脫等，諸佛世尊及諸弟子所得涅槃與解脫等，一切獨覺諸根熟變與解脫等，一切獨覺所得涅槃與解脫等，諸佛世尊、聲聞、獨覺諸法法性與解脫等，一切有情及一切法并彼法性與解脫等。如諸法性無縛無解、無染無淨、無起無盡、無生無滅、無取無捨，我於如是功德善根現前隨喜，持此善根與諸有情平等共有迴向無上正等菩提。如是隨喜非能隨喜，無所隨喜故。如是迴向非能迴向，無所迴向故。如是所起隨喜迴向非轉非息，無生滅故。』善現！是菩薩摩訶薩隨喜迴向於餘所起隨喜迴向，為最為勝、為尊為高、為妙為微妙、為上為無上、無等無等等。善現！若菩薩摩訶薩成就如是隨喜迴向，速證無上正等菩提。*1

3.有相有所得與無相無所得之功德比較

「復次，善現！若趣大乘諸善男子、善女人等，假使能於十方現在各如殑伽沙等世界一切如來、應、正等覺及弟子眾，以有相為方便、有所得為方便，盡其形壽常以種種衣服、飲食、臥具、醫藥及餘資生上妙樂具，供養恭敬、尊重讚歎。彼諸如來、應、正等覺及弟子眾般涅槃後取設利羅，以妙七寶造立高廣諸窣堵波，晝夜精勤禮敬右繞，復以種種上妙花鬘、塗散等香、衣服、瓔珞、寶幢、幡蓋、諸妙、珍奇、妓樂、燈明，供養恭敬尊重讚歎。復以有相及有所得而為方便，精勤修習布施、淨戒、安忍、精進、靜慮、般若及餘善根。有善男子、善女人等發趣大乘，能以無相及無所得而為方便，修行布施乃至般若波羅蜜多相應善根，方便善巧於餘一切功德善根發正隨喜，持此善根與諸有情平等共有迴向無上正等菩提。是善男子、善女人等由依般若波羅蜜多方便善巧隨喜迴向，勝前所說發趣大乘諸善男子、善女人等所作功德百倍、千倍乃至鄔波尼殺曇倍，故說如是隨喜迴向於餘善根為最為勝、為尊為高、為妙為微妙、為上為無上、無等無等等。

4.勸修六度，隨喜功德並迴向無上菩提

是故，善現！發趣大乘諸菩薩摩訶薩應以無相及無所得而為方便，精勤修學布施、淨戒、安忍、精進、靜慮、般若波羅蜜多相應善根，及依般若波羅蜜多方便善巧，於諸如來、應、正等覺及弟子等功德善根發正隨喜，既隨喜已，持此善根與諸有情平等共有迴向無上正等菩提。善現！若菩薩摩

訶薩能以無相及無所得而為方便發起如是隨喜迴向,是菩薩摩訶薩疾證無
上正等菩提,轉妙法輪利樂一切。」

(CBETA, T07, no. 220, p. 181, a⁹–p. 182, a¹²)

sher phyin: v.027, p. 362¹⁰–368⁰⁷ 《合論》: v50, pp. 1124¹⁵–1130¹¹

註解:

*1 一切法與解脫等 《大智度論》61

若以肉眼觀諸法,由顛倒六識觀故見諸法異,若以慧眼觀諸法皆虛妄,唯涅槃為實。

此中所說解脫有二:有為解脫、無為解脫。

(1)有為解脫:雖是有為但屬無為,隨順無為,故名解脫。如實得道者名道人,今雖未得道,衣
服、法則等但隨得道者,故亦名道人。

(2)無為解脫:如涅槃不生不滅、不入不出、不垢不淨、非有非無、非常非無常,常寂滅相,心
行觀滅、語言道斷,非法非非法等相,用無所有相故,慧眼觀一切法亦如是相,
故說六波羅蜜等一切法與解脫(平)等。

國家圖書館出版品預行編目資料

二萬五千頌般若經合論記要(三) / 李森田 記要, -- 初版 -- 臺北
市：蘭臺出版社, 2024.08
冊；　公分. -- （佛教研究叢書；15）
ISBN：978-626-97527-9-9 (全套：平裝)

1.CST: 般若部

221.4　　　　　　　　　　　　　　　　　113005547

佛教研究叢書15

二萬五千頌般若經合論記要（三）

作　　　者：李森田 記要
總　　　編：張加君
編　　　輯：柯惠真
主　　　編：盧瑞容
美　　　編：凌玉琳
校　　　對：施麗蘭、林宜利、楊容容、沈彥伶
封面設計：陳勁宏
出　版　者：蘭臺出版社
發　　　行：蘭臺出版社
地　　　址：台北市中正區重慶南路1段121號8樓之14
電　　　話：（02）2331-1675或（02）2331-1691
傳　　　真：（02）2382-6225
E - MAIL：books5w@gmail.com或books5w@yahoo.com.tw
網路書店：http://5w.com.tw/
　　　　　　https://www.pcstore.com.tw/yesbooks/
　　　　　　https://shopee.tw/books5w
　　　　　　博客來網路書店、博客思網路書店
　　　　　　三民書局、金石堂書店
經　　　銷：聯合發行股份有限公司
電　　　話：（02）2917-8022 傳真：（02）2915-7212
劃撥戶名：蘭臺出版社　　　　　　　帳號：18995335
香港代理：香港聯合零售有限公司
電　　　話：（852）2150-2100　　　傳真：（852）2356-0735
出版日期：2024年 8 月　初版
定　　　價：套書 新臺幣 6,800 元整（平裝）
ISBN：978-626-97527-9-9